唐玄宗李隆基,缔造了开元盛世,也酿成了安史之乱。

唐玄宗友于兄弟,经常相从宴饮、外出打猎。元任仁发《五王醉归图》,生动描绘了兄弟游宴醉归的情景。图中九人九骑(五王、四仆从),两人扶挟者即为玄宗,所乘为"照夜白"。

李隆基即位后,在兴庆宫建"花萼相辉楼",不时携弟兄登临,坐叙宴乐。又作《鹡鸰颂》,并留下了御笔墨迹(局部)。

怠政的唐玄宗，经常"泡"在骊山汤池。杨贵妃自然随侍，也便有了"侍儿扶起娇无力"的《华清出浴图》（清康涛绘）。

杨氏一门气焰熏天，虢国、秦国二夫人其尤甚者。唐人张萱的《虢国夫人游春图》（摹本），描绘的正是老杜《丽人行》叙写的情形。

"胡儿"安禄山,安史之乱始作俑者之一。

安史乱军进逼帝都长安,唐玄宗仓皇逃往蜀地。《明皇幸蜀图》忠实写照,玄宗自然在突出位置(右下近处)。

玄宗幸蜀,刚到马嵬驿,"六军不发无奈何,宛转蛾眉马前死",宠妃杨玉环一命呜呼。(狩野山雪《长恨歌图》局部)

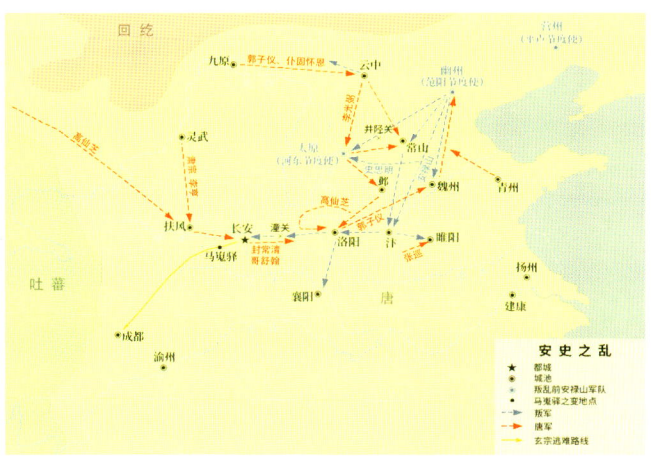

信用何等人物是唐玄宗为政贤否的试金石,而安史之乱似乎也成了大唐王朝盛衰的分水岭。

安史之乱平定后，继位的唐肃宗将玄宗迎归。这幅《望贤迎驾图》（局部）中，红、黄两伞盖下的，分别为玄宗、肃宗。

李杨故事，颇受后世文人青睐。张大千的《长生殿图》（局部），描写的当正是"七月七日长生殿，夜半无人私语时"的情景。

史说历代焦点人物

史说唐玄宗

唐玄宗与开元盛世和安史之乱

李文渊 —— 编著

上海科学技术文献出版社
Shanghai Scientific and Technological Literature Press

图书在版编目（CIP）数据

史说唐玄宗/李文渊编著.—上海：上海科学技术文献出版社，2025. —ISBN 978-7-5439-9331-0

Ⅰ.K827=423

中国国家版本馆CIP数据核字第20251YK695号

责任编辑：张雪儿
封面设计：留白文化

史说唐玄宗
SHISHUO TANGXUANZONG

李文渊　编著

出版发行：上海科学技术文献出版社
地　　址：上海市淮海中路1329号4楼
邮政编码：200031
经　　销：全国新华书店
印　　刷：商务印书馆上海印刷有限公司
开　　本：850mm×1168mm　1/32
印　　张：15.25
插　　页：4
字　　数：368 000
版　　次：2025年3月第1版　2025年3月第1次印刷
书　　号：ISBN 978-7-5439-9331-0
定　　价：68.00元
http://www.sstlp.com

目 录

贤否参半唐玄宗

唐玄宗李隆基……………………………………… 3
《旧唐书·玄宗本纪》……………………………… 82
古今名家评说……………………………………… 132

父子兄弟颇不凡

睿宗李旦…………………………………………… 147
肃宗李亨…………………………………………… 158
宁王李宪…………………………………………… 170
岐王李范…………………………………………… 174
薛王李业…………………………………………… 177
鄂王李瑛…………………………………………… 180

女人个个非善茬

皇太后窦氏………………………………………… 185
皇后王氏…………………………………………… 188
惠妃武氏…………………………………………… 192
贵妃杨玉环………………………………………… 197
太平公主…………………………………………… 215
金城公主…………………………………………… 225

功过是非论宰相

中书令姚崇	233
吏部尚书宋璟	245
"内宰相"王琚	255
中书令张说	260
中书令张嘉贞	270
侍中源乾曜	275
中书侍郎李元纮	278
黄门侍郎杜暹	281
黄门侍郎宇文融	284
黄门侍郎韩休	289
中书令张九龄	292
工部尚书牛仙客	300

御敌平叛众将领

左羽林大将军薛讷	305
右羽林大将军高仙芝	308
范阳节度副使封常清	314
河西节度使哥舒翰	318
朔方节度使郭子仪	328
河北节度使李光弼	343
左武卫大将军王忠嗣	358
骠骑左金吾大将军李嗣业	364

王公·宦官·忠臣

霍国公王毛仲	371

太原县公王鉷……………………………………… 374
骠骑大将军杨思勖…………………………………… 379
骠骑大将军高力士…………………………………… 386
御史中丞张巡………………………………………… 400
常山太守颜杲卿……………………………………… 413

奸臣·逆臣·酷吏

中书令李林甫………………………………………… 419
吏部尚书杨国忠……………………………………… 428
刑部尚书韦坚………………………………………… 439
范阳节度使安禄山…………………………………… 442
平卢兵马使史思明…………………………………… 459
御史中丞周利贞……………………………………… 472
侍御史王旭…………………………………………… 475
御史中丞吉温………………………………………… 476

贤否参半唐玄宗

　　开元之治，几可媲美贞观之治，即此而言，唐玄宗之贤明多智，当无可疑。然而，天宝之荒淫怠政、庸碌无为，驯至安史之乱，则谓之昏君亦属实至名归。所以如此者，人以为端在用人，前期信用贤相，后期宠信奸臣，这自然不差。求之主观，则在位四十年，功成名就，失去前进动力，追求享受逸乐，弥补前此劳顿，亦属无可否认。大名鼎鼎的唐明皇，留给后人的教训可谓深刻。

唐玄宗李隆基

李隆基（685—762），唐朝第七位皇帝。唐中宗李显之侄，睿宗李旦第三子，母昭成皇后窦氏。因谥曰"大圣大明孝皇帝"，习称"唐明皇"。他在宫廷斗争中成长、突出，立太子，即皇位。在位四十余年，前期有志作为，任用贤相，政治清明，经济繁荣，文化发展，唐王朝达于鼎盛，史称"开元盛世"。后期荒淫怠政，任用奸臣，信谗拒谏，最终酿成"安史之乱"，唐王朝也由此走向中衰。

一、生非其时　少有大志

李隆基生于武后垂拱元年（685）八月。在出生的前一年，祖母武则天把他的伯父中宗李显废为庐陵王，立他的父亲李旦为皇帝，是为睿宗。但武则天不许睿宗听政，自己专断军国大事。到李隆基六岁时，武则天干脆废掉睿宗，改国号为"周"，做了女皇。

李隆基英明善断，多才多艺，尤其通晓音律；且仪表非凡，身材高大，相貌英俊。作为皇室成员，三岁的时候，他就被封为楚王。

据史书记载，李隆基少有大志，在宫中常以"阿瞒"（三国魏曹操小字）自诩。但武氏家族看不起这个"阿瞒"，没怎么当回事。七岁那年，李隆基例行参加朝堂举行的祭祀仪式，金吾将军武懿宗对其随从大声呵斥。李隆基意识到这是对自己的轻视，立刻声色俱厉呵斥说："这是我家朝堂，关你什么事？敢呵斥我的随从！"（"吾家朝堂，干汝何事？敢迫吾骑从！"《旧唐书·玄宗本纪》）武则天知道此事后，便对他另眼相看了，"特加宠异之"。第二年，李隆基被封为临淄郡王。

神龙元年（705），宰相张柬之逼迫武则天退位，迎接中宗李显复位，弱冠之年的李隆基目睹了这场政变。随后，李隆基升任卫尉少卿。

景龙二年（708）四月，李隆基兼任潞州（治今山西长治）别驾。十二月，加授银青光禄大夫。据《旧唐书》记载，李隆基出任潞州别驾期间，多有祥瑞之事：潞州境内有黄龙白日升天；有一次出猎，曾有紫色祥云在李隆基头上飘浮，后面的随从望见了这一奇观。"前后符瑞凡一十九事"。

景龙四年（710），唐中宗李显将在京城长安南郊祭祀，李隆基准备前往朝见。临行时，他命术士韩礼占卜，结果卦象非常祥瑞、奇不可言。李隆基在长安城所居宅第外有水池，水满溢出，逐渐形成一个占地数十顷的大池塘，这个池塘被称为"隆庆池"。善于望气的人，说是"龙气"。中宗听说后，便于同年四月驾临隆庆池，在那里结綵制作楼船，并在池中泛舟戏象，"令巨象踏之"，以此来抑制其帝王之气。

在此期间，李隆基写过《早登太行山中言志》诗，其中写道：

野老茅为屋，樵人薜作裳。
宣风问耆艾，敦俗劝耕桑。

从这首诗来看，李隆基对下层民众有一定的了解，反映了他劝课农桑、发展生产的意向。

武则天去世后，唐中宗昏庸懦弱，大权操于妻子韦后、女儿安乐公主之手。张柬之等功臣均遭贬逐，太子李重俊等被杀。武则天侄儿武三思虽死，但他的残渣余孽迅速泛起。韦后又援用从兄韦温等掌握大权，纵容安乐公主卖官鬻爵，又大肆建筑寺院道观，奴役人民。可谓朝政日非。

景龙四年（710），中宗李显被妻子、女儿鸩杀。韦后先立中宗之子、年仅十六岁的温王李重茂为皇帝，史称"唐少帝"。随后，她准备效法婆婆武则天，做历史上的第二位女皇。这时，相王李旦还有相当大的势力，身边已有一批有才能的文臣武将。这是韦后专权的主要障碍，便与太子少保韦温、中书令宗楚客密谋，决意将其置于死地。

二、铲除韦后　保全社稷

对韦后篡夺皇位的阴谋，李隆基早有察觉，他暗中聚集骁勇有才之士，谋划匡复国家。

当初，唐太宗挑选骁勇壮健者做卫士，让他们身着虎纹衣、胯下豹纹鞍鞯，跟着游猎，在马前射杀禽兽，称为"百骑"；武则天时又增为千骑，隶属于左、右羽林军；中宗增加人数，谓之"万骑"，设置官吏统领。万骑兵作为宫中的禁卫军，地位举足轻重，要想政变成功，必须利用这支队伍。因此，李隆基致力于交结万骑兵统帅。

韦后专权后，任命韦播、高嵩为羽林将军，掌管万骑兵。韦播、高嵩多次鞭笞万骑兵，要以此立威，万骑军将士都怨恨他们。万骑兵营长葛福顺、陈玄礼与李隆基交好，见到他总是诉苦。李隆基暗示他们诛杀诸韦，两人踊跃请求以死来效命。万骑果毅都尉李仙凫，也参与了共谋。

兵部侍郎崔日用平常依附韦、武，与宗楚客交好，从而获知李隆基等人的密谋。他怕祸及己身，便派宝昌寺和尚普润秘密谒见李隆基，告知情况，劝他尽快起事。李隆基决定与太平公主之子卫尉卿薛崇简、苑总监钟绍京、尚衣奉御王崇晔、朝邑尉刘幽求、利仁府折冲麻嗣宗谋划，抢先起事，杀死韦后一伙。

有人建议说，应当把此事告诉相王李旦。李隆基不同意，说："我们拯救国家和君父于危难之中，事情成功则福归宗庙社稷，不成则自己死于忠孝，怎能预先请示，让相王担忧、害怕呢？现在禀告，他如果同意，则会牵扯到危险中来；如果不同意，就要坏了咱们的大计。（"我拯社稷之危，赴君父之急，事成福归于宗社，不成身死于忠孝，安可先请，忧怖大王乎？若请而从，是王与危事；请而不从，则吾计失矣。"《旧唐书·玄宗本纪》）这样，李隆基没有禀告相王，相王也就毫不知情。

六月二十日，午后三四时，李隆基穿着便衣，与刘幽求等人进入禁苑。正赶上苑总监钟绍京在官舍，快步出来拜见，李隆基拉住他的手，与他并坐。当时，羽林军将士都屯驻玄武门，葛福顺、李仙凫都来到李隆基处，请示号令而行动。

将近二更天，天上的流星散落如雪一样白，刘幽求说："天意如此，机不可失。"葛福顺拔剑直接进入羽林军兵营，斩了韦璿、韦播、高嵩，大声说："韦后毒死先帝，谋划危及国家。今晚应共同诛杀诸韦，把韦家人无论老幼一律斩杀，拥立相王，以安天下。敢有怀二心、助逆党的，将诛灭三族！"羽林军将士都欣然听命。

于是，葛福顺将韦璿等人的首级送给李隆基。李隆基取来火把看视，然后与刘幽求等出内苑南门，钟绍京率领年轻工匠二百多人，手持斧、锯跟随在后。李隆基派葛福顺领左万骑兵攻打玄德门，李仙凫领右万骑兵攻打白兽门，约定在凌烟阁前会合。接着，他们便大呼大喊，葛福顺等杀守门将、斩守门人而入。

李隆基领兵在玄武门外，三更时分，听见宫中传来呼喊声，便立即率领总监及羽林兵入宫。在太极殿宿卫中宗灵柩的卫兵，听见宫中的呼喊声，都披挂铠甲来响应李隆基。韦后见此情形，十分惶恐，慌乱中跑进飞骑营，被一个飞骑斩首献给了李隆基。安乐公主也被士兵杀死。

当时，少帝李重茂住在太极殿，刘幽求想去杀他，对众将士说："大家约定好今晚共立相王，何不趁早定下来？"李隆基立即制止，并下令收捕在宫中以及把守各宫门的韦氏族人，还有平常为韦后所亲信的人，一并斩首。到黎明时分，宫内外都安定了下来。

第二天，李隆基出宫见相王李旦，为自己没没有预先禀告而叩头请罪。相王抱住他哭泣说："国家、宗庙得以保全，是你的力量啊。"（"宗社祸难，由汝安定，神祇万姓，赖汝之力也。"同上）于是，李隆基迎相王入朝辅佐少帝。相王请少帝到安福门，安慰和告谕百姓。

李隆基下令关闭宫门及京城门，分别遣派万骑兵收捕诸韦亲属、党羽。韦温首先被收捕，李隆基命士兵将其斩首。宗楚客穿着麻布做的丧服，骑着青驴逃走。到通化门时，守门士兵问他："您是宗尚书吧？"说完便摘掉他的布帽，捉住杀死，并斩其弟宗晋卿。

起初，赵履温不惜耗费国家资财来讨好安乐公主，为她建造府第住宅、修筑高台园林，甚至用手揽着官袍、以脖子为鞅拉安乐公主的小牛车。如今安乐公主已死，他便快马跑到安福楼下，拜倒高呼"万岁"；喊声尚未完结，万骑兵就斩了他。百姓怨恨他强迫自己多出劳役，见他被杀，都争抢着割他的肉，不一会就割光了。秘书监汴王李邕娶韦后妹妹崇国夫人为妻，他亲手砍下妻子的头来献。左仆射、同中书门下三品韦巨源闻乱，家人劝他逃走躲避，韦巨源说："我身为朝廷大臣，怎么能见朝廷有难而不去救？"他走出家门，刚到街上，便被乱兵所杀。李隆基派崔日用领兵诛杀韦氏族人，连襁褓中的婴儿也没有幸免的。

二十二日，刘幽求在太极殿，有宫人和宦官叫他作诏书册立太后，刘幽求说："国家有大灾大难，人心不安定，皇家陵寝安置、祭祀尚未结束，不能急着立太后。"李隆基说："对这种事情，不要轻易发言。"

当天，少帝李重茂下诏全国大赦，并派遣十道使者，拿着皇帝诏书到各地安抚百姓，又罢去了安乐公主府第的属官。李隆基因平定叛乱之功，授封平王，兼管万骑兵。

少帝又任命平王李隆基为殿中监、同中书门下三品，以宋王李成器为左卫大将军，衡阳王李成义为右卫大将军，巴陵王李隆范为左羽林大将军，彭城王李隆业为右羽林大将军，光禄少卿嗣道王李微为检校右金吾卫大将军，黄门侍郎李日知、中书侍郎钟绍京并同中书门下三品，太平公主之子薛崇训为右千牛卫将军。又将汴王李邕贬为沁州刺史，左散骑常侍、驸马都尉杨慎交贬为巴州刺史，中书令萧至忠贬为许州刺史，兵部尚书、同中书门下三品韦嗣立贬为宋州刺史，中书侍郎、同平章事赵彦昭贬为绛州刺史，吏部侍郎、同平章事崔湜贬为华州刺史。

李隆基的两个奴仆王毛仲、李守德，都是善于骑射的勇士，经常侍奉左右。李隆基攻入禁苑中时，王毛仲因畏惧躲藏起来没有跟随，起事以后过了数日才回来，李隆基没责怪他，仍越级提拔为将军。

三、宫廷角逐　登基夺权

清除韦后、安乐公主之后，少帝李重茂自知帝位不稳，决心让位给相王李旦。几天以后，太平公主传达少帝的诏命，要求让位给叔父相王，但相王辞让，不肯接受。

为了做通相王李旦的工作，刘幽求对宋王李成器、平王李隆基说:"相王从前已经当过皇帝,为万民所向往。如今人心尚未安定,国家大事至关重要,相王怎能还拘于小节,不早日登基来安定天下呢?"李隆基说:"相王生性淡泊,不把世事放在心上,即使已经君临天下,还是把帝位让给了别人,何况当今天子是相王亲哥的儿子,他又怎么肯取而代之呢?"刘幽求坚持说:"民心不能违背,相王虽想置身世外、独善其身,那大唐的宗庙社稷又该怎办呢?"两位亲王都觉得刘幽求所言在理。

李成器、李隆基去见相王,极力劝说他即皇帝位,相王这才答应。六月二十四日,少帝在太极殿东角面西而坐,相王站在中宗灵柩旁边,太平公主说:"皇帝想把皇位让给叔父,可以吗?"("皇帝欲以此位让叔父,可乎?")刘幽求跪着说:"国家多灾多难,皇帝仁爱孝顺,效法尧舜禅位的传统,真的是至公无私;相王代为承担治国重任,对侄儿也是慈爱备至。"随之,根据少帝的制书,将帝位传给相王李旦。这时,少帝还在御座上,太平公主说:"天下人心已经归属相王,这不是娃娃你的座位了。"("天下之心已归相王,此非儿座!"《资治通鉴·唐纪二十》)于是把他拉了下来。当天,睿宗李旦即位,到承天门,大赦天下。睿宗以少帝为温王,以钟绍京为中书令。

诛灭韦后,拥戴父王睿宗复位,李隆基在朝中的地位骤然提高,周围逐渐聚集起一股较强的政治势力。因此,睿宗立太子时颇感为难:宋王李成器是嫡长子,而平王李隆基立有大功。李成器推辞说:"国家安宁就先立嫡长子,国家危难就先立有功之人;如果违背这种情况,天下人将会失望,我死也不敢位在平王之上。"("国家安则先嫡长,国家危则先有功;苟违其宜,四海失望。臣死不敢居平王之上。")大臣们也纷纷说:"平王功大,应该立为太子。"刘幽求说:"臣听说扫除天下祸害的人,应当享受天下的福分。平王使大唐社稷免遭倾覆,解救亲人于危难,论功谁也没有他大，论德行也是他最贤良，没什么犹疑不决的。"（"臣闻除天下之祸者，当享天下之福。平王拯社稷之危，救君亲之难，论功莫大，语德最贤，无可疑者。"均同上）睿宗听从刘幽求的建议，立平王李隆基为太子。

睿宗即位之初，在李隆基、钟绍京等人辅佐下，还是比较贤明的；后来，他甘心听任太平公主的摆布，逐渐走向昏庸。太平公主仗恃拥戴睿宗有功，大树私人势力，左右朝政。当朝的七个宰相，有五个是她的亲信；文武之臣，大半依附于她。她起初认为李隆基年轻，所以不以为意，后来看见他十分英武，手下又有一批得力之人，对自己专权不利，于是便把进攻目标对准了他。为废掉李隆基的太子之位，太平公主可谓处心积虑，她大造舆论，说李隆基并非长子，不应当立为太子，立了必有后患。

延和元年（712）七月，彗星出现在西方，经过轩辕星进入太微垣，至天王星座。太平公主唆使术士对睿宗说："彗星是除旧布新的。另外，帝座星和心宿前星都有变化。天象所征兆之事，是皇太子当为天子。"太平公主的本意是激怒睿宗，让他废掉李隆基的太子之位。没想到弄巧成拙，睿宗喜好闲逸清净，早就想禅位于太子，听了这些话，便说："传给有德之人避去灾祸，朕的心意决定了。"（"传德避灾，吾意决矣。"《旧唐书·玄宗本纪》）太平公主及其党羽都力谏，认为不可。睿宗说："中宗之时，群奸专权，天变屡至。朕当时请求中宗选择贤德之子册立来应和灾异，中宗很不高兴，朕为此忧愁得数日不思饮食。难道说朕能劝他禅位，自己就不能禅位吗？"

太子李隆基听说此事，赶紧入宫朝见，跪拜在地，叩头请求："臣以尺寸之功，越格成为皇太子，自己担心不能胜任太子之职，没想到陛下竟要立刻将皇位传给臣，这是为什么呢？"睿宗说："国家能得到第二次安定，朕能得到天下，都是靠着你的力量。如今帝座星有灾,所以才把帝位传给你,以求转祸为福,你又何必疑惑呢?"李隆基坚决推辞。睿宗说:"你是孝子,何必非要等到站在我灵柩前,然后才即皇位呢?"("汝为孝子,何必待柩前然后即位邪!"《资治通鉴·唐纪二十六》)李隆基只好流着眼泪离开。

几天后,睿宗诏命传位给太子,太子李隆基上表坚决推辞。太平公主劝说睿宗,即使传位,也应当自己总揽大政。睿宗就对太子说:"你是不是觉得国家事务十分繁杂,想让朕帮你处理呢?从前舜帝让位给禹,仍然亲自巡视诸侯治国的情形。朕即使传位给你,岂能忘记国家?那些军国大事,朕还将与你共同审视处理。"

八月初三,太子李隆基即位,是为玄宗,尊睿宗为太上皇,改元"先天"。太上皇自称曰"朕",命令曰"诰",每五日在太极殿接受一次朝拜。皇帝自称曰"予",命令曰"制""敕",每日在武德殿接受朝拜。三品以上官爵的任命及刑狱和政事决定权在太上皇,其余由皇帝决定。玄宗李隆基虽居帝位,但未能全面掌握国政。太平公主利用这一点,加紧进行阴谋活动,逐步排斥异己,尽力安插亲信。

当初,武三思与韦后狼狈为奸,专断滥杀。驸马都尉王同皎密谋杀掉武三思,河内人王琚积极参与此事。但事情泄露,武三思斩了王同皎,王琚逃命到江都,靠为人写字谋生。在玄宗李隆基为太子时,王琚回到长安,被选补为诸暨县的主簿,上东宫去谢太子。王琚来到殿庭中,故意慢走高视,宦官说:"殿下在帘内。"王琚说:"什么叫殿下?当今独有太平公主呀!"太子闻听此言,立刻召见他,与他谈话。

王琚说:"韦庶人(韦后)弑君谋逆,人心不服,杀掉他容易。太平公主是武后的女儿,凶狠奸滑无比,大臣多秉承他的旨意,我王琚私下对此很是担忧啊。"李隆基拉他同榻而坐,哭泣着说:"父皇的兄弟姐妹中,现在活着的唯有太平公主了,如果把这些事禀告父皇,恐怕伤害父皇的感情;如果不报告,又担心太平公主造成的危害越来越严重,这可怎么办呢?"王琚说:"天子的孝顺,与老百姓不同,应当以安宗庙、安国家为主。盖公主是汉昭帝的姐姐,是她把昭帝养大成人,但她有罪还是被杀了。治理天下的人,岂能顾及小节!"李隆基高兴地说:"你有何种本事,可以与我同游?"王琚说:"能玩飞链,善于诙谐。"李隆基便奏请他为詹事府司直,每日与他交往相处,逐渐将他提拔至太子中舍人。即位之后,李隆基便任命王琚为中书侍郎。

这时,窦怀贞、崔湜、岑羲等,都因依附太平公主而位居宰相,他们日夜与太平公主密谋除掉玄宗。刘幽求与右羽林将军张暐,谋划用羽林军将他们一网打尽,并让张暐秘密告诉玄宗说:"窦怀贞、崔湜、岑羲都借公主的力量得以升官,他们日夜谋划如何作乱,如果不早日除掉,一旦事变突起,太上皇依靠什么得保平安?请求尽快诛杀他们。臣已与刘幽求定计,只等陛下的命令。"玄宗认为他说得对。但事后,张暐不慎将这一密谋泄露给了侍御史邓光宾,玄宗知道后大为恐惧,立刻列出刘幽求等人的罪状,将刘幽求下狱。负责审讯的官员禀奏说:"刘幽求等离间骨肉,罪应处死。"玄宗说刘幽求有大功,不能杀。太上皇下诏,流放刘幽求到封州,张暐到峰州,邓光宾到绣州。

太平公主见此情形,越发得意。她倚仗太上皇的势力专擅朝政,与唐玄宗的冲突日益激烈。她与服侍玄宗的宫女元氏合谋,准备在其饮食中投毒。王琚得知后,对玄宗说:"事情迫在眉睫了,陛下必须加快惩办。"左丞相张说从东都洛阳派人送上佩刀,意思要皇上割断私情、及早决断。荆州长史崔日用入朝奏事,对玄宗说:"太平公主图谋叛逆已经很久了,陛下过去在东宫做太子,在名分上还是臣子,如果要讨伐她,须用智谋的力量。现在陛下既已即皇帝之位，只要下一道诏书，谁敢不听从？万一奸邪之徒得志，后悔就来不及了。"玄宗说："确实如你所说，只是怕惊动太上皇。"崔日用说："天子的大孝在于安定国家。如果奸邪之徒得志，则社稷宗庙将成为废墟，到那时，陛下在什么地方尽孝呢？请先控制住左右羽林军和左右万骑兵，然后收捕逆党，就不会惊动太上皇了。"玄宗认为崔日用说得很好，便任命他为吏部侍郎。

先天二年（713）七月三日，玄宗获悉太平公主及宰相窦怀贞等，将率羽林军于次日发动政变，于是抢先下手，率领兵马杀了太平公主及其党羽数十人，依附太平公主的官吏尽被黜逐。至此，动荡的局势才稳定下来，玄宗才获得了全部权力。是年，改年号为"开元"。

在太平公主与其党羽谋划废掉玄宗之时，窦怀贞、萧至忠、岑羲、崔湜等人都表示赞成，只有陆象先认为不行。太平公主说："太上皇废长立少，已经不合道理，再加皇上失德，为什么不能把他废掉呢！"陆象先说："皇上当初是以立有大功而立为太子的，那就只能以获罪为由将其废黜。现在皇上没罪，我终究不敢苟同。"玄宗诛杀窦怀贞等人后，召见陆象先，说："岁寒然后知松柏之后凋。真的是这样啊！"（"岁寒知松柏，信哉！"《资治通鉴·唐纪二十六》。《新唐书·卢象先传》作："岁寒然后知松柏之后凋也！"）

当时正值严惩太平公主党羽之时，应当入狱受罚的人非常之多，陆象先悄悄地为这些人申明冤屈，很多人因而得以保全性命，但他从未自己说起过这些事，当时也没有人知道此事内情。朝廷百官中，平素受到太平公主善待或者憎恶的人，此时有的被降职贬黜，有的受到提拔重用，这项工作总共持续了一年之久，仍未全部完成。

四、任用贤相　刷新吏治

唐玄宗的皇位来之不易，亲政后面临的形势也十分严峻。长期的宫廷政变，削弱了中央政权的力量，吏治腐败，官吏冗滥。《通典》作者杜佑曾说："武太后临朝，务悦人心，不问贤愚，选集者多收之，职员不足，乃令吏部大置试官以处之，故当时有'车载''斗量'之谣。"玄宗在开元三年（715）明确宣布："官不滥升，才不虚受，惟名与器，不可以假人，左贤右戚，岂资于谬赏。"开元年间，唐玄宗比较注意任人唯贤，他当时所用的宰相，大都成了有名的政治家。

姚崇是有名的贤相，办事十分干练。入相前，他曾向玄宗提了十项建议，大意是勿贪边功，广开言路，奖擢诤臣，除租税外不得接受馈赠，勿使皇亲国戚专权，勿使宦官专权等。玄宗样样应允，从而奠定了开元施政的方针。

当时，一些富户往往用出家做和尚的办法来逃避赋役，姚崇一次就查出一千二百多人，勒令还俗。又禁止百官和僧尼道士往来，抑制武、韦时期发展起来的寺院地主势力。

开元初，黄河南北连年发生蝗灾。蝗虫飞来，如云遮日，所落之处，苗草罄尽。以前也曾遭遇蝗灾，由于捕杀不利，往往造成赤地千里、尸横遍野的惨景，以致物价飞腾，民心不稳，政局动荡。姚崇对此十分关注，力主诏令郡县及时捕杀。另一宰相卢怀慎认为蝗不可捕，捕则有伤"和气"，恐致灾祸。今天看来，这种思想十分荒诞可笑，但在古时候却十分普遍而顽固。姚崇据理驳辩，慨然问卢怀慎："我真不明白，您那么怕伤害蝗虫，怎么不怕黎民百姓死于饥荒呢？"结果，玄宗接受按姚崇的意见，下诏捕杀蝗虫。为奖励治蝗，规定捕蝗一斗，奖粮一斗；捕蝗一石，奖粮一石。这样，蝗灾得到有效遏止，因而尽管蝗灾连年，灾区也未发生大的饥荒。

宋璟继姚崇为宰相，也很注意选用人才，使官吏都能称职。有一次吏部选人，他的远房叔父宋元超说明自己与宋璟的关系，想得到好差使，宋璟知道后，特地关照吏部，不给宋元超官职，还说："矫枉必须过正。"

张九龄是广东人，当时岭南被视作荒远之地，由于其有才能，玄宗便任他做宰相。张九龄建议选用人才要慎重，在吏部议论人才，态度极其公正。他执政时，已经是开元后期，玄宗逐渐走上昏庸，而他每见皇上有什么过失，总是极力劝谏。

司马光在《资治通鉴》中赞美开元年间玄宗任用的宰相，指出："姚崇尚通，宋璟尚法，张嘉贞尚吏，张说尚文，李元纮、杜暹尚俭，韩休、张九龄尚直。"他们各有所长，多有政绩，成为千古宰执的佳话。

唐玄宗知人善任，正是任用了这样一批宰相辅佐自己，才使开元年间赋役宽平，刑罚清省，百姓富庶。他能做到这点，并非出于偶然。据史书记载，玄宗有一天照着镜子默默不乐。太监高力士就说："自从韩休任相，陛下比以前瘦多了，何苦戚戚无一日欢，为什么不罢免了他的相职呢？"玄宗却说："我的面容虽然消瘦，天下一定是丰饶了。我用韩休，是为了社稷，不是为我一个人。"（"吾貌虽瘦，天下必肥。……吾用韩休，为社稷耳，非为身也。"《资治通鉴·唐纪二十九》）

唐玄宗不仅注意任用贤相，还非常重视刷新吏治，整顿官僚队伍。在这方面，他采取了许多措施。

一是裁汰冗员，精简机构。唐中宗以来，铨选制度十分紊乱，王妃、公主与权贵不仅卖官鬻爵，而且不经过吏部而大用"斜封官"，请托之风日盛，致使冗官滥吏充斥官府。开元二年（714），玄宗敕令罢免员外官、试官、检校官数千名，大大精简了官僚机构，提高了办事效率，也节约了财政开支。

二是恢复谏官、史官参加宰相议事的制度。太宗贞观年间，皇帝与宰相议事，允许谏官与史官参加，"有失则匡正，美恶必记之"。这可以减少朝政的弊端，有它的积极作用。但武则天专断朝政以后，许敬宗、李义府担任宰相，"政多私僻"，不敢把朝政公开，取消了这项制度。这样一来，谏官无法直接了解皇帝与宰相活动的内幕，只能听宰相的一面之词，很难及时提出中肯的意见。在开元五年（717），玄宗下令恢复贞观年间的这项制度，除了朝内特殊机密外，允许谏官、史官参加皇帝与宰相议事会议。

三是重视县令的选择。以前，人们重京官而轻外任，地方官都是选用年高才疏者充任。玄宗决意革除这一弊端，他从京官中选用有才识者到地方任都督、刺史，又从都督、刺史中选拔有政绩者任京官。他曾说："郡县是国家的根本，郡县长官是政事的先导，朕经常注意这类官员的选拔、任用，有别于其余的官职。"（"郡县者国之本，牧宰者政之先，朕每属意此官，有殊馀职。"《戒牧宰敕》）有时候，他还亲自对县官出题考试，了解应考者是否通晓治国之道，凡考试成绩优秀者即被任用，拙劣者即被罢免。在开元四年（716）组织的县令考试中，其中四十五人不合格，均立即予以淘汰。不仅如此，县令上任之前，玄宗还亲自召见，面授机宜。

四是实行严格的考核制度。通过严格的考核制度，来检查地方官的政绩，作为黜陟的根据。为此，玄宗专门颁布了《整饬吏治诏》，规定每年十月，由各道按察使到各地巡省风俗，观察得失，将地方官的政绩按五等划分，然后上报吏部长官。上等为最，下等为殿，中间三等依次定优劣。改转凭为升降，刺史第一等授予京官。又选京官有才识者，任命为都督、刺史。开元十六年

(728),玄宗亲自选廷臣出任刺史。朝廷推行的考核制度,减少了地方官贪赃枉法的现象,对改善地方吏治起了一定的积极作用。

五是严明赏罚。玄宗认为,有善必赏,才能激励能臣;有罪必诛,才能惩罚恶人。开元年间,基本上贯彻了这一精神。如同州(治今陕西大荔)刺史姜师度,非常重视农业生产,在任职期间,组织农民开朝邑、河西二县通灵陂,并引洛水、黄河水灌溉土地,种稻田两千余顷,获得大丰收。玄宗了解到这一情况后,大为赞赏,专门颁布了《褒姜师度》诏,赐给他锦帛三百匹,擢升为将作大监,特加授金紫光禄大夫。营州都督宋庆礼,组织兵民屯田八十余所,数年之间,仓廪丰实,百姓日渐殷富,玄宗提拔他到中央政府任御史中丞。对那些贪赃枉法之徒,不论职位多高,都依法制裁。如刺史裴景先,非法聚敛五千匹绢,玄宗亲自下令将其处以死刑。前太子太傅萧嵩,由于向中官牛仙童行贿,被贬为青州刺史。

唐玄宗的改革政策,主要是通过下级官员去贯彻执行。玄宗能注意用人,这是"开元之治"得以出现的一个很重要的原因。

五、加强武备 收复失地

唐玄宗在位的前半期,不仅文治取得了很大成就,而且武功也很可观。

唐玄宗即位以前,边防危机十分严重。武周万岁通天元年(696),契丹李尽忠利用民族矛盾,煽动部众举兵造反,并且攻占了营州(治柳城,今辽宁朝阳)。紧接着,营州都督府管辖的连昌、师、鲜等十二州相继失守。这十二州的政府被迫迁到青、幽、宋、徐等州。武则天派大将王孝杰等组织反击,结果大败,几乎全军覆没,王孝杰阵亡。从此以后,契丹贵族经常利用他们占据的有利地位,疯狂掠夺土地,残害北方人民。

至于玉门以西,长安三年(703),突厥贵族乌质勒攻陷安西四镇之一的碎叶镇,从此安西道绝。乌质勒握有十四万大军,接着又向北庭都护府进攻,并强占了北庭西部一些地方。这不仅破坏了国家统一,同时也堵塞了"丝绸之路",使唐朝对外贸易受到严重威胁。

碎叶和庭州失守时,武则天已经八十岁了,无法解决西域问题。她去世后,中宗、睿宗在位期间,政治腐败,宫廷内部争权夺利的斗争非常激烈,内忧尚且顾之不及,岂能顾及外患?因而他们无心、也不可能收复失地。

在北方地区,从唐初战胜突厥贵族之后,便统一了大漠南北,设置单于、安北都护府,分别管辖长城内外到贝加尔湖的广大地区。此后,长城以北保持了数十年的相对安定局面,但是,到了七世纪末叶,唐朝北方门户云州(今山西大同)被突厥攻陷。从此,长城以南已无险可守。弘道元年(683),突厥进攻蔚州(今河北蔚县)、定州(今河北定县)。由于长城以北大片领土失守,垂拱元年(685),唐廷把安北都护府临时迁置同城(今内蒙古额济纳旗东南),一直到开元初。

从上述情况看,到玄宗即位时,西域的碎叶和庭州、北方的云州以北以及辽西十二州,都已被突厥、契丹占领,陇右及河北人民经常惨遭劫掠和屠杀。唐朝统一的局面被破坏了。

唐玄宗执政以后,为彻底解决边疆问题,巩固唐政权,维护统一,采取了一系列措施。

为了提高军队的战斗力,玄宗对府兵制进行了改革。府兵制对镇压国内民众的反抗及防御外患,维持唐帝国的统治,曾起了一定的作用。但这种兵制在均田制崩溃的形势下,农民不断逃亡,兵源困难。唐朝建立后,经过几十年的和平生活,朝廷提倡以文入仕,尚武风气逐渐消失,府兵多不按时更番,教习废弛。

服役士兵按说应蠲除租调，其实并未免除，而自筹器械、给养负担沉重。因而到玄宗时，士兵经常逃匿，军府空虚。

开元十一年（723），宰相张说鉴于卫士逃散，宿卫不足，遂建议雇佣募兵。玄宗即下令实行，从关内招募军士达十二万人，充作卫士，名"长从宿卫"，或称"长征健儿"，从而代替了有唐以来的府兵轮番宿卫制度。这是当时军制由兵募到雇佣的重大改革。经过十余年的实践，唐朝统治者认为切实可行，便于开元二十五年（737）推行全国。从此，各地民丁再无戍边之苦，消耗于往来路上的大量社会劳动力因此得以节省。雇佣兵既可吸收社会上的失业丁口，缓和社会矛盾，又可常驻各地，加强训练，对改善军队素质、提高战斗力有着积极作用。

唐玄宗还通过各种措施整顿军旅。他颁布《练兵诏》，令西北军镇增加兵员，并精加选择，加强军事训练，不得供其他役使。还派太常卿姜晈等官员，前往军州督促检查诏令的执行情况，处理具体事宜。

七世纪末年，军马不足，唐玄宗即位时，只剩下二十四万匹。为了保证军马的供应，玄宗任用太仆卿王毛仲为内外闲厩使，专门抓这项工作，到开元十三年（725），军马增至四十三万余匹，牛羊数也相应增加了。

为了解决军粮问题，玄宗又诏令扩大屯田区。从中宗到开元初，军费开支庞大，如果把全部费用都加到老百姓身上，不仅会激化阶级矛盾，而且运输也有困难。于是玄宗下令在西北万里的边防线上及黄河以北部分地区，设置庞大的屯田区。屯田分为军屯与民屯两种，由屯田郎中掌管屯田政令。军屯多在边疆，民屯设在内地，生产者一般是失去土地的农民。开元年间，全军屯田总数为一千一百四十一屯，面积有五百余万亩，为解决军粮问题提供了保障。

经过以上准备，到开元五年（717），唐军把沦陷十七年的营州等十三州全部收复，玄宗派宋庆礼任都督，重建营州防务。长城以北的拔也古、同罗、回纥等也宣布取消割据称号，与唐廷合作，唐朝重新恢复了安北都护府，统一了长城以北。

解决西域问题分两个阶段进行，第一阶段从开元二十七年（739）开始，玄宗派碛西节度使盖嘉运打败了突厥。唐军猛攻碎叶城，突厥可汗出战，在贺逻岭被唐军俘虏，从而使沦陷三十七年的碎叶镇复归唐廷管辖。第二阶段是击败吐蕃、小勃律，重新打通"丝绸之路"的门户。开元初年，西域小勃律（今克什米尔以北）可汗曾到唐朝请降，唐廷在那里置绥远军。后来，小勃律王娶吐蕃王之女，依附了吐蕃，与唐为敌。玄宗派安西副都护高仙芝打败吐蕃，俘虏小勃律王，遣送长安，这使唐朝的国威大振。这一仗胜利后，拂菻（罗马）、大食（伊朗）诸胡七十二国全部惊恐害怕，相继归附唐朝。唐朝重新打通了中亚的通道，这不仅维护了国家的统一，也有利于对外经济文化的交流。

六、发展经济　打造盛世

开元年间，唐玄宗注重发展社会经济，采取了一系列措施，经济出现了前所未有的繁荣景象。

唐朝中央政府要实行其社会职能，必然消耗一定的租调劳力，而均田农民就是朝廷租调徭役的负担者。玄宗即位之前，由于政府的勒索和豪族的土地兼并，均田农民的负担越来越重，常常无力维持自身的生存和简单再生产，从而出现天下户口逃亡过半的严重危机。玄宗即位后，为了挽救财政危机，缓和阶级矛盾，再也不敢任意增加农民的负担，不得不和荫庇劳动人口、破坏均田制度的豪强大族进行斗争，从他们手里争取土地和劳力。

玄宗大力支持官吏惩治不法豪强。李元纮任京兆尹时，诸王公权贵之家无不沿着郑白渠立水磨牟利，损毁农田，影响灌溉。李元纮命属下将这些水磨全部毁掉，以保证农田灌溉，百姓得到益处，无不拍手称快。由于有皇上的支持，王公贵族对李元纮也无可奈何。

玄宗异母弟薛王李业，其舅父王仙童侵暴百姓，强夺民田。玄宗听从姚崇的建议，对王仙童依法进行了惩治。其他王公贵族见皇上如此不讲情面，不以亲害法，怕落得王仙童同样的下场，行为不得不有所收敛。

开元初期，虽惩治了一些豪强大族，但打击对象还是太小。从全国范围看，仍然有大量土地和劳力被豪强大族霸占。他们侵占农民的土地，称为"籍外之田"。失掉土地的农民背井离乡，因而出现了大量的佃户、浮户、流民。更严重的是，豪强大族把逃户变成"私属"，不向国家交税，既影响了国家的财政收入，又给农业生产带来了不安定因素。

在这样的情况下，玄宗下令：在开元九到十三年（711—725），利用四年的时间，在全国范围内开展"检田括户"运动。任命宇文融为全国覆田劝农使，下设十道劝农使和劝农判官，分头到全国各地检查黑地和豪强荫庇的客户。检括出来的土地全部没收，按均田制分给无地农民使用。对于"账外"人口，一律登记注册，就地入籍。检田括户的结果，朝廷增户八十八万，田地也增加了许多，岁终征得客户钱数百万。

由于唐玄宗重视农业生产，因而开元年间，全国兴修了很多水利工程。如蓟州三河（今河北三河）开了孤山陂，灌田二十万亩；蔡州新息县（今河南息县）修了玉梁渠，灌田三十余万亩；晋阳文水县（今山西文水）开了甘泉渠和灵长渠，灌田数万亩。在玄宗执政年间，全国共建设了五十六项重大水利工程，超过了高宗、武周两朝所建水利工程之和，占到整个唐朝水利工程的百分之二十以上。

　　武周、中宗以来，佛教恶性发展，全国各州都有大寺院。寺院僧侣不仅兼并土地，而且逃避税收。有人形容说："十分天下之财而佛有七八。"(《新唐书·辛替否传》)造寺不止，枉费财货数百亿；度人不休，免租庸者数十万，使国家所出加数倍、所入减数倍。玄宗即位后，认识到这个问题的严重性，在开元二年(714)下诏裁汰天下僧尼，当时全国各地还俗者一万两千多人。玄宗又下令，严禁新造佛寺，禁铸佛像，禁抄佛经。同时又禁止贵族官员和僧尼交往，使佛教势力受到很大打击。

　　玄宗即位初期，在生活上以节俭自励。开元二年，为禁绝奢靡之风，他果断宣布："乘舆服御，金银器玩，应命官员销毁，以供军国之用；将珠玉、锦绣，焚于殿前。后妃以下服装都不得佩珠玉、刺锦绣。禁止天下采集珠玉、织造锦绣等物，违者杖打一百。"他还裁汰宫女，将她们遣送回家。又毁武后所造天枢、韦后所立石台，以示与弊政决裂。

　　开元年间，玄宗君臣的文治武功，造成了比较清明的政治局面，经济、社会繁荣，出现了"开元之治"的盛况。

　　当时的长安，是全国政治、经济、文化中心。长安城内有笔直的街道，南北大街十一条，东西十四条，划分为方格形的一百零八坊。长安城周长三十六点七公里，城内面积八十四平方公里，几乎相当于保存至今的明代西安古城的十倍。

　　长安城内北部居中的地方是宫城。内有太极殿，称"西内"。城外东北方有大明宫，又称"东内"。当时长安城内，来自亚洲各地、远至波斯和大食的使节、商人数以万计。大明宫的麟德殿，就是宴请国宾的地方。城内东部在开元年间建造了兴庆宫，时称"南内"。这三大"内"就是唐朝的三大宫殿群，其主体建筑规模宏伟，与现存北京故宫的太和殿不相上下。

长安城里的商业区分东市和西市。市内有井字形的街道，四通八达，店铺林立。每市各有二百二十行。每当午时，击鼓三百响，店铺落板，市者云集。市井中，货物充足，胡商络绎。皇宫所需，也仰仗两市供应。红日西沉，鸣钲三百响，店铺上板，市者疏散，闹市井然。长安两市的兴旺，反映了全国经济的繁盛。它联系着全国各地，也联系着丝绸古道和友好之邦。

当时社会经济的发展情况，在唐人著作里多有反映。诗人元结说："开元、天宝之中，耕者益力，四海之内，高山绝壑，耒耜亦满。人家粮储，皆及数岁；太仓委积，陈腐不可较量。"（《元次山集·问进士第三》）史家杜佑记载说："至（开元）十三年封泰山，米斗至十三文，青、齐谷斗至五文。自后天下无贵物，两京米斗不至二十文，面三十二文，绢一疋二百一十二文。东至宋、汴，西至岐州，夹路列店肆待客，酒馔丰溢。每店皆有驴赁客乘，倏忽数十里，谓之驿驴。南诣荆、襄，北至太原、范阳，西至蜀川、凉府，皆有店肆以供商旅。远适数千里，不恃寸刃。"（《通典·食货上》）大诗人杜甫曾满怀热情地讴歌道：

　　忆昔开元全盛日，小邑犹藏万家室。
　　稻米流脂粟米白，公私仓廪俱丰实。
　　九州道路无豺狼，远行不劳吉日出。
　　齐纨鲁缟车班班，男耕女桑不相失。

这些对"开元盛世"的描写，虽然不无溢美的成分，但它所反映的基本情况，却是符合历史实际的。

七、多才多艺　繁荣文化

政治的清明，经济的发达，社会的安定，伴随而来的必然是科学文化的兴旺景象。

　　南北朝时期，文物典籍丧失殆尽，唐初虽然做了一些搜集整理工作，但收获不大。到了开元时期，唐玄宗任昭文馆学士马怀素为修图书使，他和储元量一起，共同组织整理和编写事务。玄宗还下令在长安、洛阳创建丽正、集贤书院，组织全国著名学者，集中力量著书立说。又敕令大府寺（掌管宫廷库藏等），每月给麻纸五千番，每季给上墨三百六十丸，每年给上好兔皮五百张为笔材，以保证编书和抄书工作的顺利进行。

　　开元五年（717），在秘书监马怀素的建议下，唐玄宗在东都洛阳设乾元修书院，后更名"丽正书院"，作为官方的修书机构，"掌刊辑古今之经籍，以辨明邦国之大典，而备顾问应对"。这是我国最早的官办书院。不久，又在京师长安也设立了丽正书院。开元十三年（725），为庆祝《封禅仪注》一书告成，玄宗在集仙殿赐宴群臣，因"集仙"而思"集贤"，遂下诏改称丽正书院为"集贤书院"，取"集贤纳士，以济当世"之意。清人袁枚曾云："书院之名，起于唐玄宗时，丽正书院、集贤书院皆建于省外，为修书之地。"（《随园随笔·书院》）

　　书院创设之初，玄宗召集文学之士徐坚、贺知章等二十人，或著书立说，或讲经论道，并以宰相张说总管院事。玄宗提倡著书立说，诏令起居舍人陆坚于集贤书院修撰《大唐六典》（后多称《唐六典》），并亲自写了六条类目：理典、教典、礼典、政典、刑典和事典。全书历时十几年撰成。《大唐六典》全书三十卷，把唐代的律令加以简括，分别系于官吏的职责之下，保存了唐代前期的田亩、户籍、赋役、选举等典制。

　　古来有"唐四大类书"之说，指《艺文类聚》《北堂书钞》《初学记》《白氏六帖》四种类书。《艺文类聚》和《北堂书钞》分别成书于唐高祖、太宗时期，由欧阳询和虞世南等主持编纂。《初学记》成书于玄宗时,由徐坚等奉敕编纂而成。徐坚时任集贤院学士,副张说知院事,习熟掌故。此书的编纂,旨在便于诸皇子作文时查检事类,所谓"撰集要事并要文,以类相从。务取省便,令儿子等易见成就"(《大唐新语》引玄宗语),故名《初学记》。《四库全书总目》谓之:"在唐人类书中,博不及《艺文类聚》,而精则胜之。若《北堂书钞》及《六帖》,则出此书下远矣。"

对开元年间编书的盛况,宋代欧阳修曾评价说:"自汉以来,史官列其名氏、篇第,以为六艺、九种、七略,至唐始分为四类,曰经、史、子、集。而藏书之盛,莫盛于开元,共著录五万三千九百一十五卷,而唐之学者自为之书者,又两万八千六百六十二卷。呜呼!可谓盛矣。"(《新唐书·艺文志》)

唐玄宗爱好文艺,尤其具有音乐造诣。在两《唐书》的《音乐志》和《礼乐志》里,有不少玄宗和妃子唱和的记载。玄宗曾选乐工三百人,宫女数百人,教授乐曲于梨园,亲自订正声误,号"皇帝梨园弟子"。后世称戏班为"梨园",戏曲演员为"梨园子弟",而梨园行供奉"老郎神"(原形即唐明皇),均由此而来。据载,唐玄宗还亲自作《霓裳羽衣曲》,相应舞蹈即《霓裳羽衣舞》,当日曾盛极一时。

此外,唐玄宗还注意征召和培养各种人才,他任用了许多著名学者,充当其学术顾问。如张遂是著名的天文学家,因拒绝与武三思合作,便隐居到嵩山当了和尚,法号"一行"。开元三年(715),玄宗把一行召到长安,让他做天文学顾问,成了历史上卓越的天文学家。一行利用皇家提供的条件,加上自己的辛勤工作,编撰出了著名的《大衍历》。开元十二年(724),一行还指导子午线实测,这不仅在我国是创举,在世界上亦属首次。

玄宗还下诏征召大诗人李白,让他做翰林供奉,给予优厚的待遇。李白以布衣应聘入宫,对当时文化界的影响很大。在这样的环境下，文艺的兴旺发达成为必然现象。李白之外，王维、杜甫、白居易等，也基本生活在这一时期。

总之，开元时期涌现出了一批杰出的诗人、医学家、音乐家、天文学家等，为那个时代留下了映照古今的光彩，形成了举世闻名的盛唐文化。

八、远贤亲佞　宠用奸相

光阴荏苒，唐玄宗即位已逾二十年。这二十多年，天下无事，也可谓"平淡无奇"。于是，玄宗渐渐开始贪图安逸享乐，懒于处理政事。

吏部侍郎李林甫为人伪善，谄媚狡诈，好用权术。他与宦官及外戚深相结交，窥伺皇上的行动，玄宗的一举一动，没有他不知道的。也正因此，每次回答皇上提出的问题，他都能符合旨意，深得玄宗欢心。

当时，武惠妃在后宫诸妃中最受宠爱，所生寿王李瑁，在所有皇子中也最受宠爱。由此，太子李瑛渐渐遭到疏远冷落。见此情况，李林甫通过宦官对武惠妃说："愿意尽全力保护寿王。"武惠妃很为感激，便也暗中帮助，李林甫因此升任黄门侍郎。开元二十二年（734）五月，玄宗任命裴耀卿为侍中，张九龄为中书令，李林甫为礼部尚书、同中书门下三品，成了宰相。

此前唐玄宗打算任命李林甫为宰相，曾征求中书令张九龄的意见。张九龄不同意，说："宰相关系国家安危，如果陛下任命李林甫为宰相，我恐怕他将来成为国家的忧患。"（"宰相系国安危，陛下相林甫，臣恐异日为庙社之忧。"《资治通鉴·唐纪三十》）玄宗不听。李林甫任相后，张九龄因精通文辞、文笔超群而受到玄宗赏识，他虽然怨恨，但还是曲意逢迎。张九龄遇事，不论大小都直言敢谏，李林甫窥伺皇上的心意，总想阴谋中伤他。

李林甫推荐萧炅为户部侍郎。萧炅不学无术,曾在中书侍郎严挺之面前读"伏腊"为"伏猎",严挺之对张九龄说:"官府里岂能容纳'伏猎'侍郎?"("省中岂有'伏猎侍郎。'"《旧唐书·严挺之传》)遂把萧炅调出京城,改任岐州刺史,李林甫因此怨恨严挺之。而张九龄与严挺之要好,想推荐他任宰相,曾建议说:"李尚书(李林甫)正受皇帝恩宠,你应该到他家去拜访,与他亲近一些。"严挺之平日颇讲恩义,但却不肯屈服于人,他看不起李林甫的为人,没听张九龄的劝告去拜访,李林甫自然更加怨恨了。

严挺之原来的妻子,改嫁蔚州刺史王元琰。王元琰犯贪赃罪交三司审讯,严挺之曾替他说情。李林甫通过左右之人向皇上诬告严挺之,玄宗对张九龄说:"严挺之替罪人求情,是因为王元琰妻子的关系吧?"张九龄说:"王元琰的妻子是严挺之遗弃的,不可能有私情。"玄宗说:"你不知道,虽然遗弃了,但还是有私情的。"("卿不知,虽离之,亦却有私。"《旧唐书·李林甫传》)

事后,唐玄宗想起从前张九龄不同意任命李林甫为宰相的事情,认为裴耀卿、张九龄私结朋党,便罢免了他们的相职,不让他们管理政事。玄宗任命李林甫兼中书令;牛仙客为工部尚书、同中书门下三品,照旧兼任朔方节度使。严挺之被贬为洺州刺史,王元琰被流放到岭南。张九龄获罪罢相后,朝中官员从此都明哲保身,没有人直言进谏了。

李林甫想堵塞皇上的听闻,自己专擅朝政大权,明目张胆地让谏官们不要进谏。补阙杜琎曾上书论述朝廷政事,结果第二天就被罢黜,贬为下邽令。牛仙客本是李林甫推荐的,对李林甫只是唯唯诺诺罢了。他二人对百官的任免,都按资历年限办理,即使有特殊才能、优异行为，也不可能破格提拔，不免老死于低级职位上；而那些善于谄媚的人，却可以超越常规不次提拔重用。

李林甫心机深隐难测，人们很难看透他的心思。他好用甜言蜜语诱人，而暗中害人不露声色。凡是才能、声望、功劳、业绩超过自己，以及被皇上推重，有权势、地位的人，开始则亲近巴结；等到那人权势地位可能威胁自己时，总要千方百计地除掉。即使老奸巨猾的人，也无法逃出他的权术。

开元二十五年（737）四月，监察御史周子谅上书弹劾牛仙客没有宰相的才能，并引用谶书做证据。玄宗大怒，命左右在殿廷抛掷周子谅，周子谅气绝后复苏，又命在朝堂上杖打，之后流放瀼州，走到蓝田就死了。李林甫挑唆说："周子谅是张九龄推荐的。"几天后，玄宗贬张九龄为荆州长史。

唐玄宗曾在勤政楼下垂帘观看乐舞，兵部侍郎卢绚以为皇上已经离去，便提鞭按辔，骑马横过楼下。卢绚仪态清秀，玄宗不由目送、赞叹。李林甫早就用金银布帛买通了皇上身边之人，皇上的一举一动他都清楚。得知此事后，他便将卢绚外调为华州刺史。卢绚到任不久，李林甫又诬陷他有病，不理政事，改封为詹事、员外、同正。

严挺之遭贬之后，玄宗曾问李林甫："严挺之如今在哪里？这个人也可使用。"当时，严挺之任绛州刺史。李林甫出宫后，便叫来严挺之的弟弟严损之，告诉他："皇帝待你哥哥的情意很深，为什么不想一个觐见皇帝的办法，上书说得了风疾，请求回京治疗？"等严挺之的奏章送来，李林甫拿着禀告皇上说："严挺之年老患病，应该暂且授他闲散官职，使他治病调养。"玄宗听从了这一"建议"。

开元二十七年（739）四月，玄宗任命牛仙客为兵部尚书兼侍中，李林甫为吏部尚书兼中书令，总管文科、武科考试之事。

九、偏宠信佞　废立太子

李隆基做临淄郡王时，赵丽妃、皇甫德仪、刘才人都受到他的宠爱，赵丽妃生太子李瑛，皇甫德仪生鄂王李瑶，刘才人生光王李琚。即位之后，他宠幸武惠妃，赵丽妃等人都失了宠。太子李瑛和李瑶、李琚在后宫相会，都因生母失宠而说了些牢骚话。驸马都尉杨洄，娶武惠妃之女咸宜公主为妻。为了讨好丈母娘，他经常伺察三位皇子的过失，并随时报告。

在武惠妃权倾后宫的时候，李林甫见武惠妃所生寿王、盛王受到皇上宠爱和善待，而太子李瑛却日渐冷落，便通过宫里的太监对武惠妃说："愿保护寿王。"武惠妃因此很感激他。

有一次，武惠妃哭着对皇上说："太子暗中结党，要谋害我们母子，还指责陛下呢。"唐玄宗把事情告诉了宰相张九龄，并表示打算把三个皇子都废为庶民。张九龄说："太子是天下的根本，生长在宫廷里，受到陛下的悉心教导，没见有什么过失，陛下为什么要因为一时的喜怒而忍心废黜呢？这样做，我不敢奉诏。"（"太子国本，长在宫中，受陛下义方，人未见过，陛下奈何以喜怒间忍欲废之？臣不敢奉诏。"《旧唐书·李林甫传》。《资治通鉴·唐纪三十》作："太子天下本，不可轻摇。……陛下必欲为此，臣不敢奉诏。"）玄宗听了，很不高兴。李林甫当时没说什么，下朝后私自对玄宗宠幸的宦官说："这是皇帝的家事，没有必要问外人。"（"家事何须谋及于人。"同上）

玄宗尚在犹豫。武惠妃却暗中派宫奴牛贵儿，对张九龄说："有废一定有兴，您如果能帮助我，宰相就可以长期稳做了。"（"有废必有兴，公为之援，宰相可长处。"《资治通鉴·唐纪三十》）张九龄斥退牛贵儿，并把武惠妃的话告诉了皇上。玄宗听后变了脸色，也就把废立之事搁置下来。一直到张九龄罢相，太子李瑛也没有被废。

武惠妃等自然不肯就此罢休。杨洄又诬陷太子李瑛、鄂王李瑶、光王李琚,说他们和太子妃的哥哥驸马薛锈密谋。玄宗召集宰相商量,最终还是采纳了李林甫所谓"家事何须谋及于人"的话,下诏贬太子李瑛、鄂王李瑶、光王李琚为庶民(当时人称"三庶"),流放薛锈。不久,又赐李瑛、李瑶、李琚自尽,薛锈也在流放地赐死。李瑶、李琚都富有才识,却无罪而死,人们都很怜惜。李瑛的舅家赵氏、妃家薛氏,李瑶的舅家皇甫氏,均受牵连被流放、贬黜了几十人。

李瑛死后,李林甫多次劝玄宗,说寿王李瑁年纪已经长成,应该立为太子。("寿王年已成长,储位攸宜。"《旧唐书·李林甫传》)玄宗认为忠王李玙年长(行三),而且仁孝恭敬谨慎,又好学上进,应当立他为太子,("玄宗曰:'忠王仁孝,年又居长,当守器东宫。'"同上)但犹豫一年多仍未决定。

唐玄宗想到自己日渐老迈,三个儿子又在同一天赐死,继承人尚未确定,经常闷闷不乐,睡不好、吃不下。高力士乘机询问是何原因,玄宗说:"你是我家的老奴,难道还不能揣测出我的想法?"高力士问道:"该不是因为太子还没有确定吧?"玄宗答曰:"正是。"高力士接着说:"陛下何必这样白白地劳乏圣心呢?只要推举年长者立为太子,谁还敢再争夺!"玄宗首肯:"你说得对,你说得对。"(高力士乘间请其故,上曰:"汝,我家老奴,岂不能揣我意?"力士曰:"得非以郎君未定邪?"上曰:"然。"对曰:"大家何必如此虚劳圣心,但推长而立,谁敢复争!"上曰:"汝言是也!汝言是也!")于是,立李玙为太子,后来改名"李亨"。

十、专宠贵妃　外戚权盛

开元二十九年(741),唐玄宗决定第二年改元"天宝"。缘何改元,有不同说法,其中一种,说是这年正月,玄宗声称自己梦见了玄元皇帝(即老子),梦中老子说他"将有无疆之体,非常之庆";还说"我藏灵符,在尹喜故宅",派人去找,还真的找到了。玄宗认为是天降祥瑞,因此而改元。《天宝改元敕》所谓"微诚感通,烈祖降见,乃昭灵命,是锡宝符。因而求之,应言而获",所以"愿加'天宝'之名,用易'开元'之号"。

还有一种说法,认为唐玄宗觉得,到了此时,一生大事已经完成,应该进入一个享受成果的新时代了。这也不无道理,其实《天宝改元敕》就有"时臻寿域,积以岁月",虽也说"未尝懈怠",实际上是很想"歇歇了"。到天宝元年(742),唐玄宗已经做了三十年的太平天子,而"开元盛世"的成就,则使他踌躇满志、沾沾自喜,锐意进取、励精图治的精神逐渐丧失殆尽,日渐纵情声色、奢侈无度。

武惠妃逝世后,玄宗时常怀念她,后宫美人数千,却没有一个中意。天宝三载(744),高力士告诉皇上,寿王李瑁的妃子杨玉环美貌非常,绝世无双。玄宗见到杨玉环,也特别喜欢,但她是自己的儿媳,如果公然纳她为妃,显然有悖伦常。于是,玄宗命杨玉环申请当女道士(道号"太真"),又重新给寿王李瑁迎娶左卫郎将韦昭训的女儿,然后让杨太真秘密住在宫中。

杨太真肌肤丰满,体态婀娜,精通音乐,聪明机警,善于迎合皇上的旨意。入宫不到一年,她受到的宠幸就像武惠妃一样,宫中都称她为"娘子",一切礼仪都与皇后相同。白居易在《长恨歌》里曾生动地描写了杨太真的宠遇:

> 承欢侍宴无闲暇,春从春游夜专夜。
> 后宫佳丽三千人,三千宠爱在一身。

天宝四载（745）八月，玄宗册封杨太真为贵妃，封其父杨玄琰为兵部尚书，任命其叔父为光禄卿，堂兄杨铦为殿中少监，杨锜为驸马都尉。册封武惠妃的女儿为太华公主，命杨锜娶她为妻。对杨贵妃的三个姐姐，也都在京城赏赐住宅，宠贵显赫。

　　杨国忠是杨贵妃的堂兄，不学无术，没有德行，被宗族鄙视。他曾经到蜀地从军，任职新都尉。期满之后，因家贫不能返回，就留在了当地。新都县富民鲜于仲通，经常资助他。剑南节度使章仇兼琼推荐鲜于仲通为采访支使，并当作自己的亲信。章仇兼琼对鲜于仲通说："现在我只得到了皇上的厚爱，如果没有朝中的内援，一定会被李林甫所害。听说杨贵妃刚刚得宠，别人还不敢依附她。你若能替我到长安和她家结交，我就没有忧患了。"鲜于仲通说："我是蜀地人，没有到过首都，恐怕坏了您的大事。我给您另找一个人吧。"于是就介绍了杨国忠的情况。

　　章仇兼琼接见杨国忠，见他身材魁梧，言辞敏捷，十分高兴，马上任命他为推官，让他到京城去。临别时，对他说："我有一点东西在郫县（今四川郫县），可以做一天的口粮，你路过那里，可以去拿。"杨国忠到了郫县，章仇兼琼派亲信带给他大量的蜀地珍贵特产，可值一万缗。杨国忠高兴地收下财物，然后昼夜兼程到了长安。他到杨家各姊妹家去拜访，把蜀地特产送给她们，说："这是章仇公赠送的。"

　　礼物起了催化作用，杨家人都在皇上面前称赞章仇兼琼。天宝五载（746）五月，唐玄宗任命剑南节度使章仇兼琼为户部尚书，这自然正是由于杨家人推荐的结果。而她们说杨国忠擅长赌博游戏，玄宗一听来了兴趣，随即予以召见，封他为金吾兵曹参军，特准他可以随供奉官出入宫廷。

　　杨贵妃受到玄宗专宠，每次骑马，都由高力士牵马执鞭。专给杨贵妃织绣衣的工匠，就有七百人。朝廷内外争着奉献器用服装、珍宝玩物,而岭南节度使张九章、广陵长史王翼所献物品尤为精美,就加封张九章三品官,王翼入朝任户部侍郎。天下人也都效法他们。杨贵妃想吃鲜荔枝,玄宗就命岭南每年用驿站快马传送,等送到长安,色味仍然不变。诗人杜牧在《过华清宫》中写道:

> 长安回望绣成堆,山顶千门次第开。
> 一骑红尘妃子笑,无人知是荔枝来。

天宝七载(748)十一月,唐玄宗封杨贵妃的大姐为韩国夫人,二姐为虢国夫人,三姐为秦国夫人。三人都有才华和姿色,玄宗称她们为"姨",允许随便出入宫禁。她们的权势超越了一般朝臣。每次这几位夫人入宫晋见,连玉真公主(玄宗之妹)等都辞让不敢就座。

三位夫人与杨铦、杨锜五家,凡是有事相托,府县一概照办,比皇上的敕命还有效。全国各地送来的礼物,都堆积在他们的家里。人们争先恐后送礼,杨氏五家的门庭日夜若市。十王宅中的诸王和百孙院的皇孙,若有婚嫁之事,都要用一千缗钱贿赂韩国、虢国二夫人,让她们向皇上求情,结果没有不如意的。

皇上的赏赐及各地进献的物品,杨氏五家都是一样的。他们争相建筑宅邸,极尽壮丽奢华,一间厅堂的费用就超过了一千万钱。建成之后,如果看见别人比自己的好,就拆掉重建。虢国夫人尤其奢侈,一天早上,突然带领工匠闯入黄门侍郎韦嗣立的家,命令马上拆毁旧屋,在那里给自己建筑新宅,只给韦家十亩闲田而已。中堂建成后,叫泥瓦工涂饰墙壁,就用了约二百万钱。

当时,皇亲国戚都争相向玄宗进献食物,玄宗任命宦官袁思艺为检校进食使。皇亲国戚所进献的美味珍品有几千盘，一盘的费用相当于中等人家十户的财产。中书舍人窦华有一次退朝，正值公主进献食物，在街中列队，传呼的人骑着马出入其间，几百名宫苑小儿拿着木棒走在前面，窦华差一点挨了他们的打。

十一、奸臣聚敛　玄宗挥霍

唐玄宗宠信李林甫造成朝政混乱的同时，又肆意挥霍钱财，靡费无度，大肆赏赐。不事节流，必然要开源，于是，奸臣们也便趁机大肆聚敛。

开元九年（721）正月，监察御史宇文融上书说，天下人口逃移、奸诈虚伪的现象很多，请进行清查。宰相源乾曜欣赏宇文融的才华，也赞成这一做法。二月，玄宗命有司商议制定招回逃亡流民及审问奸邪的法规，向朝廷奏报。接着颁下制书："各州县逃亡的人，在一百天内向当地官府自首，或者在所在地入户籍，或者按官府文告规定的日期回到原籍，各按自愿决定。如过期不自首，清查出来，一律迁往边疆州县居住。官府或私人有敢包庇的抵罪。"

玄宗派宇文融担任使者，登记逃亡人口和隐瞒的田地，查出了许多逃亡者和漏税田。玄宗提升宇文融为兵部员外郎兼侍御史。宇文融奏请设置劝农判官十人，并代行御史职务，分别到全国各地去；对新近就地入籍的客户，均免除六年的赋税。有的使者苛刻严峻，州县迎合使者意图，经常骚扰百姓，百姓深受其苦。阳翟县尉皇甫憬上书奏报了这些情况，玄宗却命宇文融担任一方重任，独立行使大权，贬皇甫憬为盈川尉。有的州县迎合上级旨意，刻意多查出流亡人口，虚报数字；有的把当地常住户当做逃亡农户上报。共查出逃亡农户八十多万，隐瞒的田地也和这个数目相当。

开元十二年（724）六月，玄宗下制书："逃亡农户可以自首，开垦当地的闲田，根据情况适当收税，不能随便征调劳役、征收赋税，一切赋税全免。"仍命兵部员外郎兼侍御史宇文融为劝农使，到各州县巡察，与当地官员、百姓议定赋税的数额。八月，玄宗又任命宇文融为御史中丞，乘坐驿车周游天下。无论大小事，各州县都要先向宇文融报告，然后再报告中书省；朝廷各司也听取宇文融的指挥，然后再作出决定。

唐玄宗有意大规模征讨四夷，急需用费。州县惧怕宇文融，大多虚报括田括户数字。年终决算，增加税收几百万钱，全部上交朝廷。从此，玄宗开始宠信宇文融。有些人议论，认为登记户口、田地造成许多烦扰，不利于百姓。玄宗命百官在尚书省议论。公卿以下的官员害怕宇文融，都不敢提出不同意见。只有户部侍郎杨玚抗议说："登记客户自首的人免税赋，不利于定居的主人。征收账属以外的田税，使百姓困顿疲惫，得不尝失。"不久，杨玚被贬任华州刺史。

开元十三年（725），唐玄宗任命宇文融兼任户部侍郎。下制：把收取的客户税钱，都交到当地常平仓做本钱。宇文融掌管财政大权，趁机聚敛财富，大肆贪污受贿。

中书令张说憎恶宇文融的为人，也忌恨他权重，因此对他陈述的意见，大多加以压抑，不上报给玄宗。开元十四年（726）四月，宇文融和御史大夫崔隐甫、御史中丞李林甫，共同揭发张说"找术士占星，生活奢侈，接受贿赂"。玄宗听信宇文融之言，罢了张说的职务。

崔隐甫、宇文融担心张说再被任用，便多次上奏诽谤他。宇文融和张说、崔隐甫各自结成朋党，明争暗斗。玄宗对朋党之争向来憎恶，开元十五年（727）正月，下诏命张说辞官回家，崔隐甫免官侍奉母亲，宇文融离京任魏州刺史。

开元十六年（728）正月，玄宗又任命宇文融为户部侍郎兼魏州刺史，兼任河北道宣抚使。不久，又命他任汴州刺史，兼任河南河北沟渠堤堰决九河使。宇文融请求按照《禹贡》记载的九条河流故道开垦稻田，并征收陆运钱上交官府。但因人力被征调兴建楼台殿阁，开垦稻田之事没有施行。

宇文融性格精细敏锐，能言善辩，应答问话多能中肯，财政税赋问题尤其出色，因而得到玄宗宠幸。他在各地广泛设置使者，使者们争着为朝廷聚敛财富。从此，百官逐渐玩忽职守，而玄宗越来越奢侈。百姓饱受搜刮的痛苦，都怨声载道。宇文融为人浮躁，喜欢自夸，在宰相之位时，曾对别人说："让我担任几个月的宰相，海内就会平安无事了。"

信安王李祎因为有军功，受到玄宗的宠信，宇文融十分嫉妒。李祎入朝，宇文融秘令御史李宙抨击他，李宙却将此事泄露了出去。李祎听说后，抢先禀告了玄宗。第二天，李宙抨击李祎的奏书果然送上。玄宗大怒，贬宇文融为汝州刺史。宇文融任相百天即被罢官，但此后，凡是因对国家财利问题提出建议而取得高官的，都是效法他的结果。

宇文融获罪后，国家用度不足，唐玄宗又想起他，对裴光庭等大臣说："你们都说宇文融不好，我就罢黜了他。现在国家用度不足，怎么办呢？你们怎么辅佐我？"裴光庭等人害怕，不能回答。恰在此时，有人秘告宇文融贪污贿赂之事，玄宗大怒，将他贬为平乐县尉。过了一年多，司农少卿蒋岑奏报宇文融在汴州隐瞒吞没的官府钱，数字竟然以万万计。玄宗下令彻底清查，结果宇文融被流放到岩州，在路上病逝。

太尉卿杨崇礼，在太府（掌管国家钱谷的保管出纳）任职二十多年，前后在太府任职者，没有能赶上他的。当时天下太平日久，财货堆积如山，经杨崇礼管理的东西，都极其整饬精详。杨崇礼每年检查考核金钱出入之数，辩论弊害，提出异议，节省庞杂不必的开支，提取赢利，就能拿出钱几百万缗。

开元二十一年（733），杨崇礼以户部尚书的身份辞官回家，已九十多岁高龄。唐玄宗问宰相："杨崇礼的几个儿子里，谁能继承他父亲之职？"宰相回答说："杨崇礼有三个儿子，杨慎余、杨慎矜、杨慎名，都廉洁、勤奋而有才华，其中杨慎矜最好。"玄宗就把杨慎矜从汝阳县令提升为监察御史，主管太府出纳；杨慎名代理监察御史，任东都含嘉仓出给（即出纳）。玄宗很看重他们。杨慎矜奏报各州缴纳的布帛有被水泡、破坏的，都让本州按物资价格折合成钱，购买微小的财货送到京师，赋税的征调从此开始频繁起来。

天宝元年（742）三月，玄宗任命长安令韦坚为陕郡太守，兼任江淮租庸转运使。本来自宇文融死后，再没有人敢谈论财利；及至杨慎矜得到宠幸，韦坚、王鉷这些人，都争相向玄宗提出有关财利方面的建议。百官有职权的，也渐渐另外设置诸使来掌管，旧官只是充位罢了。玄宗命韦坚督促江淮地区租税的运输，一年就增加了万万的收入；玄宗认为他能干，因此提拔任用。王鉷也因善于管理租税的征收，被任命为户部员外郎兼侍御史。

天宝二年（743）三月，韦坚打算引水到禁苑东面的望春楼下，在那里修建一个新潭，聚集、展示江淮地区的运粮船只。为了凿通渠道，他随意开掘百姓的田地、坟墓，从江淮到京城，百姓无不怨恨。

历经两年，新潭建成。唐玄宗登上望春楼，观看新潭。韦坚准备了几百艘新船，每只船上都有用匾额标示的郡名，各自陈列郡中的珍宝货物。陕县尉崔成甫穿着半臂的锦衣、缺胯的绿衫，头上包着红色头巾，站在船头唱《得宝歌》，又让百名美妇穿着华美衣服与他对唱，船只相连有几里长。韦坚跪着进献各郡的珍宝货物，献上各色美味食品。玄宗大喜，设宴与群臣欢会，持续了一整天才结束。四月，玄宗加封韦坚为左散骑常侍，对其部下官员分等次奖赏，给新潭赐名为"广运潭"。

天宝四载（745）九月，玄宗又任命韦坚为刑部尚书，罢除诸使，让御史中丞杨慎矜代任。十月，玄宗任命户部郎中王鉷为户口色役使（掌管稽核田亩、户口、徭役等事），下令免除百姓当年的徭役。王鉷奏请征收运输费，增加钱数，又命购买本郡珍宝货物。这样一来，百姓缴纳的钱，比不免除徭役还多。

按旧的制度规定，戍边士卒应该免除赋税，服役六年要轮换。当时边疆将领都以战败为耻，因此士卒死亡的都不申报，原籍也不免除徭役。王鉷一心想聚敛财货，就把有户籍无人的当成逃避赋税，按着户籍登记戍边六年以上的，都要征收赋税。有的人一次竟然要被征收三十年的赋税。百姓苦不堪言，却又无处诉苦。

唐玄宗的生活日益奢侈，费用天天增多，对后宫的赏赐根本没有节制。他不愿多次到国库去领取，王鉷深知皇上的心意，就把每年进贡以外的百亿万钱帛储存在内库，供玄宗在宫中宴会赏赐用，并说："这些钱财都不是征收的赋税，不是国家预算里的经费。"玄宗认为王鉷能使国家富裕，于是更加器重。王鉷则竭力搜刮掠夺，以此向皇上邀宠，致使朝廷内外无不感叹怨恨。但玄宗对此毫不知情，又任命王鉷为御史中丞、京畿采访史。

杨国忠在宫中侍奉玄宗参加宴会，专管赌博游戏的胜负计数，查对得非常详细精明。玄宗很赏识他的精明强干，称赞他是个好度支郎（度支郎掌管全国财富的统计、支调）。杨氏族人多次在玄宗面前称引这句话，又把此事告诉了王鉷。王鉷迎合玄宗之意，就奏请任命杨国忠为度支郎中。

杨国忠担任度支郎中后，善于窥视皇上的心意，根据皇上的爱憎加以迎合。他千方百计聚敛财富，不到半年就被提拔兼任十五六个使职。不久，杨国忠又升任给事中兼御史中丞、专判度支事，一天比一天受宠。

天宝八载（749）二月，唐玄宗带领百官去参观国库，并分等次赏赐杨国忠等人。此时，各州县都很富裕，仓库堆满了粮食、布帛，往往数以万计。杨国忠奏请各州县把库存粮食卖掉，然后购买轻货；各地征收的丁租地税也都卖掉，购买布帛，运到京城。杨国忠多次奏报国库充实，古来罕能比拟。玄宗因此率领群臣参观，赏给杨国忠紫衣金鱼袋。因为国库富有，玄宗便挥金如土，赏赐受宠信的人家，挥霍钱财没有限度。

《礼记·大学》云："百乘之家，不畜聚敛之臣；与其有聚敛之臣，宁有盗臣。"）这话说得很对，奸臣大肆搜刮民财，要比盗窃祸害更大，因为他们不仅敛财，更加害人。而臣子之所以可以如此放纵，根子还在国君那里。唐玄宗为大肆敛财，任用聚敛之臣，设立许多使者，而他们则严苛搜刮民财，虚报数字来呈报功劳。见有如此富裕的财物，玄宗也就更加放纵奢侈，百姓无不怨声载道，日久必然造成祸患。宇文融首先倡导，杨慎矜、王鉷接着走这条路，到杨国忠时终于导致了叛乱。

十二、崇道好仙　朝政混乱

唐玄宗极力追求物质享受，大造离宫别馆。开元二十六年（738）冬，在两京建行宫、殿宇各千余间。每次外出，都由杨贵妃姊妹随从，其奢侈豪华的程度十分惊人。

为了益寿延年，唐玄宗崇道好仙。开元二十二年（734），把"自言有仙术"的张果（即"八仙"中的张果老）迎接到宫中；开元二十九年（741），声称梦见玄元皇帝（即老子），根据梦中指引，把他的画像迎置兴庆宫。此后，一些投其所好的奸人，或者诡称见到玄元皇帝的真容，或者扬言听到玄元皇帝的谈话，他也不辨真假，一律给予奖拔，这就更加荒废了朝政。

天宝元年（742）七月，左相牛仙客去世。八月，唐玄宗任命刑部尚书李适之为左相。

天宝二年（743），玄宗任命右赞善大夫杨慎矜为知御史中丞事。当时李林甫专擅朝政大权，公卿有被推荐重用的，如果事先没有通过他，他定要捏造罪名除掉。杨慎矜因此坚决推辞，不敢接受。五月，玄宗任命杨慎矜为谏议大夫。次年，改"年"为"载"，从此有了"天宝三载"，直到至德三载。

关于缘何改"年"为"载"，《唐大诏令集》云："历观载籍，详求前制，而唐虞之际，焕乎可述。用是钦若旧典，以协惟新，可改天宝三年为三载。"《尔雅·释天》称："夏曰岁，商曰祀，周曰年，唐虞曰载。""唐虞"是唐尧与虞舜的并称，而其时乃公认的太平盛世。显然，唐玄宗是自认为其时可以媲美三代、自己可以比肩尧舜了。而玄元皇帝赐予的宝符本就有"天宝万载"字样，且"载"又有"始"（《尔雅·释诂》："初、哉、首、基、肇、祖、元、胎、俶、落、权舆，始也。"）的意思。谁知这一"始"不要紧，大唐的鼎盛就逐渐成了昨日黄花。

唐玄宗即位之初，由于关中储粮不足，便经常到各地去巡视，后来逐渐厌倦外出。李林甫了解到这一情况，就在京城附近各道，增加粮税及强买民粮，以此来充实关中地区。经过几年，关中的积蓄渐渐丰足。

玄宗对高力士说："朕不出长安将近十年，天下没有什么事，朕想高居帝位、无所作为，把朝政全部委托李林甫，你认为怎么样？"（"朕不出长安近十年，天下无事，朕欲高居无为，悉以政事委林甫，何如？"）高力士回答说："天子到各地巡狩，是古时传下来的制度。况且国家大权，不能交给别人；其人威势既已形成，谁还敢再议论政事？"（"天子巡狩，古之制也。且天下大柄，不可假人；彼威势既成，谁敢复议之者！"《资治通鉴·唐纪三十一》）玄宗听了很不高兴，自此之后，高力士再也不敢深谈国家大事了。

天宝四载（745），李适之与李林甫争权。李适之任兵部尚书，驸马张垍任侍郎。李林甫忌恨他俩，派人诬告兵部官吏选官时受贿，逮捕了六十多人，交给京兆府和御史台审讯。审了几天，却得不到什么有用的罪证。京兆尹萧炅让酷吏吉温审讯。吉温一进庭院，就把兵部官吏押到外面，先从后厅带来两个重罪犯人审问，一会儿棍打，一会儿杠子压，哀嚎之声不绝。那些兵部官员听见，吓得面无人色，等押来讯问，都自动无辜服罪，没有人敢违背吉温的意思，很快就审结了。

当时，还有杭州人罗希奭，为官也严峻刻薄。李林甫推荐他，从御史台主簿升任殿中侍御史。罗、吉二人都顺着李林甫的意思，罗织罪名，制造冤狱，没有谁能逃脱。时人称他们为"罗钳吉网"。

韦坚因疏通水上运输得到玄宗宠幸，有意出任宰相。但他与李适之友好，李林甫因此忌恨，建议玄宗任命他担任刑部尚书，借以夺其实权。九月，玄宗在李林甫的推荐下，任命陕郡太守、江淮租庸转运使韦坚为刑部尚书，免去各个使职，让御使中丞杨慎矜代任。

李适之宽宏不拘礼法，不注意小事。李林甫曾对他说："华山有金矿，开采可使国家富强，皇上还不知道呢。"有一天，李适之奏事时，将此事报告了皇上。玄宗问李林甫，李林甫回答说："我早就知道这件事。但华山是王气所在之地，不宜开采，因此没敢禀告陛下。"玄宗认为李林甫爱护自己，李适之考虑事情不够成熟，因而对他说："你今后上奏事情，应该先和李林甫商量商量，不要贸然轻率！"（"自今奏事，宜先与林甫议之，无得轻脱。"《资治通鉴·唐纪三十一》）李适之从此被捆住了手脚，失去了皇上的宠爱。

起初立李亨为太子，并不是李林甫的意思，因而担心日后太子即位自己遭殃，常有废掉太子的想法；而韦坚又是太子妃的哥哥。陇右节度使皇甫惟明，曾是太子李亨的朋友，天宝五载（746），他打败吐蕃后入朝献捷，见李林甫专权，心里很不满，曾暗中劝皇上除掉此人。李林甫知道后，就派杨慎矜秘密监视皇甫惟明的行动。

正巧正月十五日元宵节晚上，太子出去游玩，与韦坚相见，韦坚又与皇甫惟明在景龙观道士的住房会面。杨慎矜揭发此事，认为韦坚是皇亲国戚，不应与边将亲近。李林甫乘机诬陷韦坚与皇甫惟明合谋，想废掉玄宗，拥立太子为皇帝。玄宗大怒，下令把韦坚、皇甫惟明都逮捕入狱，李林甫命杨慎矜和御史中丞王鉷、京兆府法曹吉温共同审讯。玄宗也怀疑韦坚和皇甫惟明有合谋，但是没有罪证。玄宗下诏，谴责韦坚不断谋求升官，贬为缙云太守；皇甫惟明因离间君臣的罪名，贬为播川太守；还另下制书告诫百官。李适之见此十分害怕，自请做闲散官员，玄宗也不挽留，免去相职，任为太子少保。

随后，唐玄宗任命门下侍郎、崇玄馆大学士陈希烈为同平章事。陈希烈因为讲解《老子》《庄子》得到提拔，又专用神仙、符瑞之事向皇上献媚。李林甫认为，陈希烈既受玄宗宠信，又性情柔顺，善于谄媚，容易控制，因此就推荐他做了宰相。机要的军政大事，全在李林甫家里决定，然后派人把办好的公文案卷送到陈希烈家，请他签名罢了。

天宝五载七月，将作少监韦兰、兵部员外郎韦芝，替哥哥韦坚申冤叫屈，谈话中引出太子为证，玄宗更加愤怒。太子李亨十分害怕,上表要求与韦妃离婚,请求不要因亲废法。玄宗再贬韦坚为江夏别驾,韦兰、韦芝则贬往岭南。但玄宗知道太子平日孝顺谨慎,因此没有惩处。李林甫乘机诬告韦坚与李适之等人结为朋党,玄宗不辨青红皂白,又把韦坚长流到临封,李适之贬为宜春太守。

赞善大夫杜有邻的女儿是太子李亨的良娣,良娣的姐姐是左骁卫兵曹柳勣的妻子。柳勣性格狂放不羁,爱好功名,喜欢结交豪杰。淄州太守裴敦复把他推荐给北海太守李邕,李邕与他成了朋友。柳勣到了京城,与著作郎王曾等当时有名的学者友好。柳勣与妻子的家人不和,想陷害他们,就编造假话,诬告杜有邻妄称图谶,勾结太子,指责皇帝。李林甫命吉温与御史一同审问,却审出柳勣是首谋。吉温命柳勣牵连王曾等人入狱。十二月,杜有邻、柳勣及王曾等都被棍棒打死,尸体堆积在大理寺,他们的妻子则放逐远方,朝廷内外震惊。李邕之子嗣虢王李巨被贬为义阳司马。李林甫又派监察御史罗希奭去审问李邕,太子也把良娣贬出宫做了庶民。对这些事情,玄宗自己不闻不问,任凭李林甫处置。

十三、奸相继踵　屡兴冤狱

唐玄宗沉湎声色娱乐,朝政全部托付李林甫。李林甫为保全自己的地位,妒贤嫉能,多次大兴冤狱,残害忠良。

将军王忠嗣多次率军出征吐蕃、吐谷浑,都获得大胜。唐玄宗让他兼任河西、陇右、朔方、河东四镇节度使,唐朝的兵马重镇都在他的掌握之中。李林甫因王忠嗣功劳显赫,怕他升任宰相,十分忌恨。

将军董延光攻击吐蕃石堡城(又名"铁刃城",在今青海湟源西南),超过预定日期却未能攻下。王忠嗣曾建议玄宗不要攻打易守难攻的石堡城，因而对进攻石堡城态度消极，董延光便诬告他阻挠军事计划，结果玄宗大怒。李林甫乘机让济阳别驾魏林诬告，说王忠嗣想起兵拥立太子李亨当皇帝。玄宗征召王忠嗣入朝，命三司审问，并说："我儿子李亨居住深宫，怎能和外人通谋？这一定是胡说。只判处王忠嗣阻挠建立军功之罪就行了。"

陇右节度副使哥舒翰受王忠嗣知遇，曾受到多次提拔，玄宗也决定重用，征召他入朝。哥舒翰入朝时，有人劝他多带些金银布帛去救王忠嗣，但哥舒翰不肯，认定天下公道还在，王忠嗣不会被冤杀。哥舒翰面见玄宗时，恰逢三司奏报王忠嗣犯了死罪，便竭力替王忠嗣鸣冤，并请求用自己的官爵来赎王忠嗣之罪。玄宗站起来，进入宫内，哥舒翰叩头跟随，声泪俱下。玄宗很受感动，于是免掉王忠嗣的死罪，贬为汉阳太守。

户部侍郎兼御史中丞杨慎矜，是隋炀帝杨广的后代，因受到玄宗重用，也遭到李林甫的忌恨。杨慎矜与王鉷的父亲王晋是表兄弟，少年时和王鉷十分友好，王鉷进入御史台，便是杨慎矜推荐的。等到王鉷升任中丞，杨慎矜和他说话时，还照旧称呼他的名字。王鉷仗着与李林甫关系密切，对此颇为不满。后来，杨慎矜又抢夺王鉷的职田，还曾跟人提起王鉷之母出身微贱，王鉷因此更加怨恨。杨慎矜对此毫无察觉，还像原来那样和他无话不谈，且曾私下与他谈论谶书的预言。

杨慎矜和术士史敬忠关系密切，史敬忠说天下将要大乱，劝杨慎矜在临汝山中买田庄，预为避乱之地。正巧父亲杨崇礼墓田里的草木流血，杨慎矜认为不吉利，就询问史敬忠。史敬忠让他进行祭祀来祛邪除恶，并在后园设道场驱妖。杨慎矜退朝后，就赤身裸体，带着手铐脚镣坐在道场之中。过了十天，草木不流血了，杨慎矜因此很感激史敬忠。

杨慎矜有个侍女叫明珠，长得很美，史敬忠多次注视她，杨慎矜就把她送给了史敬忠。史敬忠用车载她回家，路过杨贵妃姐姐秦国夫人的楼下，秦国夫人邀请史敬忠上楼，提出要车中的美人，史敬忠不敢违抗。第二天，秦国夫人入宫，让明珠跟随。玄宗见她长得漂亮，问她从什么地方来，明珠便把杨慎矜与史敬忠所有的事情全都告诉了皇上。

唐玄宗因杨慎矜与术士作妖法，很是厌恶，但含怒未发。杨国忠把这事告诉了王鉷，王鉷大喜，就借机侮辱杨慎矜，杨慎矜很生气。李林甫知道两人有矛盾，便暗中引诱王鉷谋害杨慎矜。于是，王鉷派人诬告"杨慎矜是隋炀帝的孙子，与恶人交往，家里有谶书，谋划恢复隋朝"。玄宗大怒，逮捕杨慎矜入狱，命刑部尚书萧炅、大理寺卿李道邃、殿中侍御史卢铉与杨国忠共同审讯。

太府少卿张瑄是杨慎矜推荐的，卢铉便诬陷张瑄曾和杨慎矜谈论谶书之事，用尽各种酷刑拷问，张瑄不肯承认。卢铉又把张瑄的双脚捆绑在木头上，让人拉着枷柄向外发力，张瑄的身体被拉长了几尺，腰被拉得要断了，眼睛、鼻子出血，但仍不承认。

玄宗又派吉温逮捕史敬忠。吉温见到史敬忠，一言不发便锁上脖子，用布蒙头，驱赶他在马前走。走了很久，史敬忠哀求吉温，请求供认罪状。吉温才在桑树下让他写了三张供纸，供认内容都符合吉温的心意。

接着，开始审讯杨慎矜，并用史敬忠的证词作证。杨慎矜害怕受酷刑，便全部认罪，只是没有搜出谶书。李林甫派卢铉去搜查杨慎矜家。卢铉在袖子里藏了本谶书，进入他家的暗室，一会儿出来骂道："这个逆贼把谶书藏得这样严实！"卢铉将谶书拿给杨慎矜看，杨慎矜叹息说："我没有藏谶书，这书怎么在我家呢？我只是应当死罢了。"

天宝七载（748）十一月，唐玄宗赐杨慎矜及其两位兄长少府少监杨慎余、洛阳令杨慎名自杀。史敬忠杖一百，妻、子流放岭南；张瑄杖六十，流放临封，后来死在会昌。嗣虢王李巨虽然没有参与谋划，但因认识史敬忠也受到牵连罢官。其余被牵连的有几十人。

李林甫多次制造大冤案，在长安设置推事院。因为杨国忠是皇亲国戚，经常出入宫廷，他的话皇上大多会听，李林甫就拉他做帮手，提拔他为御史，事情有涉及太子的，就提出让他上奏揭发，交给罗希奭、吉温审问。杨国忠的野心因此得逞，经他揭发而排挤、陷害、诛杀了几百家人。幸亏太子李亨仁孝谨慎，张垍、高力士经常在玄宗面前保护，李林甫最终也未能离间。

十二月，玄宗命百官在尚书省观看各地送来的全年贡物，看完就命人用车装上，全部赏给李林甫。玄宗有时不上朝处理政事，百官就都集合在李林甫的家里办事，尚书台空无一人。陈希烈虽然坐在宰相府中，却没有一个人去谒见。

天宝八载（749）四月，咸宁太守赵奉璋告发李林甫二十多条罪状。状纸还没有交上去，李林甫就知道了，暗示御史将其逮捕，诬陷他妖言惑众，命令用棍棒打死。

起初，吉温依靠李林甫而获得提拔任官，后来兵部侍郎兼御史中丞杨国忠对他屡施恩惠，吉温便离开李林甫依附杨国忠，并为以杨代李执政而出谋划策。萧炅和宋浑都是李林甫的亲信，吉温发现他们的罪过，就让杨国忠奏报而驱逐他们，从而除掉李林甫的亲信。结果李林甫也无法营救，天宝九载（750）四月，御使中丞宋浑因贪污巨万，被流放到了岭南。

户部侍郎兼御史大夫、京兆尹王鉷的弟弟王銲，时任户部郎中，是个凶险不法之徒。天宝十一载（752），王鉷与王銲叫来术士任海川，王銲问道："你看我是否有王的相貌？"任海川一听王銲有谋反之意，非常害怕，便逃跑了。

王銲担心事情泄露，就把任海川抓起来，假借别的罪名，将其杖打而死。王府司马韦会是定安公主的儿子，在自己家里谈论此事。王銲知道后，便派长安尉贾季邻逮捕韦会，送到监狱里缢死。王銲的好友邢縡，率领龙武军万骑兵谋杀了龙武将军，打算发动政变，杀死李林甫、陈希烈、杨国忠。在政变的前两天，有人告发了此事。

这年四月，唐玄宗上朝，把上告的状纸交给王鉷，让他逮捕邢縡。王鉷想到弟弟王銲可能在邢縡家，就先派人叫他回来，直到天黑才命贾季邻等人去逮捕邢縡。邢縡住在金城坊，贾季邻等人到了门口，邢縡就率领几十个同党，手持弓箭、大刀冲出院来与他们格斗。王鉷和杨国忠带兵前来援助，邢縡的同党说："不要伤害大夫（王鉷）的部下。"杨国忠的侍从听到这话，便对杨国忠说："叛贼有暗号，不要跟他们打了。"邢縡边打边跑，到了皇城的西南角，正好唐玄宗派高力士带领飞龙甲骑（禁军之一，"甲骑"为披甲的骑兵）四百人来到，捉住邢縡并杀死，逮捕了他的党羽。

杨国忠一向忌恨王鉷，他趁机对玄宗说："王鉷肯定参加了预谋。"玄宗认为，王鉷深受自己信用，不应参加叛逆，李林甫也替他辩解。玄宗下令特赦王鉷，不再追问，但想让他上表请求治王銲之罪，并派杨国忠前去暗示。但王鉷不忍心这样做，玄宗大怒。

陈希烈虽是李林甫推荐任宰相的，但因长年没有实权，也怨恨李林甫，此时便与杨国忠联手，共同对付李林甫。因此，陈希烈极力称说王鉷大逆不道、应当诛杀，玄宗便命陈希烈和杨国忠审讯。这时，任海川、韦会的事也被揭发出来，最后判罪定案，赐王鉷自尽；在朝堂上将王銲杖死；王鉷的儿子王准、王偁都流放到岭南，不久也被杀死。

王鉷死后,唐玄宗命杨国忠兼任京兆尹,加封为御史大夫、京畿关内采访使。杨国忠扶摇直上,权倾朝野,王鉷原本专管的职务,都归他兼任。同年十一月,唐玄宗又任命杨国忠为右相,兼文部尚书,其他判、使照旧。

杨国忠担任宰相后,自认为大权在握,便"以天下兴衰为己责",裁决军政大事,往往刚愎自用。在朝堂上,对公卿以下官员颐指气使,以致人人惊恐。杨国忠从任侍御史到任宰相,共兼任四十多个使职。台省官有才、有德、有名望的人,如果有谁不肯听从,他就想方设法将之贬出京城。

鲜于仲通因杨国忠荐举而得任京兆尹,天宝十二载(753),他暗示官吏候选人出面,请求给杨国忠刻碑颂扬功绩,立在尚书省的门口。玄宗下令让鲜于仲通撰写颂辞,并亲自改定数字,鲜于仲通用黄金填了碑上的这几个字。

当年十月,唐玄宗、杨贵妃前往华清宫,三位夫人均要随从。她们先在杨国忠家聚集,跟从的车马、仆从占满了几条街道。仆从们穿着锦绣衣服、佩戴着珠玉,鲜艳夺目。杨氏五家,每家站一队,穿一色的衣服以示区别。五家合为一队,远望灿烂有如云锦。

杨国忠身居要职,趁机收受贿赂,朝廷内外向他送礼的聚集在他家门闾,家中堆积的丝织品就三千万匹。

天宝十三载(754)二月,杨国忠晋升为司空。这时,水灾旱灾已经持续一年,庄稼歉收,关中地区闹饥荒。杨国忠嫌京兆尹李岘不依附自己,就把天灾归罪于他,贬为长沙太守。玄宗担心雨多伤害庄稼,杨国忠就挑了些长得好的禾苗献上,说:"雨水虽多,不会伤害庄稼。"玄宗信以为真。在杨国忠的淫威之下,天下无人敢说有灾害。高力士在玄宗身边侍候,玄宗说:"大雨连绵不断,你可以把知道的情况全都说说。"高力士回答说:"自从陛下把大权交给宰相以来，赏罚没有标准，致使阴阳失调，奴才敢说什么呢！"玄宗沉默不语。（"高力士侍侧，上曰：'淫雨不已，卿可尽言。'对曰：'自陛以权假宰相，赏罚无章，阴阳失度，臣何敢言！'上默然。"《资治通鉴·唐纪三十三》）

到了晚年，唐玄宗自信天下太平，认为没有什么可忧虑的，于是深居宫中，一心沉溺于声色娱乐，把朝政相继委托给李林甫、杨国忠。他们二人多次兴起大狱，诛杀斥逐贵臣，终于酿成天下大乱，但玄宗始终没有觉悟。

十四、玄宗宠用　禄山坐大

唐玄宗除了宠用奸臣李林甫、杨国忠、宇文融外，还宠信胡将安禄山，这最终酿成了安史之乱。

安禄山本是营州柳城（今辽宁朝阳）的混血胡人，与史思明住同一里巷，二人相互友爱，以勇猛著名。他们通晓数种蕃语，因而都做了互市郎（市场交易的中间人）。

幽州（治今北京西南）节度使张守珪，认为安禄山颇有才能，任命他为捉生将（抓活口的低级军官）。安禄山经常带领几个骑兵出行，每次都会俘虏几十个契丹人。他为人奸诈，善于揣测别人的心理。张守珪很喜欢他，还把他收为养子。后来，安禄山被任命为平卢（治今辽宁朝阳）讨击使、左骁卫将军，史思明也升任将军。

开元二十四年（736）三月，张守珪派安禄山讨伐奚、契丹叛军，安禄山仗恃勇猛，轻视敌人，带兵进击，被叛军击败。张守珪上奏请诛安禄山，临处决前，安禄山大声求饶。张守珪爱惜其勇猛善战，想让他活下去，便将他押送京师，由皇上处理。

张九龄说："从前司马穰苴依军法诛杀庄贾，孙武按军令斩杀吴王后宫的嫔妃。张守珪要执行军令，就不应免除安禄山死刑。"然而唐玄宗也爱惜安禄山的才能，下令只免其官职。张九龄坚持说："安禄山行军失利，损伤了军队，依照军法不能不处死。况且我看他面带叛逆之相，若不诛杀，定为后患。"玄宗说："你不要随便冤枉忠良。"终究不予治罪。

开元二十八年（740），唐玄宗任命安禄山为平卢兵马使。安禄山善于揣测、迎合人心，因此很多人都称赞他。玄宗左右的亲信到平卢去，安禄山都送厚礼贿赂，这些人回朝后都争相夸赞，因而他越来越得玄宗信用。御史中丞张利贞任河北采访使，到了平卢，安禄山委屈自己，精心侍奉，并向其左右行贿。张利贞回到朝廷，也极力称赞安禄山。八月，玄宗任命安禄山为营州都督，兼任平卢军使，及奚、契丹、渤海、黑水四府的经略使。

天宝元年（742），唐玄宗分出平卢，另为节度镇，任命安禄山为节度使。

天宝二年（743）正月，安禄山入朝，玄宗特别厚待，让他可随时可拜见。安禄山上奏说："去年秋季营州蝗虫吃禾苗，我焚香向上天祈祷说：'如果是我用心不正，事奉皇帝不忠诚，愿让蝗虫吞食我的心；如果我没有辜负神灵，希望蝗虫散去。'立即有一群鸟从北面飞来，把蝗虫全部吃光了。请陛下把这件事告诉史官，记录下来。"玄宗采纳，也更加相信这家伙忠心不二。

天宝三载（744）三月，玄宗又任命安禄山兼任范阳节度使（治今北京西南，即幽州节度使所改），范阳节度使裴改任户部尚书，礼部尚书席建侯为河北黜陟使，并称赞安禄山公正无私。李林甫、裴宽也都顺从玄宗旨意，称赞安禄山。这三人都是玄宗信任的臣子，从此安禄山更受宠幸，地位更加稳固。

天宝四载（745）九月，安禄山想以功邀宠，未受朝廷号令，便多次侵掠奚和契丹。奚、契丹各自杀死所娶的唐公主，背叛了唐朝，安禄山击败了他们。

天宝六载（747）正月，玄宗任命安禄山兼任御史大夫。安禄山命其将领刘骆谷留在京师，刺探朝廷动向，有情况随时报告。如果有事需要上表奏，刘骆谷就代写奏章上呈。安禄山每年向朝廷进献俘虏、杂畜、奇禽异兽、珍宝玩物，押送物资的人往往络绎不绝，郡县因传送物资而疲惫不堪。

玄宗曾命安禄山进见太子李亨，安禄山不下拜。左右人催他下拜，安禄山拱手站立，说："我是胡人，不懂朝廷的礼仪，不知太子是什么官？"玄宗说："这是皇帝的继承人，待朕百年以后，就代替朕当皇帝统治你们。"安禄山说："我很愚蠢，从前我只知道有陛下一人，不知道还有皇帝继承人。"这才下拜叩头。其实，这不过是装傻卖呆讨好皇上而已。

唐玄宗命杨贵妃的兄长杨铦、杨锜，以及贵妃的三个姐姐，都和安禄山结拜为兄弟姐妹。安禄山可以随时出入皇宫，还趁机请求做杨贵妃的养子。玄宗与贵妃并排而坐，安禄山却先拜贵妃。玄宗问其原因，安禄山回答说："胡人先拜母亲，后拜父亲。"玄宗听了很高兴。

唐朝建立以来，边疆将帅都任用忠厚名臣，且不让长久任职，不让遥领职名，不亲往任职，不让同时兼任数职；功名显著的，就封为宰相。四方部族的将领，即使才能出众，也不能单独担任大将职务，都是任命朝廷大臣为使者予以辖制。而到了开元年间，唐玄宗有吞并四方之志，担任边疆将领的，十几年都不更换，从此边将开始久任；皇子李庆、李忠等诸王，宰相萧嵩、牛仙客等人，开始遥领边疆将领之职；盖嘉运、王忠嗣等人，专制几个道的军队，也开始兼统军队了。

不仅如此，为使自己的地位长期稳固，堵塞边疆将帅入朝任相之路，奸相李林甫主张任用胡人为将——胡人大多没读过书，不事文笔，无法胜任宰相之职。他上奏说："文臣任将领，畏惧箭、石的袭击，不如任用门第寒微的胡人。胡人勇猛，熟悉战斗，也没有党羽。如果陛下用恩惠感化，他们一定能为朝廷效死。"玄宗听了很高兴，开始重用安禄山。

到了天宝后期，各道节度任用的全是胡人，朝廷精兵全在北方边境戍守，天下的形势失去平衡，从而使安禄山得以悍然反兵，反叛朝廷。

天宝九载（750）五月，唐玄宗封安禄山为东平郡王。唐朝将帅封王，也从此开始了。八月，玄宗又任命安禄山兼任河北道采访处置使。

安禄山多次诱骗奚人、契丹人，设宴请他们喝酒，喝醉了就活埋，一次就活埋几千人，然后用盒子装上酋长的首级献给朝廷，前后有三四次。玄宗对此非常高兴。

安禄山请求入朝进献俘虏，唐玄宗命有司先在长安附近的县境给他建造宅第。杨国忠及兄弟姐妹都去迎接，车盖遮蔽了旷野。玄宗自己则亲自到望春宫去等候。十月，安禄山进献奚人俘虏八千，玄宗命尚书考核官员成绩时，给他记最上等功。

天宝十载（751）正月，玄宗又命有关官员在长安亲仁坊给安禄山修建宅第，并下令务必建得富丽堂皇，不必限制费用。宅第建成后，大小帐幕、各种器具摆满宅中。其中有檀木床两张，都是长一丈、宽六尺，还有各种贴银花纹的屏风、帐幔。厨房用品都是用金银雕刻装饰的，有金饭碗两个，用来淘米的银淘盆两个，都能装五斗米；织银丝筐及笊篱各一个。其他东西也与此相称。即便宫中所用物品，也无法与之相比。

安禄山请求兼任河东节度使，玄宗便任命河东节度使韩休珉为左羽林将军，让安禄山接替他。户部郎中吉温见安禄山受到皇帝宠幸，就依附他，并结拜为兄弟。而安禄山多次向玄宗称赞吉温有才能，正好自己兼任河东节度使，就奏请让吉温任节度副使，大理司直张通儒为留后判官,河东的军政大权便全交给了他们。

此时,杨国忠任御史中丞,正受玄宗重用。但杨国忠也惧安禄山三分,安禄山入宫上下台阶,杨国忠往往亲自搀扶。

安禄山兼任三镇节度使,经常随意赏罚将士,日益骄横放纵。他自知过去自己不肯叩拜,惹恼了太子,见玄宗年龄已老,惧怕太子继位报复;又见朝廷武备松弛,十分轻视中原,渐生反叛之心。属下的孔目官严庄、掌书记高尚,乘机给他解释图谶,劝他反叛。

安禄山收养了同罗、奚、契丹投降的八千多人,称为"曳落河",胡语意为"壮士"。还有家奴一百多人,都勇猛善战,一人可以抵挡百人。他又养战马几万匹,聚集了大量兵器,分别派遣胡人到各道去做买卖,每年向他交纳价值几百万的珍宝。他还私自做了绯紫袍、鱼袋,花费以百万计。安禄山把高尚、严庄、张通儒及将军孙孝哲作为心腹,把史思明、安守忠、李归仁、蔡希德、牛廷玠、向润容、李庭望、崔乾祐、尹子奇、何千年、武令珣、能元皓、田承嗣、田乾真、阿史那承庆作为党羽。

天宝十一载(752)十二月,朝廷命平卢兵马使史思明兼任北平郡太守,充任卢龙军使。史思明与安禄山都任要职,兵马强盛。

阿布思是胡人九姓的首领,兵马强壮,归附唐朝后深受玄宗宠用,安禄山十分忌恨他。天宝十二载(753)五月,阿布思被回纥击败,安禄山诱骗他的部落投降。从此,安禄山的军队更加强盛,全国各地没有能赶得上的。

因为李林甫的狡猾超过自己,安禄山对他既恭敬又惧怕。等到杨国忠担任宰相,安禄山却十分轻视,引起杨国忠的忌恨,双方便有了隔阂。杨国忠多次说安禄山有所不轨,玄宗不肯听信。杨国忠想与哥舒翰结成厚交,共同排斥安禄山,便上奏任命哥舒翰兼任河西节度使。天宝十二载八月,玄宗封哥舒翰为西平郡王。

天宝十三载（754）正月，安禄山入朝。这时，杨国忠又指出安禄山定会反叛，并说："陛下可下令召他来试试，他一定不肯来。"玄宗派人去叫，安禄山猜透了杨国忠的心思，闻命马上便来。见到玄宗，他哭着说："我本是胡人，蒙陛下提拔宠信，但杨国忠忌恨，我担心不久就会被他害死了。"玄宗可怜他，赏了许多钱财。从此，唐玄宗更加相信、亲近安禄山，对杨国忠的话也听不进去了。

太子李亨也认为安禄山一定会造反，告诉父皇，玄宗也不听。玄宗想加封安禄山为同平章事（即任为宰相），并已准备起草制书，杨国忠进谏说："安禄山虽然有军功，但他目不识丁，怎么能任宰相？制书如果颁下，恐怕四方各族会轻视朝廷。"（"禄山虽有军功，目不知书，岂可为宰相！制书若下，恐四夷轻唐。"《资治通鉴·唐纪三十三》）玄宗这才作罢，但还是封安禄山为左仆射，赏他的一个儿子为三品官，另一个儿子为四品官。

安禄山请求兼管闲厩、群牧（掌管养马、牧马），玄宗爽快地答应了；安禄山又要求兼任群牧总监，玄宗也答应了；安禄山又上奏任命御史中丞吉温为武部侍郎，任闲厩副使，玄宗也答应了。安禄山暗中派亲信选择强壮善战之马数千匹，单独饲养，玄宗竟然毫无察觉。

二月，安禄山上奏说："我部下的将士讨伐奚、契丹、九姓、同罗等，功劳很大，请不要按常规对待，要破格厚赏，请写好委任官职的文凭，交我回去发给他们。"由此，安禄山部下将士任将军的有五百多人，任中郎将的有两千多人。安禄山图谋造反，所以想出这个办法，以此来收买人心。

三月，安禄山告辞回范阳，唐玄宗脱下自己的衣服送给他。安禄山担心杨国忠奏请玄宗留下自己，带来不测之祸，急忙出了潼关，乘船沿着黄河东下，命船夫挂着绳板在河两岸拉船，十五里一换船夫，日夜兼行走了几百里，途经所有郡县都不下船。

安禄山的贼心，由此可谓昭然若揭，只有唐玄宗执迷不悟。此后，有谁言说安禄山谋反，玄宗就命令把他绑了，送给安禄山处理。就这样，人们都知道安禄山很快就要造反，但没人再敢劝说皇上。

十五、禄山反叛　朝野震惊

天宝十四载（755）二月，安禄山派副将何千年入朝上奏，请求用三十二名蕃将代替汉将。宰相韦见素对杨国忠说："安禄山很早就想谋反，如今又请求用蕃将代替汉将，他想造反已是很清楚的事了。明天我要极力向皇帝进谏，如果陛下不听，你接着劝说。"杨国忠答应了。

第二天，杨国忠与韦见素去见皇上，玄宗说："你们是怀疑安禄山要谋反吗？"韦见素极力劝谏："安禄山谋反已有迹象，他的请求千万不能答应。"玄宗听了很不高兴，杨国忠见此便不敢说话。最终，唐玄宗竟答应了安禄山的请求，并马上命中书省进呈文稿，亲自签字，然后发布施行。

过了几天，韦见素对玄宗说："我有计策，可以轻易消灭安禄山的阴谋。现在如果任命他为平章事，召他入朝，任命贾循为范阳节度使、吕知诲为平卢节度使、杨光翙为河东节度使，那么安禄山的势力自然就会分散了。"玄宗听从，已经草拟制书，但却迟迟不发，并派中使辅璆琳前往范阳给安禄山送珍果，暗中观察他的变化。辅璆琳得了许多贿赂，回朝后极力赞扬"安禄山对皇帝竭尽忠诚，没有二心"。玄宗对杨国忠说："安禄山，我推心置腹地对待他，一定不会有二心。东北的奚、契丹二虏，还得靠他镇压阻遏。我担保他不会造反，你们就不要担心了！"（"禄山，朕推心待之，必无异志。东北二虏，藉其镇遏。朕自保之，卿等勿忧也！"《资治通鉴·唐纪三十三》）事情也就放下了。

此时，安禄山开始怀有戒心。朝廷每次派使者去，他都称病不出来迎接，有时做好防备才见使者。杨国忠日夜搜取安禄山谋反的证据，派京兆尹包围了安禄山在京城的住宅，逮捕了其门客李超等人，送到御史台监狱审讯，并暗中杀死了他们。安禄山之子安庆宗娶荣义郡主为妻，在京师任供奉，秘密报告了此事，安禄山更加惧怕。

七月，安禄山上表说要献三千匹马，每匹马用两名车夫，派遣二十二名蕃将护送。其实，安禄山献马是名，出兵才是真实用意。河南尹达奚珣怀疑将有事变，上奏请玄宗命安禄山"进献车马应等到冬季，朝廷自派马夫，不用麻烦你"。这时，唐玄宗也稍有醒悟，开始怀疑安禄山。正巧辅璆琳受贿的事情被人告发，玄宗怕打草惊蛇，遂借别的罪名，命左右将其杖毙。

唐玄宗派中使冯神威到范阳，带着按达奚珣建议亲手写的诏书，并传口谕："我给你修建了一个温泉池，十月的时候，我在华清宫等你。"冯神威到范阳宣读圣旨时，安禄山坐在床上，只微微欠起身子，也不跪拜，说："皇上安稳。"又说："马不献也行，十月我一定到京城去。"说完，马上让左右人带冯神威到驿馆，没有再见他。过了几天，安禄山让冯神威回京，也没写奏表。冯神威回到朝廷，见到玄宗就哭着说："我差点儿就见不到陛下了。"

安禄山专擅控制三道，心怀反叛阴谋已将近十年，因为唐玄宗待他特别好，因而想等玄宗逝世后再造反。正遇杨国忠与他不和，多次说他要造反，玄宗都不听。杨国忠多次借事激怒他，想让他尽快造反，以便自己取得皇上的信任。安禄山因此决定加快行动，只与孔目官太仆丞严庄、掌书记屯田员外郎高尚、将军阿史那承庆密谋，其余的副将都不知道。

这年八月以来，安禄山多次犒劳士兵，并厉兵秣马。正巧有奏事官员从京师回来，安禄山就伪造诏书，召集众将，让他们看诏书，并说："朝廷有密令，命我率军入朝讨伐杨国忠，各位马上随我出发。"众将十分惊愕，相互观望，没人敢说别的。

十一月，安禄山发动部下及同罗、奚、契丹、室韦共十五万兵众，号称二十万大军，在范阳起兵叛乱；命范阳节度副使贾循守卫范阳，平卢节度副使吕知诲守卫平卢，别将高秀岩守卫大同，其余各个将领都带兵在夜间出发。

第二天早晨，安禄山出蓟城南门，大举检阅军队，举行誓师，以讨伐杨国忠为名，率军南进。安禄山乘坐铁车，步、骑精良，战车驶过，烟尘千里，战鼓声、喊杀声惊天动地。当时全国太平已久，百姓几代人都未经历过战事，突然听到范阳起兵，各地百姓都很震惊。黄河以北都是安禄山统治的地区，安禄山所经过的州县，听到风声就溃散了。太守、县令有的开门出迎，有的弃城逃窜，有的被捕杀死，没有敢抵抗的。

安禄山先派将军何千年、高邈率领两千名奚人骑兵，声称向朝廷进献射生手，乘坐驿站的车到达太原。太原副留守杨光翙出城迎接，何千年便乘机把他劫走，绑缚着去见安禄山，随后斩首示众。太原留守立即向朝廷报告了具体情况，东受降城（今内蒙古托克托）也上奏报告安禄山反叛。至此，唐玄宗还以为憎恨安禄山的人捏造事实，仍不肯相信他们的话。

几天之后，唐玄宗听说安禄山确实已经造反，才召集宰相商议对策。杨国忠洋洋自得，说："如今反叛的只有安禄山自己而已，将士们都不情愿，不过十天，一定能把安禄山的头送来。"玄宗认为他说得对，大臣们则面面相觑，神情惶惧。

唐玄宗下令杀了安禄山之子安庆宗，赐荣义郡主自尽。接着开始调兵遣将、招募兵员，一方面加强防御，一方面出征平叛。

首先，派遣特进毕思琛到东京洛阳，金吾将军程千里到河东道，各自招募挑选几万人，组织起来抵抗叛军。任命朔方节度使安思顺为户部尚书，安思顺的弟弟安元贞为太仆卿；任命朔方右厢兵马使、九原太守郭子仪为朔方节度使，右羽林大将军王承业为太原尹；设置河南节度使，统领陈留等十三个郡，任命卫尉卿张介然担任节度使；任命程千里为潞州长史。又在各郡叛军入侵的要道，设置了防御使。

接着，任命荣王李琬为元帅，右金吾大将军高仙芝为副元帅，统领各军东征。拿出皇家内府的金银布帛，在京师招募十一万士兵，号称"天武军"，结果十天就募集起来，但都是普通百姓、小商人的子弟。

十六、宦官监军　冤杀封高

天宝十四载（755）十二月，高仙芝带领飞骑、彍骑及新招募的士兵、在京城的边疆兵，共五万人，从长安出发。玄宗任宦官边令诚为监门将军，作为监军，屯驻陕城（今河南三门峡西）。

安禄山率领叛军南下，到达藁城（今河北藁城），常山（今河北正定）太守颜杲卿无力抵挡，就与长史袁履谦前去迎接。安禄山赏给颜杲卿金鱼袋和紫衣，把他的子弟作为人质，让他仍然守卫常山；又命部将李钦凑率领几千士兵守卫井陉口（在河北境内），防备西面来的朝廷军队。在回去的路上，颜杲卿指着安禄山送的衣服，对袁履谦说："为什么要穿这衣服？"袁履谦明白他的意思，便暗中与之谋划起兵讨伐安禄山。

安禄山在灵昌（今河南滑县）渡河，他让人用粗绳把破船、草木捆起来，横放在黄河里，一夜之间，结成的冰就像浮桥，接着渡过黄河，攻陷了灵昌郡。安禄山的步、骑兵遍布各地，人们不知有多少，所过之处都被他们抢劫一空。张介然到陈留才几天，安禄山大军就来了。士兵恐惧，不能防守，陈留太守郭纳献城投降。安禄山进入北面外城，听说安庆宗死了，大哭道："我有什么罪过，却杀了我的儿子！"当时，陈留投降的将士近万人，安禄山把他们全杀了，以发泄私愤。他又杀了张介然，任命部将李庭望为节度使，驻守陈留。

唐玄宗颁发制书，打算亲征，让太子李亨代理国事，命朔方、河西、陇右的军队除留守城堡以外，其他都到行营，由节度使亲自率领，约定二十天全部集合。杨国忠害怕太子监国于己不利，便让杨贵妃劝玄宗不要亲征。玄宗怜惜贵妃，便放弃了亲征的打算。

平原（治今山东平原）太守颜真卿是颜杲卿的堂弟，他早就知道安禄山将要造反，乘霖雨之时，修筑城墙，挖掘壕沟，统计壮丁，储备粮草物资。安禄山认为他是书生，看不起他。安禄山反叛后，命颜真卿带领平原、博平的七千士兵防守黄河渡口，颜真卿派平原司兵李平从小道去朝廷奏报。安禄山起兵后，河北道的各郡县听到风声就吓倒了，玄宗叹息说："河北二十四个郡，难道没有一个忠义的人士吗？"等到李平来到，玄宗非常高兴地说："我还没见过颜真卿长什么样，所作所为竟能如此忠义！"（"朕不识颜真卿形状如何，所为得如此！"《旧唐书·颜真卿传》）

颜真卿派遣自己的亲信门客，带着悬赏购买叛党首级的通牒，秘密到各郡去，因此各郡有许多人响应。同时招募勇猛士兵，十天就招募了一万多人。安禄山派同党段子光攻击河北各郡，到了平原，颜真卿率军将其击败，俘虏段子光并腰斩示众。安禄山命海运使刘道玄代理景城太守，清池县尉贾载和盐山县尉穆宁，一起杀了刘道玄，得到兵器五十多船。颜真卿召贾载、穆宁及清河尉张澹到平原议事。

饶阳（今河北饶阳）太守卢全诚占据郡城，不接受安禄山所派新官代替官职，河间司法李奂杀死了安禄山所署长史王怀忠，李随派游弈将訾嗣贤渡河，杀死安禄山所署博平太守马冀，各有兵众数千或一万人，共同推举颜真卿为盟主，军事行动都听他指挥。安禄山命张献诚率上谷、博陵、常山、赵郡、文安五郡兵一万人包围饶阳，二十九天也没有攻下。

安禄山率兵向荥阳进军，太守崔无诐率众抵抗，登城的士兵听到战鼓、号角声，吓得像下雨一样坠下城去。安禄山攻陷荥阳，杀了崔无诐，命部将武令珣守卫荥阳。

安禄山的军队几乎所向无敌，声势越来越大。封常清驻扎武牢（在今河南洛阳附近），切断了河阳（今河南孟县）桥，以抵御叛军。

封常清本为安西节度使，安禄山起兵反叛，恰巧封常清入朝，唐玄宗向他询问讨伐叛军之策。封常清说："如今天下太平已久，人们见到叛军的气势就害怕。但事情有逆顺，形势有奇变。我请求到东京，打开府库，招募勇猛之人，过河抗击叛军，不久就会把逆贼的头颅献给朝廷。"玄宗非常高兴，任命他为范阳、平卢节度使。封常清当天就乘驿马来到东京洛阳，十天就招到六万士兵，但都是些未经训练的乌合之众。

新招募的士兵都未经训练，而安禄山的军队却久经训练、十分骁勇，所以一经交战，官军便遭到大败。封常清收集残兵与叛军交战，又战败；第三次交战，又败。几天后，安禄山攻陷东京洛阳，士卒击鼓呐喊从四门冲入，大肆杀戮劫掠。封常清在都亭驿与叛军交战，又败；退守宣仁门，叛军来攻，官军又败。无奈之下，封常清只好从禁苑西面毁墙逃去。

封常清战败，震动了河南郡县。河南尹达奚珣投降了安禄山。留守李憕对御史中丞卢奕说："我们担负国家重任，虽然智慧、力量敌不过敌人，也一定要为国献身。"卢奕认为他说得对，李憕收集数百残兵,打算同敌人交战。士兵都畏惧叛军,一起逃走,只丢下李憕独自坐在河南府中。卢奕先让妻子儿女带着官印,从小道逃往长安,自己穿上朝服,坐在御史台官府,左右官员也都逃散了。

安禄山屯驻东京御马厩,派人俘虏了李憕、卢奕及采访判官蒋清,将他们全部杀死。卢奕临死前骂安禄山,列举他的罪状,并对叛军说:"为人应当知道逆顺。我死了不失忠贞的气节,还有什么遗憾的!"("凡为人当知逆顺,我死不失节,夫复何恨!"《资治通鉴·唐纪三十三》)安禄山让亲信张万顷任河南尹。

封常清率领残部到达陕城,陕城太守窦廷芝已经逃走,官吏百姓也都逃散。根据自己与叛军交战的情况,封常清劝高仙芝说:"我与叛军多次血战,叛军兵锋正盛、锐不可当。况且潼关没有军兵,如果叛军长驱直入,京师长安就危险了。不如放弃陕城,急速退保潼关。"("累日血战,贼锋不可当。且潼关无兵,若狂寇奔突,则京师危矣。宜弃此守,急保潼关。"《旧唐书·高仙芝传》)高仙芝认为所言有理,便率领士兵向西前往潼关。

叛军很快来到陕城,官兵吓得狼狈逃窜,队伍散乱,兵马互相践踏,死伤很多。高仙芝带兵到达潼关后,刚修整完防守设备,叛军也就来到,但没有攻下关口,只好退去。安禄山命部将崔乾祐屯驻陕城,攻陷东都洛阳,临汝、弘农、济阴、濮阳、云中郡都望风投降。

此时,朝廷向各道所征之兵尚未来到,关中的人们都很恐慌。正好安禄山谋划做皇帝,留在洛阳没有西进,朝廷才有时间做好防备,军队也渐渐会集起来。

安禄山任命张通儒的弟弟张通晤为睢阳太守,与陈留长史杨朝宗率领一千多胡人骑兵,向东进攻。郡县官员听到风声,多半投降或逃走,只有东平太守吴王李祇、济南太守李随起兵抵抗。

于是，郡县不愿投降叛贼的，都依靠吴王李祗，并以他的名义起兵。单父（今山东单县）尉贾贲，率领官民袭击睢阳，斩杀了张通晤。真源令张巡与贾贲合兵，共同抵抗，多次击败叛军。

高仙芝东征时，监军边令诚多次因事求他，高仙芝多不听从。边令诚怀恨，入朝向玄宗奏事，具体讲了高仙芝、封常清战败的情况，还说："封常清夸大叛军实力动摇军心，而高仙芝抛弃陕城几百里土地，又偷盗、克扣朝廷发放的军粮和赏赐。"玄宗勃然大怒，根本不加调查，便派边令诚带着敕书，到军中去斩杀高仙芝及封常清。

边令诚到了潼关，先接见封常清，宣读皇帝的敕书，然后杀了他，把尸体放在芦苇粗席上。高仙芝从外面回来，来到办事大厅，边令诚叫一百多长刀手跟随自己，对高仙芝说："大夫也有诏命。"高仙芝马上下厅，边令诚宣读敕令。高仙芝说："我遇敌退却，死是应当的。如今上顶天、下踩地，说我偷盗和克扣朝廷发放的军粮和赏赐，是诬陷我。"这时，在场的士卒都大声呼喊冤枉，声音振动天地。但边令诚还是杀了高仙芝，命将军李承光代管其兵众。

十七、郭李出兵　屡败叛军

唐玄宗杀死封常清、高仙芝后，再看朝中将领，简直无人可用，只有河西、陇右节度使哥舒翰素有威名，尚可任用。

哥舒翰此时正在家养病，玄宗想借其威名讨伐叛军，便召见他，任为兵马副元帅，率领八万士兵前往讨伐，下令全国四面出击，一齐进攻洛阳。哥舒翰称病坚决推辞，玄宗也不答应，并任命田良丘为御史中丞兼行军司马，起居郎萧昕为判官，蕃将火拔归仁等各自率领部队随从，加上高仙芝原来的士兵，号称二十万大军，驻在潼关。

哥舒翰有病，不能亲自处理军务，所有军政都委托田良丘。田良丘不敢专权决策，命王思礼主管骑兵、李承光主管步兵，王思礼、李承光二人互相争权夺势，所以部队号令不一。哥舒翰执法严苛、不体恤部下，士兵心存怨恨，都很懈怠，没有斗志。

这时，安禄山的大同军使高秀岩进攻振武军（治今内蒙和林格尔），朔方节度使郭子仪击败高秀岩军，率军包围了云中（今山西大同）。

颜杲卿要起兵攻打叛军，参军冯虔、前真定令贾深、藁城尉崔安石、郡人翟万德、内丘丞张通幽，都参与谋划。颜杲卿又派人告诉太原尹王承业，暗中互相接应。适逢颜真卿从平原派颜杲卿的外甥卢逖秘密来告，希望联合兵力，切断安禄山的归路，以延缓其西进的阴谋。

当时，安禄山派金吾将军高邈到幽州征兵，没有回来。颜杲卿假传安禄山的命令，让李钦凑率领兵众到郡城接受犒赏。傍晚，李钦凑来到，颜杲卿派袁履谦、冯虔等带着酒食、歌舞艺人去犒劳。李钦凑及部下都喝得大醉，颜杲卿便砍掉李钦凑的头，收缴了他们的兵器，其余人都绑起来，第二天全部斩杀。颜杲卿派人到饶阳城去慰劳将士，又命崔安石等到各郡传告说："大军已出井陉口，早晚就会来到，将一举平定河北各郡。先归顺朝廷的受赏，后来的杀头。"于是河北各郡纷纷响应，有十七个郡都归附了朝廷，共有二十多万士兵；归附安禄山的，只有范阳、卢龙、密云、渔阳、汲、邺等六个郡罢了。

起初，安禄山打算自己率军去攻打潼关，到了新安（今河南新安），听说河北有变，就退回了。他派蔡希德率兵一万，从河内（今河南沁阳）攻击常山。

至德元载（756）正月初一日，安禄山在洛阳自称"大燕皇帝"，任命达奚珣为侍中，张通儒为中书令，高尚、严庄为中书侍郎。

颜杲卿起兵才八天，还没部署好防御，史思明、蔡希德就率兵来到城下。颜杲卿奋力抵抗，但外无援兵，交战多日后粮尽矢绝，几天后城被攻陷。叛军纵兵杀死一万多人，抓住颜杲卿及袁履谦等人，并押送到洛阳，被安禄山杀死。

攻下常山后，史思明、蔡希德又率兵攻打不服从的各郡，所过之地都被残害毁灭，于是邺、广平、钜鹿、赵、上谷、博陵、文安、魏、信都等郡，又为叛军夺取。只有饶阳太守卢全诚不服从，史思明等率兵包围。河间司法李奂率领七千人，景城长史李暐派儿子李祀率八千人，前来援救，都被史思明击败。

唐玄宗命郭子仪撤除对云中的包围，回到朔方，集中兵力进攻代州。玄宗还准备选一位良将，分兵先出井陉，平定河北。郭子仪推荐李光弼，玄宗便任命李光弼为河东节度使，把朔方兵一万人交给他。

这时，安禄山派儿子安庆绪进攻潼关，哥舒翰将其击退。玄宗加授哥舒翰为左仆射、同平章事；颜真卿为户部侍郎兼本郡防御使；李光弼为魏郡太守、河北道采访使。

李光弼率领蕃汉步骑一万多及太原弓弩手三千，出井陉，到达常山。李光弼派步兵五千从东门出战，叛军据守不退。又命五百名弓弩手在城上一齐射箭，叛军才稍稍后退。接着又派一千名弓弩手，分成四队，让他们接连射箭，叛军抵挡不住，收军退到道北。

李光弼派出五千士兵，在道南筑成枪城，夹滹沱河列阵。叛军多次用骑兵冲锋，官军用箭射击，叛军人马被箭射中的有大半，只好后退休息，等待步兵。这时，有村民报告说："叛军有五千步兵从饶阳来支援，一昼夜就走一百七十里，已到九门逢壁（在常山郡东），估计正在休息。"李光弼派遣步、骑两千，偃旗息鼓，沿滹沱河悄悄前进到逢壁。叛军正在吃饭，官军突然袭击，将这股叛军全部消灭。围攻饶阳的史思明听到消息，便退入九门。

当时，常山郡共有九个县，其中七个县归附了官军，只有九门（今河北石家庄东北）、藁城为叛军所据。李光弼派副将张奉璋率五百士兵戍守石邑县，其余的县都派三百人戍守。

李光弼与叛军相持四十多天，史思明切断了常山的粮道，城中缺草，战马只能吃草席。李光弼派五百辆车去石邑取草，押车的人都穿上铠甲，派一千名弓弩手护卫，列成方阵前进，叛军无法劫获。蔡希德率兵攻打石邑，张奉璋将之击退。

李光弼派人向郭子仪告急，郭子仪率军从井陉口出发，四月到了常山，与李光弼联合，蕃、汉步骑共有十多万。郭子仪、李光弼与史思明在九门城南交战，史思明大败。郭、李回到常山，史思明收集数万残兵尾随追赶。郭子仪挑选勇猛骑兵轮流挑战，走了三天，到达行唐（今河北行唐），叛军疲倦不堪而退兵。郭子仪乘机攻击，在沙河（今河北新乐）打败了叛军。

蔡希德到了洛阳，安禄山又派他率领两万步、骑，北上支援史思明；又命牛廷玠征发范阳等郡的一万多兵众，援助史思明。合共五万多人，而同罗、曳落河的兵占五分之一。郭子仪到了恒阳（今河北曲阳），史思明随后也来到。郭子仪深沟高垒坚守，叛军来攻就坚守，叛军离去就追击。白天炫耀兵力，夜晚袭击敌营，使叛军不得休息。过了些日子，郭子仪、李光弼商量说："叛军已经疲惫，可以出击。"于是，在嘉山（今河北正定）与叛军交战，斩杀四万多人，俘虏一千多人。史思明从马上掉下来，赤脚而逃，直到晚上，才拄着一杆折断的枪回到军营，然后逃到博陵（今河北定县）。

十八、信谗促战　潼关失守

李光弼、郭子仪大败史思明后，马上包围了博陵，官军声威大震，河北十几个郡都杀死叛军守将前来投降。东都洛阳到安史老巢范阳的路也被切断，叛军往来都是轻骑偷偷经过，又多被官军捉获，叛军家在渔阳的，无不动摇。

面对这样的形势，安禄山大为惊恐，召来高尚、严庄责骂说："你们几年来教我反叛，认为万无一失。如今官军驻守潼关，我们几个月都没有攻下来，北面的道路已被切断，官军正从四面八方会合而来，我所占有的只是汴、郑等几个州罢了，万全之计在哪里？你们从今以后不要再来见我。"

此时的形势，对朝廷十分有利。但唐玄宗不仅不能抓住这一有利形势加以发展，反而听信杨国忠的谗言，一再催逼哥舒翰出战，致使潼关失守，哥舒翰降贼。

当初，户部尚书安思顺知道安禄山要谋反，便入朝奏报。等到安禄山叛乱，玄宗因为其事先奏报，没有治他的罪。哥舒翰平日与安思顺不和，叫人伪造了安禄山给安思顺的信，说是在关门缴获的，献给了朝廷，并列举安思顺的七条罪状，请求诛杀。玄宗不辨真伪，听信哥舒翰之言，结果，安思顺和弟弟安元贞都被处死，家属被流放岭外。杨国忠也无法营救，因而从此开始畏惧哥舒翰。

安禄山反叛后，天下人认为是杨国忠专横跋扈才招致了大乱，对他可谓切齿痛恨。安禄山起兵，也是以讨伐杨国忠为名义的。因此，王思礼私下劝哥舒翰，要他上表劝皇上诛杀杨国忠，哥舒翰不加理睬。王思礼又请求让他带领三十个骑兵，把杨国忠劫持出来，到潼关后杀死。哥舒翰说："这样做，就是我哥舒翰造反，不是安禄山叛变了。"

有人劝杨国忠说:"如今朝廷重兵都掌握在哥舒翰的手里,哥舒翰如果举旗向西,对你岂不是有危险?"杨国忠大惊,就上奏说:"潼关大军虽然强盛,但没有后继部队,万一失利,京城就可忧了。请挑选三千监牧小儿,在禁苑中训练。"玄宗答应了,命剑南军将领李福德等统领他们。杨国忠又招募一万人,驻扎在灞上(今陕西西安东),命自己的亲信杜乾运带领,表面上是防御叛军,实际是防备哥舒翰。哥舒翰听到这个消息,也怕被杨国忠暗算,便上表请求让灞上的军队隶属于潼关。六月,哥舒翰召杜乾运到潼关商量事情,找了个罪名将其杀死,这使杨国忠更加恐惧。

这时,正好有人报告安禄山的将领崔乾祐驻守陕城,军队不满四千,都是疲弱的士兵,而且没有防备,唐玄宗便派使者催促哥舒翰进军收复陕城、洛阳。哥舒翰上奏说:"安禄山素来熟悉军事,现在刚刚叛变,怎能没有防备?这一定是显示疲弱来引诱我们,如果出战,正好中了他的计谋。叛军远道而来,速战才会取胜;官军据险拒敌,坚守才会取胜。何况叛军暴虐失去民心,军队内部形势急迫,估计不久就会发生内变。乘此机会,不用战斗就可擒敌。进军重要的是要成功,何必着急?现在各道的征兵还没有全部会集,请暂且等待。"郭子仪、李光弼也上书说:"请让我们带兵向北攻取范阳,倾覆叛军的巢穴,将叛贼党羽的妻子做人质扣押起来,招降叛贼,他们内部一定崩溃。潼关的大军,只应固守,使叛军疲困,不能轻易出击。"

哥舒翰所言,本是制胜妙算,郭子仪、李光弼也"英雄所见略同",但却不为玄宗所采纳。而杨国忠怀疑哥舒翰谋害自己,就报告说叛军没有防备,而哥舒翰逗留不肯出击,将会错失战机。玄宗纸上论兵,认为杨国忠说得对,连续不断派中使催促哥舒翰出兵。

哥舒翰不得已，号啕大哭一场后，于天宝十五载（756）六月被迫率军出关。哥舒翰在西原（今河南灵宝西南）遇到了崔乾祐的军队。崔乾祐占据险要等待官军，他们南边靠着高山，北边临着大河，狭窄的道路有七十里长，并在险要之地设下了伏兵。

哥舒翰与田良丘乘船在黄河中流观察叛军部署形势，见崔乾祐兵少，便催促各军前进。王思礼等率领五万精兵走在前面，庞忠等率领其余十万人跟在后边，哥舒翰率兵三万，登上黄河北岸的土山瞭望，击鼓助威。崔乾祐出动的士兵不过一万，十人一伙，五人一群，像星星那样分散，有的疏、有的密，有的前进、有的后退。官军见了都笑起来，认为叛军不堪一击。谁知崔乾祐本人，却带着精锐部队，跟在散兵的后面。

两军交战不久，叛军偃旗息鼓，好像要逃走。官军松懈，不加防备。不一会儿，叛军伏兵出击，从高处抛下滚木礌石，砸死许多官军。因为道路狭窄，长枪长槊无法施展，士兵们手足无措。哥舒翰用马拉着毡车在前，想冲击叛军。此时已过中午，东风猛烈刮来，崔乾祐用几十辆草车堵在毡车前面，放火焚烧。霎时间浓烟弥漫，官军睁不开眼睛，胡乱地自相残杀，以为叛军在烟雾中，便聚集弓弩手射箭。直到傍晚，箭用尽了，才知道根本没有叛军。

崔乾祐派精锐骑兵绕过南山，到官军的背后袭击，官军首尾惊乱，不知如何防备，随即大败，有的抛弃铠甲逃到山谷里躲藏起来，有的互相拥挤落到黄河里溺死，惨叫之声惊天动地，叛军乘胜紧逼。官军的后军见前军战败，都自动溃逃；黄河北岸的部队看到这种情况，也都溃退，转眼之间两岸都跑空了。哥舒翰只与部下几百个骑兵逃走，从首阳山（今山西永济南）向西渡河入关。潼关外先前挖了三条壕沟，都是两丈宽、一丈深，官军人马掉到沟里，一会儿就把沟填满了，其余的人践踏而过，士兵得以入关的才八千多人。几天后，崔乾祐大举进攻潼关，很快便攻克了。

哥舒翰到了关西驿站，张贴布告招集失散的士兵，打算收复潼关。这时，蕃将火拔归仁等带领一百多骑兵包围了驿站，对哥舒翰说："叛军到了，请您上马。"哥舒翰不辨真伪，仓皇上马。出了驿站，火拔归仁带领众人叩头说："您带领二十万大军出战，结果一战全军覆没，有什么脸面再去见天子？况且您没见到高仙芝、封常清的下场吗？请您归附安禄山吧。"

哥舒翰一向轻视安禄山，以前曾与之发生过冲突，所以不愿投降，想下马逃走。火拔归仁强迫哥舒翰上马，并用绳子将其双脚缚到马肚子上，不肯服从的将领也都绑起来，押着向东走。正好叛军将领田乾真到来，便投降了叛军。随后，田乾真把他们全都送到了洛阳。

安禄山见到哥舒翰，问他："你一向轻视我，现在觉得怎样？"哥舒翰俯伏着回答说："我肉眼不识陛下，才到了这个地步。陛下是拨乱反正的主子，如今天下尚未平定，李光弼在土门，来瑱在河南，鲁炅在南阳。陛下如果留下我，我可以写信招降他们，用不了多久天下就会平定了。"（"肉眼不识陛下，遂至于此。陛下为拨乱主，今天下未平，李光弼在土门，来瑱在河南，鲁炅在南阳，但留臣，臣以尺书招之，不日平矣。"《旧唐书·哥舒翰转》）安禄山闻听大喜，任命哥舒翰为司空、同平章事；并对火拔归仁说："你背叛了主人，不忠不义。"把他杀了。哥舒翰写信招降各将领，大家都回信谴责他。安禄山知道没有效果，就把哥舒翰囚禁起来，后来安庆绪又把他杀了。

潼关失守后，河东、华阴、冯翊、上洛等地的防御使都放弃郡城逃走，守兵也溃散了。

十九、仓皇出逃　马嵬兵变

哥舒翰部下逃散后，没有投降叛军的士卒纷纷回到长安，向皇上告急。唐玄宗不相信潼关已经失守，因此没有及时召见这些士卒，只是派遣李福德等率领监牧兵去潼关。

到了夜晚，没有看见平安火，玄宗这才开始害怕，便召集宰相商量办法。杨国忠因自己兼任剑南节度使，听到安禄山叛变，马上命令副使崔圆暗中做好准备，以便危急时投奔那里。到了这时，杨国忠便提出到蜀地去，玄宗也同意了。

于是，杨国忠在朝堂召集百官，惊慌流泪，向大家询问计策。百官都沉默不语，不置可否。杨国忠说："人们告发安禄山谋反已经十年了，但皇上不相信。现在叛乱至此地步，不是宰相的过错。"朝罢之后，仪仗兵卫退下，官民惊慌逃走，长安城变得萧条起来。杨国忠让韩国夫人、虢国夫人入宫，劝皇上到立即前往蜀地。

天宝十五载（756）六月十二日，百官上朝的不到十之一二。唐玄宗登上勤政楼，颁下诏令，说要亲征，听到的人都不相信。玄宗任命京兆尹魏方进为御史大夫兼置顿使，京兆少尹崔光远为京兆尹、西京留守，宦官边令诚掌管后宫的钥匙。假托剑南节度使颖王李璬将到剑南镇守，命本道做好准备。

当天，玄宗移到北内临朝。晚上，玄宗命龙武大将军陈玄礼整治安排六军，赏给将士们许多钱帛，挑选了马厩里的九百多匹马。这其实是在做逃跑的准备，但外面的人都不知情。

十三日黎明，唐玄宗独自与杨贵妃姊妹、皇子、妃嫔、公主、皇孙、杨国忠、韦见素、魏方进、陈玄礼及亲近的宦官、宫人出了延秋门（长安城西南门），在外边的妃嫔、公主、皇孙都抛下不顾。玄宗经过金库时，杨国忠请求烧毁，说："不要替叛贼守着。"玄宗愁苦地说:"叛军来了,得不到财物,一定会大肆搜刮百姓。不如留给他们,不要使我的百姓更加困苦了。"("贼来不得,必更敛于百姓;不如与之,无重困吾赤子。"《资治通鉴·唐纪三十四》)

这一天,百官还有入朝的,到了宫门,还听到计时器漏壶的滴水声,三卫的仪仗队仍然庄严如旧。门一打开,宫人都乱跑出来,宫廷内外一片混乱,都不知皇帝逃到哪里去了。于是王公、官民四处逃窜,山谷小民争相进入宫殿及王公的家宅,盗取金宝,有的骑驴上殿,又有人烧毁了金库的大盈库。崔光远、边令诚率人救火,又招募人代理府、县的长官分别守卫,杀死十多个人,才稍微安定下来。崔光远派遣自己的儿子去见安禄山,边令诚也把后宫的钥匙献给了安禄山。

唐玄宗一行过了便桥,杨国忠命人把桥烧毁。玄宗制止说:"官吏、百姓都要避贼求生,为什么要断绝这条路呢?"("士庶各避贼求生,奈何绝其路!"同上)于是留下内侍监高力士,让他将火扑灭再赶上来。玄宗派宦官王洛卿前行,告诉各郡县安排停留食宿的地方。吃早饭的时候,到达咸阳望贤宫,王洛卿与县令都逃走了。内朝使者征召,官民没有一个响应的。中午时分,玄宗还没有吃饭,杨国忠便去买了蒸饼献给皇上。至此,百姓争先献上粗米加麦豆的饭,饥饿的皇孙们争相用手捧着吃,一会儿就吃光了,还没吃饱。玄宗叫人都付了饭钱,并慰劳百姓。众人都哭了,玄宗也掩面哭泣。

有一位叫郭从谨的老人,对玄宗说:"安禄山包藏祸心,已经不止一天了;也有人到宫廷去告发他的阴谋,但陛下却总是杀掉他们,使安禄山的奸逆得逞,致使陛下不得不逃亡。以前的君主定要请教忠良之士,来增加自己的聪明,就是为了这个。我还记得宋璟做宰相的时候,多次直言劝谏,天下因此太平安定。近些年来，朝廷的臣子避讳直言进谏，只是阿谀逢迎来讨好陛下，因此宫廷以外的事情，陛下都无从得知。朝廷之外的臣民，早就料到一定会有今天，但宫廷警卫严密，我们的心意，无法告知陛下。事情不到这种地步，我哪能见到陛下而当面倾诉这些呢！"（"禄山包藏祸心，固非一日；亦有诣阙告其谋者，陛下往往诛之，使得逞其奸逆，致陛下播越。是以先王务延访忠良以广聪明，盖为此也。臣犹记宋璟为相，数进直言，天下赖以安平。自顷以来，在廷之臣以言为讳，惟阿谀取容，是以阙门之外，陛下皆不得而知。草野之臣，必知有今日久矣，但九重严邃，区区之心，无路上达。事不至此，臣何由得睹陛下之面而诉之乎！"）玄宗说："这是朕糊涂啊，现在后悔已经来不及了。"（"此朕之不明，悔无所及。"同上）安慰一番，送走了老人。

过了一会儿，尚食官捧着皇上的饮食来了，玄宗命先送给侍从官，然后自己才吃。并命令士兵到各村庄去找吃的，约定在未时全体集合出发。

快到半夜时，玄宗一行到了金城（今陕西兴平）。县令已经逃走，县里的百姓也都脱身而去，饮食器具都还在，士兵们可以自己食用。只是这时，侍从的人也多半已经逃走，内侍监袁思艺也逃跑了。驿站里没有灯，人们只好纵横相枕而卧。此时，高贵、低贱的人混杂在一起，无法再分辨清楚了。

王思礼从潼关赶来，唐玄宗才知道哥舒翰已经投降叛军。于是，玄宗任命王思礼为河西、陇右节度使，命他立即去收集散兵，向东讨伐叛军。

十四日，唐玄宗一行到了马嵬驿（在今陕西兴平），将士们十分饥饿疲劳，无不怨恨愤怒。陈玄礼认为祸患的源头是杨国忠，想诛杀他，通过东宫宦官李辅国报告了太子李亨，太子还没有决定。恰巧吐蕃使者二十多人拦住了杨国忠的马，说他们没有饭吃,杨国忠还没来得及答话,军士便大喊道:"杨国忠与胡虏谋反!"有的人用箭射杨国忠,射中了他的马鞍。

杨国忠逃到西门内,军士追上将他杀死,分割了尸体,用枪挑着头颅挂在驿门外,并杀了他的儿子户部侍郎杨暄及韩国夫人、秦国夫人。御史大夫魏方进说:"你们怎敢杀死宰相?"众人连他也杀了。韦见素听到骚乱走出来,被乱兵打得头破血流。韦见素平日有恩于下,因此许多人说:"不要打伤韦相公。"韦见素这才免于丧命。

军士包围了驿站,唐玄宗听到吵闹声,询问外边发生了什么,左右回答说杨国忠造反,已被斩杀。玄宗吃惊之余,拄着拐杖、穿着便鞋走出驿站门,慰劳军士,命他们归队,军士不肯答应。玄宗命高力士询问原因,陈玄礼回答说:"杨国忠谋反,杨贵妃也不应再侍奉皇上,希望陛下割舍恩爱,依法惩处。"玄宗舍不得处死爱妃,便说:"朕自己会处理的。"("上使高力士问之,玄礼对曰:'国忠谋反,贵妃不宜供奉,愿陛下割恩正法。'上曰:'朕当自处之。'"同上)

唐玄宗进了驿门,倚着拐杖低着头站着沉思。过了很久,韦见素之子京兆司录参军韦谔上前说:"现在众人的愤怒不可触犯,安危就在顷刻之间,希望陛下赶快决定。"并叩头直至流血。玄宗说:"贵妃一直住在深宫,怎能知道杨国忠有反叛阴谋?"高力士说:"杨贵妃确实没有罪过,但将士们已经杀了杨国忠,而贵妃还侍奉在陛下身边,他们怎能安心?希望陛下好好考虑一下,将士安定,陛下也就安定了。"("贵妃诚无罪,然将士已杀国忠,而贵妃在陛下左右,岂敢自安!愿陛下审思之,将士安,则陛下安矣。"同上)玄宗不得不忍痛割爱,命高力士把杨贵妃领到佛堂去,把杨贵妃缢杀了。

高力士用车载着杨贵妃的尸体,放在驿站的庭院里,召陈玄礼等进来验看。陈玄礼等人看后，脱下铠甲，叩头请罪。玄宗慰劳他们，并命传告其他军士。陈玄礼等人都高呼"万岁"，拜了两拜离去，整顿队伍准备出发。

二十、玄宗幸蜀　太子即位

十五日，唐玄宗一行将从马嵬出发。此时，朝臣中只剩下了韦见素一人，玄宗就任命他的儿子韦谔为御史中丞兼任置顿使。官兵们都说："杨国忠谋反，他的亲信将吏都在蜀地，不能去那里。"有的请玄宗到河西、陇右去，有的请他到灵武（今宁夏灵武）去，有的请他到太原去，有的说回京师好。玄宗自己虽然想到蜀地去，但怕违背众人的意见，不敢明说。韦谔说："如果要回京城，就应有防御的准备。如今兵马少，不应向东走，不如暂时到扶风（今陕西凤翔东），慢慢再商量到哪里去。"玄宗征求众人的意见，大家都赞成。

等要出发的时候，当地父老乡亲都挡住道路，请求玄宗留下。他们说："宫廷是陛下的家室，陵寝是陛下的祖坟，现在陛下抛弃它们，想到什么地方去？"唐玄宗勒住马缰，想了很久，才命太子李亨留在后面，安抚父老乡亲。父老乡亲们说："皇帝既然不肯留下，我们愿意带领子弟，跟随殿下向东讨伐叛军，收复长安。如果殿下与皇帝都到蜀地去，谁来为中原百姓做主呢？"不一会儿，聚集了几千名百姓。谁知李亨却不肯答应，他说："皇上冒着险阻远行，我岂能忍心离开？况且我还没有告辞，我应当去禀告皇上，再听皇上决定我留下还是跟他们走。"太子李亨边说边哭，赶马要向西去。

这时，李亨第三子建宁王李倓、宦官李辅国，拉住太子马缰劝谏说："逆胡举兵侵犯宫廷，以致天下四分五裂。如果不顺应民心，靠什么来复兴？现在殿下跟从皇上到蜀地，如果贼兵烧毁栈道，中原地区便拱手送给叛贼了。民心一旦离散，就不能再聚合，即使再想回到这里，还有可能吗？不如聚拢在西北守边的军队，征召河北的郭子仪、李光弼，与他们合兵向东讨伐叛军，收复长安、洛阳二京，平定四海，使国家转危为安，恢复宗庙，清扫宫廷，接迎皇上，这难道不是最大的孝顺吗？何必表现微不足道的温情，像小儿女那样依恋父母呢！"（"逆胡犯阙，四海分崩，不因人情，何以兴复！今殿下从至尊入蜀，若贼兵烧绝栈道，则中原之地拱手授贼矣。人情既离，不可复合，虽欲复至此，其可得乎？不如收西北守边之兵，召郭、李于河北，与之并力东讨逆贼，克复二京，削平四海，使社稷危而复安，宗庙毁而更存，扫除宫禁以迎至尊，岂非孝之大者乎？何必区区温情，为儿女之恋乎！"《资治通鉴·唐纪三四十》）李亨长子广平王李俶，也劝父亲留下。父老们一起拦住太子的马，使他不能走开。太子就派李俶飞驰前往，报告玄宗。

　　此时，唐玄宗正拉住马缰，等待太子；等了很久也不来，便派人去探视。派去的人回来报告了具体情况，玄宗说："这是天意！"便命分出后军两千人和飞龙厩马给太子，并对将士说："太子仁义孝顺，可以奉祀宗庙，你们好好辅助他。"（"太子仁孝，可奉宗庙，汝曹善辅佐之。"）又让人转告太子说："你要努力，不要挂念我。西北各个部族，我平日待他们宽厚，你一定会得到他们的帮助。"（"汝勉之，勿以吾为念。西北诸胡，吾抚之素厚，汝必得其用。"同上）太子闻言，只是面向南号泣。玄宗又派人把东宫内人送到太子那里，并宣布圣旨想传位给太子，太子不肯接受。

　　唐玄宗到达岐山（今陕西岐山）时，有人说叛军的前锋快要到来，玄宗一行便加速前进，在扶风郡住下。随从将士中有不少人想离去，常常散布一些无礼的话，陈玄礼制止不了，玄宗为此深感忧虑。

正巧成都进贡的十多万匹春綵送到了扶风，玄宗命把这些春綵都放到庭院里，召集将士进来，在殿前台阶上对大家说："朕近来衰老糊涂了，托付任用不当，致使胡贼扰乱纲常，不得不到远处去躲避。知道你们都是仓促跟我出来的，没来得及与父母、妻子告别，长途跋涉到这里，非常劳苦，朕感到很惭愧。去蜀地路途遥远、艰险，郡县又狭小，人马众多，也许不能供应。现在你们可以随便回家，朕只和皇子皇孙、中官一起前往，也可以到达的。今天与大家诀别，你们可以一起分掉这些春綵，作为路费。如果回去，见到父母及长安父老，替朕向他们致意，你们各自珍重吧。"（"朕比来衰耄，托任失人，致逆胡乱常，须远避其锋。知卿等皆苍猝从朕，不得别父母妻子，跋涉至此，劳苦至矣，朕甚愧之。蜀路阻长，郡县褊小，人马众多，或不能供，今听卿等各还家，朕独与子、孙、中官前行入蜀，亦足自达。今日与卿等诀别，可共分此綵，以备资粮。若归，见父母及长安父老，为朕致意，各好自爱也！"同上）说完，泪下沾襟。众人都哭着说："我们誓死跟从陛下，不敢有贰心。"过了很长时间，玄宗说："去留任凭你们自己的意见。"从此再没人散布无礼的话了。

唐玄宗到达散关（今陕西宝鸡西南）时，把随从的将士分为六军，派颖王李璬先行到剑南，寿王李瑁等分别率领六军跟随。到了河池郡（治今陕西凤县）时，崔圆呈上奏表迎接皇帝，具体说明蜀地富饶、甲兵强盛。玄宗大喜，当天就封崔圆为中书侍郎、同平章事，蜀郡长史照旧兼任。任命陇西公李瑀为汉中王、梁州都督、山南西道采访防御使。

安禄山没想到玄宗突然向西逃跑，就派使者命崔乾祐率兵驻守潼关。十天后，安禄山才派遣孙孝哲率兵进入长安，任命张通儒为西京留守，崔光远为京兆尹；派安忠顺驻扎在禁苑里,镇守关中。

当时,孙孝哲受安禄山宠信,喜欢专权用事,常常与严庄争权夺势。安禄山让他监督关中将领,张通儒等都受其制约。孙孝哲性情粗犷,杀敌果敢,叛军将领都怕他。安禄山命令搜捕百官、宦者、宫女等,每当抓到几百人,就让士兵押送到洛阳。

安禄山下令把跟随玄宗逃走的王、侯、将、相留在长安的家属全部杀死,连婴儿也不放过。陈希烈因为晚年失去玄宗宠信,心生怨恨,与前宰相张说之子张均、张垍等都投降了叛军。安禄山任命陈希烈、张垍为宰相,其余朝臣都授予官职。叛军的势力因此更盛,向西威胁到陇山(六盘山南段,在今陕西陇县一带)地区,向南侵占长江、汉水地区,向北占据了河东郡(治今山西永济)的一半。

然而,叛军将领都勇猛有余而智谋不足,占据长安后,便自以为得志,于是日夜酗酒,专门追求声色、财宝,没有再向西进攻的想法。也正因此,玄宗得以安全到达蜀地,太子李亨向北行进也没有遭到追击。

太子李亨到达平凉(今宁夏固原)时,招募士兵,准备驻兵在那里。朔方留后杜鸿渐、六城水陆运使魏少游、节度判官崔漪、支度判官卢简金、盐池判官李涵,一起商量说:"平凉地势平坦,无险可守,不是驻军之地。灵武兵多粮足,若把太子迎接到这里,向北召集各郡士兵,向西发动河西、陇右的精锐骑兵,向南平定中原,这才是千载难逢的大好时机。"于是让李涵给太子送信,并在信中报告了朔方的士马、甲兵、谷物、布帛、军用物资的数目。

李涵到了平凉,太子李亨大喜。恰好河西司马裴冕入朝任御史中丞,也到了平凉,见到太子,也劝他到朔方去。太子听从了。杜鸿渐、崔漪让魏少游留下,修理房舍,准备物资,他们自已到平凉北境迎接太子。七月九日,太子李亨到了灵武。

七月十二日,玄宗到了普安(今四川剑阁),宪部侍郎房琯赶来谒见。玄宗从长安出发时,群臣大多不知道,到了咸阳,玄宗对高力士说:"你认为朝臣谁能来,谁不能来?"高力士回答说:"张均、张垍父子受陛下恩惠最深,而且还有亲戚关系(张垍娶玄宗女儿宁亲公主为妻),他们一定先来。以前大家都说房琯应做宰相,但陛下不用他,而安禄山曾推荐过他,恐怕他不会来。"玄宗说:"这件事情不好预料。"等到房琯来到,玄宗问起张均兄弟的情况,房琯回答说:"我跟他们一起来的,但他俩在路上逗留不前,看那意思,好像有什么难言之隐。"玄宗对高力士说:"我已经料定他们不会来了。"原来,以前玄宗曾经暗示要拜张垍为宰相,但最终并没有拜任,张垍心怀怨意,玄宗已有所察觉。

裴冕、杜鸿渐等上书给太子李亨,请求他遵照玄宗在马嵬的意旨即皇帝位,李亨不答应。经五次上书,最终才肯答应。于是,太子李亨在灵武城南楼即皇帝位,尊称玄宗为"上皇天帝",改元"至德"(756)。然后,肃宗李亨重新积聚力量,开始对安禄山进行反攻。

二十一、为太上皇　死神龙殿

安禄山自天宝十四载(755)叛乱,先后攻陷两京,到第三年,却被儿子安庆绪杀了。

肃宗至德二载(757),安庆绪称帝。不久,长安、洛阳为官军收复。第三年,安庆绪又被安禄山的副将史思明杀了。

乾元二年(759),史思明先称燕王,后称皇帝。第三年,他也被儿子史朝义杀了。

上元二年(761),史朝义称帝。两年后,兵败势穷,上吊自杀。

这场叛乱，历时八年（755—763）。叛乱葬送了唐玄宗的政治生命，更葬送了大唐王朝的赫赫国威。从此，唐王朝一蹶不振，每况愈下。

安史之乱的爆发和唐王朝的衰落，有着深刻的社会原因。即便是开元君臣的所作所为，也只是"救时"而不能"易世"。但不可否认，唐玄宗后期的昏庸怠政、养痈遗患，是导致这场大乱的直接原因。

至德二载末，官军收复两京后，唐玄宗由成都返回长安。路过马嵬驿时，触景生情，黯然神伤。他与随行人员一起去祭拜了杨贵妃墓，这正是：

> 天旋日转回龙驭，到此踌躇不能去。
> 马嵬坡下泥土中，不见玉颜空死处。

到达长安后，唐玄宗就住在兴庆宫里，侍卫他的仍是龙武大将军陈玄礼与内侍监高力士，另有亲妹妹玉真公主，以及旧时的宫女、梨园子弟。

自从回长安后，唐玄宗本想改葬杨贵妃，但权宦李辅国等人不同意，肃宗也不同意。玄宗没办法，只好偷偷派亲信宦官去改葬，又叫画工画了一幅杨贵妃的画像挂在宫殿墙上，天天为之叹息，时时为之垂泪。这还不算，一场新的灾难正在等着他。

原来，玄宗非常喜欢兴庆宫，因为这是他当太子时居住的地方。从蜀中回来之后，他一直住在这里。肃宗不时从夹城中走到这里来问候他，他有时也到大明宫去看望肃宗。

兴庆宫里有个长庆楼，南面靠着皇宫外面的大道，玄宗经常在楼上徘徊观望，百姓经过这里，一看到玄宗，往往跪拜高呼"万岁"。玄宗又常在楼下安排酒食招待客人，并在楼上宴请将军郭子仪和王铣等人，还赏给他们好多东西。类似的事情很多。做这些事情时，玄宗并无东山再起的用意，但却引起了肃宗的猜忌。由此，父子间的矛盾便尖锐起来。

唐玄宗子孙很多，他活了七十八岁，当了四十四年皇帝，由于出奇好色，据说他的妃嫔、宫女达四万人。他有三十个儿子，三十个女儿。论资排辈，长子庆王李琮当为太子，但他曾在打猎时被野兽抓伤脸，破了相，当皇帝不雅观，而且德才平常。次子李瑛，曾被立为太子，后来听信谗言惨遭废死。接下来就轮到三子李亨了。在朝臣的争取下，玄宗经过一年多的再三考虑，才勉强立李亨做太子。后来李林甫为迎合玄宗和武惠妃，总想把李亨废掉，立寿王李瑁当太子。无奈，李亨非常谨慎，没有大错，且有一些朝臣积极保护，屡次转危为安，太子地位才算保住。因此，李亨对玄宗早有积怨在心。

李亨立为太子后，做皇帝的愿望日益强烈。后来，在儿子李俶和宦官李辅国等的支持下，在灵武私自即位。此后，他和玄宗面和心不和。玄宗从蜀地归来后，在兴庆宫的所作所为，早已引起生性多疑的肃宗越来越多的狐疑：玄宗是不是想恢复帝位？他想采取相应的对策，又怕有人说他不孝，心里非常着急。正在此时，李辅国向他献上一计。

李辅国察知唐肃宗的复杂心理，想立奇功以固宠，对他说："太上皇住在兴庆宫，天天和外人来往，而且陈玄礼、高力士密谋对陛下不利。如今六军将士都是灵武功臣，都坐卧不安，我劝解他们也不听，不敢不报告。"肃宗假装着哭道："太上皇仁慈，哪会有别的想法呢？"李辅国明白肃宗的意思，就说："即使太上皇没有别的想法，但一班小人天天在耳边怂恿，时间长了，也难免有想法。陛下是天下的主人，应当为社稷着想，防患于未然，哪能囿于匹夫的孝顺？再说兴庆宫和里巷相连，围墙低矮，不适合太上皇居住。太极宫森严,请他搬到那里去住,和兴庆宫也没有区别。这样就能杜绝小人在他身边说三道四,太上皇能安享晚年,陛下有时也可以去探望,岂不更好?"

李辅国这番话正中肃宗下怀,但又不好说什么,实际上是默许了。于是,李辅国首先采取了第一个措施:兴庆宫原有三百匹马,他传达肃宗命令,取走二百九十匹,仅留下十匹。玄宗心里明白是怎么一回事,长长叹了一口气,对高力士说:"我儿被李辅国迷惑,不能尽孝到底了。"("吾儿为辅国所迷,不得终孝矣。"《资治通鉴·唐纪三十七》)

肃宗和李辅国步步紧逼,终于演出了一出逼宫的好戏。李辅国先叫六军将士又哭又号又叩头,请求肃宗叫玄宗搬到太极宫去住,肃宗假装哭着没有回答,实际也是默许。

上元元年(760)七月的一天,李辅国传旨,请玄宗游览太极宫。当玄宗从兴庆宫走到睿武门时,预先埋伏好的士兵突然冲了过来,拿着明晃晃的刀剑挡住去路,杀气腾腾地大喊道:"皇帝认为兴庆宫低洼矮小,不适合上皇居住,请上皇迁居太极宫。"玄宗大吃一惊,差点从马上摔下来,亏着高力士扶住了,并斥责李辅国,玄宗才稳定下来。

这时,李辅国等不容玄宗分说,便把他簇拥到了太极宫,住在甘露殿。当天,李辅国和六军大将去向肃宗请罪,肃宗竟说:"兴庆宫和太极宫,又有什么区别?你们这是为了防止小人迷惑上皇,防微杜渐,是为了国家平安,又有什么可怕的!"("南宫、西内,亦复何殊?卿等恐小人荧惑,防微杜渐,以安社稷,何所惧也!"同上)即便如此,肃宗对玄宗还是不放心,又把高力士流放到巫州(今湖南黔阳),命陈玄礼退休,只给玄宗留下几名卫士,而且都是老弱病残。

唐玄宗虽然也曾说这次"迁徙""亦吾志也",其实心里充满了悲凉。处在这样的境况之下，更觉寂寞、凄凉，郁郁寡欢，心情不好，连饭也吃不进了，弄得憔悴不堪，形同槁木。上元三年（762）四月五日，唐玄宗李隆基在太极宫神龙殿去世，时年七十八岁。葬泰陵，谥曰"至道大圣大明孝皇帝"，庙号"玄宗"。

《旧唐书·玄宗本纪》

玄宗本纪上

玄宗至道大圣大明孝皇帝讳隆基，睿宗第三子也，母曰昭成顺圣皇后窦氏。垂拱元年秋八月戊寅，生于东都。性英断多艺，尤知音律，善八分书。仪范伟丽，有非常之表。

三年闰七月丁卯，封楚王。天授三年十月戊戌，出阁，开府置官属，年始七岁。朔望车骑至朝堂，金吾将军武懿宗忌上严整，诃排仪仗，因欲折之。上叱之曰："吾家朝堂，干汝何事？敢迫吾骑从！"则天闻而特加宠异之。寻却入阁。长寿二年腊月丁卯，改封临淄郡王。圣历元年，出阁，赐第于东都积善坊。大足元年，从幸西京，赐宅于兴庆坊。长安中，历右卫郎将、尚辇奉御。

神龙元年，迁卫尉少卿。景龙二年四月，兼潞州别驾。十二月，加银青光禄大夫。州境有黄龙白日升天。尝出畋，有紫云在其上，后从者望而得之。前后符瑞凡一十九事。四年，中宗将祀南郊，来朝京师。将行，使术士韩礼筮之，蓍一茎孑然独立。礼惊曰："蓍立，奇瑞非常也，不可言。"属中宗末年，王室多故，上常阴引材力之士以自助。上所居宅外有水池，浸溢顷馀，望气者以为龙气。四年四月，中宗幸其第，因游其池，结绿为楼船，令巨象踏之。

至六月，中宗暴崩，韦后临朝称制。韦温、宗楚客、纪处讷等谋倾宗社，以睿宗介弟之重，先谋不利。道士冯道力、处士刘承祖皆善于占兆，诣上布诚款。上所居里名隆庆，时人语讹以"隆"为"龙"；韦庶人称制，改元又为唐隆，皆符御名。上益自负，乃与太平公主谋之，公主喜，以子崇简从。上乃与崇简、朝邑尉刘幽求、长上折冲麻嗣宗、押万骑果毅葛福顺、李仙凫、宝昌寺僧普润等定策诛之。或曰："先启大王。"上曰："我拯社稷之危，赴君父之急，事成福归于宗社，不成身死于忠孝，安可先请，忧怖大王乎？若请而从，是王与危事；请而不从，则吾计失矣。"遂以庚子夜率幽求等数十人自苑南入，总监钟绍京又率丁匠百余以从。分遣万骑往玄武门杀羽林将军韦播、高嵩，持首而至，众欢叫大集。攻白兽、玄德等门，斩关而进，左万骑自左入，右万骑自右入，合于凌烟阁前。时太极殿前有宿卫梓宫万骑，闻噪声，皆披甲应之。韦庶人惶惑走入飞骑营，为乱兵所害。于是分遣诛韦氏之党，比明，内外讨捕，皆斩之。乃驰谒睿宗，谢不先启请之罪。睿宗遽前抱上而泣曰："宗社祸难，由汝安定，神祇万姓，赖汝之力也。"拜殿中监、同中书门下三品，兼押左右万骑，晋封平王。

睿宗即位，与侍臣议立皇太子，佥曰："除天下之祸者，享天下之福；拯天下之危者，受天下之安。平王有圣德，定天下，又闻成器已下咸有推让，宜膺主鬯，以副群心。"睿宗从之。丙午，制曰：

> 舜去四凶而功格天地，武有七德而戡定黎人，故知有大勋者必受神明之福，仗高义者必为匕鬯之主。朕恭临宝位，亭育寰区，以万物之心为心，以兆人之命为命。虽承继之道，咸以冢嫡居尊；而无私之怀，必推功业为首。然后可保

安社稷，永奉宗祧。

第三子平王基，孝而克忠，义而能勇。比以朕居藩邸，虔守国彝，贵戚中人，都无引接。群邪害正，凶党实繁，利口巧言，谗说罔极。韦温、延秀，朋党竞起；晋卿、楚客，交构其间。潜结回邪，排挤端善，潜贮兵甲，将害朕躬。基密闻其期，先难奋发，推身鞠旴，众应如归，呼吸之间，凶渠殄灭。安七庙于几坠，拯群臣于将殒。方舜之功过四，比武之德逾七。灵祇望在，昆弟乐推。一人元良，万邦以定。为副君者，非此而谁？可立为皇太子。有司择日，备礼册命。

七月己巳，睿宗御承天门，皇太子诣朝堂受册。是日有景云之瑞，改元为景云，大赦天下。

二年，又制曰："惟天生烝人，牧以元后；维皇立国，副以储君。将以保绥家邦、安固后嗣者也。朕纂承洪业，钦奉宝图，夜分不寐，日昃忘倦。茫茫四海，惧一人之未周；蒸蒸万姓，恐一物之失所。虽卿士竭诚，守宰宣化，缅怀庶域，仍未小康。是以求下人之变风，遵先朝之故事。皇太子基仁孝因心，温恭成德，深达礼体，能辨皇猷，宜令监国，俾尔为政。其六品以下除授及徒罪已下，并取基处分。"

延和元年六月，凶党因术人闻睿宗曰："据玄象，帝座及前星有灾，皇太子合作天子，不合更居东宫矣。"睿宗曰："传德避灾，吾意决矣。"七月壬午，制曰：

朕以寡昧，虔奉鸿休，本殊王季之贤，早达延陵之节。昔在圣历，已让皇嗣之尊；爰暨神龙，终辞太弟之授。岂唯衣冠所睹，抑亦兆庶咸知。顷属国步不夷，时艰主幼，大业有缀旒之惧，宝位深坠地之忧，议迫公卿，遂司契篆，日慎一日，以至于今。一纪之劳，勤亦至矣；万方之俗，化渐行矣。将成宿愿，脱屣寰区。昔尧之禅舜，唯能是与；禹以命启，匪私其亲，神器之重，允归公授。皇太子基有大功于天地，定阽危于社稷，温文既习，圣敬克跻。委之监国，已移岁年，时政益明，庶工惟序。朕之知子，庶不负时，历数在躬，宜陟元后。可令即皇帝位，有司择日授册。朕方比迹洪古，希风太皇，神与化游，思与道合，无为无事，岂不美欤！王公百僚，宜识朕意。

上意惶惧，驰见叩头，请所以传位之旨。睿宗曰："吾因汝功业得宗社。今帝座有眚，思欲逊避，唯圣德大勋，始转祸为福。易位于汝，吾知晚矣。"上始居武德殿视事，三品以下除授及徒罪皆自决之。

先天二年七月三日，尚书左仆射窦怀贞、侍中岑羲、中书令萧至忠、崔湜、雍州长史李晋、左羽林大将军常元楷、右羽林将军李慈等与太平公主同谋，期以其月四日以羽林军作乱。上密知之，因以中旨告岐王范、薛王业、兵部尚书郭元振、将军王毛仲，取闲厩马及家人三百余人，率太仆少卿李令问、王守一、内侍高力士、果毅李守德等亲信十数人，出武德殿，入虔化门。枭常元楷、李慈于北阙。擒贾膺福、李猷于内客省以出。执萧至忠、岑羲于朝，皆斩之。睿宗明日下诏曰："朕将高居无为，自今军国政刑一事已上，并取皇帝处分。"上御承天门楼，下制曰：

朕承累圣之洪休，荷重光之积庆。昔因多难，内属构屯，宝位深坠地之忧，神器有缀旒之惧。事殷家国，义感神祇，吟啸风云，龚行雷电，致君亲于尧、舜，济黔首于休和。遂以孟秋，允升储贰；旋承内禅，继体宸居。拜首之请空勤，让立之诚莫展，恭临亿兆，二载于兹。上禀圣谟，下凝庶绩，八荒同轨，瀛海无波。

不谓奸慝潜谋，萧墙窃发。逆贼窦怀贞等并以庸妄，权齿朝廷，毫发之效未申，丘山之衅乃积，共成枭獍，将肆奸回。太上皇圣断宏通，英谋独运，命朕率岐王范、薛王业等躬事诛锄。齐斧一麾，凶渠尽殪。太阳朗耀，澄氛霭于天衢；高风顺时，厉肃杀于秋序。神灵协赞，夷夏相欢，四族之愿既清，七百之祚方永。爰承后命，载阐休期，总军国之大猷，施云雨之鸿泽。

承乾之道，既光被于无垠；作解之恩，思式覃于品物。当与亿兆，同此惟新。可大赦天下，大辟罪已下咸赦除之。加邠王守礼实封三百户，宋王成器、申王成义各加实封一千户，岐王范、薛王业各加实封七百户。文武官三品以下赐爵一级，四品已下各加一阶。内外官人被诸道按察使及御史所摘伏，咸宜洗涤；选日依次叙用。

丁卯，崔湜、卢藏用除名，长流岭表。壬申，王琚为银青光禄大夫、户部尚书，封赵国公，实封三百户；姜皎银青光禄大夫、工部尚书，封楚国公，实封五百户；李令问银青光禄大夫、殿中监，实封三百户；王毛仲辅国大将军、左武卫大将军、检校内外闲厩兼知监牧使、霍国公，实封五百户；王守一银青光禄大夫、太常卿同正员，进封晋国公，实封五百户，并赏其定策功。琚、皎、令问固让。癸丑，中书侍郎陆象先为益州大都督府长史兼剑南道按察兵马使，尚书左丞张说为检校中书令。甲戌，令毁天枢，取其铜铁充军国杂用。庚辰，王琚为中书侍郎，加实封二百户；姜皎殿中监，仍充内外闲厩使，加实封二百户；李令问殿中少监、知尚食事，加实封二百户。己丑，周孝明高皇帝依旧追赠太原王，宜去帝号；孝明皇后宜称太原王妃；昊陵、顺陵并称太原王及妃墓。

八月壬辰，封州流人刘幽求为尚书左仆射、知军国重事、徐国公，仍依旧实封七百户。制曰："凡有刑人，国家常法；掩骼埋瘗，王者用心。自今已后，辄有屠割刑人骨肉者，依法科残害之罪。"九月，司空兼扬州大都督、宋王成器为太尉兼扬州大都督，益州大都督兼右金吾大将军、申王成义为司徒兼益州大都督，单于大都护兼左金吾大将军、邠王守礼为司空。癸丑，封华岳神为金天王。

九月丁卯，宋王成器为开府仪同三司，尚书左仆射刘幽求同中书门下三品，检校中书令、燕国公张说为中书令，特进王仁皎为开府仪同三司。己卯，宴王公百僚于承天门，令左右于楼下撒金钱，许中书门下五品已上官及诸司三品已上官争拾之，仍赐物有差。郭元振兼御史大夫。丙戌，又置右御史台。

冬十一月甲申，幸新丰之温汤。癸卯，讲武于骊山。兵部尚书、代国公郭元振坐亏失军容，配流新州；给事中、摄太常少卿唐绍以军礼有失，斩于纛下。甲辰，畋猎于渭川。同州刺史、梁国公姚元之为兵部尚书、同中书门下三品。乙巳，至自温汤。十一月乙丑，幽求兼知侍中。戊子，上加尊号为开元神武皇帝。

十二月庚寅朔，大赦天下，改元为"开元"，内外官赐勋一转。改尚书左、右仆射为左、右丞相，中书省为紫微省，门下省为黄门省，侍中为监。雍州为京兆府，洛州为河南府，长史为尹，司马为少尹。国初以来宰相及食实封功臣子孙，一应沉翳未承恩者，令量才擢用。

开元元年十二月己亥，禁断泼寒胡戏。癸丑，尚书左丞相兼黄门监刘幽求为太子少保，罢知政事；紫微令张说为相州刺史。甲寅，门下侍郎卢怀慎同紫微黄门平章事。

二年春正月，关中自去秋至于是月不雨，人多饥乏，遣使赈给。制求直谏昌言、弘益政理者。名山大川，并令祈祭。丙寅，紫微令姚崇上言请检责天下僧尼，以伪滥还俗者二万余人。甲申，并州大都督府长史兼检校左卫大将军薛讷同紫微黄门三品，仍总兵以讨奚、契丹。

二月，突厥默啜遣其子同俄特勤率众寇北庭都护府，右骁卫将军郭虔瓘击败之，斩同俄于城下。己酉，以旱，亲录囚徒，改太史监罢隶秘书省。闰月癸亥，令道士、女冠、僧尼致拜父母。丁卯，复置十道按察使。己未，突厥默啜妹婿火拔颉利发石失毕与其妻来奔，封燕山郡王，授左卫员外大将军。紫微侍郎、赵国公王琚左授泽州刺史，赐实封一百户，余并停。丁亥，刘幽求为睦州刺史。

三月甲辰，青州刺史、郧国公韦安石为沔州别驾；太子宾客、逍遥公韦嗣立为岳州别驾；特进致仕李峤先随子在袁州，又贬滁州别驾，并员外置。去年九月有诏毁天枢，至今春始。

夏五月辛亥，黄门监魏知古为工部尚书，罢知政事。

六月丁巳，开府仪同三司、宋王成器为岐州刺史，司徒、申王成义为豳州刺史，司空、邠王守礼为虢州刺史；委务于上佐。内出珠玉锦绣等服玩，又令于正殿前焚之。乙丑，兵部尚书致仕、韩国公张仁愿卒。

七月，薛讷与副将杜宾客、崔宣道等总兵六万自檀州道遇贼于滦河，为贼所败。讷等屏甲遁归，减死，除名为庶人。辛未，光禄卿窦希瑊为太子太傅。房州刺史、襄王重茂薨于梁州，谥曰殇帝。丙午，昭文馆学士柳冲、太子左庶子刘子玄刊定《姓族系录》二百卷，上之。以兴庆里旧邸为兴庆宫。诸王傅并停。京官所带跨巾算袋，每朝参日着，外官衙日着，余日停。吐蕃寇临洮军，又游寇兰州、渭州，掠群牧，起薛讷摄左羽林将军、陇右防御使，率杜宾客、郭知运、王晙、安思顺以御之。太常卿、岐王范为华州刺史，秘书监、薛王业为同州刺史。

八月戊午，西天竺国遣使献方物。

九月戊申，幸新丰之温泉。甲寅，制曰："自古帝王皆以厚葬为诫，以其无益亡者、有损生业故也。近代以来，共行奢靡，递相仿效，浸成风俗，既竭家产，多至凋敝。然则魂魄归天，明精诚之已远；卜宅于地，盖思慕之所存。古者不封，未为非达。且墓为真宅，自便有房，今乃别造田园，名为下帐，又冥器等物，皆竞骄侈。失礼违令，殊非所宜；戮尸暴骸，实由于此。承前虽有约束，所司曾不申明，丧葬之家，无所依准。宜令所司据品令高下，明为节制：冥器等物，仍定色数及长短大小；园宅下帐，并宜禁绝；坟墓茔域，务遵简俭；凡诸送终之具，并不得以金银为饰。如有违者，先决杖一百。州县长官不能举察，并贬授远官。"

冬十月戊午，至自温泉。薛讷破吐蕃于渭州西界武阶驿，斩首一万七十级，马七万七匹，牛羊四万头。丰安军使郎将、判将军王海宾先锋力战，死之。

十一月庚寅，葬殇帝于武功西原。

十二月乙丑，封皇子嗣真为郯王，嗣初为鄂王，嗣玄为鄄王。时右威卫中郎将周庆立为安南市舶使，与波斯僧广造奇巧，将以进内。监选使、殿中侍御史柳泽上书谏，上嘉纳之。

三年春正月丁亥，立郯王嗣谦为皇太子，降死罪已下，大酺三日。癸卯，黄门侍郎卢怀慎为检校黄门监。甲辰，工部尚书魏知古卒。

二月，禁断天下采捕鲤鱼。十姓部落左厢五咄六啜、右厢五弩失毕五俟斤，及高丽莫离支高文简、都督跌跌思太等，各率其众自突厥相继来奔，前后总二千余帐。析许州、唐州置仙州。

夏四月，岐王范兼虢州刺史，薛王业兼幽州刺史。

六月，山东诸州大蝗，飞则蔽景，下则食苗稼，声如风雨。

紫微令姚崇奏请差御史下诸道，促官吏遣人驱扑焚瘗，以救秋稼，从之。是岁，田收有获，人不甚饥。

秋七月，刑部尚书李日知卒。

冬十月甲寅，制曰："朕听政之暇，常览史籍，事关理道，实所留心，中有阙疑，时须质问。宜选耆儒博学一人，每日入内侍读。"以光禄卿马怀素为左散骑常侍，与右散骑常侍褚无量并充侍读。甲子，幸鄠县之凤泉汤。

十一月己卯，至自凤泉汤。乙酉，幸新丰之温汤。丁亥，妖贼崔子岩等入相州作乱。戊子，州司讨平之。甲午，至自温汤。十二月庚午，以军器使为军器监，置官员。是冬无雪。

四年春正月癸未，尚衣奉御长孙昕恃以皇后妹婿，与其妹夫杨仙玉殴击御史大夫李杰，上令朝堂斩昕以谢百官。以阳和之月不可行刑，累表陈请，乃命杖杀之。丁亥，宋王成器、申王成义以"成"字犯昭成皇后谥号，于是成器改名宪，成义改为㧑。刑部尚书、中山郡公李乂卒。

二月丙辰，幸新丰之温汤。丁卯，至自温汤。以关中旱，遣使祈雨于骊山，应时澍雨。令以少牢致祭，仍禁断樵采。

夏六月庚寅，月蚀既。癸亥，太上皇崩于百福殿。辛未，京师、华、陕三州大风拔木。癸酉，突厥可汗默啜为九姓拔曳固所杀，斩其首送于京师。默啜兄子小杀继立为可汗。是夏，山东、河南、河北蝗虫大起，遣使分捕而瘗之。其回纥、同罗、霫、勃曳固、仆固五部落来附，于大武军北安置。

秋七月丙申，分巂、雅二州置黎州。

冬十月癸丑，户部尚书、新除太子詹事毕构卒。庚午，葬睿宗大圣贞皇帝于桥陵。以同州蒲城县为奉先县，隶京兆府。

十一月丁亥，徙中宗神主于西庙。甲午，尚书左丞源乾曜为黄门侍郎、同紫微黄门平章事。辛丑，黄门监兼吏部尚书卢怀慎卒。

十二月乙卯，幸新丰之温汤。其夜，定陵寝殿灾。乙丑，至自温汤。尚书、广平郡公宋璟为吏部尚书兼黄门监，紫微侍郎、许国公苏颋同紫微黄门平章事。兵部尚书兼紫微令、梁国公姚崇为开府仪同三司，黄门侍郎、安阳男源乾曜守京兆尹，并罢知政事。停十道采访使。

五年春正月壬寅朔，上以丧制不受朝贺。癸卯寅时，太庙屋坏，移神主于太极殿，上素服避正殿，辍朝五日，日昃亲祭享。辛亥，幸东都。戊辰，昏雾四塞。

二月甲戌，至自东都，大赦天下，唯谋反大逆不在赦限，余并宥之。河南百姓给复一年，河南、河北遭涝及蝗虫处，无出今年地租。武德、贞观以来勋臣子孙无位者，访求其后奏闻；有嘉遁幽栖养高不仕者，州牧各以名荐。

三月庚戌，于柳城依旧置营州都督府。丁巳，以辛景初女封为固安县主，妻于奚首领饶乐郡主大酺。

夏四月己丑，皇帝第九子嗣一薨，追封夏王，谥曰悼。甲午，以则天拜洛受图坛及碑文并显圣侯庙，初因唐同泰伪造瑞石文所建，令即废毁。

六月壬午，巩县暴雨连月，山水泛滥，毁郭邑庐舍七百余家，人死者七十二。氾水同日漂坏近河百姓二百余家。

秋七月甲子，诏曰："古者操皇纲、执大象者，何尝不上稽天道、下顺人极，或变通以随时，爰损益以成务。且衢室创制，度堂以筵。因之以礼神，是光孝德；用之以布政，盖称视朔，先王所以厚人伦、感天地者也。少阳有位，上帝斯歆，此则神贵于不黩，礼殷于至敬。今之明堂，俯邻宫掖，比之严祝，有异肃恭，苟非宪章，将何轨物？由是礼官博士公卿大臣广参群议，钦若前古，宜存露寝之式，用罢辟雍之号。可改为乾元殿，每临御依正殿礼。"

九月壬寅，改紫微省依旧为中书省，黄门省为门下省，黄门监为侍中。

冬十月丙子，京师修太庙成。丁丑，诏以故越王贞死非其罪，封故许王男琳为嗣越王，以继其后。戊寅，祔神主于太庙。

十一月己亥，契丹首领松漠郡王李失活来朝，以宗女为永乐公主以妻之。司徒兼邓州刺史、申王捴兼虢州刺史。

六年春正月丙辰朔，以未经大祥，不受朝贺。辛酉，禁断天下诸州恶钱，行二铢四分已上好钱，不堪用者并即销破复铸。将作大匠韦凑上疏，请迁孝敬神主，别立义宗庙。以太子少师兼许州刺史、岐王范兼郑州刺史。

二月甲戌，礼币征嵩山隐士卢鸿。

夏五月乙未，孝敬哀皇后祔于恭陵。契丹松漠郡王李失活卒。

六月甲申，瀍水暴涨，坏人庐舍，溺杀千余人。乙酉，制以故侍中桓彦范、敬晖，故中书令兼吏部尚书张柬之、故特进崔玄、故中书令袁恕己配享中宗庙庭，故司空苏瓌、故左丞相太子少保郴州刺史刘幽求配飨睿宗庙庭。

秋七月己未，秘书监马怀素卒。

九月乙未，遣工部尚书刘知柔持节往河南道存问。

冬十月丙申，车驾还京师。

十一月辛卯，至自东都。丙申，亲谒太庙，回御承天门，诏："七庙元皇帝已上三祖枝孙有失官序者，各与一人五品京官。内外官三品已上有庙者，各赐物三十匹，以备修祭服及俎豆。"赐文武官有差。乙巳，传国八玺依旧改称"宝"，符玺郎为符宝郎。

十二月，以开府仪同三司兼泽州刺史、宋王宪为泾州刺史，司徒兼虢州刺史、申王捴为绛州刺史，以太子少师兼郑州刺史、岐王范为岐州刺史，以太子少保兼卫州刺史、薛王业为虢州刺史。

七年春正月，吐蕃遣使朝贡。

三月丁酉，左武卫大将军、霍国公王毛仲加特进。渤海靺鞨郡王大祚荣死，其子武艺嗣位。

夏四月癸酉，开府仪同三司王仁皎薨。五月己丑朔，日有蚀之。

秋七月丙辰，制以亢阳日久，上亲录囚徒，多所原免。诸州委州牧、县宰量事处置。

八月癸丑，敕："周公制礼，历代不刊；子夏为传，孔门所受。逮及诸家，或变例。与其改作，不如好古。诸服纪宜一依旧文。"

九月甲子，改昭文馆依旧为弘文馆。宋王宪徙封宁王。

冬十月，于东都来庭县廨置义宗庙。辛卯，幸新丰之温汤。癸卯，至自温汤。戊寅，皇太子诣国学行齿胄礼，陪位官及学生赐物有差。

十二月丙戌，置弘文、崇文两馆雠校书郎官员。

八年春正月甲子朔，皇太子加元服。乙丑，皇太子谒太庙。丙寅，会百官于太极殿，赐物有差。壬申，右散骑常侍、舒国公褚元量卒。己卯，侍中宋璟为开府仪同三司，中书侍郎苏颋为礼部尚书，并罢知政事。京兆尹源乾曜为黄门侍郎，并州大都督府长史张嘉贞为中书侍郎，并同中书门下平章事。

二月丁酉，皇子敏薨，追封怀王，谥曰哀。

夏五月丁卯，源乾曜为侍中，张嘉贞为中书令。南天竺国遣使献五色鹦鹉。

六月壬寅夜，东都暴雨，穀水泛涨。新安、渑池、河南、寿安、巩县等庐舍荡尽，共九百六十一户，溺死者八百一十五人。许、卫等州掌闲番兵溺者千一百四十八人。

秋九月，突厥欲谷寇甘、凉等州，凉州都督杨敬述为所败，掠契苾部落而归。以御史大夫王晙为兵部尚书兼幽州都督，黄门侍郎韦抗为御史大夫、朔方总管以御之。甲子，太子少师兼岐州刺史、岐王范兼太子太傅，太子少保兼虢州刺史、薛王业为太子太保，余并如故。

冬十月辛巳，幸长春宫。壬午，畋于下邽。

十一月乙丑，至自长春宫。辛未，突厥寇凉州，杀人掠羊马数万计而去。

九年春正月丙辰，改蒲州为河中府，置中都。丙寅，幸新丰之温汤。

夏四月庚寅，兰池州叛胡显首伪称叶护康待宾、安慕容，为多览杀大将军何黑奴，伪将军石神奴、康铁头等，据长泉县，攻陷六胡州。兵部尚书王晙发陇右诸军及河东九姓掩讨之。甲戌，上亲策试应制举人于含元殿，谓曰："古有三道，今减二策。近无甲科，朕将存其上第，务收贤俊，用宁军国。"仍令有司设食。

秋七月戊申，罢中都，依旧为蒲州。己酉，王晙破兰池州叛胡，杀三万五千骑。丙辰，扬、润等州暴风，发屋拔树，漂损公私船舫一千余只。辛酉，集诸酋长，斩康待宾。先天中，重修三九射礼，至是，给事中许景先抗疏罢之。

九月己巳朔，日有蚀之。丁未，开府仪同三司、梁国公姚崇薨。丁巳，御丹凤楼，宴突厥首领。庚申，幸中书省。癸亥，右羽林将军、权检校并州大都督府长史、燕国公张说为兵部尚书、同中书门下三品。

冬十一月丙辰，左散骑常侍元行冲上《群书目录》二百卷，藏之内府。庚午冬至，大赦天下，内外官九品已上加一阶，三品已上加爵一等。自六月二十日、七月三日匡卫社稷食实封功臣，坐事削除官爵，中间有生有死，并量加收赠。致仕官合佩鱼者听其终身。赐酺三日。

十二月乙酉，幸新丰之温汤。壬午，至自温汤。是冬无雪。

十年春正月丁巳，幸东都。甲子，省王公已下视品官参佐及京三品已上官伏身职员。乙丑，停天下公廨钱，其官人料以税户钱充，每月准旧分例数给。戊申，内外官职田，除公廨田园外，并官收，给还逃户及贫下户欠丁田。

二月戊寅，至东都。

三月戊申，诏自今内外官有犯赃至解免已上，纵逢赦免，并终身勿齿。

夏四月丁酉，封契丹首领松漠都督李郁于为松漠郡王，奚首领饶乐都督李鲁苏为饶乐郡王。

五月，东都大雨，伊、汝等水泛涨，漂坏河南府及许、汝、仙、陈等州庐舍数千家，溺死者甚众。闰五月壬申，兵部尚书张说往朔方军巡边。戊寅，敕诸番充质宿卫子弟，并放还国。

六月辛丑，上训注《孝经》，颁于天下。癸卯，以余姚县主女慕容氏为燕郡公主，出降奚首领饶乐郡王李鲁苏。己巳，增置京师太庙为九室，移孝和皇帝神主以就正庙。

秋八月丙戌，岭南按察使裴伷先上言安南贼帅梅叔鸾等攻围州县，遣骠骑将军兼内侍杨思勖讨之。丁亥，遣户部尚书陆象先往汝、许等州存抚赈给。丙申，博、棣等州黄河堤破，漂损田稼。

九月，张说擒康愿子于木盘山。诏移河曲六州残胡五万余口于许、汝、唐、邓、仙、豫等州，始空河南朔方千里之地。甲戌，秘书监、楚国公姜皎坐事，诏杖之六十，配流钦州，死于路。都水使者刘承祖配流雷州。乙亥，制曰："朕君临宇内，子育黎元。内修睦亲，以叙九族；外协庶政，以济兆人。勋戚加优厚之恩，兄弟尽友于之至。务崇敦本，克慎明德。今小人作孽，已伏宪章，恐不逞之徒，犹未能息。凡在宗属，用申惩诫：自今已后，诸王、公主、驸马、外戚家，除非至亲以外，不得出入门庭，妄说言语。所以共存至公之道，永协和平之义，克固藩翰，以保厥休。贵戚懿亲，宜书座右。"又下制，约百官不得与卜祝之人交游来往。乙卯夜，京兆人权梁山伪称襄王男，自号光帝，与其党权楚璧，以屯营兵数百人，自景风、长乐等门斩关入宫城构逆。至晓兵败，斩梁山，传首东都。废河阳柏崖仓。

冬十月癸丑，乾元殿依旧题为明堂。甲寅，幸寿安之故兴泰宫。畋猎于土宜川。庚申，至自兴泰宫。波斯国遣使献狮子。

十一月乙未，初令宰相共食实封三百户。十二月，停按察使。

十一年春正月丁卯，降都城见楚囚徒，流、死罪减一等，余并原之。己巳，北都巡狩，敕所至处存问高年、鳏寡惸独、征人之家；减流、死罪一等，徒以下放免。庚辰，幸并州、潞州，宴父老，曲赦大辟罪已下，给复五年。别改其旧宅为飞龙宫。辛卯，改并州为太原府，官吏补授，一准京兆、河南两府。百姓给复一年，贫户复二年，元从户复五年。武德功臣及元从子孙，有才堪文武未有官者，委府县搜扬，具以名荐。上亲制《起义堂颂》及书，刻石纪功于太原府之南街。戊申，次晋州。坛场使、中书令张嘉贞贬为幽州刺史。壬子，祠后土于汾阴之脽上，升坛行事官三品已上加一爵，四品已上加一阶，陪位官赐勋一转。改汾阴为宝鼎县。癸亥，兵部尚书张说兼中书令。

三月庚午，车驾至京师，制所经州、府、县无出今年地税，京城见禁囚徒并原免之。

夏四月丙辰，迁袝中宗神主于太庙。癸亥，张说正除中书令，吏部尚书、中山公王晙为兵部尚书、同中书门下三品。

五月己巳，北都置军器监官员。王晙为朔方节度使，兼知河北郡、陇右、河西兵马使。

六月，王晙赴朔方军。

秋八月戊申，尊八代祖宣皇帝庙号献祖，光皇帝庙号懿祖，始袝于太庙之九庙。

九月己巳，颁上撰《广济方》于天下，仍令诸州各置医博士一人。春秋二时释奠，诸州宜依旧用牲牢，其属县用酒醴而已。

冬十月丁酉，幸新丰之温泉宫。甲寅，至自温泉。

十一月戊寅，亲祀南郊，大赦天下，见禁囚徒死罪至徒流已下免除之。升坛行事及供奉官三品已上赐爵一级，四品转一阶。武德以来实封功臣、知政宰辅沦屈者，所司具以状闻。赐酺三日，京城五日。是月，自京师至于山东、淮南大雪，平地三尺余。丁亥，废军器监官员，少府监加置少监一人以充之。

十二月甲午，幸凤泉汤。戊申，至自凤泉汤。庚申，王晙授蕲州刺史。

十二年春正月。

夏四月，封故泽王上金男义珣为嗣泽王。嗣许王瓘左授鄂州别驾，以弟璆为上金嗣故也。癸卯，嗣江王祎降为信安郡王，嗣蜀王为广汉郡王，嗣密王彻为濮阳郡王，嗣曹王臻为济国公，嗣赵王琚为中山郡王，武阳郡王堪为沣国公。祎等并自神龙之后外继为王，以瓘利泽王之封，尽令归宗改封焉。

秋七月壬申，月蚀既。己卯，废皇后王氏为庶人。后弟太子少保、驸马都尉守一贬为泽州别驾，至蓝田，赐死。户部尚书、河东伯张嘉贞贬台州刺史。

冬十一月庚申，幸东都，至华阴，上制岳庙文，勒之于石，立于祠南之道周。戊寅，至自东都。庚辰，司徒、申王㧑薨，追谥曰惠庄太子。五溪首领覃行璋反，遣镇军大将军兼内侍杨思勖讨平之。

闰十二月丙辰朔，日有蚀之。

十三年春正月乙酉，以幽州都督府为大都督府。戊子，降死罪从流，流已下罪悉原之。分遣御史中丞蒋钦绪等往十道疏决囚徒。

二月戊午，幸龙门，即日还宫。乙亥，初置骑，分隶十二司。丙子，改豳州为邠州，郑州为莫州，梁州为褒州，沅州为巫州，舞州为鹤州，泉州为福州，以避文相类及声相近者。

三月甲午，皇太子嗣谦改名鸿；郯王嗣直改名潭，徙封庆王；陕王嗣升改名浚，徙封忠王；鄫王嗣真改名洽，徙封棣王；鄂王嗣初改名涓，徙封郎王；嗣玄改名浤，封荣王。又第八子涺封为光王，第十二男潍封为仪王，第十三男沄封为颍王，第十六男泽封为永王，第十八男清封为寿王，第二十男洄封为延王，第二十一男沐封为盛王，第二十二男溢封为济王。丙申，御史大夫程行谌奏："周朝酷吏来子珣、万国俊、王弘义、侯思止、郭霸、焦仁亶、张知默、李敬仁、唐奉一、来俊臣、周兴、丘神勣、索元礼、曹仁哲、王景昭、裴籍、李秦授、刘光业、王德寿、屈贞筠、鲍思恭、刘景阳、王处贞等二十三人，残害宗枝，毒陷良善，情状尤重，子孙不许仕宦。陈嘉言、鱼承晔、皇甫文备、傅游艺四人，情状虽轻，子孙不许近任。请依开元二年二月五日敕。"

夏四月丁巳,改集仙殿为集贤殿,丽正殿书院改集贤殿书院;内五品已上为学士,六品已下为直学士。癸酉,令朝集使各举所部孝悌文武,集于泰山之下。

五月庚寅,妖贼刘定高率其党夜犯通洛门,尽擒斩之。

六月乙亥,废都西市。

冬十月癸丑,新造铜仪成,置于景运门内,以示百官。辛酉,东封泰山,发自东都。

十一月丙戌,至兖州岱宗顿。丁亥,致斋于行宫。己丑,日南至,备法驾登山,仗卫罗列岳下百余里。诏行从留于谷口,上与宰臣、礼官升山。庚寅,祀昊天上帝于上坛,有司祀五帝百神于下坛。礼毕,藏玉册于封祀坛之石礖,然后燔柴。燎发,群臣称"万岁",传呼自山顶至岳下,震动山谷。上还斋宫,庆云见,日抱戴。辛卯,祀皇地祇于社首,藏玉册于石礖,如封祀坛之礼。壬辰,御帐殿受朝贺,大赦天下,流人未还者放还。内外官三品已上赐爵一等,四品已下赐一阶,登山官封赐一阶,褒圣侯量才与处分。封泰山神为天齐王,礼秩加三公一等,近山十里,禁其樵采。赐酺七日。侍中源乾曜为尚书左丞相兼侍中,中书令张说为尚书右丞相兼中书令。甲午,发岱岳。丙申,幸孔子宅,亲设奠祭。

十二月己巳,至东都。时累岁丰稔,东都米斗十钱,青、齐米斗五钱。

是冬,分吏部为十铨,敕礼部尚书苏颋、刑部尚书韦抗、工部尚书户从愿等分掌选事。

十四年春正月癸亥,改封契丹松漠郡王李召固为广化王,奚饶乐郡王李鲁苏为奉诚王,封宗室外甥女二人为公主,各以妻之。

二月庚戌朔，邕州獠首领梁大海、周光等据宾、横等州叛，遣骠骑大将军兼内侍杨思勖讨之。

三月壬寅，以国甥东华公主降于契丹李召固。

夏四月癸丑，御史中丞宇文融与御史大夫崔隐甫弹尚书右丞相、兼中书令张说，鞠于尚书省。丁巳，户部侍郎李元纮同中书门下平章事。庚申，张说停兼中书令。丁卯，太子少师、岐王范薨，册赠惠文太子。辛丑，于定、恒、莫、易、沧等五州置军以备突厥。

五月癸卯，户部进计账，今年管户七百六万九千五百六十五，管口四千一百四十一万九千七百一十二。

六月戊午，大风，拔木发屋，毁端门鸱吻，都城门等及寺观鸱吻落者殆半。上以旱、暴风雨，命中外群官上封事，指言时政得失，无有所隐。

秋七月癸丑夜，瀍水暴涨入漕，漂没诸州租船数百艘，溺者甚众。

九月己丑，检校黄门侍郎兼碛西副大都护杜暹同中书门下平章事。

是秋，十五州言旱及霜，五十州言水，河南、河北尤甚，苏、同、常、福四州漂坏庐舍，遣御史中丞宇文融检覆赈给之。

冬十月，废麟州。庚申，幸汝州广成汤。己巳，还东都。十一月甲戌，突厥遣使来朝；辛丑，渤海靺鞨遣其子义信来朝，并献方物。

十二月丁巳，幸寿安之方秀川。己未，日色赤如赭。壬戌，还东都。

十五年春正月戊寅，制草泽有文武高才，令诣阙自举。庚子，太史监复为太史局，依旧隶秘书省。辛丑，凉州都督王君㚟破吐蕃于青海之西，房辎车、马羊而还。

二月，遣左监门将军黎敬仁往河北赈给贫乏，时河北牛畜大疫。己巳，尚书右丞相张说、御史大夫崔隐甫、中丞宇文融以朋党相构，制说致仕，隐甫免官侍母，融左迁魏州刺史。

夏五月，晋州大水，漂损居人庐舍。癸酉，以庆王潭为凉州都督兼河西诸军节度大使，忠王濬为单于大都护、朔方节度大使，棣王洽为太原冀北牧、河北诸军节度大使，鄂王涓为幽州都督、河北节度大使，荣王滉为京兆牧、陇右节度大使，光王涺为广州都督、五府节度大使，仪王潍为河南牧，颖王沄为安东都护、平卢军节度大使，永王泽为荆州大都督，寿王清为益州大都督、剑南节度大使，延王洞为安西大都护、碛西节度大使，盛王沐为扬州大都督，并不出阁。秋七月甲戌，雷震兴教门楼两鸱吻，栏槛及柱灾。礼部尚书苏颋卒。庚寅，鄜州洛水泛涨，坏人庐舍。辛卯，又坏同州冯翊县廨宇，及溺死者甚众。丙申，改武临县为颖阳县。己亥，赦都城系囚，死罪降从流，徒已下罪悉免之。

九月丙子，吐蕃寇瓜州，执刺史田元献及王君父寿，杀掠人吏，尽取军资仓粮而去。丙戌，突厥毗伽可汗使其大臣梅录啜来朝。

闰月庚子，突骑施苏禄、吐蕃赞普围安西，副大都护赵颐贞击走之。庚申，车驾发东都，还京师。回纥部落杀王君㚟于甘州之巩笔驿。制检校兵部尚书萧嵩兼判凉州事，总兵以御吐蕃。

是秋，六十三州水，十七州霜旱；河北饥，转江淮之南租米百万石以赈给之。

冬十月己卯，至自东都。

十二月乙亥，幸温泉宫。丙戌，至自温泉宫。

十六年春正月庚子，始听政于兴庆宫。秦、陇等州獠首领陇州刺史陈行范、广州首领冯仁智、何游鲁叛，遣骠骑大将军杨思勖讨之。壬寅，安西副大都护赵颐贞败吐蕃于曲子城。甲子，黑水靺鞨遣使来朝献。

秋七月，吐蕃寇瓜州，刺史张守珪击破之。乙巳，检校兵部尚书萧嵩、鄯州都督张志亮攻拔吐蕃大莫门城，斩获数千级，收其资畜而还。丙辰，新罗王金兴光遣使贡方物。

八月己巳，特进张说进《开元大衍历》，诏命有司颁行之。辛卯，萧嵩又遣杜宾客击吐蕃于祁连城，大破之，获其大将一人，斩首五千级。

九月丙午，以久雨，降死罪从流，徒已下原之。

冬十月己卯，幸温泉宫。己丑，至自温泉宫。

十一月癸巳朔，检校兵部尚书、河西节度判凉州事萧嵩为兵部尚书、同中书门下平章事，余如故。

十二月丁卯，幸温泉宫。丁丑，至自温泉宫。

十七年二月丁卯，巂州都督张审素攻破蛮，拔昆明城及盐城，杀获万人。庚子，特进张说复为尚书左丞相，同州刺史陆象先为太子少保。甲寅，礼部尚书、信安王祎率众攻拔吐蕃石堡城。

夏四月癸亥，令中书门下分就大理、京兆、万年、长安等狱疏决囚徒。制天下系囚死罪减一等，余并宥之。丁亥，大风震电，蓝田山崩。

五月癸巳，复置十道按察使。右散骑常侍徐坚卒。

六月甲戌，尚书左丞相源乾曜停兼侍中，黄门侍郎杜暹为荆州大都督府长史，中书侍郎李元纮为曹州刺史，兵部尚书萧嵩兼中书令，户部侍郎兼鸿胪卿宇文融为黄门侍郎，兵部侍郎裴光庭为中书侍郎，并同中书门下平章事。

秋七月辛丑，工部尚书张嘉贞卒。

八月癸亥，上以降诞日，宴百僚于花萼楼下。百僚表请以每年八月五日为千秋节，王公已下献镜及承露囊，天下诸州咸令宴乐，休假三日，仍编为令，从之。丙寅，越州大水，漂坏廨宇及居人庐舍。己卯，中书侍郎裴光庭兼御史大夫，依旧知政事。乙酉，尚书右丞相、开府仪同三司兼吏部尚书宋璟为尚书左丞相，尚书左丞相源乾曜为太子少傅。

九月壬子，宇文融左迁汝州刺史，俄又贬昭州平乐尉。壬寅，裴光庭为黄门侍郎，依旧知政事。

冬十月戊午朔，日有蚀之，不尽如钩。癸未，睦州献竹实。庚申，前太子宾客元行冲卒。

十一月庚申，亲享九庙。辛卯，发京师。丙申，谒桥陵。上望陵涕泣，左右并哀感。制奉先县同赤县，以所管万三百户供陵寝，三府兵马供宿卫，曲赦县内大辟罪已下。戊戌，谒定陵。己亥，谒献陵。壬寅，谒昭陵。乙巳，谒乾陵。戊申，车驾还宫。大赦天下，流移人并放还，左降官移近处。百姓无出今年地税之半。每陵取侧近六乡供陵寝。内外官三品已上加爵一等，四品已下赐一阶，五品已上清官父母亡者，依级赐官及邑号。

十二月辛酉，幸温泉宫。乙丑，校猎渭滨。壬申，至自温泉宫。是冬无雪。

十八年春正月辛卯，黄门侍郎裴光庭为侍中，依旧兼御史大夫。左丞相张说加开府仪同三司。丙午，幸薛王业宅，即日还宫。

二月丙寅，大雨雪，俄而雷震，左飞龙厩灾。

三月辛卯，改定州县上中下户口之数，依旧给京官职田。

夏四月乙卯，筑京城外郭城，凡十月而功毕。壬戌，幸宁亲公主第，即日还宫。乙丑，裴光庭兼吏部尚书。是春，命侍臣及百僚每旬暇日寻胜地宴乐，仍赐钱，令所司供帐造食。丁卯，侍臣已下宴于春明门外宁王宪之园池，上御花萼楼邀其回骑，便令坐饮，递起为舞，颁赐有差。

五月，契丹衙官可突干杀其主李召固，率部落降于突厥，奚部落亦随西叛。奚王李鲁苏来奔，召固妻东华公主陈氏及鲁苏妻东光公主韦氏并奔投平卢军。制幽州长史赵含章率兵讨之。

六月庚申，命左右丞相、尚书及中书门下五品已上官，举才堪边任及刺史者。甲子，彗星见于五车。癸酉，有星孛于毕、昴。丙子，命单于大都护、忠王濬为河北道行军元帅，御史大夫李朝隐、京兆尹裴伷先为副，率十八总管以讨契丹及奚等，事竟不行。壬午，东都瀍、洛泛涨，坏天津、永济二桥及提象门外仗舍，损居人庐舍千余家。

闰月甲申，分幽州置蓟州。己丑，令范安及、韩朝宗就瀍、洛水源疏决，置门以节水势。辛卯，礼部奏请千秋节休假三日，及村闾社会，并就千秋节先赛白帝，报田祖，然后坐饮，从之。

秋七月庚辰，幸宁王宪第，即日还宫。

八月丁亥，上御花萼楼，以千秋节百官献贺，赐四品已上金镜、珠囊、缣䌽，赐五品已下束帛有差。上赋八韵诗，又制《秋景诗》。辛亥，幸永穆公主宅，即日还宫。

九月，先是高户捉官本钱；乙卯，御史大夫李朝隐奏请薄税百姓一年租钱充，依旧高户及典正等捉，随月收利，供官人税钱。

冬十月，吐蕃遣其大臣名悉猎献方物，请降，许之。庚寅，幸岐州之凤泉汤。癸卯，至自凤泉汤。

十一月丁卯，幸新丰温泉宫。

十二月戊子，丰州刺史袁振坐妖言下狱死。戊申，尚书左丞相、燕国公张说薨。是岁，百僚及华州父老累表请上尊号内请加

"圣文"两字,并封西岳,不允。

十九年春正月壬戌,开府仪同三司、霍国公王毛仲贬为襄州别驾,中路赐死,党与贬黜者十数人。辛卯,遣鸿胪卿崔琳入吐蕃报聘。丙子,亲耕于兴庆宫龙池。己卯,禁采捕鲤鱼。天下州府春秋二时社及释奠,停牲牢,唯用酒醢,永为常式。

二月甲午,以崔琳为御史大夫。三月乙酉朔,崔琳使于吐蕃。

夏四月壬午,于京城置礼院。丙申,令两京及天下诸州各置太公尚父庙,以张良配享,春秋二时仲月上戊日祭之。

五月壬戌,五岳各置老君庙。六月乙酉,大风拔木。

秋八月辛巳,降天下死罪从流,徒已下悉原之。

九月辛未,吐蕃遣其国相论尚他硇来朝。

冬十月丙申,幸东都。十一月丙辰,至自东都。甲子,太子少傅源乾曜薨。十二月,巂州都督张审素以劫制使监察御史杨汪伏诛。

是冬,浚苑内洛水,六十余日而罢。戊戌,裴光庭上《瑶山往则》《维城前轨》各一卷,上令赐太子、诸王各一本。

二十年春正月乙卯,以礼部尚书、信安王祎率兵讨契丹。丁巳,幸长芬公主宅;乙丑,幸薛王业宅,并即日还宫。

二月己未,敕文武选人,承前例三月三十日为例,然开选门,比团甲进官至夏来。自今已后,选门并正月内开,团甲二月内讫。分命宰相录京城诸狱系囚。

三月,信安王祎与幽州长史赵含章大破奚、契丹于幽州之北山。

夏四月乙亥,宴百僚于上阳东州,醉者赐以床褥,肩舆而归，相属于路。癸巳，改造天津桥，毁皇津桥，合为一桥。

五月癸卯，寒食上墓，宜编入五礼，永为恒式。辛亥，金仙长公主薨。戊辰，信安王献奚、契丹之俘，上御应天门受之。

六月丁丑，单于大都护、河北东道行军元帅、忠王濬加司徒，都护如故；副大使信安王祎加开府仪同三司。庚寅，幽州长史赵含章坐盗用库物，左监门员外将军杨元方受含章馈饷，并于朝堂决杖，流瀼州，皆赐死于路。其月，遣范安及于长安广花萼楼，筑夹城至芙蓉园。

秋七月戊辰，幸宁王宪宅，即日还宫。

八月辛未朔，日有蚀之。己卯，户部尚书王晙卒。

九月乙巳，中书令萧嵩等奏上《开元新礼》一百五十卷，制所司行用之。渤海靺鞨寇登州，杀刺史韦俊，命左领军将军盖福顺发兵讨之。

冬十月丙戌，命巡幸所至，有贤才未闻达者举之，仍令中书门下疏决囚徒。辛卯，至潞州之飞龙宫，给复三年，兵募丁防先差未发者，令改出余州。辛丑，至北都。癸丑，曲赦太原，给复三年。

十一月庚午，祀后土于脽上，大赦天下，左降官量移近处。内外文武官加一阶，开元勋臣尽假紫及绯。大酺三日。十二月壬申，至京师。

其年户部计户七百八十六万一千二百三十六，口四千五百四十三万一千二百六十五。

二十一年春正月庚子朔，制令士庶家藏《老子》一本，每年贡举人量减《尚书》《论语》两条策，加《老子》策。乙巳，迁祔肃明皇后神主于庙，毁仪坤庙。丁巳，幸温泉宫。己未，命工部尚书李嵩使于吐蕃。癸亥，至自温泉宫。

三月乙巳，侍中裴光庭薨。甲寅，尚书右丞韩休为黄门侍郎、同中书门下平章事。闰月，幽州道副总管郭英杰等讨契丹，为所败于都山之下，英杰死之。

夏四月丁巳，以久旱，命太子少保陆象先、户部尚书杜暹等七人往诸道宣慰赈给，及令黜陟官吏，疏决囚徒。丁酉，宁王宪为太尉，薛王业为司徒，庆王沄为太子太师，忠王濬为开府仪同三司，棣王洽为太子少傅，鄂王涓为太子太保。

五月甲申，皇太子纳妃薛氏。制天下死罪降从流，流已下释放。京文武官赐勋一转。

秋七月乙丑朔，日有蚀之。

九月壬午，封皇子溢为济王，沔为信王，泚为义王，灌为陈王，澄为丰王，潓为恒王，漩为凉王，滔为深王。

冬十月庚戌，幸温泉宫。

十一月戊子，尚书右丞相宋璟以年老请致仕，许之。

十二月丁未，兵部尚书、徐国公萧嵩为尚书右丞相，黄门侍郎韩休为兵部尚书，并罢知政事。京兆尹裴耀卿为黄门侍郎，前中书侍郎张九龄起复旧官，并同中书门下平章事。是岁，关中久雨害稼，京师饥，诏出太仓米二百万石给之。

二十二年春正月癸亥朔，制古圣帝明皇、岳、渎、海镇用牲牢，余并以酒醢充奠。己巳，幸东都。辛未，太府卿严挺之、户部侍郎裴宽于河南存问赈给。乙酉，怀、卫、邢、相等五州乏粮，遣中书舍人裴敦复巡问，量给种子。己丑，至东都。

二月壬寅，秦州地震，廨宇及居人庐舍崩坏殆尽，压死官吏已下四十余人，殷殷有声，仍连震不止。命尚书右丞相萧嵩往祭山川，并遣使存问赈恤之，压死之家给复一年，一家三人已上死者给复二年。辛亥，初置十道采访处置使。征恒州张果先生，授银青光禄大夫，号曰通玄先生。

三月，没京兆商人任令方资财六十余万贯。壬午，欲令不禁私铸钱，遣公卿百僚详议可否。众以为不可，遂止。四月乙未，伊西、北庭且依旧为节度。废太庙署，以太常寺奉宗庙。庚子，唐州界准胜州例立表，测候日晷影长短。乙巳，诏京都见禁囚徒，令中书门下及留守检覆降罪，天下诸州委刺史。丁未，眉州鼎皇山下江水中得宝鼎。甲寅，北庭都护刘涣谋反，伏诛。

五月戊子，黄门侍郎裴耀卿为侍中，中书侍郎张九龄为中书令，黄门侍郎李林甫为礼部尚书、同中书门下平章事。关中大风拔木，同州尤甚。

是夏，上自于苑中种麦，率皇太子已下躬自收获，谓太子等曰："此将荐宗庙，是以躬亲，亦欲令汝等知稼穑之难也。"因分赐侍臣，谓曰："比岁令人巡检苗稼，所对多不实，故自种植以观其成；且《春秋》书麦禾，岂非古人所重也？"

六月乙未，遣左金吾将军李佺于赤岭与吐蕃分界立碑。

七月己巳，司徒、薛王业薨，追谥为惠宣太子。甲申，遣中书令张九龄充河南开稻田使。

八月，先是驾至东都，遣侍中裴耀卿充江淮、河南转运使，河口置输场。壬寅，于输场东置河阴县。又遣张九龄于许、豫、陈、亳等州置水屯。九月壬申，改饶乐都督府为奉诚都督府。辛巳，移登州平海军于海口安置。

冬十月甲辰，试司农卿陈思问以赃私配流瀼州。

十二月戊子朔，日有蚀之。乙巳，幽州长史张守珪发兵讨契丹，斩其王屈烈及其大臣可突干于阵，传首东都，余叛奚皆散走山谷。立其酋长李过折为契丹王。是岁，突厥毗伽可汗死。断京城乞儿。

二十三年春正月己亥，亲耕籍田，上加至九推而止，卿已下终其亩。大赦天下。京文武官及朝集采访使三品已下加一爵，四品已下加一阶，外官赐勋一转。其才有霸王之略、学究天人之际及堪将帅牧宰者，令五品已上清官及刺史各举一人。致仕官量与改职，依前致仕。赐酺三日。

三月丁卯，殿中侍御史杨万顷为仇人所杀。夏五月戊寅，宗子请率月俸于兴庆宫建龙池，上《圣德颂》。

秋七月丙子，皇太子鸿改名瑛，庆王直已下十四王并改名。又封皇子玭为义王，珪为陈王，琪为丰王，琪为恒王，璿为凉王，璬为汴王。其荣王琬已下并开府置官属，各食实封二千户。

八月戊子，制鳏寡惸独免今年地税之半，江淮已南有遭水处，本道使赈给之。

九月戊申，移泗州就临淮县置。

冬十月辛亥，移隶伊西、北庭都护属四镇节度。突骑施寇北庭及安西拨换城。

十一月壬申朔，日有蚀之。

十二月，新罗遣使朝献。

二十四年春正月，吐蕃遣使献方物。北庭都护盖嘉运率兵击突骑施，破之。

三月乙未，始移考功贡举，遣礼部侍郎掌之。

夏六月丙午，京兆醴泉妖人刘志诚率众为乱，将趋京城，咸阳官吏烧便桥以断其路，俄而散走，京兆府尽擒斩之。是夏大热，道路有渴死者。

秋七月庚子，太子太保陆象先卒。辛丑，李林甫为兵部尚书，依旧知政事。己巳，初置寿星坛，祭老人星及角、亢等七宿。

八月戊申朔，加亲舅小功服，舅母缌麻服，堂舅袒免。己亥，深王滔薨。

九月壬午，改尚书主爵曰司封。

冬十月戊申，车驾发东都，还西京。甲子，至华州，曲赦行在系囚。丁丑，至自东都。

十一月壬寅，侍中裴耀卿为尚书左丞相，中书令张九龄为尚书右丞相，并罢知政事。兵部尚书李林甫兼中书令，殿中监牛仙客兵部尚书、同中书门下三品。尚书右丞相萧嵩为太子太师，工部尚书韩休为太子少保。

十二月戊申，太子太师、庆王琮为司徒。丙寅，牛仙客知门下省事。

玄宗本纪下

开元二十五年春正月壬午，制："朕猥集休运，多谢哲王，然而哀矜之情，小大必慎。自临寰宇，子育黎烝，未尝行极刑、起大狱。上玄降鉴，应以祥和，思协平邦之典，致之仁寿之域。自今有犯死刑，除十恶罪，宜令中书门下与法官详所犯轻重，具状奏闻。崇德尚齿，三代丕义；敦风劝俗，五教攸先。其曾任五品已上清资官以礼去职者，所司具录名奏，老疾不堪厘务者与致仕。道士、女冠宜隶宗正寺，僧尼令祠部检校。百司每旬节休假，并不须入曹司，任游胜为乐。宣示中外，知朕意焉。"癸卯，道士尹愔为谏议大夫、集贤学士兼知史馆事。

二月，新罗王金兴光卒，其子承庆嗣位，遣赞善大夫邢摄鸿胪少卿，往吊祭，册立之。壬子，加宗正丞一员。戊午，罢江淮运，停河北运。癸酉，张守珪破契丹余众于捺禄山，杀获甚众。

三月乙卯，河西节度使崔希逸自凉州南率众入吐蕃界两千余里。己亥，希逸至青海西郎佐素文子觜，与贼相遇，大破之，斩首二千余级。

夏四月庚戌，陈、许、豫、寿四州开稻田。辛酉，监察御史周子谅上书忤旨，之殿庭，朝堂决杖死之。甲子，尚书右丞相张九龄以曾荐引子谅，左授荆州长史。乙丑，皇太子瑛、鄂王瑶、光王琚并废为庶人。太子妃兄驸马都尉薛鏽长流瀼州，至蓝田驿赐死。

六月壬戌，荧惑犯房，至心星越度而过。

秋七月己卯，大理少卿徐岵奏："天下今岁断死刑五十八，几致刑措，鸟巢寺之狱。"上特推功元辅，庚辰，封李林甫为晋国公，牛仙客为豳国公。己卯，敕诸陵庙并隶宗正寺，其宗正寺官员，自今并以宗枝为之。

九月壬申，颁新定《令》《式》《格》及《事类》一百三十卷于天下。

冬十月，制自今年每年立春日迎春于东郊，其夏及秋冬如常。以十二月朔日于正殿受朝，读时令。

十一月壬申，幸温泉宫。丁丑，开府仪同三司、广平郡公宋璟薨。

十二月丙午，惠妃武氏薨，追谥为贞顺皇后，葬于敬陵。吐蕃使其大臣属卢论莽藏来朝贡。

二十六年春正月乙亥，工部尚书牛仙客为侍中。丁丑，亲迎气于东郊，祀青帝。制天下系囚，死罪流岭南，余并放免。镇兵部还。京兆府新开稻田，并散给贫人。百官赐勋绢。长安、万年两县各与本钱一千贯，收利供驲，仍付杂驲。天下州县，每乡一学，仍择师资，令其教授。诸乡贡每年令就国子监谒先师，明经加口试。内外八品已下及草泽有博学文辞之士，各委本司本州闻荐。

二月辛卯，以李林甫遥领陇右节度使。甲辰，禁大寒食以鸡卯相馈送。庚申，葬贞顺皇后于敬陵。乙卯，以牛仙客遥领河东道节度使。辛酉，废仙州，分其属县隶许、汝等州。

三月己巳朔，减秘书省校书、正字官员。丙子，有星孛于紫微垣中，历斗魁十余日，因阴云不见。己酉，河南、洛阳两县亦借本钱一千贯，收利充人吏课役。癸未，京兆地震。吐蕃寇河西，左散骑常侍崔希逸击破之；鄯州都督杜希望又攻拔新罗城，制以其城为威戎军。

夏四月己亥朔，始令太常卿韦縚读时令于宣政殿，百僚于殿上列坐而听之。

五月乙酉，以李林甫遥领河西节度使，兼判梁州事。庚寅，幸咸宜公主宅。

六月庚子，立忠王玙为皇太子。

秋七月己巳，册皇太子，大赦天下，常赦所不免者咸赦除之。内外文武官及五品已上为父后者各赐勋一转。忠王府官及侍讲加一阶。赐酺三日。庚辰，分越州置明州。

九月丙申朔，日有蚀之。庚子，于旧六胡州地置宥州。益州长史王昱率兵攻吐蕃安戎城，为贼所据，官军大败，昱弃甲而遁，兵士死者数千人。

冬十月戊寅，幸温泉宫。

是岁渤海靺鞨王大武艺死，其子钦茂嗣立，遣使吊祭，册立之。

其冬，两京建行宫，造殿宇各千余间。润州刺史齐浣开伊娄河于扬州南瓜洲浦。析左右羽林军置左右龙武军，以左右万骑营隶焉。

二十七年春正月乙巳，大雨雪。

二月己巳，加尊号开元圣文神武皇帝，大赦天下，常赦所不免者咸赦除之，开元已来诸色痕瘕人咸从洗涤，左降官量移近处。百姓免今年租税。三品已上赐爵一级，四品已上加一阶。宗庙荐享，自今已后并用宗子。赐酺五日。

夏四月丁丑，废洮州隶兰州，改临州为洮州。乙酉，太子少傅窦瑛，为开府仪同三司，吏部尚书李暠为太子少傅。丁酉，侍中牛仙客为兵部尚书兼侍中；兵部尚书兼中书令李林甫为吏部尚书，依旧兼中书令。以东宫内侍隶内侍省为署。

五月癸卯，置龙武军官员。先是，鄎国公主之子薛谂与其党李谈、崔洽、石如山同于京城杀人，或利其财，或违其志，即白日椎杀，煮而食之。其夏事发，皆决杀于京兆府门，谂以国亲流瀼州，赐死于城东驿。

六月甲戌，内常侍牛仙童坐赃，决杀之。幽州节度使、兼御史大夫张守珪以贿贬为括州刺史。太子太师、徐国公萧嵩以尝赂仙童，左授青州刺史。

秋七月辛丑，荧惑犯南斗。北庭都护盖嘉运以轻骑袭破突骑施于碎叶城，杀苏禄，威震西陲。

八月，吐蕃寇白草、安人等。甲申，制追赠孔宣父为文宣王，颜回为兖国公，余十哲皆为侯，夹坐。后嗣褒圣侯改封为文宣公。

九月，皇太子改名绍。汴州刺史齐浣请开汴河下流，自虹县至淮阴北合于淮，逾时而功毕。因弃沙壅旧路，行者弊之，寻而新河之水势湍急，遂填塞矣。前刑部尚书致仕崔隐甫卒。

冬十月，将改作明堂。讹言官取小儿埋于明堂之下，以为厌胜。村野童儿藏于山谷，都城骚然，咸言兵至。上恶之，遣主客郎中王佶往东都及诸州宣慰百姓，久之定。

冬十月，毁东都明堂之上层，改拆下层为乾元殿。戊戌，幸温泉宫。辛丑，至自温泉宫。

十二月，东都副留守、太子宾客崔沔卒。以益州司马章仇兼琼权剑南节度等使。

是岁，盖嘉运大破突骑施之众，擒其王吐火仙，送于京师。

二十八年春正月，两京路及城中苑内种果树。癸巳，幸温泉宫。庚子，至自温泉宫。壬寅，以望日御勤政楼宴群臣，连夜烧灯，会大雪而罢，因命自今常以二月望日夜为之。

三月丁亥朔，日有蚀之。壬子，权判益州长史章仇兼琼拔吐蕃安戎城，分兵镇守之。

夏五月乙未，太子少师韩休、太子少傅李暠卒。

六月，怀州刺史、信安王祎为太子少师。庚寅，太子宾客李尚隐卒。

秋七月壬寅，追尊宣皇帝陵名曰建初，光皇帝陵名曰启运，仍置官员。

九月，魏州刺史卢晖开通济渠，自石灰巢引流至州城而西，却注魏桥。九月庚寅，封皇孙俶等十九人为郡王。

冬十月甲子，幸温泉宫。辛巳，至自温泉宫。乙酉夜，东都新殿后佛光寺灾。吐蕃寇安戎城。

十一月，牛仙客停遥兼朔方、河东节度使。

十二月乙卯，突骑施酋长莫贺达干率众内属。己未，礼部尚书杜暹卒。

是岁，金城公主薨，吐蕃遣使来告丧。其时频岁丰稔，京师米斛不满二百，天下乂安，虽行万里不持兵刃。

二十九年春正月丁丑，制两京、诸州各置玄元皇帝庙，并崇玄学，置生徒，令习《老子》《庄子》《列子》《文中子》，每年准明经例考试。内外官有伯叔兄弟子侄堪任刺史、县令，所司亲自保荐。禁九品已下清资官置客舍邸店车坊、士庶厚葬。

三月,吐蕃、突厥各遣使来朝。丙午,风霾,日色无影。

夏四月庚戌朔。丙辰,以太原裴伷先为工部尚书。韦虚心卒。亲王已下及内外官各赐钱令宴乐。壬午,以左右金吾大将军裴宽为太原尹、北都留守。

秋七月乙卯,洛水泛涨,毁天津桥及上阳宫仗舍。洛、渭之间,庐舍坏,溺死者千余人。突厥登利可汗死。北州刺史王斛斯为幽州节度使;幽州节度副使安禄山为营州刺史,充平卢军节度副使,押两番、渤海、黑水四府经略使。

九月,大雨雪,稻禾偃折,又霖雨月余,道途阻滞。是秋,河北博、洺等二十四州言雨水害稼,命御史中丞张倚往东都及河北赈恤之。壬申,御兴庆门,试明《四子》人姚子产、元载等。

冬十月丙申,幸温泉宫。戊戌,分遣大理卿崔翘等八人往诸道黜陟官吏。

十一月庚戌,司空、邠王守礼薨。辛酉,至自温泉宫。己巳,雨木冰,凝寒冻冽,数日不解。辛未,太尉、宁王宪薨,谥为让皇帝,葬于惠陵。

十二月丁酉,吐蕃入寇,陷廓州达化县及振武军石堡城,节度使盖嘉运不能守。女国王赵曳夫及佛逝国王、日南国王遣其子来朝献。

天宝元年春正月丁未朔,大赦天下,改元,常赦不原咸赦除之。百姓所欠负租税及诸色并免之。前资官及白身人有儒学博通、文辞秀逸及军谋武艺者,所在具以名荐。京文武官才堪为刺史者各令封状自举。改黄钺为金钺。内外官各赐勋两转。甲寅,陈王府参军田同秀上言:"玄元皇帝降见于丹凤门之通衢,告赐灵符在尹喜之故宅。"上遣使就函谷故关尹喜台西发得之,乃置玄元庙于大宁坊。陕郡太守李齐物先凿三门，辛未，渠成放流。

二月丁亥，上加尊号为"开元天宝圣文神武皇帝"。辛卯，亲享玄元皇帝于新庙。甲午，亲享太庙。丙申，合祭天地于南郊。制天下囚徒，罪无轻重并释放。流人移近处，左降官依资叙用，身死贬处者量加追赠。枉法赃十五匹当绞，今加至二十匹。庄子号为"南华真人"，文子号为"通玄真人"，列子号为"冲虚真人"，庚桑子号为"洞虚真人"。其四子所著书改为真经。崇玄学置博士、助教各一员，学生一百人。桃林县改为灵宝县。改侍中为左相，中书令为右相，左右丞相依旧为仆射，又黄门侍郎为门下侍郎。东都为东京，北都为北京，天下诸州改为郡，刺史改为太守。陕州河北县为平陆县。老幼版授，文武官三品已上加一爵，四品已下加一阶。庚子，平卢节度使安禄山进阶骠骑大将军。

夏六月庚寅，武功山水暴涨，坏人庐舍，溺死数百人。

秋七月癸卯朔，日有蚀之。辛未，左相、豳国公牛仙客卒。

八月丁丑，刑部尚书、兼御史大夫李适之为左相。丁亥，突厥阿布思及默啜可汗之孙、登利可汗之女相与率其党属来降。壬辰，吏部尚书兼右相李林甫加尚书左仆射，左相李适之兼兵部尚书，左仆射裴耀卿为尚书右仆射。

九月辛卯，上御花萼楼，出宫女宴毗伽可汗妻可敦及男女等，赏赐不可胜纪。丙寅，改天下县名不稳及重名一百一十处。两京玄元庙改为太上玄元皇帝宫，天下准此。

冬十月丁酉，幸温泉宫。辛丑，改骊山为会昌山，仍于秦坑儒之所立祠宇，以祀遭难诸儒。新成长生殿名曰"集灵台"，以祀天神。

十一月己巳，至自温泉宫。

是岁，命陕郡太守韦坚引浐水开广运潭于望春亭之东，以通河、渭；京兆尹韩朝宗又分渭水入自金光门，置潭于西市之两衙，以贮材木。

是冬无冰。

其年，天下郡府三百六十二，县一千五百二十八，乡一万六千八百二十九。户部进计账，今年管户八百五十二万五千七百六十三，口四千八百九十万九千八百。

二年春正月丙辰，追尊玄元皇帝为"大圣祖玄元皇帝"，两京崇玄学改为崇玄馆，博士为学士。

三月壬子，亲祀玄元庙以册尊号。制追尊圣祖玄元皇帝父周上御史大夫敬曰"先天太上皇"，母益寿氏号"先天太后"，仍于谯郡本乡置庙。尊咎繇为"德明皇帝"。改西京玄元庙为太清宫，东京为太微宫，天下诸郡为紫极宫。韦坚开广运潭毕功，盛陈舟舰。丙寅，上幸广运楼以观之，即日还宫。

夏六月甲戌夜，雷震东京应天门观灾，延烧至左、右延福门，经日不灭。

七月癸丑，致仕礼部尚书王丘卒。丙辰，尚书右仆射裴耀卿薨。

九月，太子少保崔琳卒。辛酉，谯郡紫极宫改为太清宫。

冬十月戊辰，太子太保、信安王祎卒。戊寅，幸温泉宫。

十一月乙卯，至自温泉宫。

十二月己亥，东京应天门改为乾元门。戊申，幸温泉宫。丙辰，至自温泉宫。十二月乙酉，太子宾客贺知章请度为道士还乡。是冬无雪。

三载正月丙辰朔，改"年"为"载"。赦见禁囚徒。庚子，遣左右相已下祖别贺知章于长乐坡，上赋诗赠之。壬寅，幸温泉宫。

二月己巳，还京。丁丑，封让皇帝男琳为嗣宁王，故邠王守礼男承宁为嗣邠王，让帝男为嗣申王，惠宣太子男珍为嗣岐王，为嗣薛王。庚寅，皇太子绍改名亨。是月，河南尹裴敦复卒。

闰月辛亥，有星如月，坠于东南，坠后有声。京师讹言官遣枨捕人肝以祭天狗。人相恐，畿县尤甚，发使安之。

三月庚午，武威郡上言：番禾县天宝山有醴泉涌出，岭石化为瑞，远近贫乏者取以给食。改番禾为天宝县。癸酉，制天下见禁囚徒死罪降流，流已下并原之。

夏四月，南海太守刘巨鳞击破海贼吴令光，永嘉郡平。敕两京、天下州郡取官物铸金铜天尊及佛各一躯，送开元观、开元寺。

五月戊寅，长安令柳升坐赃，于朝堂决杀之。

秋八月丙午，九姓拔悉密叶护攻杀突厥乌苏米施可汗，传首京师。庚申，内外文武官六品已下，自今已后，赴任之后，计载终满二百日已上，许其成考。

冬十月癸巳，幸温泉宫。丁未，改史国为来威国。

十一月癸卯，还京。癸丑，每载依旧取正月十四日、十五日、十六日开坊市门燃灯，永以为常式。玉真公主先为女道士，让号及实封，赐名持盈。

十二月甲午，分新丰县置会昌县。甲寅，亲祀九宫贵神于东郊，礼毕，大赦天下。百姓十八已上为中男，二十三已上成丁。每岁庸调，八月起征，可延至九月。诏天下民间家藏《孝经》一本。

四载春三月甲申，宴群臣于勤政楼。壬申，封外孙独孤氏女为静乐公主，出降契丹松漠都督李怀节；封外孙杨氏女为宜芳公主，出降奚饶乐都督李延宠。

秋八月甲辰，册太真妃杨氏为贵妃。是月，河南睢阳、淮阳、谯等八郡大水。

九月，契丹及奚酋长各杀公主，举部落叛。陇右节度使皇甫惟明与吐蕃战于石堡城，官军不利，副将褚直廉等死之。

冬十月，于单于都护府置金河县，安北都护府置阴山县。丁酉，幸温泉宫。壬子，以会昌县为同京县。

十二月戊戌，还京。

五载春正月癸酉，刑部尚书韦坚贬括苍太守；陇右节度使皇甫惟明贬播川太守，寻决死于黔中。乙亥，敕大小县令并准畿官吏三选听集。《礼记·月令》改为《时令》。封中岳为中天王，南岳为司天王，北岳为安天王。天下山水，名称或同，义且不经，多因于里谚，宜令所司各据图籍改定。丙子，遣礼部尚书席豫、左丞崔翘、御史中丞王鉷等七人分行天下，黜陟官吏。

夏四月庚寅，左相、渭源伯李适之为太子少保，罢知政事。丁酉，门下侍郎陈希烈同中书门下平章事。

五月庚申，敕今后每至旬节休假，中书门下文武百僚不须入朝，外官不须衙集。癸卯，停郡县差丁白直课钱。

六月，敕三伏内令宰相辰时还宅。

秋七月丙子，韦坚为李林甫所构，配流临封郡，赐死。坚妹皇太子妃听离，坚外甥嗣薛琄贬夷陵郡别驾，女婿巴陵太守卢幼临长流合浦郡。太子少保李适之贬宜春太守，到任，饮药死。

八月，以户部侍郎郭虚己为御史大夫、剑南节度使。

九月壬子，于太清宫刻石为李林甫、陈希烈像，侍于圣容之侧。

冬十月丁酉，幸温泉宫。改临淄郡为济南郡。

十一月己巳，还京。

十二月辛未，赞善大夫杜有邻、著作郎王曾、左骁卫兵曹等为李林甫所构，并下狱死。

六载正月辛巳朔，北海太守李邕、淄川太守裴敦复并以事连王曾、柳勣，遣使就杀之。丁亥，亲享太庙。戊子，亲祀圜丘，礼毕，大赦天下，除绞、斩刑，但决重杖。于京城置三皇、五帝庙，以时享祭。其章怀、节愍、惠庄、惠文、惠宣等太子，宜与隐太子、懿德太子同为一庙。每日立仗食及设仗于庭，此后并宜停废。五岳既已封王，四渎当升公位，封河渎为灵源公，济渎为清源公，江渎为广源公，淮渎为长源公。

三月戊戌，南海太守彭果坐赃，决杖，长流溱溪郡，死于路。

夏四月戊午，门下侍郎陈希烈为左相兼兵部尚书。癸酉，复置军器监。自五月不雨至秋七月。乙酉，以旱，命宰相、台寺、府县录系囚，死罪决杖配流，徒已下特免。庚寅始雨。

冬十月戊申，幸温泉宫，改为华清宫。

十一月乙亥，户部侍郎杨慎矜及兄少府少监慎余与弟洛阳令慎名，并为李林甫及御史中丞王鉷所构，下狱死。

十二月丙辰，工部尚书陆景融卒。壬戌，还京。

七载春正月己卯，礼部尚书席豫卒。己亥，韦绦奏御案褥袱帷等望去紫且赤黄，从之。

三月乙酉，大同殿柱产玉芝，有神光照殿。群臣请加皇帝尊号曰"开元天宝圣文神武应道"，许之。

夏四月辛丑，以高力士为骠骑大将军。

五月壬午，上御兴庆宫，受册徽号，大赦天下，百姓免来载租庸。三皇以前帝王，京城置庙，以时致祭。其历代帝王肇迹之处未有祠守者，所在各置一庙。忠臣义士、孝妇烈女德行弥高者，亦置祠宇致祭。赐酺三日。

六月，范阳节度使安禄山赐实封及铁券。

秋八月己亥朔，改千秋节为天长节。壬子，改万年县为咸宁县。

冬十月庚午，幸华清宫，封贵妃姊二人为韩国、虢国夫人。

十二月戊戌，言玄元皇帝见于华清宫之朝元阁，乃改为降圣阁。改会昌县为昭应县，会昌山为昭应山；封山神为玄德公，仍立祠宇。辛酉，还京。

八载春正月甲申，赐京官绢，备春时游赏。

二月戊申，引百官于左藏库纵观钱币，赐绢而归。

三月，朔方节度使张齐丘于中受降城北筑横塞城。

夏四月，咸宁太守赵奉璋决杖而死，著作郎韦子春贬端溪尉，李林甫陷之也。幸华清宫观风楼。

五月辛巳，于开远门外作振旅亭。戊子，南海太守刘巨鳞坐赃，决死之。

六月，大同殿又产玉芝一茎。陇右节度使哥舒翰攻吐蕃石堡城，拔之。闰月己丑，改石堡城为神武军。剑南索磨川新置都护府，宜以保宁为名。丙寅，上亲谒太清宫。册圣祖玄元皇帝尊号为"圣祖大道玄元皇帝"。高祖、太宗、高宗、中宗、睿宗五帝，皆加"大圣皇帝"之字；太穆、文德、则天、和思、昭皇后，皆加"顺圣皇后"之字。群臣上皇帝尊号为"开元天地大宝圣文神武应道皇帝"。丁卯，上御含元殿受册，大赦天下。自今后每至禘祫，并于太清宫圣祖前序昭穆。初，太白山人李浑言太白山金星洞有帝福寿玉版石记，求得之，乃封太白山为神应公，金星洞为嘉祥公，所管华阳县为贞符县。戊辰，太子太师、徐国公萧嵩薨。丁亥，南衙立仗马宜停，省进马官。

秋八月戊子，郡别驾宜停，下郡置长史。冬十月丙寅，幸华清宫。

十一月丁巳,幸御史中丞杨钊庄。

九载春正月庚寅朔,与岁次同始,受朝于华清宫。己亥,还京。庚戌,群臣请封西岳,从之。二月壬午,御史中丞宋浑坐赃及奸,长流高要郡。

三月庚戌,改甄使为献纳。辛亥,西岳庙灾。时久旱,制停封西岳。

夏五月庚寅,以旱,录囚徒。乙卯,安禄山进封东平郡王。节度使封王,自此始也。

秋七月己亥,国子监置广文馆,领生徒为进士业者。

九月乙卯,处士崔昌上《五行应运历》,以国家合承周、汉,请废周、隋不合为二王后。

冬十一月庚寅,幸华清宫。己丑,制自今告献太清宫及太庙改为朝献,巡陵为朝拜,告宗庙为奏,天地享祀文改昭告为昭荐,以告者临下之义故也。辛卯,幸杨国忠亭子。辛丑,立周武王、汉高祖庙于京城,司置官吏。

十二月乙亥,还京。

十载春正月乙酉朔。壬辰,朝献太清宫。癸巳,朝享太庙。甲午,有事于南郊,合祭天地,礼毕,大赦天下。太庙置内官,供洒扫诸陵庙。己亥,改传国宝为承天大宝。丁未,李林甫领安北副大都护、朔方节度使。庚戌,大风,陕郡运船失火,烧米船二百余只,人死者五百计。癸丑,分遣嗣吴王祗等十三人祭岳渎海镇。

二月丁巳,安禄山兼云中太守、河东节度使。

夏四月,剑南节度使鲜于仲通将兵六万讨云南,与云南王阁罗凤战于泸川，官军大败，死于泸水者不可胜数。

五月丁亥，改诸卫幡旗绯色者为赤黄，以符土运。秋八月乙卯，广陵郡大风，潮水覆船数千艘。丙辰，京城武库灾，烧器械四十七万事。

是秋，霖雨积旬，墙屋多坏，西京尤甚。

冬十月辛亥，幸华清宫。

十一月乙未，幸杨国忠宅。丙午，兵部侍郎、兼御史中丞杨国忠兼领剑南节度使。

十一载春正月辛亥，还京。

二月癸酉，禁恶钱，官出好钱以易之。既而商旅不便，诉于国忠，乃止之。

三月，朔方节度副使、奉信王阿布思与安禄山同讨契丹，布思与禄山不协，乃率其部下叛归漠北。丙午，制令后每月朔望，宜令荐食于太庙，每室一牙盘，仍五日一开室门洒扫。改吏部为文部，兵部为武部，刑部为宪部，其部内诸司有部字者并改，将作大匠、少匠为大、少二监。

夏四月，御史大夫兼京兆尹王鉷赐死，坐弟与凶人邢縡谋逆故也。杨国忠兼京兆尹。

五月戊申，庆王琮薨，赠靖德太子。

六月戊子，东京大风，拔树发屋。

八月己丑，幸左藏库，赐群臣帛有差。

九月甲寅，改诸卫士为武士。

冬十月戊寅，幸华清宫。

十一月乙卯，尚书左仆射兼右相、晋国公李林甫薨于行在所。庚申，御史大夫兼蜀郡长史杨国忠为右相兼文部尚书。十二月甲戌，杨国忠奏请两京选人铨日便定留放，无长名。己亥，还京。

十二载春正月壬子，杨国忠于尚书省注官，注讫，于都堂对左相与诸司长官唱名。

二月庚辰，选人郑怤等二十余人，以国忠铨注无滞，设斋于勤政殿下，立碑于尚书省门。癸未，追削故右相李林甫在身官爵，男将作监岫、宗党李复道等五十人皆流贬，国忠诬奏林甫阴结叛胡阿布思故也。

夏五月乙酉，以魏、周、隋依旧为三恪及二王后，复封韩、介、酅等公。辛亥，太庙诸陵署依旧隶太常寺。

七月壬子，天下齐人不得乡贡，须补国子学生然后贡举。

八月，京城霖雨，米贵，令出太仓米十万石，减价粜与贫人。仍令中书门下就京兆、大理疏决囚徒。

九月己亥朔，陇右节度使、凉国公哥舒翰进封西平郡王，食实封五百户。

冬十月戊申，幸华清宫。和雇京城丁户一万三千人筑兴庆宫墙，起楼观。

至十二月，改横塞城为天德军。庚寅，行从官宪部尚书张筠等请上尊号为"开元天地大宝圣文神武孝德证道皇帝"。

十三载春正月丁酉朔，上御华清宫之观风楼，受朝贺。己亥，安庆绪献俘于行在，帝引见于禁中，赏赐巨万。乙巳，加安禄山尚书左仆射，赐实封千户，奴婢十房，庄、宅各一区；又加闲厩、五坊、宫苑、陇右群牧都使，以武部侍郎吉温为副。丙午，还京。

二月癸酉，上亲朝献太清宫，上玄元皇帝尊号曰"大圣祖高上大广道金阙玄元天皇大帝"。甲戌，亲享太庙，上高祖谥曰"神尧大圣大光孝皇帝"，太宗谥曰"太宗文武大圣大孝皇帝"，高宗谥曰"高宗天皇大圣大弘孝皇帝",中宗谥曰"中宗太和大圣大昭孝皇帝",睿宗谥曰"睿宗玄真大圣大兴孝皇帝"。乙亥,御兴庆殿受徽号,礼毕,大赦天下。左降官遭父母忧,放归。献陵等五署改为台,令、丞各升一阶。文武三品已上赐爵一级,四品已下加一阶。赐酺三日。戊寅,右相兼文部尚书杨国忠守司空,余如故。甲申,司空杨国忠受册,天雨黄土,沾于朝服。禄山奏前后讨契丹立功将士跳荡等,请超三资,告身仍望好写;于是超授将军者五百余人,中郎将者二千余人。

三月丁酉,太常卿张垍贬卢溪郡司马,垍兄宪部尚书均贬建安太守。丙午,御跃龙殿门张乐宴群臣,赐右相绢一千五百匹,彩罗三百匹,彩绫五百疋;左相绢三百匹,彩罗绫各五十匹;余三品八十匹,四品五品六十匹,六品七品四十匹,极欢而罢。壬戌,御勤政楼大酺。北庭都护程千里生擒阿布思献于楼下,斩之于朱雀街。乙丑,左羽林上将军封常清权北庭都护、伊西节度使。万春公主出降杨朏。

夏五月,荧惑守心五十余日。

六月乙丑朔,日有蚀之,不尽如钩。侍御史、剑南留后李宓率兵击云南蛮于西洱河,粮尽军旋,马足陷桥,为阁罗凤所擒,举军皆没。废济阳郡,以所领五县隶东平郡。

秋八月丁亥,以久雨,左相、许国公陈希烈为太子太师,罢知政事;文部侍郎韦见素为武部尚书,同中书门下平章事。

是秋,霖雨积六十余日,京城垣屋颓坏殆尽,物价暴贵,人多乏食,令出太仓米一百万石,开十场贱粜以济贫民。东都瀍、洛暴涨,漂没一十九坊。上御勤政楼试四科制举人,策外加诗赋各一首。制举加诗赋,自此始也。

冬十月壬寅,幸华清宫。贬河东太守韦陟为桂岭尉,武部侍郎吉温为澧阳郡长史。乙巳,开府仪同三司、毕国公窦珍薨。戊午，还京。

其载，户部计今年见管州县户口：管郡总三百二十一，县一千五百三十八，乡一万六千八百二十九；户九百六十一万九千二百五十四，三百八十八万六千五百四不课，五百三十万一千四十四课；口五千二百八十八万四百八十八，四千五百二十一万八千四百八十不课，七百六十六万二千八百课。

十四载春三月丙寅，宴群臣于勤政楼，奏《九部乐》，上赋诗效柏梁体。癸未，遣给事中裴士淹等巡抚河南、河北、淮南等道。

八月壬辰，上亲录囚徒。

冬十月壬辰，幸华清宫。甲午，颁《御注老子》并《义疏》于天下。

十一月戊午朔，始安太守罗希奭以停止张博济决杖而死，吉温自缢于狱。丙寅，范阳节度使安禄山率蕃、汉之兵十余万，自幽州南向诣阙，以诛杨国忠为名，先杀太原尹杨光翙于博陵郡。壬申，闻于行所。癸酉，以郭子仪为灵武太守、朔方节度使。封常清自安西入奏，至行在。甲戌，以常清为范阳、平卢节度使、兼御史大夫，令募兵三万以御逆胡。戊寅，还京。以羽林大将军王承业为太原尹，以卫尉卿张介然为陈留太守、河南节度采访使，以金吾将军程千里为潞州长史，并令讨贼。甲申，以京兆牧、荣王琬为元帅，命高仙芝副之，于京城招募，号曰"天武军"，其众十万。丙戌，高仙芝等进军，上御勤政楼送之。

十二月丙戌朔，禄山于灵昌郡渡河。辛卯，陷陈留郡，杀张介然。甲午，陷荥阳郡，杀太守崔无波。丙申，封常清与贼战于成皋罂子谷，官军败绩，常清奔于陕郡。丁酉，禄山陷东京，杀留守李憕、中丞卢奕、判官蒋清。时高仙芝镇陕郡，弃城西保潼关。常山太守颜杲卿与长史袁履谦、贾深等杀贼将李钦凑，执贼将何千年、高邈送京师。辛丑，诏皇太子统兵东讨。以永王璘为山南节度使，以江陵长史源洧副之；颍王璬为剑南节度使，以蜀郡长史崔圆副之。二王不出。丙午，斩封常清、高仙芝于潼关，以哥舒翰为太子先锋兵马元帅，领河、陇兵募守潼关以拒之。辛亥，荣王琬薨，赠靖恭太子。

十五载春正月乙卯，御宣政殿受朝。其日，禄山僭号于东京。庚申，以李光弼为云中太守、河东节度使。壬戌，贼将蔡希德陷常山郡，执太守颜杲卿、长史袁履谦，杀民吏万余，城中流血。甲子，哥舒翰进位尚书左仆射、同中书门下平章事。乙丑，贼将安庆绪犯潼关，哥舒翰击退之。乙巳，加平原太守颜真卿户部侍郎，奖守城也。

二月丙戌，李光弼、郭子仪将兵东出井陉，与贼将史思明战，大破之，进取郡县十余。丙辰，诛工部尚书安思顺。

三月壬午朔，以河东节度使李光弼为御史大夫、范阳节度使。乙酉，以平原太守颜真卿为河北采访使。己亥，改常山郡为平山郡，房山县为平山县，鹿泉县为获鹿县，鹿成县为束鹿县。

夏四月丙午，以赞善大夫来瑱为颍川太守、招讨使。

五月戊午，南阳太守鲁炅与贼将武令珣战于滍水上，官军大败，为贼所掳，进寇我南阳。诏嗣虢王巨自蓝田出师救南阳。

六月癸未朔，颜真卿破贼将袁知泰于堂邑，北海太守贺兰进明收信都。庚寅，哥舒翰将兵八万与贼将崔乾祐战于灵宝西原，官军大败，死者十六七。其日，李光弼与贼将史思明战于常山东嘉山，大破之，斩获数万计。辛卯，哥舒翰至潼关，为其帐下火拔归仁以左右数十骑执之降贼，关门不守，京师大骇，河东、华阴、上洛等郡皆委城而走。

甲午，将谋幸蜀，乃下诏亲征，仗下，从士庶恐骇，奔走于路。乙未，凌晨自延秋门出，微雨沾湿，扈从惟宰相杨国忠、韦见素、内侍高力士及太子，亲王，妃主、皇孙已下多从之不及。平明渡便桥，国忠欲断桥。上曰："后来者何以能济？"命缓之。辰时，至咸阳望贤驿置顿，官吏骇散，无复储供。上憩于宫门之树下，亭午未进食。俄有父老献，上谓之曰："如何得饭？"于是百姓献食相继。俄又尚食持御膳至，上颁给从官而后食。是夕次金城县，官吏已遁，令魏方进男允招诱，俄得智藏寺僧进粟，行从方给。

丙辰，次马嵬驿，诸卫屯军不进。龙武大将军陈玄礼奏曰："逆胡指阙，以诛国忠为名，然中外群情，不无嫌怨。今国步艰阻，乘舆震荡，陛下宜徇群情，为社稷大计，国忠之徒，可置之于法。"会吐蕃使二十一人遮国忠告诉于驿门，众呼曰："杨国忠连蕃人谋逆！"兵士围驿四合。及诛杨国忠、魏方进一族，兵犹未解。上令高力士诘之，回奏曰："诸将既诛国忠，以贵妃在宫，人情恐惧。"上即命力士赐贵妃自尽。玄礼等见上请罪，命释之。

丁酉，将发马嵬驿，朝臣唯韦见素一人，乃命见素子京兆府司录谔为御史中丞，充置顿使。议其所向，军士或言河、陇，或言灵武、太原，或言还京为便。韦谔曰："还京，须有捍贼之备，兵马未集，恐非万全，不如且幸扶风，徐图所向。"上询于众，咸以为然。及行，百姓遮路乞留皇太子，愿戮力破贼，收复京城，因留太子。

戊戌，次扶风县。己亥，次扶风郡。军士各怀去就，咸出丑言，陈玄礼不能制。会益州贡春䌽十万匹，上悉命置于庭，召诸将谕之曰："卿等国家功臣，陈力久矣，朕之优奖，常亦不轻。逆胡背恩，事须回避。甚知卿等不得别父母妻子，朕亦不及亲辞九庙。"言发涕流。又曰："朕须幸蜀，路险狭，人若多往，恐难供承。今有此綵，卿等即宜分取，各图去就。朕自有子弟、中官相随，便与卿等诀别。"众咸俯伏涕泣曰："死生愿从陛下。"上曰："去住任卿。"自此悖乱之言稍息。

庚子，以司勋郎中、剑南节度留后崔圆为蜀郡长史、剑南节度副大使。以颍王璬为剑南节度大使，以监察御史宋若思为御史中丞充置顿使，韦谔充巡阁道使，并令先发。辛丑，发扶风郡，是夕，次陈仓。壬寅，次散关。分部下为六军，颍王璬先行，寿王琩等分统六军，前后左右相次。丙午，次河池郡，崔圆奏剑南岁稔民安，储供无阙，上大悦，授圆中书侍郎、同中书门下平章事，蜀郡长史、剑南节度如故。以前华州刺史魏犀为梁州长史。

秋七月癸丑朔。壬戌，次益昌县，渡吉柏江，有双鱼夹舟而跃，议者以为龙。甲子，次普安郡，宪部侍郎房琯自后至，上与语甚悦，即日拜为吏部尚书、同中书门下平章事。丁卯，诏以皇太子讳充天下兵马元帅，都统朔方、河东、河北、平卢等节度兵马，收复两京；永王璘江陵府都督，统山南东路、黔中、江南西路等节度大使；盛王琦广陵郡大都督，统江南东路、淮南、河南等路节度大使；丰王珙武威郡都督，领河西、陇右、安西、北庭等路节度大使。初，京师陷贼，车驾仓皇出幸，人未知所向，众心震骇，及闻是诏，远近相庆，咸思效忠于兴复。

庚午，次巴西郡，太守崔涣奉迎。即日以涣为门下侍郎、同中书门下平章事。以韦见素为左相。庚辰，车驾至蜀郡，扈从官吏军士到者一千三百人，宫女二十四人而已。

八月癸未朔，御蜀都府衙，宣诏曰："朕以薄德，嗣守神器，每乾乾惕厉，勤念生灵，一物失所，无忘罪己。聿来四纪，人亦小康，推心于人，不疑于物。而奸臣凶竖，弃义背恩，割剥黎元，扰乱区夏，皆朕不明之过也。今巡抚巴蜀，训厉师徒，仍令太子诸王蒐兵重镇，诛夷凶丑，以谢昊穹；思与群臣重弘理道，可大赦天下。"癸巳，灵武使至，始知皇太子即位。丁酉，上用灵武册称上皇，诏称诰。己亥，上皇临轩册肃宗，命宰臣韦见素、房琯使灵武，册命曰："朕称太上皇，军国大事先取皇帝处分，后奏朕知。候克复两京，朕当怡神姑射，偃息大庭。"

明年九月，郭子仪收复两京。十月，肃宗遣中使啖廷瑶入蜀奉迎。丁卯，上皇发蜀郡。十一月丙申，次凤翔郡。肃宗遣精骑三千至扶风迎卫。十二月丙午，肃宗具法驾至咸阳望贤驿迎奉。上皇御宫之南楼，肃宗拜庆楼下，呜咽流涕不自胜，为上皇徒步控辔，上皇抚背止之，即骑马前导。丁未，至京师，文武百僚、京城士庶夹道欢呼，靡不流涕。即日御大明宫之含元殿，见百僚，上皇亲自抚问。人人感咽。时太庙为贼所焚，权移神主于大内长安殿，上皇谒庙请罪，遂幸兴庆宫。

三载二月，肃宗与群臣奉上皇尊号曰"太上至道圣皇帝"。乾元三年七月丁未，移幸西内之甘露殿。时阉宦李辅国离间肃宗，故移居西内。高力士、陈玄礼等迁谪，上皇寝不自怿。

上元二年四月甲寅，崩于神龙殿，时年七十八。群臣上谥曰"至道大圣大明孝皇帝"，庙号"玄宗"。初，上皇亲拜五陵，至桥陵，见金粟山岗有龙盘凤翥之势，复近先茔，谓侍臣曰："吾千秋后宜葬此地，得奉先陵，不忘孝敬矣。"至是，追奉先旨以创寝园，以广德元年三月辛酉葬于泰陵。

史臣曰：孔子称"王者必世而后仁"。李氏自武后移国三十余年，朝廷罕有正人，附丽无非险辈。持苞苴而请谒，奔走权门；效鹰犬以飞驰，中伤端士。以致斲丧王室，屠害宗枝。骨鲠大臣，屡遭诬陷；舞文酷吏，坐致显荣。礼仪无复兴行，刑政坏于犬马，端揆出阿党之语，冕旒有和事之名，朋比成风，廉耻都尽。

我开元之有天下也，纠之以典刑，明之以礼乐，爱之以慈俭，律之以轨仪。黜前朝佞幸之臣，杜其奸也；焚后庭珠翠之玩，戒其奢也；禁女乐而出宫嫔，明其教也；赐酺赏而放哇淫，惧其荒也；叙友于而敦骨肉，厚其俗也；蒐兵而责帅，明军法也；朝集而计最，校吏能也。庙堂之上，无非经济之才；表著之中，皆得论思之士。而又旁求宏硕，讲道艺文。昌言嘉谟，日闻于献纳；长辔远驭，志在于升平。贞观之风，一朝复振。于斯时也，烽燧不惊，华戎同轨。西蕃君长，越绳桥而竞款玉关；北狄酋渠，捐毳幕而争趋雁塞。象郡、炎州之玩，鸡林、鲲海之珍，莫不结辙于象胥，骈罗于典属。膜拜丹墀之下，夷歌立仗之前，可谓冠带百蛮，车书万里。天子乃览云台之义，草泥金之札，然后封日观，禅云亭，访道于穆清，怡神于玄牝，与民休息，比屋可封。于时垂髫之儿，皆知礼让；戴白之老，不识兵戈。虏不敢乘月犯边，士不敢弯弓报怨。"康哉"之颂，溢于八纮。所谓"世而后仁"，见于开元者矣。年逾三纪，可谓太平。

於戏！国无贤臣，圣亦难理；山有猛虎，兽不敢窥。得人者昌，信不虚语。昔齐桓公行同禽兽，不失霸主之名；梁武帝静比桑门，竟被台城之酷。盖得管仲则淫不害霸，任朱异则善不救亡。开元之初，贤臣当国，四门俱穆，百度唯贞，而释、老之流，颇以无为请见。上乃务清净，事薰修，留连轩后之文，舞咏伯阳之说，虽稍移于勤倦，亦未至于怠荒。俄而朝野怨咨，政刑纰缪，何哉？用人之失也。自天宝已还，小人道长。如山有朽坏，虽大必亏；木有蠹虫，其荣易落。以百口百心之谗谄，蔽两目两耳之聪明，苟非铁肠石心，安得不惑！而献可替否，靡闻姚、宋之言；妒贤害功，但有甫、忠之奏。豪猾因兹而睥睨，明哲于是乎卷怀，故禄山之徒，得行其伪。厉阶之作，匪降自天，谋之不臧，前功并弃。惜哉！

赞曰：开元握图，永鉴前车。景气融朗，昏氛涤除。政才勤倦，妖集廷除。先民之言，"靡不有初"。

古今名家评说

玄宗以雄武之才，再开唐统，贤臣左右，威至在已。姚崇、宋璟、苏颋等，皆以骨鲠大臣，镇以清静，朝有著定，下无觊觎。四夷来寇，驱之而已；百姓富饶，税之而已。继以张嘉贞、张说，守而勿失。

——（唐）柳芳：《唐历》，见《全唐文》卷三百七十二

玄宗少历民间，身经迍难，故即位之初，知人疾苦，躬勤庶政。加之姚崇、宋璟、苏颋、卢怀慎等守正之辅，孜孜献纳，故致治平。及后承平日久，安于逸乐，渐远端士，而近小人。宇文融以聚敛媚上心，李林甫以奸邪惑上意，加之以国忠，故及于乱。

——（唐）崔群（答宪宗问"朕读《玄宗实录》，见开元初锐意求理，至十六年已后，稍似懈倦，开元末又不及中年，何也），见《旧唐书·宪宗本纪》

玄宗用姚崇，宋璟、卢怀慎、苏颋、韩休、张九龄则理，用宇文融、李林甫、杨国忠则乱。故用人得失，所系非轻。人皆以天宝十四年安禄山反为乱之始，臣独以为开元二十四年罢张九龄相、专任李林甫，此理乱之分也。

——（唐）崔群（答宪宗问"玄宗之政，先理而后乱，何也"），见《资治通鉴·唐纪五十七》

玄宗回马杨妃死，云雨难忘日月新。终是圣明天子事，景阳宫井又何人。

——（唐）郑畋：《马嵬坡》

海外徒闻更九州，他生未卜此生休。空闻虎旅传宵柝，无复鸡人报晓筹。此日六军同驻马，当时七夕笑牵牛。如何四纪为天子，不及卢家有莫愁。

——（唐）李商隐：《马嵬》

昔我玄宗明皇帝得姚元崇、宋璟，使之铺陈大法，以和人神，而又益之以张说、苏颋、嘉贞、九龄之徒，皆能始终弥缝，不失纪律。

——（唐）元稹：《处分幽州德音》

明皇守文继体，尝经天后朝艰危，开元初，得姚崇、宋璟，委之为政。此二人者，天生俊杰，动必推公，夙夜孜孜，致君于道。璟尝手写《尚书·无逸》一篇，为图以献。玄宗置之内殿，出入观省，咸记在心，每叹"古人至言，后代莫及"，故任贤戒欲，心归冲漠。开元之末，因《无逸图》朽坏，始以山水图代之。自后既无座右箴规，又信奸臣用事，天宝之世，稍倦于勤，王道于斯缺矣。

——（唐）崔植（答唐穆宗问），见《旧唐书·崔植传》

明皇以贤，继位祖宗，善恶之事闻见固熟，何故忘高祖、太宗之实德，袭高宗、中宗之虚名？盖臣下谄谀者不守经义，逢君之过而然也。故所上表明言"何必稽古"，此人臣不思之言尔。

人君行事，不可泥古之迹，又不可不稽古之道。泥古迹，则失于通变之机；不稽古道，则无以成大中之法。况明皇英伟之主，志气雄侈，臣下常以古道讽之，尚虑越逸，可得明言"何必稽古"，以导其侈心乎？岂非不思之言也？

——（宋）孙之翰：《唐史论断·玄宗》

国之废立太子，可容易哉！其立之也，非嫡不可，非长不可，非贤不可。开元初，明皇立瑛为太子，非嫡也，非长也，但以母善歌舞宠之，遂立其子，立之固容易尔。然立之二十余年，名分久定，虽不闻大贤，亦不闻有过，又可容易废之乎？不惟废之，复杀之矣。此虽武妃妖惑、林甫贼计，致明皇有是大恶，然迹其本末，亦由张说之过也。

——（宋）孙之翰：《唐史论断·玄宗》

人主信待中官，无甚于明皇也。禄山领三道兵权，势力至重，又请蕃将以代旧将，反计可知。（杨）国忠以贵妃之亲，极公相之位，明皇宠信无不从。及奏禄山逆状，流涕以言，是必欲感悟主心也。然明皇竟未之信，潜使（辅）璆琳往察其状，是信待国忠之意未及于中官也。其意曰："国忠，我之宠丞相也，但禄山有功，不无忌嫉，则其言未必忠于我也。璆琳日在左右，我所亲信，委之以事，必尽忠于我也。"以此待璆琳之意过于国忠。及为璆琳所误，遂成大乱，虽说之，不及事矣。后之人君信待中官，不可不慎！

——（宋）孙之翰：《唐史论断·玄宗》

明皇帝承则天、中宗、睿宗三朝危乱之后，思洗刷垢秽，划绝荒芜，澄涤化源，洁清政道，乃用姚崇、宋璟、韩休、张九龄、李元纮、杜暹等相次为宰相；宵分不寐，日昃不食，潜心尧舜之道，侧耳忠良之言，忧勤万机，念虑四海；不敢暂时逸豫，不敢一日畋游，苑囿稀行，声色不御，汲汲论思，遂致开元三十年太平。

一日妃子入宫专宠，惑成内荒，颇黩庶政。蛾眉巧笑，迷君之心；妖姿艳舞，眩君之目。日月斯久，情爱寖深，竭天下之财以奉一妇人，殚海内之力以事一女子，常恐不足。兄弟姊妹，皆启厚封；骨肉姻亲，咸登要职。名园甲第以赐之，膏腴水石以宠之，牝鸡晨鸣，威过人主；后戚专国，势倾朝廷。诸侯辇货于妃子之宫，四方争赂于杨氏之宅。恩由财结，官以贿成，纪纲尽黩，爵赏无序，谗邪得进，忠良见废。故天宝之政，不在于天子，而在于杨氏，是以中外胥怨，人神共愤。迨禄山举兵一唱，而东都陷没，灵驾播迁，仓皇出关，崎岖幸蜀。国祚危如缀旒，皇都鞠为茂草。谁其为之？杨氏一妇人也。迁主恩而自专，弄国柄而无禁，色荒于内而天下怨叛，岂非一妇人能致耶？《诗》曰："赫赫宗周，褒姒灭之。"纣以妲己而亡，吴以西施而灭，天宝之乱，谁谓非贵妃之罪也？噫！明皇至聪明、至神圣也，为一女之惑，取笑千载之下，可痛也哉！

——（宋）石介：《三朝圣政录》，
见《历代名贤确论·玄宗一》

玄宗尊号曰"圣文神武皇帝"，可谓盛矣；而其自称曰"上清弟子"者，何其陋哉！方其肆情奢淫，以极富贵之乐，盖穷天下之力不足以赡其欲，使神仙道家之事为不无，亦非其所可冀，矧其实无得哉？

——（宋）欧阳修：《集古录跋尾·华阳颂跋尾》

明皇以英果之气，起平内难，遂袭大统，可谓谊主矣。然狃于承平晏安之久，府卫之制一切废坏，尽推其权以假边将。禄山虎视幽蓟，横制千里，而军中之吏凡三千人。故范阳之变一起，天下大震，徒驱市人以婴其锋。使微肃宗召号忠义，驾驭豪武，奋不顾身，与之从事，则两都不复矣。虽能再造王室，然其所赖以收天下者，皆为方镇矣。天下之权已分于下而不全矣。

——（宋）何去非：《何博士备论·唐论》

上（玄宗）即位以来，所用之相，姚崇尚通，宋璟尚法，张嘉贞尚吏，张说尚文，李元纮、杜暹尚俭，韩休、张九龄尚直，各其所长也。

——（宋）司马光：《资治通鉴·唐纪三十》

圣人以道德为丽，仁义为乐，故虽茅茨土阶、恶衣菲食，不耻其陋，惟恐奉养之过以劳民费财。明皇恃其承平，不思后患，殚耳目之玩，穷声技之巧，自谓帝王富贵皆不我如，欲使前莫能及、后无以逾，非徒娱己，亦以夸人。岂知大盗在旁，已有窥窬之心，卒致銮舆播越、生民涂炭。乃知人君崇华靡以示人，适足为大盗之招也。

——（宋）司马光：《资治通鉴·唐纪三十四》

太宗鉴前世之弊，深抑宦官无得过四品。明皇始驩旧章，是崇是长，晚节令高力士省决章奏，乃至进退将相，时与之议，自太子王公皆畏事之，宦官自此炽矣。

——（宋）司马光：《资治通鉴·唐纪七十九》

（汉）宣帝雄杰明达，力能自致中兴，虽无丙（吉）、魏（相），亦可矣，若（唐）明皇，则中才之君，可与为善，可与为恶者也。故姚（崇）、宋（璟）在而成开元之治，姚、宋亡而致天宝之乱也。

——（宋）徐积，见江端礼《节孝语录》

明皇以藩王有功，成器居嫡长而能辞位以授之，故明皇之心笃于兄弟。盖成器之行，有以养其友爱之心也，是以能全其天性，而谗间之言无自入焉。呜呼！苟能充是心，则仁不可胜用也。至于为人父则以谗杀其子，为人夫则以孽黜其妻，为人君则以非罪殄戮其臣下，是皆不能充其类也。苟不能充其类，则其为善不出于利心哉？

开元初，明皇励精政治，优礼故老，姚、宋是师。天宝以后，宴安骄侈，倦求贤俊，委政群下。彼小人者唯利是就，不顾国体，巧言令色，以求亲昵。人主甘之，薄于礼，厚于情，是以林甫得容其奸。故人君不体貌大臣，则贤者日退而小人日进矣。

宰相之职，无不总统，而兼节制一道，此开元之乱制也。孔子曰："必也正名乎！"夫宰相，百官之首也，名且不正，则何以正百官矣？自古官制之紊，未有如开元者也，然则后世何所法乎？

——（宋）范祖禹：《唐鉴·玄宗上》

古之杀谏臣者，必亡其国。明皇亲为之，其大乱之兆乎？开元之初，谏者受赏，及其末也而杀之，非独于此而异也。始诛韦氏、抑外戚，焚珠玉锦绣，诋神仙，禁言祥瑞，岂不正哉？其终也，惑女宠，极奢侈，求长生，悦禨祥，以一人之身而前后相反如此，由有所陷溺其心故也。可不戒哉！

明皇不监石显之事，而宠任力士，至使省决章奏。以万几之重委之阉寺，失君道甚矣。其后李林甫、杨国忠，皆因力士以进。迹其祸乱所从来者，渐矣。《传》曰："存亡在所任。"人君可不慎其细哉！

明皇三子之废，系于李林甫之一言；其得未废，系于张九龄之未罢。相贤则父子得以相保，相佞则天性灭为仇雠，置相可不慎哉！

卫宣公纳伋之妻，国人恶之。明皇杀其三子，又纳子妇于宫中，用李林甫为相，使族灭无罪。父子、夫妇、君臣，人之所以立也，三纲绝矣，其何以为天下乎？

明皇崇老喜仙，故其大臣谀、小臣欺，盖度其可为而为之也。不惟信而惑之，又赏以劝之，则小人孰不欲为奸罔哉？昔汉文一为新垣平所诈，而终身不复言神明之事，可谓能补过矣。

——（宋）范祖禹：《唐鉴·玄宗中》

明皇信一国忠，丧师二十万而不得知，以败为胜，其不亡岂不幸哉？国忠欺蔽如此，而举朝亦无一人敢以实告其君者，盖在位者皆小人，无一贤也。是时，明皇享国四十余年，自以为太平，有万世之安，而不知祸乱将发于朝莫。由置相非其人也，可不戒哉！

唐世言利，始于宇文融。融既流死，而韦坚、杨慎矜、王鉷继起，又益甚之，极于杨国忠，皆身首异处，宗族涂地。其故何哉？壅利而所害者众也。天下之怨归之，故其恶必复，其祸必酷，而唐室几亡。

——（宋）范祖禹：《唐鉴·玄宗下》

唐玄宗、宪宗，皆中兴之主也。玄宗继中、睿之乱，政紊于内，而外无藩镇分裂之患，约己任贤，而贞观之治可复也。宪宗承代、德之弊，政债于朝，而畿甸之外皆为畔国，将以求治，则其势尤难。虽然，二君皆善其始，而不善其终，所以失之者一道也。

——（宋）苏辙：《历代论·唐玄宗、宪宗》

明皇任李林甫十余年，尽失贤者之助，太宗之法度废革殆尽，贞观之风俗废坏无遗。林甫朝夕从事者，非聚敛奢侈以荡移人主之心意，则罗织刑狱以破灭人之家族也。国门之内，干戈磋钺未尝绝，而间为神仙鬼怪之说，以动其心。而明皇恬不为虑，漫不知察，利器去手而不觉，一败涂地，没世不复。凡此者，其始好无为之说者也，可不戒哉！

——（宋）苏辙，见《历代名贤确论·
玄宗一（子由论明皇好无为说而败）》

明皇初焚锦绣，而末年织绣之工，供妃院者七百人。节用之源，无大于此。

——（宋）吕中：《大事记讲义》卷十一

汉高祖以萧何、张良、韩信为人杰。此三人者，真足以当之也。唐明皇同日拜宋璟、张说、源乾曜三故相官，帝赋《三杰诗》，自写以赐。其意盖以比萧、张等也。说与乾曜，岂璟比哉！明皇可谓不知臣矣。

——（宋）洪迈：《容斋随笔》卷第九

初年不是不聪明，勤政开元致太平。一曲《羽衣》妃子进，三朝锦褓禄儿生。眼干蜀道山川泪，胆碎渔阳鼙鼓声。祸福兴亡皆自取，信知女色鲜倾城。

——（宋）赵汝鐩：《明皇》

后世人主若唐玄宗、德宗，宋之徽宗，皆恃其富盛而不谨于几微，遂驯致于祸乱而不可支持之地，谨剟于篇以垂世戒。

——（明）丘濬：《大学衍义补·卷首》

玄宗将奔蜀，杨国忠列炬请焚府库，帝曰："留此以与贼，勿使掠夺百姓。"其轻视货贝之情，度越寻常远矣。是以唐终不亡也。

——（清）王夫之：《读通鉴论》卷十二《（晋）怀帝》

若唐玄宗之晚节，未尝安危而利灾也，特以沉湎酒色，而卒致丧败，则虽知张九龄之忠，而终幸李林甫之能宽假，以征声逐色之岁月，故言之而必不听。

——（清）王夫之：《读通鉴论》卷二十二《（唐）玄宗》

语曰："当断不断，反受其乱。"如玄宗之待杨贵妃及安禄山，正中此弊。贵妃一再忤旨，再遭黜逐，设从此不复召还，则一刀割绝，祸水不留，岂非一大快事，何至有内蛊之患乎？惟其当断不断，故卒贻后日之忧。禄山应召入朝，尚无叛迹，设从此不再专闻，则三镇易人，兵权立撤，亦为一大善谋，何至有外乱之逼乎？惟其当断不断，故卒成他日之变。且有杨妃之专宠，而国忠因得入相；有国忠之专权，而禄山因此速乱，追原祸始，皆自玄宗恋色之一端误之。天下事之最难割爱者莫如色，为色所迷，虽有善断之主，亦归无断。甚矣哉，色之为害也！

——蔡东藩：《唐史演义》第四十九回

有制裁之臣民，享高年或可言福；无制裁之帝王，享高年恒足为祸。梁武、唐明，其晚节颓唐之尤甚者耳。

——孟森：《清史讲义》

玄宗用姚崇为相，廓清从武后以来的积弊。又用宋璟及张九龄，亦都称为能持正。自713年至741年，史家称为开元之治。末年，突厥复衰乱，744年，乘机灭之；连年和吐蕃苦战，把中宗时所失的河西九曲之地亦收复，国威似乎复振。然自武后以来，荒淫奢侈之习，浸染已深。玄宗初年，虽能在政治上略加整顿，实亦堕入其中而不能自拔。中岁以后，遂渐即怠荒。宠爱杨贵妃，把政事都交给一个奸佞的李林甫。李林甫死后，又用一个善于夤缘的杨国忠。天宝之乱，就无可遏止了。一个团体，积弊深的，往往无可挽回，这大约是历时已久的皇室必要被推翻的一个原因罢！

——吕思勉：《吕著中国通史》

唐玄宗自恃强盛，定要侵侮邻国来满足自己的骄侈心。安禄山生事邀功，因而得到宠信；王忠嗣持重安边，因而遭到黜逐。他用这样谬误的赏罚制造边境上的战争，足见战争所耗损的人命和财物，都是不必要的。

——范文澜：《中国通史》

"藩镇"乃是形容地方军政机构能够屏藩（保卫）王室（中

央）、镇守一方的美称。唐代的藩镇称作"道"，道的长官为观察使、节度使。道之长官本为观察使，但玄宗渐对之起疑心，恐其势力坐大，遂派遣节度使（受节令而临时委任的官员）十名到边地，以监察观察使。及后，节度使势力日大，他们或兼任观察使，或废之，而自拥大权。此时，玄宗已无力对节度使的权力膨胀作出约制。

——翦伯赞：《中国史纲要》

唐玄宗，史称唐明皇。他在诛除韦后之前，已封临淄王，曾任中央和地方许多官职，经历过不少政治斗争，有较丰富的政治和社会经验。即帝位后，励精图治，先后任用姚崇、宋璟、张九龄等为宰相，革除积弊，改善吏治，发展生产。在他统治的前期开元年间，唐朝进入鼎盛时期。史称"开元盛世"。开元时期是唐朝最隆盛的时期。史书上说："贞观之风，一朝复振。"

——张传玺等：《简明中国古代史》

唐玄宗在位的天宝后期，政乱刑淫，封建统治渐趋腐朽，社会矛盾越来越尖锐。朝廷是奸臣当道，上层的内部矛盾斗争也很激烈。李林甫尸骨未寒，杨国忠就诬告他与人谋反，因而剥夺了其官爵，清洗了其党羽。杨国忠与安禄山也势若水火，他奏请哥舒翰为河西节度使，以与安禄山相抗衡。均田制已破坏，官僚、商人大地主的势力进一步发展，土地兼并严重，"开元之季，天宝之末，法令弛坏，兼并之弊，有逾于汉成、哀之间"。为了防御外敌，曾在沿边地区设置了节度使，至天宝元年（742），全国拥有五十七万多军队，而分布在军镇的就多达四十九万多人，形成了内轻外重的军事格局。再加上玄宗贪求边功，有"吞四夷之志"，穷兵黩武，因而民族矛盾也有所激化。天宝末年的"安史之乱"，正是在这一背景下发生的。安禄山的叛乱，使唐朝的半壁河山陷入兵荒马乱之中。"国破山河在，城春草木深"，繁华的都市变为废墟，社会经济遭到了严重的破坏。从此，唐朝再也无法恢复元气了。

——白寿彝：《中国通史》

李隆基本来是一个英明人物，但他却在位四十五年。任何英明人物掌握无限权力如此之久，都会堕落。可惜李隆基在位的时间太久，几乎占去本世纪的一半。他年轻时曾把社会带上高度繁荣，但他的聪明才智，随着他的年龄日老而日渐消失。八世纪五十年代后，中国第二个黄金时代在他手中结束。

——柏杨：《中国人史纲》

唐代诸君主中在位期最长的玄宗帝是一位非常能干的统治者，王朝经过了几十年的篡位、权力衰落和政治腐败的苦难，他又使它的力量达到了新的高峰。对生活在他退位以后苦难动荡的几十年的中国人来说，他的执政期代表着一个已失去光辉的黄金时代，一个政绩彪炳、安定繁荣和在国内外同样取得成就的时期。但是他的统治以悲剧和灾难告终，这一结局主要是他自己的一些几乎摧毁这个王朝的行动和政策所造成。对在8世纪50年代后期撰写玄宗期历史的历史学者来说，他是一个悲剧中的英雄，他在执政开始时政绩显赫，但后来被野心和狂妄引入歧途，以致使帝国的行政和资源过分紧张，最后以退出政务来结束他支离破碎的统治。

但所有学者都认为，他是一个出类拔萃的统治者，他给当时的历史留下了不可磨灭的痕迹。此外，他多才多艺：他精于音律、诗文和书法，是许多艺术家和作家的庇护人。他还精通道家哲学,成了道教的主要保护人;尽管他早期的措施对佛教组织不利,但后来仍深深地沉溺于密宗佛教。作为一个普通人,他似乎与弟兄和家属都有很深的情谊,甚至他执政时期的正式记载,也把他描绘成一个十分亲切、体贴臣属和直率多情的人。就在他去世的一段时间中,出现了大量与他名字有关的半传奇故事和民间传说,而他对杨贵妃的那种招致不幸和灾难的感情成了中国文学中一大悲剧主题和无数诗词、小说和戏剧的内容。

——[英]费正清、崔瑞德主编:《剑桥中国隋唐史》

父子兄弟颇不凡

　　武后时期，李唐皇室乱成一团，皇位可谓旋得旋失。玄宗父亲睿宗李旦，既废而复位；儿子肃宗李亨，父在而即位。此种情形，或缘于宫廷之变，或由于藩镇叛乱，又无不与皇帝的懦弱、昏聩有关。好在父子兄弟之间少了杀伐、多了逊让，倒也颇可称道。只是究竟脱不了宫廷斗争的窠臼，尤其储位之争，虽非剑拔弩张，却折射出了其时朝政的种种情状。

睿宗李旦

李旦（662—716），唐朝第五位皇帝。高宗李治第八子，中宗李显之弟，母武则天。在唐朝历代帝王中，他与兄长中宗李显，均曾经两次在位，但第一次受制于母后武则天，囚禁宫中，不得与闻政事；第二次则夹在儿子玄宗和妹妹太平公主两大势力之间，不能施展政治抱负，仅两年就遽行禅位。

一、傀儡皇帝　退让免祸

李旦一出生便被封为殷王，遥领冀州大都督、单于大都护、左金吾卫大将军。长大之后，他为人谦恭，对人友好，事父母至孝。他十分好学，擅长草隶，尤其喜欢读文字训诂之书。

高宗乾封元年（666），李旦被改封为豫王。总章二年（669）又被封为冀王。李旦初名旭轮，至此去掉"旭"字。上元二年（675），他又受封相王，拜右卫大将军。仪凤三年（678），改名为"旦"，封豫王。

中宗嗣圣元年（684），武则天废中宗李显为庐陵王，立二十二岁的另一个儿子李旦为帝。兄长的遭遇，母后的专横，使一向怯懦的李旦不寒而栗。

李旦即位后，母后武则天下诏，改元"文明"，并将李旦的妃子刘氏册封为皇后，长子李成器为皇太子。在这些仪式结束之后，李旦便被赶下了皇帝宝座，与皇后一起被软禁在皇宫里，所有国政不得与闻，由母后武则天临朝称制，裁决一切政事。没有母后的谕旨，李旦还不能随意出入宫禁，甚至在皇宫里也不能自由行动，整天陪伴他的只有刘皇后和几个宫女、太监。

李旦做了六年的傀儡皇帝，天授元年（690），母后武则天改"唐"为"周"，自称"神圣皇帝"，将李旦降为皇嗣，赐姓武氏，迁居东宫，封自己的的侄儿武承嗣封为魏王。但武承嗣并不甘居魏王的地位，反而想除去李旦，自己做皇太子，以便将来继承姑母武则天的皇位。为了达到这个目的，武承嗣到处活动，请求武则天废李立武。

武则天对皇嗣的废立问题，开始还拿不定主意，后来经过与大臣商议，方才认识到立子和立侄的利害关系，开始改变了态度，不再理会侄儿的请求。无奈之下，武承嗣便阴谋加害李旦，他暗地唆使武则天的宠婢团儿，诬告李旦的皇后刘氏和德妃窦氏，说她们每夜对天诅咒女皇。武则天信以为真，立即下诏将刘氏和窦氏凌迟处死。随后，武则天又下诏禁止公卿百官进见李旦，违者皆斩。武承嗣又诬告李旦有谋反之心。太常乐工安金藏以死劝谏，才使武承嗣的企图没能得逞。

经过这次打击，李旦心灰意冷，决意放弃皇嗣的位置，以避灾免祸。圣历元年（698），武则天在大臣的一再劝谏下，将中宗李显召回长安，李旦也多次请求让位给兄长李显。于是，神龙元年（705），武则天立李显为皇嗣，改封李旦为相王，并加封为太子右卫率。

李旦的第一次登基，虽然有名无实，却使他有时间和精力从事其他事情。他对书法产生了兴趣，继而又迷恋上了文字训诂，并把自己全部精力都转移到这方面来。他的草书和隶书，甚至可以和当时知名书法家的作品媲美。直到第二次登基，李旦也没有放弃这些爱好。

从开始做傀儡皇帝到武则天建立大周、再到中宗二次即位，皇室多有变故，李旦每每恭俭退让，竟然得以避免灾祸。中宗复位后，立他为皇太弟，但他坚决推辞，没有接受。

二、二次登基　隆基之力

中宗景龙四年（710）六月，中宗李显被皇后韦氏和女儿安乐公主合谋毒死。随后，韦后又与安乐公主阴谋拥立中宗之子温王李重茂为皇太子，由韦后临朝称制，处理一切国政。不久，又根据古礼"叔嫂不通问"之忌，改相王李旦为太师。过了几天，才让十六岁的太子李重茂即位，这就是唐少帝（不入唐室皇帝正统）。

与此同时，韦氏集团还广派亲信控制军队，并密谋加害李旦及其妹妹太平公主，准备效法武则天，篡夺唐室江山，做第二个女皇帝。李旦第三子李隆基与姑母太平公主密谋讨逆，由李隆基与薛崇简、钟绍京、刘幽求、麻嗣宗等人发动羽林军杀入宫中，将韦后、安乐公主以及韦氏集团的亲信、党羽一网打尽。

当天，少帝李重茂下诏大赦，诏书说："图谋叛逆的罪魁祸首均已伏诛，其余党徒概不追究。"改封临淄王李隆基为平王，并且让他主持内外闲厩事务并掌管左右万骑兵。将薛崇简赐爵为立节王。任命钟绍京为中书侍郎，刘幽求为中书舍人，均参知机务。又任命麻嗣宗行右金吾卫中郎将。至此时，武氏家族成员几乎全被诛杀或流放。侍中纪处讷走到华州，吏部尚书、同平章事张嘉福走到怀州，都被捕获斩首。

过了几天，少帝李重茂又颁布诏书："叔父相王是高宗之子，过去把天下让于先帝（中宗）。神龙之初，已有明旨，将立太弟，以为副君。请叔父相王即皇帝位，朕退守本藩，归于旧邸。"太平公主传达少帝旨意，要相王李旦即皇帝位，李旦坚辞不受。

刘幽求对宋王李成器、平王李隆基说："相王以前就曾当过皇帝，是万民所向往的。现在民心尚未安定，皇室、国家之事至为重要，相王怎能拘于小节，不早日登基称帝，以安定天下呢？"

李隆基回答说:"相王生性淡泊,从来不把名利权位放在心上,即使已经君临天下,还要把帝位让给别人,何况当今天子是自己兄长之子,他又怎么肯取而代之呢?"刘幽求说:"民心不可违背,相王虽想高居世外独善其身,但大唐的宗庙社稷又怎么办呢?"李成器和李隆基前往拜见旦,极力劝说,李旦这才答应重登帝位。

六月二十四日,少帝在太极殿内东边面西而坐,相王李旦站在中宗的灵柩旁边,太平公主对群臣说:"皇帝想把帝位让给叔父,大家认为可行吗?"刘幽求跪在地上回答说:"在这国家多灾多难之际,皇帝仁爱孝顺,效法尧舜禅位贤人的传统,实在是出于至公无私之心;相王代替皇帝挑起治理天下的重担,是叔父对侄儿慈爱备至的表现。"于是,便根据少帝制书的旨意,将帝位传给相王李旦。这时,少帝还坐在皇帝的宝座上,太平公主上前对他说:"天下臣民之心已归附相王,这个宝座不再属于你了!"说完,便将他从宝座上拉了下来。

睿宗李旦即皇帝位,并亲临承天门,下诏赦免天下罪囚,同时又恢复了少帝李重茂的温王爵位。

睿宗登基后,遇到的第一个大问题就是立谁为皇太子。根据立嫡以长的传统,应该立长子宋王李成器(即李宪)为皇太子,但按功劳而论,李成器不如三子李隆基。因此久久不能决定。李成器表示愿意让贤,大臣们也主张立李隆基,最后决定立李隆基为太子,同时诏令李成器为雍州牧兼太子太师,比较恰当地处理了皇位继承问题。

三、任用贤臣　振兴朝政

唐睿宗李旦继位的第一年,根据太子李隆基的建议,任命姚崇和宋璟为宰相,并让他们分别负责兵部和吏部这两个重要的部门。姚、宋二人都是当时的名臣，睿宗在他们的辅佐下，裁减冗官，整肃纲纪，使朝政呈现出一派振兴气象。

首先，睿宗恢复了选官制度。唐朝旧制规定，三品以上官员，由皇帝当面用册书任命，称为"册授"；四品以下、五品以上官员，由皇帝颁布制书任命，称为"制授"；六品以下官员，由皇帝颁布敕书任命，称为"敕授"。官员的任命都委托尚书省拟定，而后上奏，文官由吏部拟定，武官由兵部拟定，两部的尚书称为"中铨"，侍郎二人称为"东、西铨"。中宗末期，得到皇帝宠幸的宰相宗楚客等执掌朝廷大权，所选任的官吏好坏混杂，不再有法度可言。此时，睿宗任命宋璟为吏部尚书，李乂、卢从愿为吏部侍郎，三人都不畏强暴，请托告求之路从此堵塞。在一万多名候选官员中，经过三铨之后，入选的不超过两千人，人们都对他们的公正无私深为叹服。睿宗又任命姚崇、陆象先、卢怀慎为兵部侍郎，姚崇兼任兵部尚书，负责对武官的选拔，从此武官的选拔、任用也走上了正轨。

其次，裁减冗官。中宗在位时期，韦后与安乐公主专政，公开卖官鬻爵，不通过尚书省直接用中宗的墨敕任命官员，称作"斜封官"。到中宗后期，这类官员多达数千。睿宗即位以后，下诏将斜封官全部罢免，并罢免了各公主府官。

再次，昭雪冤案。肃宗即位后，对中宗在位时期的一些冤案进行了平反和昭雪，如追复被韦氏集团党羽武三思杀死的汉阳王张柬之、南阳王袁恕己等五王以及驸马都尉王同皎等人的官爵。其他被韦氏集团冤杀者，也都恢复或追赠了官爵。

最后，注意考察巡视全国，抑制武官的权势。睿宗分遣使者赴全国十道巡视考察，有人认为山南道所辖区域太广，于是将之分为东、西两道；又从陇右道分出河西道。睿宗又下诏在全国分置汴、齐、兖、魏、冀、并、蒲、鄜、泾、秦、益、绵、遂、荆、岐、通、梁、襄、扬、安、闽、越、洪、潭二十四都督，负责纠举检察所辖区域内州县官吏的善恶得失，只有洛州以及京畿各州不隶属于都督府。太子右庶子李景伯、太子舍人卢俌等人进言说："都督独掌生杀大权，权势太重，如果任用了不称职的人，造成的危害就太严重了。现在御史的品位俸禄都很卑微，但声望都很高，陛下派他们按时巡察地方，为非作歹之徒自然不敢横行。"睿宗听从了建议，罢去所有新置的都督，只设十道按察使而已。

此外，睿宗还注意保护正直的大臣，对他们加以重用。宦官闾兴贵送财物给长安令李朝隐，有所请托。李朝隐不仅不接受财物，反而将他逮捕入狱。睿宗听说后，特意召见李朝隐，慰问他说："你作为京师县令，能够做到这样，朕还有什么可忧虑的呢！"唐睿宗还在承天门召集文武百官和来自各州的朝集使，向他们公布李朝隐的所作所为，并颁下制书表彰说："自古以来，宦官每遇宽容柔弱的君主，必定会玩弄权势，擅作威福。朕每次读前代历史时，都对此颇多感慨。真正能够符合朕的心意的，是像李朝隐这样的人，所以应给他晋一阶，为太中大夫，将他的考核成绩定为中上，并赐给绢一百匹。"

侍御史倪若水上奏，弹劾国子祭酒祝钦明、国子司业郭山恽扰乱常规、变更旧制，为迎合韦后旨意而使中宗圣德有亏。睿宗因此将祝钦明降职为饶州刺史，将郭山恽降职为括州长史。

侍御史杨孚，在奏劾纠察违法之事时不畏权贵，因而受到权贵们的诋毁。睿宗说："在老鹰搏击狡兔时，必须赶紧帮助它，否则它反会被狡兔咬伤。御史纠举弹劾奸诈邪恶之徒，也是如此。如果没有君主的多方保护，他也会被奸诈邪恶之徒咬伤的。"（"鹰搏狡兔，须急救之，不尔必反为所噬。御史绳奸慝亦然。敬非人主保卫之，则亦为奸慝所噬矣。"《资治通鉴·唐纪二十六》）

在睿宗的大力保护下，杨孚得以平安无事。

朝政虽然得以振兴，但边疆事务却没有处理好。当时，姚州各蛮部起初依附吐蕃，代理监察御史李知古请求调集军队前往讨伐。各蛮部归降唐朝之后，李知古上书睿宗，请求在姚州修筑城郭，设置州县官署，对他们征收重税。黄门侍郎徐坚认为不能这样做，但他的建议没有被采纳。李知古调集剑南道兵马修筑城池，又想趁机铲除各蛮部的豪杰，将其子女掠为奴婢。各蛮部极为愤恨，部落酋长傍名召引吐蕃军队进攻李知古，并将他杀死，用其尸体祭祀上天。从此姚、嶲州一带通往内地的道路断绝，连续多年未能打通。

唐安西都护张玄表，侵掠吐蕃北部边境地区。吐蕃对此虽极为不满，但却没有中断与唐和亲，他们贿赂唐鄯州都督杨矩，请求睿宗将河西九曲之地送给吐蕃，作为金城公主的汤沐邑。杨矩上奏，睿宗也没有多想，便同意了。河西九曲之地土地肥沃、水草丰足，吐蕃在此大量养马，后来便趁机侵扰唐朝，贻患无穷。

四、听信太平　昏庸无道

唐王朝振兴的好景并未持续很久，睿宗即位的第二年，就失去了即位初期的进取精神，做了一些昏庸无道的事情，诸如重用奸臣，恢复冗官；不恤民苦，大兴土木，等等。

景云二年（711）二月，在太平公主等人建议下，睿宗下诏将过去罢免的斜封官全部恢复。起初，殿中侍御史崔莅、太子中允薛昭素上奏："斜封官都是先帝任命的，制命早已颁布施行。现在却因姚崇等人的建议而全部削夺，这就彰明了先帝的过错，并给陛下召来很多怨言。眼下全国各地怨声载道，恐怕会引发非同寻常的变故。"太平公主也这样劝说，睿宗认为他们所说都有道理，于是颁布制命："凡由于斜封别敕任命之故而被停任的官员,一律可以量材叙用。"

　　景云二年五月,因女儿金仙、玉真两公主做了女道士,睿宗下诏征发数万民工,准备拆毁许多民房,用钱一百多万缗,建造金仙、玉真两座道观。谏议大夫宁原悌进言:"先朝安乐公主为中宗和韦后的爱女,她骄傲自满,终于难逃杀身之祸;新城公主和宜都公主作为中宗庶出之女而谦卑自制,终于得以保全。再说佛教和道教均以清净为本,不应耗费大量人力物力广造佛寺道观。南朝梁武帝佞佛招致祸败于前,中宗广营佛寺道观致使国家多难于后,这样的历史教训距今不远。如今金仙公主和玉真公主做了女道士,陛下出于爱女之心而为她们营建道观,但营建时不应当过分豪华壮观,以免招来朝野士民的非议。此外,先朝中宗所宠幸的僧人仍在陛下身边,应当一律斥退。"睿宗没有理睬,最终还是修建了金仙观和玉真观。

　　同是一个睿宗,前后判若两人,关键在用人方面。睿宗即位的第一年,主要是听太子李隆基的话,任命名臣姚崇、宋璟等人为宰相,因此朝政出现了振兴气象。第二年,主要是听太平公主的话,任用奸臣窦怀贞、萧至忠、岑羲等人为宰相,结果导致朝政的腐败和混乱。

　　太平公主见睿宗懦弱,趁机拉拢官员,想借此干预朝政。在她的大力举荐下,睿宗将中书舍人、参知机务刘幽求罢为户部尚书;任命太子少保韦安石为侍中。韦安石与李日知取代姚崇、宋璟,开始主持朝政,从此朝廷纲纪紊乱,又恢复到唐中宗景龙年间的老样子。

　　前任右卫率府铠曹参军柳泽上疏认为:"斜封官都是通过中宗身边小人引进而得到任用的,哪里是出自中宗的本意呢?陛下将他们全部废黜,天下人都认为明智,现在却又全部收录叙用。善恶不定,朝令夕改,陛下的政令为何如此前后不一呢?街谈巷议都说太平公主多方拉拢这些官员，诳骗惑乱陛下。臣担心这样下去，会积小恶而成大祸。"睿宗没有理会。

睿宗李旦本性不喜欢掌权管事，一心只想清净无为；触目惊心的宫廷斗争，又使他对皇帝的至尊地位感到心灰意冷，因此想及早禅位，做一个安逸宁静的太上皇。景云二年（711）二月，他便下诏令皇太子李隆基监国。四月，他又召集三品以上大臣，对他们说："朕一向恬淡寡欲，并不以天子的尊位为贵。当初任皇嗣以及中宗时做皇太弟，都坚决地推辞掉了。现在朕打算把皇位传给太子，你们认为怎样？"在场大臣都没有回答。李隆基让右庶子李景伯出面坚决推辞，睿宗没有同意。

太平公主极力反对睿宗禅位。殿中侍御史和逢尧，向来依附太平公主，便对睿宗说："陛下年纪还不很老，正是天下人依靠景仰的时候，怎么能急急忙忙地禅位于皇太子呢！"就这样，睿宗打消禅位的念头，采取了折中办法："凡政事都由太子负责处理。军事、死刑和五品以上官吏的任免，都先和太子商量，然后再上奏朕。"

睿宗任命中书令韦安石为左仆射兼太子宾客、同中书门下三品。由于太平公主认为韦安石拒绝趋附自己，所以用一些虚衔来表示尊崇，实际上是借此削夺他的实权。

当时，各地水旱成灾，冗官增多，国库日渐枯竭。宰相郭元振、张说等不依附自己，太平公主便有意排挤，把天灾归罪于他们，建议睿宗罢免。睿宗竟然听从了她的建议。

陆象先一向清心寡欲，言辞议论高妙玄远，受到时人的推崇。崔湜是太平公主的情人，太平公主打算将他提拔为宰相，崔湜请求与陆象先一起提拔，太平公主不同意。崔湜说："如果陆象先不能做宰相的话，那么我崔湜也不敢做这个宰相。"太平公主只得请求睿宗将两人一同任命为宰相。睿宗不想用崔湜为相，太平公主流着眼泪请求，睿宗才同意。

过了几天，睿宗驾临承天门，对应召而来的韦安石、郭元振、窦怀贞、李日知、张说等大臣宣布制命，责备他们说："当今朝廷的刑赏与教化存在着很多缺陷，各地水旱成灾，国库储备日趋枯竭，官吏日益增多。这些现象固然是朕德行浅薄所致，但也与诸位辅佐大臣不称职有关。从现在起，韦安石担任尚书左仆射、东都留守，郭元振担任吏部尚书，窦怀贞担任左台御史大夫，李日知担任户部尚书，张说担任尚书左丞，一律免去宰相职务。"任命吏部尚书刘幽求为侍中；任命右散骑常侍魏知古为左散骑常侍，太子詹事崔湜为中书侍郎，二人同时授同中书门下三品；此外，任命中书侍郎陆象先为同平章事。

五、不纳臣谏　禅让帝位

唐睿宗听信太平公主之言，任用她举荐之人，使朝政日趋混乱。这引起了正直之臣的不满。右补阙辛替否上疏说：

> 中宗皇帝是陛下的兄长，不以祖宗基业为重，一味顺从妇人的无理要求，没有才能却食取俸禄者达数千人，没有功劳而赐给封户的有一百余家。毫无止境地营建寺庙，耗费钱财达数百亿之巨，剃度僧尼无数，不纳租庸的人达数十万之多，府库支出迅速增加，财政收入却日益减少。为供养贪得无厌的邪恶之徒，不惜夺走百姓口中之食；为大兴土木雕梁画栋之用，不惜剥掉黎民身上之衣。从而造成神人共怨、众叛亲离的严重后果，水旱天灾纷至沓来，公私财用同时告罄，不但自己在位时间无法长久，甚至还遭遇被弑身亡的惨痛结局。陛下为什么不能以此为戒，立即改正错误呢？
>
> 近期内水旱灾害接连不断，再加上霜冻、蝗虫的危害，

百姓口中无食，却不曾听说陛下开仓赈济灾民；而陛下为两个女儿营建道观，却不惜耗资一百多万缗。陛下怎么可以不考虑当今国库中的资财到底有多少，朝廷外所需的经费又是多少，就轻易拿出一百多万缗，来供给于国计民生没有任何用处的工程呢？陛下诛灭了韦氏家族，但没有除去韦氏的恶行，难道忍心抛弃太宗的法度，却不忍心抛弃中宗的弊政吗？再说陛下与太子在韦氏集团专擅朝政之际，没日没夜地为大唐的宗庙社稷和自己的身家性命担忧，对奸臣切齿痛恨，现在铲除了奸党，却不能改变他们当初的所作所为，臣担心会重新出现对陛下切齿痛恨的人。如果这样的话，陛下当初又为什么要痛恨群凶并将他们诛杀殆尽呢？

辛替否还指出，人们都明白祸患就在眼前，却无人敢于直言规谏，是因为担心受到严厉惩罚。他希望睿宗能够详细体察，并以太宗为榜样。然而，睿宗同样当了耳旁风。

睿宗召见天台山道士司马承祯，向他请教关于阴阳术数的学问。司马承祯回答说："所谓'道'，应当是损之又损，以至于达到无为的境界，我怎么肯耗费心力去研究阴阳术数的学问呢？"睿宗又问："对于修身养性来说，无为是最高的境界，那么治理国家的最高境界又是什么呢？"司马承祯回答说："治理国家与修身养性道理一样，只要能够做到顺乎世间万物发展的自然之理，内心之中没有任何私心杂念，那么国家就可以趋于大治。"睿宗感慨地说："您所说的话，没有人可以超过。"

延和元年（712）八月，睿宗传位给太子李隆基，自己做了太上皇，自称为"朕"，下达的诏书叫做"诰"，五天一次在太极殿处理政事。玄宗李隆基自称为"予"，下达的诏书叫做"制"或"敕"，每天在武德殿处理政事。三品以上官吏的任免和大案件、大政事，都由太上皇亲自处理，其他的都由玄宗处理。

次年（713）六月，玄宗和太平公主之间的斗争白热化，双方都在聚集力量，准备发动政变。最后，玄宗先发制人，迅速扑灭了太平公主及其全部党羽的势力，完全控制了中央政权。于是，太上皇李旦下诏宣布正式禅位，只做清闲安静的太上皇，在百福殿颐养天年。

李旦前后两次称帝，但真正在位的时间只有两年，禅位后为太上皇约四年，玄宗开元四年（716）驾崩，终年五十五岁。谥号"玄真大圣大兴孝皇帝"，庙号"睿宗"，安葬桥陵（今陕西蒲城丰山）。

肃宗李亨

李亨（711—762），唐朝第八位皇帝。唐玄宗第三子，母元献皇后杨氏。初封陕王，拜安西大都护；后徙封忠王，兼朔方节度使、单于大都护。玄宗一日杀三子后，李亨因居长而被立为太子，苦熬十八年后，在安史之乱中即位。在位六年，平定叛乱，安定国家，有功于唐朝中兴。但他听信谗言，导致内宦专权、皇后干政，也遗讯后世。

一、争位称帝　平叛安邦

唐肃宗李亨，初名"嗣升"，后在历次封王时改名"浚""玙""绍"，最后改名"亨"。

李亨两岁时封陕王，开元四年（716）年仅五岁时，成为安西大都护。

李亨性情仁义、孝顺，聪明敏捷，博闻强记，对于那些典丽的辞章，他往往过目不忘。玄宗很喜欢他，命贺知章、潘肃、吕向、皇甫彬等文臣做他的侍读。

开元十五年（727），李亨改封为忠王，任朔方节度使、单于大都护。十八年（730），奚、契丹等侵犯唐朝边塞，玄宗命李亨为河北道行军元帅，派遣御使大夫李朝隐等八总管率十万大军前往讨伐。

唐玄宗命令百官前去给李亨送行。左丞相张说见到李亨，认为他仪表非常，退下来后对别人说："我曾见过太宗（李世民）的写真图，忠王（李亨）英姿勃发，仪表非凡，很像太宗，这是社稷之福啊！"（"尝见太宗写真图，忠王英姿颖发，仪表非常，雅类圣祖，此社稷之福也。"《旧唐书·肃宗本纪》）

开元二十年（732），诸将大败奚、契丹，李亨以统帅之功加官司徒。

本来，太子的位置是轮不上李亨的。其中也有一番争宠夺嫡、挟私陷害的宫廷内幕。

唐玄宗共有三十个儿子，在位四十四年，内宠又多，即使有谁立为太子，也很难熬到登基的那一天。玄宗最初立的太子是李瑛，其母张丽妃，原是娼妓。后来武惠妃宠倾后宫，生下寿王李瑁。为让儿子继位，武惠妃指示女婿驸马都尉杨洄，诬陷太子李瑛与鄂王李瑶、光王李琚有异谋。玄宗听信谗言，一天当中杀了三个儿子。不过，武惠妃害人却并未能利己，不久也死去了。

寿王李瑁的太子梦化为泡影。李亨以年长，于开元二十六年（738）被立为太子。然而，当上太子的李亨，很快成了宫廷斗争的众矢之的。宰相李林甫攀龙附凤，为讨好武惠妃，曾建议立寿王李瑁为太子，见李亨得立，恐将来不利于己，千方百计陷害，虽然没有得逞，却使李亨惶惶不可终日。后来又有杨贵妃、杨国忠兄妹为患。就这样，李亨担惊受怕地在太子位置上苦熬了十八年。

天宝十三载（754），范阳节度使安禄山朝见皇上，李亨认为他有反相，请求唐玄宗将其诛杀，但玄宗不以为然。

天宝十四载（755）冬，安禄山联合卢龙节度使史思明，果然起兵反叛，"安史之乱"就此爆发。当时海内承平日久，军备废弛，百姓数代不识兵革。叛军一路势如破竹，官兵望风瓦解。

天宝十五载（756）六月，唐朝已失去了潼关以东的半壁河山，唐玄宗惊惶万状，从长安出逃到马嵬驿后，又不得不忍痛割爱，缢死杨贵妃。史称"马嵬驿兵变"。

此时，李亨奉命在后安抚百姓，他所率队伍中，一场有关国家安危的决策正在酝酿。父老百姓叩马进谏太子李亨："我等愿率子弟随殿下东向破贼，攻取长安。若殿下入蜀，谁为中原百姓之主？"太子之子建宁王李倓、广平王李俶及宦官李辅国，亦持此议。在众人的拥护下，李亨终于决定留下平定叛乱，收复失地。他与玄宗分道，北上至灵武（今宁夏灵武）。玄宗继续西逃，分后军两千人及飞龙厩马给太子。

同年七月，太子李亨在灵武即皇帝位，是为唐肃宗，改元"至德"，遥尊玄宗为太上皇。肃宗在灵武即位后，以杜鸿渐、崔漪为知中书舍人事，裴冕为中书侍郎、同平章事。当时制度草创，文武官不满三十人，直接控制的地区不过河西、陇右、顺化、扶风、天水等地。这个流亡朝廷规模虽然不大，但在当时京师陷落、皇帝出逃、天下无主的情况下，总算使大唐朝廷的招牌没倒，使各地抗击安史的势力望有所归、战有所为，留下了一线光复唐朝的希望。

常山颜真卿听说肃宗即位，以蜡丸奉表灵武，肃宗以他为工部尚书兼御史大夫。诸道得知复国有望，都努力坚守长安；百姓也日夜盼望太子收复长安。京畿豪杰偷袭安史官兵的事件相继不绝。安史集团虽攻克长安,由于人民的反抗,势力所及仅长安附近很小的地区。

至德元年(756)五月,安史大将令狐潮攻围雍丘,守将张巡死守,屡败叛军,使其不得前进一步。次年,安禄山之子安庆绪又派尹子奇率兵十三万攻睢阳(治今河南商丘)。守将许远告急于张巡,张巡、许远合兵仅六千八百人共守睢阳,二人督励将士,昼夜苦战,最后食尽援绝。前后大小四百余战,杀敌十二万。睢阳陷落时,安史集团已丢失长安,无力南进了。

与此同时,安史叛将武令珣、田承嗣相继率军攻南阳(治今河南邓县),守将鲁炅苦守一年,南阳失陷后又退保襄阳。张巡守睢阳,鲁炅守南阳,扼住了安史叛军南下的要冲,使朝廷的物资供应有了保障,也使江淮地区避免了叛军的践踏。

肃宗即位后,开始调集各路兵马,进讨安史。河西节度使李嗣业、安西行军司马李栖筠,相继发兵至灵武;朔方节度使郭子仪,亦率军五万自河北而至。为了声张军势,肃宗又派人去回纥、西域请兵,至此军威始盛。肃宗以皇子广平王李俶为天下兵马大元帅;以李光弼为户部尚书、北都(今山西太原)留守,防守河东;以第五琦为山南五道度支使,征发江淮租调以供军需。

然而,肃宗既没有经略天下的本事,又无知人善任之明。在准备不足的情况下,听信宰相房琯的妄言,让他统率军队,收复长安。房琯缺乏将才,结果官军一败涂地。

至德二载(757),形势稍有好转。郭子仪率军攻克位居两京之间的河东郡,掌握了主动权。陇右、河西、安西、西域等地兵马会集凤翔,江淮庸调亦至洋川、汉中。肃宗以郭子仪为天下兵马副元帅,准备再度收复长安。

在此之前,安禄山被其子安庆绪杀死。安庆绪即帝位后,史思明驻范阳,拥有重兵,不听调遣。安史集团就此分裂。

这年九月，回纥怀仁可汗派其子叶护（回纥官名，地位仅次于可汗）太子率精兵四千来到凤翔，帮助平定安史叛乱。同月，官军十五万，以李嗣业为前军，郭子仪为中军，王思礼为后军，与安史十万大军战于长安之西。战斗异常激烈，双方酣战半日，安史军溃败，官军乘胜收复长安。

二、收复两京　接回玄宗

长安收复后，报捷的文书到达凤翔，百官都入宫祝贺。唐肃宗泪流满面，当天即派宦官啖廷瑶入蜀上奏唐玄宗，又命令左仆射裴冕先入京师，告慰祖宗陵庙，并安抚百姓。

唐肃宗召见谋士李泌，对他说："朕已经上表请求上皇回京城，朕当让帝位，还东宫重为太子。"李泌说："上表还能够追回吗？"肃宗说："已经走远了。"李泌说："上皇不会回来了。"肃宗吃惊地问是什么原因。李泌说："按道理和情势，上皇不肯回来是自然的。"肃宗说："那怎么办呢？"李泌说："现在请再写一份群臣贺表，就说自从在马嵬被留，在灵武被劝说即帝位，到今天收复京城，陛下时刻思念着上皇，请上皇立刻返回京城，以使陛下能尽孝养之心，这样就可以了。"

肃宗听后，立刻让李泌草写表书。肃宗读了表书，泣不成声地说："朕开始时想把帝位复归上皇。现在听了先生的话，才知道是失策。"于是立刻命令宦官奉表书入蜀，然后与李泌一起饮酒，并同床而卧。

不久，使者从成都回来，带回玄宗的诰命说："只要给我剑南一道容身自保就足够了，不想再回长安。"肃宗十分忧愁，不知道怎么办才好。这时，后来派去的使者回来说："上皇先得到陛下请求归还皇位的表书后，游移不定，吃不下饭，不想归来。等到群臣所上的表书到后，才心中大喜，命准备饮食歌舞，并颁下诰命确定了动身的日期。"肃宗把李泌召来说:"这都是你的功劳!"

郭子仪率领蕃、汉兵追击叛军至潼关,杀敌五千,攻克了华阴、弘农二郡。关东向朝廷献来俘虏一百余人,肃宗下敕书让全部杀掉。这时,监察御史李勉进言说:"现在叛乱的元凶还没有除掉,战乱波及大半个国家,许多人都受到了牵连。他们得知陛下即皇帝位,率兵平叛,都想着洗心革面,来服从陛下。如果把这些被俘的人全部杀掉,无异于逼迫那些跟随反叛的人继续作乱。"肃宗听后,立即命令予以赦免。

在陕西,郭子仪又破安史军十五万。安庆绪见大势已去,仓皇逃归河北,官军收复洛阳。

与此同时,肃宗从凤翔出发回京师,并派太子太师韦见素往蜀中去迎接玄宗。

郭子仪派左兵马使张用济和右武锋使浑释之,率军攻占了河阳及河内二郡,叛军大将严庄投降。陈留人杀了叛将尹子奇,献郡来降。

叛军将领田承嗣围攻来瑱,这时也派使者来请求投降。因为郭子仪怠慢,田承嗣再度反叛,与叛将武令珣退保河北。肃宗下制书,任命来瑱为河南节度使。

唐肃宗到达咸阳望贤宫时,收到了东京克复的捷报。肃宗回到长安时,城中百姓出城门外二十里来迎接,一路不绝,拜舞跳跃,高呼"万岁",还有人哭泣。肃宗入居大明宫。御史中丞崔器命令接受过安禄山叛军官爵的人都解下头巾,赤脚立于含元殿前,让他们自己捶打自己的胸口,叩头谢罪;周围站着手持武器的士卒,并让百官在含元殿台上观看。因为太庙被叛军烧毁,肃宗身着白色的服装,向着太庙大哭三天。

肃宗登临丹凤门,颁下制书说:"官吏和百姓中接受过安禄山叛军官爵、俸禄以及给叛军干过事的人,命御史台、中书、门下三司分别不同情况上奏。在战斗中被叛军俘虏的将士，或与叛军居住靠近，因而与其往来的人，一律允许自首而免其罪。家中有妇女被叛军污辱的，都不问罪。"

这时，唐玄宗到达凤翔，跟随护卫的士兵有六百多人。为了表示对肃宗毫无戒心，玄宗命士兵把兵器全部交到凤翔郡的武器库里。肃宗派精锐骑兵三千去迎接，十二月初三，玄宗到达咸阳，肃宗准备了皇帝所乘的车驾在望贤宫迎接。

当时，玄宗在望贤宫中的南楼上，肃宗脱下黄袍，身着紫袍，望着南楼下马，小步快速前行，伏身拜于楼下。玄宗从楼上下来，与肃宗相拥而泣，肃宗手捧玄宗双脚，呜咽不已。玄宗要来黄袍，亲自为肃宗穿上，肃宗伏地叩头，坚辞不敢接受。玄宗说："天命与人心都归于你，能让我安度晚年，就是你的孝顺了！"（天数、人心皆归于汝，使朕得保养馀齿，汝之孝也！"《资治通鉴·唐纪三十六》）肃宗推辞不过，只好接受了黄袍。这时，挡在仪仗外面的父老百姓，都高声欢呼拜舞。肃宗命令士卒开禁，让一千余人进宫谒见玄宗，这些百姓说："我们今天又见到两位圣人重逢，就是死也没有遗憾了！"（"臣等今日复睹二圣相见，死无恨矣！"同上。《旧唐书》本纪作："不图今日再见二圣！"）

玄宗不肯居住在宫中的正殿，说："这是天子的住地。"肃宗坚请，并亲自扶玄宗上殿。尚食官进上食物时，肃宗都亲自品尝后，再献上去让玄宗吃。

过了几天，玄宗要从行宫出发回长安，肃宗又亲自为玄宗练马然后进上。玄宗上马后，肃宗亲自为他牵马。走了数步后，被玄宗制止。肃宗又乘马在前面引导，不敢在路中央驰马。玄宗对左右的人说："我做了将近五十年天子，都没有感到过高贵；现在做了天子的父亲，才感到高贵了！"（"吾享国长久，吾不知贵，见吾子为天子，吾知贵矣。"《旧唐书·肃宗本纪》）左右的人听后，都高呼"万岁"。

唐玄宗一行从开远门进入大明宫，驾临含元殿，抚慰百官，然后到长乐殿中谢九庙神主，恸哭了很久。当天，玄宗前往兴庆宫，就居住在了那里。肃宗多次上表请求归帝位于玄宗，自己还东宫仍为太子，玄宗不答应。

在玄宗逃蜀时，朝廷百官都没来得及跟随。安禄山占据长安，许多官员都投降了叛军，其中包括河南尹达奚珣和张万顷、宰相陈希烈。等广平王李俶收复长安，这些投降的官员再次归附唐朝。一开始，李俶赦免了他们。等肃宗回到长安，御史大夫崔器与兵部侍郎吕謷上言说："那些投降过叛军的官吏，背叛了国家，依附于伪朝，按照法律，都应该处死。"

肃宗准备接受他们的意见，礼部尚书李岘却认为："叛军攻陷两京时，天子南逃避难，人们都各自逃生。那些投降叛军的官吏，都是陛下的亲戚，或是一些功臣的子孙。现在如果一概以叛逆罪处死，恐怕有违陛下的仁恕之道。再说河北地区尚未平定，群臣中投降叛军的还有许多，如果能够宽大处理，就为那些投敌的人打开了一条自新之路；如果把他们全部杀死，就会坚定那些投敌官吏的反心。《尚书》说：'首恶必办，胁从不问。'吕謷与崔器只知道谨守法律条文，不懂得大道理。希望陛下慎重考虑。"

如此争论数日，最后，肃宗决定分成六等定罪：罪重者在街市上公开处决，二等赐自杀，三等杖打一百，以下三等或流放、或贬官。随后，斩达奚珣等十八人于长安城西南独柳树下，赐陈希烈等七人自杀于大理寺，又在京兆府门杖打那些应受此刑的人。只有安禄山所任命的河南尹张万顷，因为能够在叛军中保护百姓，不加问罪。

不久，有人从叛军中回来说："跟随安庆绪在邺郡的唐朝群臣，听说广平王李俶赦免了陈希烈等人，都十分痛心，恨自己失身叛国。后来得知陈希烈等人被杀,又坚定了反叛的决心。"肃宗听后,悔恨不已。

安史集团丢失两京,安庆绪驻邺郡(今河北临漳),与驻范阳的史思明钩心斗角,矛盾日趋激烈。为了保存实力以图再举,史思明曾一度归降唐朝。乾元元年(758),郭子仪、李光弼、李嗣业等九节度使,率军六十万进讨邺郡的安庆绪。在这样的大好形势下,肃宗又犯了一个致命的错误,竟不设元帅,仅以宦官鱼朝恩为观军容使,节制诸军。这时,史思明又一次叛唐,派兵十三万援救安庆绪。由于官军号令不一,宦官鱼朝恩自以为是,不听将领的建议,安阳一战,被史思明打得溃不成军,甲仗、战马遗弃殆尽。

乾元二年(759),史思明杀安庆绪,自称"大燕皇帝"。稳定内部后,卷土重来,又攻占了洛阳及附近郡县。肃宗派李光弼代替郭子仪为副元帅。上元二年(761),史思明在邙山大败李光弼,乘胜向长安进犯,在途中被儿子史朝义杀死。史朝义在洛阳称帝,叛军内部更加分裂,从此再也没有力量向朝廷发动进攻了。

三、内宦专权　惊惧而亡

唐肃宗一朝,虽然没有彻底消灭安史的势力,总算在危难时刻支撑起了唐朝这个破烂摊子,从安史手里收复了两京,恢复了唐朝的统治。然而肃宗在位期间,留下了许多严重的过失和后患。

第一,借回纥兵以平定叛乱。肃宗曾与回纥约定,收复长安之日,女子玉帛皆归回纥,这为回纥烧杀抢掠提供了合法的口实。

第二,纵容地方骄兵悍将的跋扈行为。平卢节度使王玄志死后,部将李怀玉推戴侯希逸为节度使,肃宗也就委曲求全,承认既成事实，致使朝廷号令不严，以后骄兵悍将随意逐杀、废立节度使。

第三，听信谗言，无深虑远谋。肃宗一朝本该彻底平定安史之乱，不该让兵祸蔓延到下一代。可肃宗本人没有戡乱的雄才大略，对别人的意见又唯唯诺诺，不能果断采纳，坐失了许多良机。

在收复长安之前，谋士李泌建议派李光弼自太原出井陉，郭子仪自冯翊出河东，肃宗率兵据扶风，牵制住各路叛军，使敌人往来于千里之间，疲于奔命。然后派建宁李俶王率军由长城与李光弼南北夹击，先捣毁安史集团的巢穴范阳，再调集大军四合而攻之，由此便可彻底平定安史叛军。

肃宗说："现在大军已集，征收的丝绢、布帛等庸调也都到达，应该以强兵直捣叛军的腹心，而您却要领兵向东北数千里，先攻取范阳，不是迂腐的计策吗？"李泌回答说："现在让大军直接攻取两京，一定能够收复，但是叛军还会东山再起，我们又会陷入困难的境地，这不是久安之策。"

肃宗说："你说的有什么根据？"李泌说："我们现在所依靠的，是西北各军镇的守兵以及西域各国的胡兵，他们能够忍耐寒冷而害怕暑热。如果凭借新到之兵的锐气，攻击安禄山已经疲劳的叛军，定能够取胜。但是两京已到了春天，叛军如果收集残兵，逃回老巢，而关东地区气候炎热，官军定会因此而希望西归，难以在那里久留。叛军休整兵马，看到官军撤退，定会卷土重来。这样，与叛军的交战就会无休无止。不如先向北方寒冷的地区用兵，倾覆叛军的巢穴，那样叛军无路可退，就可以一举彻底平息叛乱。"

肃宗说："朕急于收复两京，迎接上皇回来，难以按照你的战略行事。"结果官军虽收复两京，却使叛军从容退回河北，除根不净。史思明杀掉安庆绪后，肃宗才想起李泌之计可用，准备以郭子仪统帅诸道兵七万人自朔方直取范阳，与李光弼前后夹击，使史思明腹背受敌。可对这样重大的军事决策，他竟听信宦官鱼朝恩的谗言，中途停止，使彻底消灭安史的计划又一次化为泡影。

第四，封赏滥到极点。当时朝廷府库没有财物积蓄，对立功将士只能赏赐官爵。诸将出征时，都给予空名委任状，上自开府、特进、列卿、大将军，下至中郎、郎将，都允许临时填写名字。后来又允许用信牒授予官爵，以至有异姓被封为王的。各路军队都以职务大小相互统辖，不看官爵的高低。因此官爵贱而钱货贵，一通大将军委任状才能换取一次酒醉。凡是被招募参军的人，都穿紫色衣服，甚至有朝士的仆人也身着紫袍，口称自己是大官，实际上干的是低贱营生。唐朝的封官赏爵之滥，至此达到了极点。

还有，开宦官专权之局面。肃宗李亨自马嵬北行，留下抵御安史叛军，宦官李辅国就开始参与政事，以后逐渐专权用事。收复长安后，玄宗由蜀归来，住在兴庆宫，他竟敢矫诏把玄宗赶出兴庆宫。后来李辅国出任兵部尚书，就更难对付了。地方节度使多是他的人，得到任命后，要到他家谢恩。宰相萧华和肃宗达成默契，阻止李辅国任宰相，李辅国竟强使肃宗免去了萧华的相职。对他的跋扈行为，肃宗一筹莫展，先是姑息敷衍，后是敢怒而不敢言，束手无策。

李辅国专权用事，是与肃宗张皇后勾结才得逞的。自肃宗留击安史叛军，当时还是良娣的张氏就一直跟随在身边。肃宗北上朔方，每逢晚上休息，张良娣总是挡在外边，以备危急时掩护肃宗撤退。肃宗在灵武即位，张良娣产子刚三日，就下床缝战衣。由于这一阶段的出色表现，张良娣受到肃宗的宠爱。形势稍一好转，她的权力欲逐渐滋长，并迅速膨胀。当时，逃在四川的唐玄宗赐她一个七宝鞍。李泌劝肃宗，如今四海分崩，当以俭约示人。肃宗便让张良娣不要用七宝鞍。肃宗的儿子建宁王李倓，见父亲采纳了李泌的建议，非常高兴，以为父皇从谏如流，一定能完成复国大业。张良娣从此对李泌、建宁王怀恨在心。宦官李辅国见张良娣得宠，且都怀恨肃宗的谋士李泌与建宁王，于是二人狼狈为奸，互为表里，干了许多坏事。

肃宗离开玄宗时，其子广平王李俶、建宁王李倓都跟随身边。李倓性情聪明果断，有才略。肃宗本来想以他为天下兵马元帅，因广平王居长而作罢。建宁王对此毫无怨言，非但没有兄弟争名夺利之事，相处得还很好。李辅国与张良娣先在肃宗面前进谗言说："建宁王恨不得为元帅，谋害广平王。"肃宗不问青红皂白，赐死建宁王，为李辅国与张良娣除掉了专权的一大障碍。

后来，张良娣升为淑妃，又由淑妃立为皇后。她加紧罗织罪名，散布流言，陷害广平王李俶。可是，天不遂人愿，她的长子李侣不巧死了，另一个儿子李侗年幼，广平王李俶又有大功，其阴谋才没有得逞。

就这样，张皇后与李辅国互为表里、狼狈为奸，专权用事达数年之久，而懦弱的肃宗只得听之任之。

上元二年（761）年末，肃宗患重病，不理朝政，命太子李豫（即广平王李俶，乾元元年立为太子后改名）监国。

宝应元年（762年）四月，玄宗去世，肃宗病危。张皇后为能继续专权，与李辅国反目成仇。她先是想利用太子李豫除掉李辅国，被太子拒绝。后又伏甲士于宫内，矫诏召太子入宫，打算杀掉太子。党羽程元振向主子告密，李辅国先机发难，率甲卒截留太子，逮捕张皇后党羽百余人。

张皇后闻变，逃入肃宗寝宫躲避。李辅国带兵入寝宫，逼张皇后出宫，囚禁别殿。肃宗受此惊吓，病势陡然转重，当天驾崩于长生殿,终年五十二岁。谥号"文明武德大圣大宣孝皇帝",庙号"肃宗",葬建陵。

宁王李宪

李宪(679—742),唐宗室王。唐玄宗异母长兄,睿宗长子,母肃明顺圣皇后刘氏。初封永平郡王,后立为皇太子,又降为皇太孙,改封寿春郡王,又改宋王、宁王。历任左赞善大夫、宗正卿、尚书左仆射,司徒及扬州大都督等。他明智达观,推让太子之位给李隆基,受到后人称赞。

一、明智达观 推让储位

李宪本名李成器,为睿宗李旦长子,母亲为肃明顺圣皇后刘氏。他一出世,便被封为永平郡王,那还是在唐高宗时期。

文明元年(684),睿宗李旦登基,李成器被立为皇太子,时年六岁。李旦后来被武则天降为皇嗣,李成器亦随之被降为皇太孙。

武周长寿二年(693),武后改封李成器为寿春郡王。长安元年(701),又授任左赞善大夫,加授银青光禄大夫。

唐中宗李显即皇帝位后,改封李成器为蔡王,迁任宗正员外卿,加赐食邑四百户,加上以前所封,实封食邑七百户。李成器上表固辞,不敢接受,后仍为寿春郡王。

中宗景龙四年(710),李成器晋封宋王。

睿宗李旦第二次即皇帝位后,拜李成器为左卫大将军。

当时,朝廷准备立皇太子。李成器身为长子,按理应当立为皇太子。但平王李隆基精明果敢,在消灭韦氏集团时立下大功,睿宗有意立他为皇太子。李成器上表推让:"储副之位,是天下的公器。国泰民安,则应当先立嫡长子;国家多难,则应当首先将有功的人立为太子。如果在这个问题上违反时宜,就会让普天之下的人大失所望。臣宁可去死,也不敢位居平王之上。"("储副者,天下之公器,时平则先嫡长,国难则归有功。若失其宜,海内失望,非社稷之福。臣今敢以死请。"《旧唐书·睿宗诸子传》)为此,他接连几天流着眼泪,向父皇请求立李隆基为太子。朝中百官,也有人说平王有大功,当居太子之位。

最终,唐睿宗同意李成器的请求,而平王李隆基上表推辞,睿宗不许。于是,李隆基被立为太子。李成器封雍州牧、扬州大都督、太子太师,另加食邑二千户,赐绢帛五千段,良马二十匹,奴婢十房,甲第一处,良田三十顷。后拜尚书左仆射,又迁司徒,拜太子宾客。

太平公主打算夺取朝中大权,命人攻击李隆基,说太子应立嫡长,李隆基不应立为太子。她准备用李成器为招牌,与李隆基争权。宰相姚崇、宋璟等人向李隆基建议,将李成器请出京城,避免他卷入政治斗争,从而破坏太平公主等人的阴谋。李成器对此表示赞同,便以司徒身份,出任蒲州(治今山西永济)刺史。

李隆基与李成器兄弟情深,他曾制作大被、长枕,送给李成器,以表示友爱之情。睿宗得知后大为高兴,赞不绝口。

延和元年(712)八月,李隆基即皇帝位。李成器被封为司空。太平公主、萧志忠、岑羲等人被玄宗消灭后,李成器又晋位太尉,仍兼任扬州大都督,加实封食邑一千户。仅过月余,又加授开府、仪同三司,太尉、扬州大都督二职解除。

开元初年(713),李成器出任岐州刺史。

开元四年(716),李成器避玄宗之母昭成皇后窦氏之讳,改名李宪,封为宁王,实封食邑累至五千五百户。历任泽州(治今山西晋城)、泾州（治今甘肃泾川）等州刺史。

二、平和谨慎　死后哀荣

李隆基继位之前，与兄弟们一起住在东都洛阳的积善坊，兄弟五人分院而居，号称"五王宅"。后来，玄宗兄弟随从睿宗到达西京长安，睿宗赐予的府第在兴庆坊，亦号"五王宅"。

唐玄宗即位后，把自己的旧邸改建成兴庆宫，又为四王修建了府第。四王宅绕于宫外：宁王李宪的府第在胜业坊东南角，申王李捴、岐王李范的府第在安兴坊东南，薛王李业的府第在胜业坊西北角，府第相望，环列于兴庆宫周围。

玄宗在兴庆宫西南建了两座楼：西面的楼题为"花萼相辉"，因古人常用花和萼比喻兄弟友爱；南面的楼题为"勤政务本"。玄宗不时登临花萼楼，一旦听到诸王奏乐，必定招他们一起到楼上，一同坐下来叙谈。有时候，玄宗直接到他们的府第，赋诗嬉戏。玄宗命诸王每日于侧门朝见，经常同诸王同榻而坐，饮酒作乐。有时赐金分帛给诸王，赏赐厚重。因此，虽有谗言挑拨，玄宗与李宪等人关系融洽，毫无裂痕。世人因此都称赞玄宗对兄弟之情，近世帝王没能比得上的。

李宪平素非常谨慎小心，从不干预或议论朝中政务，也不随便结交大臣。唐玄宗对他愈发信任、推重。玄宗曾写信给李宪与岐王李范等，信中说："从前魏文帝（曹丕）诗写道：'西山一何高，高处殊无极。上有两仙童，不饮亦不食。赐我一丸药，光耀有五色。服药四五日，身轻生羽翼。'朕每次想到魏文帝靠服药来求羽翼之事，就想这怎么能与骨肉兄弟天生的羽翼相比呢！陈思王（曹植）有超绝的才华，堪担经纶之务，但魏文帝却不让他朝见，终于使他忧愤而死。魏祚未终，便被司马懿所夺，这岂是神丸之效！虞、舜圣明，亲近九族，相处和睦，百姓效仿。这是帝王之道啊！至今已过数千年，天下人向善，朕未尝不废寝忘食赞叹虞、舜。因此趁闲暇时妙选仙经，得到了神方，古人说服此药必有效验。如今将此药分给你们，希望与兄弟同保寿命，永无限极。"

开元九年（721），李宪兼任太常卿；二十一年（733），复拜太尉。

开元二十八年（740）冬，李宪生病，玄宗命宫中送医药珍味，前去问候的太监络绎不绝。玄宗命高僧崇一前去诊治，才治好了李宪的病。等李宪病情稍一好转，玄宗就命人赏赐崇一和尚绯袍鱼袋，予以超常奖励。

后来，玄宗的几个兄弟先后去世，只有李宪健在，玄宗对他更加亲密。每年李宪生日，玄宗必到府中祝寿。平日，他经常赐李宪各种珍馐美味。李宪奏请将玄宗赏赐的物品制成目录，交付史馆登记造册，玄宗同意了。李宪府中开列的日常赏赐目录，每年都有数百张纸。

李宪曾经陪玄宗在万岁楼欣赏歌舞。玄宗在复道上窥见卫士将剩饭随便倒掉，非常生气，命高力士杖杀该卫士。李宪劝谏说："皇上从复道上窥见卫士，恐怕卫士从此心中不安；况且如此处置也不合适，难道您一个卫士的性命比剩饭还轻贱么？"玄宗醒悟，立刻制止高力士，并对李宪称谢不已。

凉州进献新编乐曲，请玄宗欣赏，李宪和其他亲王在坐陪伴。音乐演奏结束，玄宗问诸位亲王有何意见，李宪回答："音乐虽然美妙，但宫调离而不和，商调乱而急躁。君卑逼下，臣僭犯上。发于忽微，形于声音，播之歌咏，见于人事。臣恐怕今后皇上有逃亡的祸患。"玄宗默然无语。待到后来"安史之乱"时玄宗奔逃蜀地，众人方才忆起李宪当时评论音乐的言语，无人不钦佩他善于欣赏音乐，更钦佩他善于婉言进谏。

开元二十九年（741）冬天，京城长安异常寒冷，凝霜挂树，如同挂满谷穗。李宪喟叹："这种现象俗名'树稼'（亦名"树介"，谓其有如甲胄。类似今所谓"树挂"），谚语说：'树稼，达官怕。'一定会有大臣应验，看来我该死了。"（"此俗谓树稼者也。谚曰：'树稼，达官怕。'必有大臣当之，吾其死矣。"《旧唐书·睿宗诸子传》）十一月，李宪去世，享年六十三岁。玄宗李隆基闻讯，号啕大哭。

李宪去世，玄宗赐谥曰"让皇帝"。李宪长子、汝阳郡王李琎上表固辞，力陈父亲一生谦让恭谨，不敢当此帝号。玄宗感叹，亲自书写诏书，命李琎不准推辞。朝廷择日备礼，宫中拿出御衣一副，送往李宪府中，玄宗亲自撰写悼词，命右监门大将军高力士置于李宪灵座之前。又追赠李宪之妻元氏为"恭皇后"。

李宪安葬之日，天降大雨，玄宗令亲王大臣步送十里，号李宪墓为"惠陵"。

岐王李范

李范（？—726），唐宗室王。唐玄宗异母弟，睿宗李旦第四子，母孺人崔氏。初封郑王，后改封卫王，降巴陵郡王，终于岐王。历任太府少卿、太常卿、左羽林卫大将军、太子太傅等。他好学工书，礼贤下士，为时人所称。玄宗与他十分友爱，不加猜忌，也传为美谈。

一、与诛太平　礼贤下士

李范本名李隆范，李隆基登基后，避皇帝之讳，改单名为"范"。

李范的母亲崔氏,是睿宗李旦嫔妃,封"孺人"。"孺人"在当时是贵族、官吏之母或妻的封号。李范与李隆基自幼一起长大,兄弟情深。

李范初封郑王,不久改封卫王。武周长寿二年(693),武后降封李范为巴陵郡王。

神龙元年(705),中宗李显即皇位,李范升为太府员外少卿,加赐实封二百户,与以前所封相加,共有食邑五百户。

中宗景龙年间,李范兼任陇州别驾,加银青光禄大夫。

景龙四年(710),睿宗第二次登上皇帝之位,李范晋封岐王,又加实封五百户,拜为太常卿,兼左羽林大将军。

玄宗李隆基即位后,李范保持原官职。先天二年(713),太平公主谋害玄宗,李范随玄宗讨伐其党羽窦怀贞、萧至忠等,以功加赐实封满五千户,玄宗还下诏书赞扬了他。接着,玄宗又拜李范为太子少师。李范还历任绛、郑、岐三州刺史,任职期间,政务打理得井井有条。开元八年(720),李范升为太子太傅。

李范深受父皇睿宗影响,也十分好学,工于书法。他喜爱有才华的文士,不论贵贱,都以礼相待。因此,岐王宅中文人荟萃,诗人、乐师、画家、书法家往来府中,络绎不绝。李范经常置酒宴招待文士,席间与他们赋诗唱和,其中较著名的有杜甫、阎朝隐、刘庭琦、张谔、郑繇等人。

当时,著名乐师李龟年也是岐王宅中的常客,杜甫《江南逢李龟年》诗中写道:

> 正是江南好风景,落花时节又逢君。
> 岐王宅里寻常见,崔九堂前几度闻。

诗写"安史之乱"后杜甫在江南遇见李龟年的情景,诗中"岐王宅"象征着唐朝天宝年间的繁盛，从侧面反映了岐王李范的礼贤下士之风。

李范还喜爱收集古代书法、名画真迹，常请文士们鉴赏、临摹。一时间，岐王李范声名鼎盛，时人皆赞不绝口。

二、被儆收敛　帝恩如初

在封建社会，对于声名鼎盛的王公大臣，皇帝往往多有忌惮，尤其严禁王公大臣与群臣结交，担心他们聚集在一起谋反。对于结交群臣、诽谤朝政的王公，皇帝常毫不留情予以惩治，不是诛杀，便是贬迁。

唐玄宗即位后，也禁令王公与外人结交。李范自恃参与铲除太平公主余党有功，有点骄傲，不知避皇帝之讳，仍然广泛结交士人。这不能不引起玄宗的警惕。但玄宗一向注意处理与诸王的关系，兄弟间非常友爱，因此没有轻举妄动，他在等待时机，以便杀一儆百。

不久，玄宗便抓住了突破口。驸马都尉裴虚己娶睿宗小女儿霍国公主为妻，他喜好谶纬之道，与李范往来密切，经常出入岐王府，带着谶纬之书给李范讲解。李范本来不懂谶纬，这一来却引发了兴趣。玄宗得知此事，感到苗头不对，认为到了出手的时机。于是将裴虚己关押起来，派官员审讯，以与李范游宴、私挟谶纬书之罪，贬官流放岭南。接着，玄宗又把经常与李范饮酒赋诗的刘庭琦、张谔贬官。

这下子，李范傻眼了，颇感惶恐不安，再也不敢与士人来往。每日安居府中，闭门思过，以读书、赋诗、研习书法来打发时光。玄宗得知李范内心不安，十分怜惜，对左右侍从说："我们兄弟友爱实属天性，李范肯定没有不轨的意图，只不过那些趋炎附势之辈依附他罢了。我终究不会因小事而责罚兄弟。"（"我兄弟友爱天至，必无异意，只是趋竞之辈，强相托附耳。我终不以纤芥之故责及兄弟也。"《旧唐书·睿宗诸子传》）因此，仍对李范恩情如初。李范见此，内心稍感安慰，但再也不敢有一丝一毫放肆，而是谨慎行事。

李范为人坦荡、正直，从不谄附权贵。当时，霍国公王毛仲因参与诛杀太平公主余党而位居高官。此人本来起于微贱，骤然显贵，诸王内心都有些瞧不起，但他是玄宗宠幸之人，因而又都想讨好，见了仍然礼敬有加。唯独李范见到他十分自如，不另外加礼。

开元十四年（726），李范病逝。玄宗痛哭失声，为他辍朝三天，并为他祈福，亲自手书写《老子经》，一连几十天都撤去御膳，改吃素斋。百官见玄宗如此，担心他身体受不了，纷纷上表劝谕，玄宗这才恢复常规。同年，玄宗命追赠李范为"惠文太子"，陪葬桥陵（唐睿宗陵，在陕西蒲城县北的丰山）。

薛王李业

李业（？—734），唐宗室王。唐玄宗异母弟，睿宗李旦第五子，母德妃王氏。初封赵王，改封中山郡王、彭城郡王，终于薛王。曾任都水使者、太仆少卿、秘书监、太子太保及州刺史等。他为人孝敬，对兄弟姐妹友爱，与玄宗关系融洽。

一、佐帝平乱　孝敬友爱

李业本名李隆业，因避讳而改为单名。母亲王氏，在他幼小时便去世了。睿宗李旦的贤妃没有儿子，便由她来养育李隆业。

李隆业与李隆基一起长大，兄弟二人相亲相近，睿宗李旦见此，分外高兴。虽然李隆业过早失去了母亲，但在贤妃的爱护和李隆基的友爱下，他的童年仍无忧无虑。

武后垂拱三年（686），李隆业被武则天封为赵王，开府置官属。

武周长寿二年（693），李隆业改封中山郡王，授任都水使者。不久，又改封彭城郡王。

神龙元年（705），中宗李显赐封李隆业食邑二百户，与以前相加，共五百户。

中宗景龙二年（708），李隆业兼任陈州别驾，授银青光禄大夫、太仆少卿。

景龙四年（710），睿宗第二次登上皇帝之位，李隆业晋封薛王，加封满一千户，拜秘书监，兼右羽林大将军。不久转宗正卿。李隆业平时十分好学，饱读诗书，深受睿宗喜爱。

延和元年（712），睿宗禅位于李隆基，是为玄宗。为避玄宗名讳，李隆业改名"李业"。在玄宗铲除太平公主余党萧至忠、岑羲时，李业积极参与，立下功劳，以功加实封到五千户。

开元初年（713—719），李业先后历任太子少保，同、泾、幽、卫、虢等州刺史。他在地方治理政事勤勉，颇有政绩，为开元盛世的到来做出了贡献。

开元八年（720），李业入朝任太子太保。他一向孝敬养母贤妃，但由于久任外官，不便将贤妃接到自己身边。至此回到长安，他才把贤妃接到自己的府第，周到事奉，如同亲生母亲。李业的同母妹妹淮阳、凉国两位公主早逝，留下幼子，李业也将他们接到府中抚养，对他们疼爱甚于亲生之子。

二、帝为煎药　不加猜忌

唐玄宗认为李业孝敬、友爱，因此分外亲近他。李业曾偶然患病，当时玄宗正在临朝听政，一会儿工夫就十次派使者前往问候。玄宗还亲手为李业熬制汤药，恰巧有一阵旋风吹来，燃着玄宗的胡须，左右侍从赶忙上前帮他扑火。玄宗说道："只要薛王服下这碗药以后病能痊愈，朕的胡须有什么值得可惜呢！"（"但使王饮此药而愈，须何足惜？"《资治通鉴·唐纪二十七》）

玄宗亲自为李业祈祷，希望他早日痊愈。李业病愈后，玄宗御驾光临薛王府，布置酒宴，为李业庆贺生日，二人言笑欢洽。玄宗赋诗云：

> 昔见漳滨卧，言将人事违。
> 今逢诞庆日，犹谓学仙归。
> 棠棣花重满，鸰原鸟再飞。

天宝十三载（725），唐玄宗病倒在床，李业十分担心皇兄，经常到宫中探问病情。但是，也有人私下议论玄宗病将不起，李业王妃之弟内直郎韦宾便与殿中监皇甫恂私下议论。这件事情被人揭发出来，玄宗大怒，命令杖杀韦宾，贬皇甫恂为锦州刺史。李业的王妃韦氏内心恐惧，担心受弟弟牵连，便主动脱下王妃的礼服待罪，李业也不敢面见玄宗。

玄宗立即下令召见李业。李业来到宫外，在台阶下徘徊不敢进去，口称"有罪"。玄宗便走下台阶，拉住他的手说："我如果有猜忌阻隔兄弟之心，请天地神明共同惩罚我。"（"吾若有心猜阻兄弟者，天地神明，所共咎罪。"《旧唐书·睿宗诸子传》。《新唐书》作："吾所猜于兄弟者，天地共咎之!"）李业听了这话，一颗悬着的心立即放了下来。当天，李业与玄宗在一起饮酒欢宴，谈了很长时间。玄宗下诏安慰韦氏，让她复王妃之位。

这件事就这样有惊无险地过去了。此后，李业言行更加谨慎，与玄宗的关系也一直很好。开元二十一年（733），李业升任司徒，参与处理朝廷政务。

开元二十二年（734）正月，李业去世，玄宗追赠他为"惠宣太子"，陪葬桥陵。

鄂王李瑶

李瑶（？—738），唐宗室王。唐玄宗李隆基次子，母丽妃赵氏。初封真定郡王，后晋封鄂王，立为皇太子，又废为庶人。他因母宠得立太子，后其母色衰失宠，渐受冷落。武惠妃图谋废立，李瑶受谗被废、赐死。玄宗听信谗言废杀太子李瑶，受到后人指责。

一、得立太子　因母失宠

李瑶本名李嗣谦，后来两次改名，先改"李鸿"，后改"李瑶"。

李隆基还是临淄王时，景龙二至四年（708—710）任潞州别驾。当地歌伎赵氏能歌善舞，李隆基甚为喜爱，纳为侧室，宠极一时。李嗣谦大约就出生在此时。

景云元年（710）九月，睿宗李旦即位，李嗣谦被封为真定郡王。

先天元年（712）八月，玄宗李隆基即位，李嗣谦晋封鄂王。

开元三年（715）正月，因母亲赵丽妃深受父皇宠爱，李嗣谦虽非长子，也得以立为皇太子。

开元七年（719）正月，李嗣谦加太子元服。同年，玄宗命太子李嗣谦入国子学，以同学身份与国子学中公卿子弟交游，而不以太子身份与之相处。玄宗命太常择定吉日，让太子拜谒孔子，太子向先师献祭礼。太子入学，玄宗命右散骑常侍褚无量讲授。太子入学这天,有关人员各有赏赐。

开元十三年(726),李嗣谦大婚,娶妻薛氏。婚礼结束后,玄宗命赦免京城罪人,太子侍讲潘肃等一并升职,中书令萧嵩特封徐国公。由此可见,唐玄宗一开始是十分宠爱李嗣谦的。然而好景不长。

李瑛立为太子后,母以子贵。赵丽妃的父亲赵元礼、兄长赵常奴,后来均升任高官。但唐玄宗后宫佳丽如云,赵丽妃无法长久专宠。武惠妃受到玄宗宠幸后,赵丽妃就渐渐受到冷落了。爱屋及乌,武惠妃所生寿王李瑁也深受玄宗钟爱,所受待遇远远超过了诸位王子。

当时,鄂王李瑶的母亲皇甫德仪、光王李琚的母亲刘才人,都曾受玄宗宠爱。武惠妃受宠后,这两位皇妃也渐遭冷落。李瑛、李瑶、李琚三位皇子,因母亲受到冷落,自己不为父皇钟爱,在私下里偶尔不免发几句牢骚。

二、遭谗被废 含冤而死

武惠妃的女儿咸宜公主,嫁给了杨洄。杨洄为讨好皇妃,用心揣摩其心思,不停搜求李瑛等人的短处,及时报告。

武惠妃有心废除太子李瑛,立自己儿子李瑁为太子,便寻机在玄宗面前撒娇作态,边哭边控诉李瑛、李瑶、李琚等三人言词不敬,说太子结党营私,准备加害他们母子,还说太子李瑛等三人在背后议论皇上如何如何。

玄宗深受女人迷惑,闻言震怒,便与宰相商议,准备废掉太子、鄂王、光王。中书令张九龄劝谏说:"陛下登上皇位将近三十年了,太子和诸王都没有离开过深宫,每天都受到皇上的训诫,天下的人都庆幸陛下治理有方,在位长久,子孙繁盛。现在三位皇子都已长大成人,没听说有什么大的过失,陛下为何要听信那些无稽之谈,以一时的喜怒废掉他们呢?太子是天下的根本,不可轻易动摇。昔日晋献公被宠嬖骊姬之言迷惑,太子申生死去,引起晋国三世大乱;汉武帝威加六合,受江充巫术蒙蔽,祸及太子,城中流血;晋惠帝听信贾后妖言,太子丧亡;隋文帝顺从独孤皇后的心意,废太子杨勇,最终失掉天下。从这方面的历史教训来看,太子废立不可不慎,况且太子年长,并无过错;二王贤良,没有违法。事关国家大计,臣不必隐瞒真实想法。"玄宗闻言,默然不语,这件事就这么过去了。

这一年,李林甫代张九龄为中书令,处处讨好武惠妃,想方设法予以吹捧,并结交宫中太监,到处夸赞寿王李瑁英俊出众。武惠妃见此,便与李林甫内外相援,图谋废掉太子。

太子李瑛对武惠妃的险恶用心看得很清楚,但因她是父亲的宠妃,也无可奈何。在一班重臣相继去职、张九龄被免去宰相职权之后,李瑛失去外援,常常忧郁寡欢,与鄂王、光王聚在东宫,借酒消愁。

开元二十五年(738)四月,杨洄又到武惠妃面前挑拨离间,说太子李瑛兄弟三人与太子妻兄薛锈结交,图谋不轨。玄宗听武惠妃哭诉完毕,大为震怒,立刻召宰相讨论。李林甫说:"这是陛下家事,我们做臣下的不能参与。"

玄宗命太监宣诏于宫中,将太子李瑛、鄂王李瑶、光王李琚三人一同废为庶人;薛锈流放,后来赐死于城东驿。随后,李瑛三人也被赐死于京城东面的驿站。天下人均感三人冤屈,号称"三庶人"。李瑛的舅家赵氏、妃子家薛氏以及李瑶的舅家皇甫氏,因此案遭到贬官流放的多达几十人,只有李瑶的妃子家韦氏因韦妃贤惠而免受惩罚。

宝应元年(762),唐代宗李豫即位,为三人平反昭雪,追赠李瑛为皇太子,李瑶、李琚恢复王位。

女人个个非善茬

唐前期皇室的女人们,着实厉害。武后不论,仅就唐玄宗少年所见、中年所经、晚年所昵,韦后、安乐公主、太平公主、武惠妃、杨贵妃,个个都不是善茬儿。有的要做武后第二,有的要当皇太女,有的要废立太子,有的则把天子迷得晕晕乎乎、不知好歹,以致朝纲紊乱、藩镇反叛。好在还有与世无争的追赠皇太后,和亲吐蕃的金城公主,总算增添了几抹正色。

皇太后窦氏

窦氏（？—693），唐玄宗李隆基生母，睿宗李旦嫔妃，后追尊皇后、皇太后。岐州平陆（今山西平陆）人。她嫁相王李旦，初为孺人；李旦继位后，封德妃。她本与世无争，却在武则天对皇上、皇嗣的一番操弄中，受诬陷而被处死，尸首也下落不明。

一、伉俪情深　生子隆基

窦氏出身于官宦家庭，曾祖父窦抗，既是唐高祖李渊的挚交，也是武德一朝的重臣；父亲窦孝谌，也是唐朝的重臣。

窦氏聪明美丽，性格活泼，深得家人的喜爱。随着时光的推移，窦氏到了婚嫁的年龄，父母开始为她四处择婿。

此时，武则天之子相王李旦也正要纳妾。听说窦孝谌的女儿相貌端正，知书达理，温良贤淑，尊敬长辈，武则天便与高宗李治商量，想给儿子李旦娶窦氏为妾。高宗自然同意，更何况此时国事、家事均由武则天做主。武则天命人提亲，父亲窦孝谌自然应允。

窦氏嫁入相王府后，李旦对她十分关心体贴，封为"孺人"。李旦性格懦弱，胆小怕事。高宗儿女较多，李旦排行第八。兄长们为争夺太子之位互相争斗，李旦却并不想搅在其中。所以，除了读书、写字外，便是与窦氏以及其他姬妾嬉戏度日。窦氏与相王爱好相同，也喜欢读书写字，宫中发生的事情则尽量回避，过得也算如意。

嗣圣元年（684），二十二岁的李旦被母后武则天立为皇帝，以取代哥哥中宗李显。哥哥李显的遭遇，母后的专横，使一向怯懦的李旦不寒而栗。即位之后，睿宗李旦名为皇帝，其实与哥哥李显一样，只是母后的傀儡而已。母后为他下诏，改元"文明"，长子李成器被立为皇太子。"母以子贵"，所以皇太子的母亲刘氏被立为皇后。窦氏尽管与睿宗感情很好，而且志趣相投，因无子而仅封德妃。之后不久，睿宗便被赶下皇帝宝座，与刘皇后、窦德妃及宫女、太监一起，被软禁在皇宫里，所有国事都由母后裁决。武则天总揽朝中一切大权，并且为自己登基称帝做着准备。

睿宗对做皇帝并无兴趣，只想清净无为。触目惊心的宫廷斗争，使他对皇帝的至尊地位望而生畏。所以，他虽不掌握实权，但每天能与皇后、窦氏在一起，也不感到寂寞和痛苦。睿宗与窦氏一起读书写字，而且又迷上了文字训诂，把全部精力都放在了这方面。睿宗的草书、隶书，甚至可以和当时的名家相比。

窦氏为睿宗生了两个女儿，睿宗登基后分别封为金仙公主和玉真公主。垂拱元年（685），也就是睿宗登基的第二年，窦氏又生了一个儿子，取名李隆基，也就是后来的唐玄宗。李隆基出世之时，父亲睿宗不过是个傀儡，幼小的李隆基也并没有引起武氏家族的重视。

二、遭凌迟死　成牺牲品

武后载初元年（690），武则天改"唐"为"周"，自称"神圣皇帝"，将睿宗李旦降为皇嗣，赐姓武氏，迁居东宫。李旦结束了六年傀儡皇帝的生活。

在中国古代，后妃执政并非稀罕事，从秦国宣太后到清代慈安、慈禧两太后，都是怀抱幼主，在帘内执掌朝政；或借皇帝之位，在枕上左右政局。然而，尽管她们大权在握，但都不曾放弃手中的傀儡，只有武则天是个例外，堂而皇之地揭开帘子走上前台，做起了中国历史上载入史册的女皇。

随着武则天称帝,武氏家族的力量日渐强大,李唐王室则被罩上一层阴影。武则天称帝后,将侄子武承嗣封为魏王,堂侄武懿宗等十余人均封为郡王。李氏家族被处死者之多令人咋舌,最著名的有汝南郡王李玮、许王李素节及其子李璟、南安郡王李颖等近五十人。

武承嗣封魏王仍不满足,一心想除去皇嗣李旦,自己做皇太子,以便继承姑母武则天的皇位。为了达到这个目的,武承嗣四处活动,请求姑母废掉儿子李旦,立自己为太子,不料反而接到制敕,被废掉了左相之职。武承嗣不知所以,经探问武氏左右,才知是侍郎李昭德所为。

原来,性格刚毅的李昭德颇得武则天信任,经常一起商议国政。武则天对太子废立也拿不定主意,征求李昭德的意见。李昭德说:"魏王承嗣,权势太重,应加裁制为是。"武则天说:"承嗣乃朕的侄儿,为何不能委以重任?"李昭德又道:"姑侄虽亲,究竟不及父子,子尚有弑父,何况姑侄?如今承嗣位居亲王,又兼左相,恐陛下未必久安天位。"武则天一想,确实如此,方才悟到立子与立侄的利害关系,于是不再理会武承嗣的请求。武承嗣对此敢怒不敢言,怏怏失望。

武承嗣绝望之中,又想再挣扎一次,阴谋加害李旦。长寿二年(693),他暗地唆使武则天的宠婢团儿,诬告李旦皇后刘氏和德妃窦氏夜夜对天诅咒武则天,欲让李旦重新即位。武则天听后信以为真,立即下诏将刘氏和窦氏凌迟处死,而且尸首都无着落。可怜的李旦一句话不敢多说,只能背地落泪。

随后,武则天又下诏,禁止公卿百官进见李旦,尚方监裴匪躬及内常侍范去仙私谒李旦,有人报告,二人均被斩首。

接着,武承嗣又进一步诬告李旦有谋反之心。武则天命来俊臣把李旦平日的侍役都抓到大堂,备齐刑具审讯。起初,全都齐跪堂前，替李旦喊冤，怎奈刑杖交加，血肉横飞，来俊臣再三胁迫，众人无奈，准备招供。突然有位叫"安金藏"的乐工闯入，高喊："皇嗣未尝谋反，为何硬说他谋反？我愿剖心出示，替皇嗣表明真迹。"说完，取刀剖腹，顿时鲜血直喷，五脏皆见，昏死过去。武则天得知，忙唤御医治疗。武则天被安金藏的行为感动，说："我有子不能自明，却连累你到如此地步。"（"吾有子不能自明，使汝至此。"《资治通鉴·唐纪二十一》。《新唐书·忠义传上》作："吾有子不能自明，不如尔之忠也。"）遂令其养伤，并传谕将李旦左右释放。武承嗣谋害李旦的企图再次失败。

李旦虽然保全了性命，但刘氏、窦氏和一些忠臣却含冤而死。

神龙元年（705）元月，宰相张柬之等人发动政变。病榻上的武则天被迫逊位，中宗李显复位。同年，八十二岁的武则天在上阳宫仙居殿逝世。

景云元年（710），复位后的睿宗李旦，追谥窦氏为"昭成皇后"。因其尸骨不知下落，便招魂葬于东都之南，曰"靖陵"，立别庙曰"仪坤"。

开元四年（716），睿宗驾崩，安葬桥陵（今陕西蒲城丰山）。唐玄宗李隆基追尊生母窦氏为"皇太后"，并将她与睿宗合葬。

天宝八载（749），玄宗又下诏为窦氏谥号加"顺圣"二字，为"昭成顺圣皇后"。

皇后王氏

王氏（？—724），唐玄宗皇后。同州下邽（今陕西渭南）人。王氏于李隆基尚在藩邸时成为郡王妃，李隆基登极后册为皇后。她帮助丈夫铲除隐患，登上皇帝宝座，但在后宫争宠失败，最终被废为庶人，忧愤而死。

一、佐夫除患　得立皇后

王氏出身士族，先祖是梁朝冀州刺史王神念。王氏的父亲王仁皎，在唐朝初年曾任甘泉府果毅都尉。

王氏的呱呱落地，给这个家庭带来了欢乐。王氏聪明好学，容貌姣好，体态丰腴。李隆基初封临淄郡王时，娶王氏为郡王妃。

中宗李显复位后，大权落入颇有手腕和野心的韦皇后手中，韦后玩弄权术，胜于武则天；雄才睿智，却望武则天之后尘而莫及。为了达到临朝称制的目的，韦后与安乐公主合谋毒死中宗，重用韦氏族人。

面对李唐王朝再次易姓的危机，临淄王李隆基与侍读张说密谋，联络太平公主，策动羽林军发动宫廷政变，包围太极殿，杀死了人人愤恨的韦后及其族人、党羽，稳定了李氏大统。

在这场政治风波中，郡王妃王氏以其政治上的胆识和见地，参与了丈夫李隆基的密室谋划，力劝丈夫铲除韦后及其党羽，以防后患。

政变成功后，李隆基的父亲相王李旦复位，是为睿宗。李隆基因匡扶大唐基业有功，被封为平王，随后立为太子，王氏则册为太子妃。

自古以来，"母以子贵"。然而，王氏自从嫁给李隆基，一直没有生育一男半女。这让王氏忧心忡忡。

后来，李隆基嫔妃杨良媛生了一个男孩，取名李嗣升（即后来的肃宗李亨）。李隆基曾梦有神人告之：神佑此子。所以，李隆基对李嗣升母子宠爱有加。这就更增添了王氏的忧虑。她想找人算算究竟李嗣升是否就是皇上梦中神人所告的孩子，于是找人寻得一位道长为李嗣升占卦，没想到卦相为"不宜养"。王氏以此为由，将李嗣升接到后宫，收为己有，亲自抚养。杨良媛无奈，只得割爱。不久，杨氏病逝。

延和元年（712），睿宗让位给太子李隆基，王氏被册立为皇后。

王氏做了"母仪天下"的皇后，王氏家族也因此显赫，父亲王仁皎官拜邠国公；李氏兄长王守一娶靖阳公主为妻，做了驸马，升为殿中少监，加太子少保，封晋国公。王皇后家族，大都得官升迁。

即位之初，唐玄宗虽然居皇帝之位，但大权掌握在姑母太平公主手里。对此，王氏十分担忧，暗中劝玄宗除掉太平公主。先天二年（713），玄宗与张说、王皇后之兄王守一密谋杀掉太平公主，彻底铲除了武氏的势力。

二、争宠失败　被废病逝

王皇后虽然收养了李嗣升，但她的忧虑依然存在。

原来，李隆基做了皇帝后，有一天，发现后宫里有位绝色佳人，这就是后来宠极一时的武惠妃。武惠妃出身名门，是恒安王武攸止之女。玄宗日益宠爱武惠妃，她在宫中的礼遇，几乎与王皇后平起平坐。武惠妃恃宠而骄，从不把王皇后放在眼里。

对于武惠妃的骄蛮，以及她的逾礼过失，王皇后十分不满，时常在皇上面前数落。由于玄宗对武惠妃的宠爱已经到了痴迷的境地，所以对王皇后的忠言不但不信，反而认为她是争宠斗艳，故意谗言诋毁。

久而久之，玄宗对王皇后的所作所为非常厌恶，再加上武惠妃的挑拨，于是产生废后的念头。他多次与楚国公姜皎商议废后之事。其实，宫内宫外对玄宗专宠武惠妃早有议论，最为忌讳的就是"武"姓。姜皎有意无意地将玄宗废后的念头泄露出去,引起许多大臣不满。玄宗气愤至极,立即下诏流放姜皎去边地。

不过,欲盖弥彰,玄宗的举动,恰恰证明他有废后的意图。王守一将废后之事密告妹妹,王皇后十分恐慌,对她来说,这是一个危险的信号。自武惠妃专宠以后,玄宗几乎不召王皇后及其他嫔妃侍寝,王皇后既不能生儿育女,又不得常见玄宗,关系日渐疏远。

王皇后的处境引起王氏家族的忧虑和恐慌。王皇后兄长王守一更为焦虑,一旦皇后被废,且不说王氏家族的荣华富贵,就连生死也很难预测。情急之下,王皇后便与王守一商量,求助于符蛊左道,以求度过危机。王皇后身处后宫,难以找到作法的僧道,即使找得到,在宫中也难免不为人察觉败露。于是,蛊咒作法之事便交由王守一具体操办。

经过多方打探,王守一听说左道僧人明悟精于蛊咒厌胜之术,便请他在府邸设坛作法。明悟教王守一沐浴祭拜"天枢"北斗,取了一块称做"霹雳木"的厌胜神牌,刻上玄宗"李隆基"的名字。然后画符压住,念咒封固。然后将"霹雳木"交给王守一,十分肯定地说:"皇后佩带此牌,定会早得贵子,大有作为,君临天下。"此话正符合王氏家族的意愿,因而王守一悄悄将"神牌"携带入宫,交给王皇后佩带。

王皇后认为,明悟法术可以咒压玄宗不敢废后,况且玄宗能君临天下,自己确有"内助"之功。她还坚信自己具有君临天下的才能,并以武后第二自诩,将玄宗比作高宗李治。

王皇后的所作所为,尤其是蛊咒厌胜之事,很快被宫人告发。唐玄宗得知,极为震惊。李唐王室自高宗以来,武则天、韦后、上官婉儿、太平公主几个女性相继专权,几乎酿成易姓改朝之祸。对此,玄宗可谓心有余悸,生怕再出现一位武则天或韦后式的人物，危及李氏王朝的社稷。

开元十二年（724）七月，玄宗亲自调查此案，人证物证俱在，罪不可赦。为此，玄宗颁布诏书，废除王氏的皇后名位，贬为庶人，迁出后宫，别院安置。王氏族人免去所有品位，量刑处置。

王皇后十分绝望，临行前，她请求皇上念结发夫妻之情再见一面。玄宗准奏。与玄宗会面时，王皇后泪如雨下，失声痛哭，可怜兮兮地说："陛下难道不念你我患难时的情分吗？"但玄宗对此毫无反应。

当年十月，王庶人身心憔悴，忧郁病死。玄宗下令以一品官的礼遇葬于长安城外的无相寺。

后来，唐玄宗之孙李豫继位为代宗，宝应二年（762）宣诏，为"废后"王氏昭雪，免去所有罪名，追复"皇后"尊位，但仍未赐谥。

王皇后去世后，当时诗人王諲曾赋诗《翠羽帐赋》，讥讽唐玄宗喜新厌旧，致使王皇后寂而生怨、怨而生恨、冤死九泉。其实，王皇后的悲剧，亦是其贪婪的权力欲所致，与李唐王朝众多后妃的悲剧如出一辙。可以说，她是自导自演了一出人生悲剧。

惠妃武氏

武氏（？—737），唐玄宗嫔妃。名不详，并州文水（今山西文水）人。她从小养在宫中，得到武后庇荫，性情乖巧，善于逢迎。她被玄宗所幸，初封婕妤，晋封惠妃，宠冠后宫。为了自己和儿子的地位，她勾结李林甫陷害王皇后及太子李瑛兄弟三人，最后受惊吓精神失常病死。

一、貌若天仙　得宠玄宗

武氏是武则天的侄孙女，生来貌若天仙，艳丽娇媚，颇有大家闺秀的气质。

武氏的父亲武攸止，是武则天的侄儿。武则天做了皇后，武攸止被封为恒安王。不过，武攸止虽与武氏家族其他成员同出一脉，但性格、品行却截然不同。他在政治上没有野心，而且待人宽厚，老成持重。武氏家族的人为争夺皇权，尔虞我诈，明争暗斗，互相残杀，而他始终是个旁观者。他闲居自家，治家教子，与李氏皇族私交甚好。所以，武则天退位，李唐复辟、归政中宗以后，唯独武攸止恒安王的封爵未被削废。

武攸止病逝后，年幼的武氏入宫。武氏在后宫长大，对后宫以色争宠、冷酷险恶的情形了如指掌。她深知，作为宫中女子，除非得到皇帝的宠幸，否则将终身不见天日。为此，她处心积虑想接近唐玄宗。

一天，武氏盛装打扮，然后找机会见到了皇上。突然之间，唐玄宗发现后宫还有如此艳丽、高雅的佳人，当夜临幸。从此，玄宗对武氏情深意笃。武氏生下儿子李瑁，封为寿王，自己也晋为惠妃，所有待遇与王皇后完全相同。儿子李瑁也受到玄宗的喜爱，待遇在诸位皇子之上。

武氏得宠之后，王皇后、皇甫德仪、刘华妃、赵丽妃等后宫妃嫔，几乎难得与皇上见面。武氏的专宠，引起了王皇后及后宫妃嫔的不满和妒忌。王皇后在皇上面前挑拨，但玄宗根本听不进去，甚至对皇后愈加反感。

开元十二年（724），王皇后施蛊咒之术败露后，早有废后念头的唐玄宗借此将其贬为庶人。王皇后被贬之后，玄宗为表示对武惠妃的宠爱，封其母亲杨氏为郑国夫人，弟弟武忠升为国子监祭酒、武信升为秘书监。由此见出，武惠妃与皇后的地位只有一步之遥了。

闻听唐玄宗欲册立武惠妃为皇后，宫内宫外舆论哗然，以宰相张九龄为首的朝臣竭力谏阻。御史潘好礼首先具书上奏，直呈玄宗："《礼经》中说：'父母的仇人，子女与之不共戴天。'《春秋》中也说：'父母的仇不报，不为人子。'陛下若要立武则天的后人武惠妃为皇后，怎么向天下死节的忠臣义士交待呢？况且太子李瑛并非武惠妃所生，如果武惠妃册为皇后，她的儿子将会取代当今太子李瑛的地位。古人之所以在事情没发生之前就谏诤阻劝，为的是防微杜渐啊！"

唐玄宗看过潘好礼的奏折，觉得所言确实在情理之中，加之张九龄等一班重臣极力劝阻，也就不再提晋册武惠妃为皇后的事了。

武惠妃的性格一如姑祖母武则天，不达目的不罢休。她转而打儿子的主意：儿子李瑁做了太子，"母以子贵"，自己做皇后或皇太后的梦想不就水到渠成？于是便将下一步的目标盯在了储君太子李瑛的身上。

二、巧弄权术　杀害太子

武惠妃废贬太子的阴谋，像一张大网，悄悄地在太子李瑛的周围撒开。

武惠妃之女咸宜公主，嫁予杨洄为妻。她召驸马杨洄入宫，密告废贬太子的计划，命他密切监视太子李瑛的一举一动，广为散布太子与惠妃不和的谣言，制造太子行为淫秽的舆论。

咸宜公主每次入宫觐见，经常把这些谣言巧妙地说给父母，离间皇上与太子的关系。武惠妃也常在皇上面前哭诉自己的苦处，诋毁太子李瑛及其他诸王。

天长日久，唐玄宗对太子李瑛行为淫秽的谣言信以为真，萌生了废除太子的念头。深知父皇秉性的李瑛，自然知道事态的发展将不利于己，为此，他与鄂王李瑶、光王李琚等年长的兄弟，可谓人人自危。

废立太子，是关系到朝政延续、政权安危的大事，为此，唐玄宗召见三省重臣入宫商议。中书令张九龄等重臣早就明白其中缘由，所以当玄宗提出贬废李瑛、另立储君时，这些人都极力反对。听了张九龄等一班重臣的直言诤谏，唐玄宗不得不暂时放弃了太子废立的念头。

张九龄免相后，李林甫代之掌握了实权。此人诡计多端，很少有人能逃脱他的圈套。李林甫晋位宰相之前，处处探听内宫动态，早就知道武惠妃有废贬太子、立寿王李瑁为储君的企图，只是皇上碍于张九龄一班重臣的激烈反对，无法实施罢了。所以，李林甫经常有意在玄宗面前称赞寿王李瑁，贬斥太子李瑛，以此讨好玄宗，取得信任，稳固自己的地位。武惠妃得知，暗暗得意，对他也另眼相待。

开元二十五年（737），杨洄再次密令家人四处散布太子李瑛、鄂王李瑶和光王李琚以及太子妃薛氏的兄长薛琇等人私藏甲兵，阴谋夺宫造反的谣言。一时间，京城长安传言纷纷，唐玄宗也半信半疑。

为了让皇上彻底相信太子李瑛阴谋造反的谣言，武惠妃又与亲信设计了一桩陷害太子及二王的更为可恶的阴谋。

一天，太子李瑛、鄂王李瑶、光王李琚同时接到宫中传旨，"内宫有贼盗闯入，命太子、鄂、光二王，携兵入宫护驾"。情急之中，李瑛、李瑶和李琚立即披甲备兵，率东宫卫队入宫巡捕盗贼。得知太子已率兵进入皇宫，武惠妃立即赶到大明宫，装作惶惶不安样子，对唐玄宗说："太子与鄂、光二王欲谋弑君篡位，已经带兵闯入宫中了。"唐玄宗闻讯大惊，但他深知武惠妃和太子之间的矛盾，所以还是先派宦官前去证实。事情果然如武惠妃所言。唐玄宗迅速传旨调禁卫军入宫，将太子、二王及东宫护卫包围。此时，太子李瑛等才知道中了武惠妃精心设置的圈套。

事变平息之后，唐玄宗再次宣召宰相及三省重臣廷议太子"谋反"事宜。由于李林甫早早有言在先，所以太子李瑛谋反真假难辨，众大臣都缄默不语。李林甫说："太子谋反之事，实为陛下的家务纠纷。家务事无须与臣子商议，陛下圣明，定有明断。"众大臣随即附和。于是，唐玄宗颁布诏令：太子及鄂、光二王同时免去封号，贬为庶人，参与谋叛的党羽薛琇赐死。

尽管如此，武惠妃、李林甫等还不罢休，深恐有朝一日李瑛等人翻案，所以非置三人于死地不可。武惠妃常在玄宗面前数落李瑛对父皇不满，企望翻案。于是唐玄宗下令将李瑛、李瑶、李琚三人收监处死，以绝后患。

这件事很快传遍京都长安及全国各地，士人官吏及黎民百姓都为太子三人鸣不平，称李瑛、李瑶、李琚为"三庶人"，讥讽唐玄宗偏听偏信，武惠妃和李林甫邪佞奸阴。迫于朝野上下的压力，唐玄宗犹豫不决，没有马上册立新太子。

武惠妃设计怂恿皇上一日废杀三子，事后唐玄宗追悔不及，渐渐冷落了武惠妃。武惠妃自知亏心，每天夜里都梦见太子李瑛三人的冤魂前来作怪索命，不久便病卧不起，病情日益加重，进而精神迷乱。无奈之际，武惠妃只得求助于巫术，结果"三庶人"冤魂更是白日幻出，索要性命。

武惠妃日夜不得安宁，万般无奈，请求玄宗将李瑛、李瑶、李琚的灵柩起出，重新按太子、诸王礼仪厚葬，又将处死太子及二王的刽子手斩首，殉于三人墓旁，以求安寂亡灵，免除灾难，减轻罪恶。

然而，三人"冤魂"依然不去，日夜缠身。唐玄宗也怕恶鬼缠身，越发疏远武惠妃，册立太子之事更不敢提。武惠妃连惊带吓，精神失常，病情愈来愈重，终于在开元二十五年（737）十二月离开了人世，年仅四十岁。

第二年，唐玄宗册立第三子李亨为太子。追封武惠妃为皇后，谥号"贞顺皇后"，葬于敬陵，并立庙祭祀。唐肃宗李亨即位后，废除皇后祠享。

贵妃杨玉环

杨玉环（719—756），唐玄宗李隆基嫔妃。蒲州永乐（今山西永济南）人。本为寿王李瑁妃子，玄宗羡其姿色而"夺子之妻"，封为贵妃，杨氏族人也因此封官晋爵、贵盛一时。玄宗宠爱、迷恋贵妃，终日寻欢作乐，朝政日非，各种矛盾激化，终至爆发"安史之乱"。赢得"三千宠爱在一身"的杨贵妃，最终落得"宛转蛾眉马前死"的下场。

一、天姿国色　巧遇寿王

杨玉环的父亲杨玄琰，是隋末梁郡（治今河南商丘）通守杨汪的四世孙。传说杨玉环出生时，手臂上套着一枚玉环，所以取名"玉环"。

杨玉环自幼聪颖伶俐，天生丽质，逗人喜爱。不幸的是，父母早逝，为叔父河南府士曹杨玄璬收养，因而其少女时代是在洛阳度过的。

开元二十二年（734），杨玉环已长成亭亭玉立的少女，尽管还带着稚气，但已显露出娇艳的风采。来访的亲友和达官的家眷，都非常喜欢这位美丽的少女。杨家有美女，顿时传了开来。养父杨玄璬也很为养女的美貌骄傲，宠爱非常，杨玉环也因此比较放纵自己。

杨玉环经常在府中弄歌习舞。据说杨家的使女以前是歌舞伎，舞技很好，经常指点杨玉环跳胡旋舞。杨玉环性格开朗、热情，喜欢出游，因而她们时常结伴外出。一个偶然的机会，杨玉环意外地认识了唐玄宗最宠爱的女儿咸宜公主，而这成了她一生转折的契机。

有一次，杨玉环参加咸宜公主府邸的游宴，认识了公主同母弟弟寿王李瑁。其实，早在咸宜公主的婚宴上，寿王李瑁就见过杨玉环，并一见钟情。其时，李瑁还没有王妃，因此专门让姐姐安排了这次宴会，以便进一步深交。

咸宜公主和寿王李瑁，都是唐玄宗最宠爱的武惠妃所生。武惠妃所生子女，在玄宗那里也比较受宠。李瑁为人谨慎，虽然对杨玉环已心生爱慕，但还是让姐姐咸宜公主试探母亲口气。武惠妃获悉之后，表示同意，并面呈皇上，玄宗也很快应允了李瑁的要求。

开元二十三年（735）十二月，奉唐玄宗之皇命，宰相李林甫和黄门侍郎陈希烈持节，来到洛阳永乐坊的杨府，册立杨玉环为皇子李瑁的王妃。

在寿王府的几年，是杨玉环一生好运的开端。丈夫寿王李瑁对她百般宠爱，除了入宫进行指定事务外，其他各种事情一概放弃，陪伴妻子。李瑁甚至利用母亲的宠爱，让武惠妃伴杨玉环出游。武惠妃对儿媳也格外关照，杨玉环生子之后，她时常到寿王府看望。

对寿王一心想做皇太子的愿望，杨玉环并不理解，她觉得做寿王就很好，何必非要争皇太子呢？后来在宫中待得久了，她感到当太子妃更好，而且一旦武惠妃所谋成功，寿王能成为皇太子并继承皇位，自己就会成为皇后。

开元二十五年（737）十二月，年仅四十岁的武惠妃暴病身亡。这对于寿王李瑁夫妇来说，无疑是塌天大祸。母亲的早逝，使李瑁册立太子的希望变得十分渺茫。第二年，李亨被立为皇太子，寿王的太子梦彻底终结。

武惠妃去世后，唐玄宗陷入深深哀痛之中。他郁郁寡欢，除了上朝例行公事，经常一人独处。到哪里去找一个像武惠妃那样的女人呢？玄宗的心事、烦恼，宦官高力士看了出来，也想到了颇似武惠妃的寿王妃杨氏。这个儿媳，玄宗自然见过几次，印象深刻。高力士察言观色，摸透了玄宗的心理。寿王妃杨玉环的命运，就这样诡秘地决定了。

寿王李瑁和杨玉环万万没有想到，武惠妃的早逝，带来的不仅仅是失去太子宝座的痛苦，更让他们难以接受的是父皇"夺媳为妻"的圣命，于是，这对恩爱夫妻抱头痛哭，因为夫妻二人从此就要"永别"。

二、媳作翁妇　宠冠六宫

开元二十八年（740）十月，唐玄宗带领文武官员行幸骊山温泉宫。第二天，玄宗派出使者直奔长安寿王邸，诏令寿王妃杨玉环赴骊山侍驾。

寿王李瑁心里顿时明白，父皇夺媳为妻的主意已定，虽然感情上难以接受，但父皇的旨意又不能违背，否则可能招来杀身之祸。而且讨得父皇欢心，或许还会得到其他好处。杨玉环同样惶恐不安，也同样无可奈何。可转念一想，服从皇帝，自己才会有好运气，杨家也会更加荣华显要。这样，杨玉环匆匆离开寿王府，赶往骊山。

在高力士的安排下,在骊山离宫里,唐玄宗与杨玉环度过了令人销魂的日子。与武惠妃相比,玄宗迷恋杨玉环有过之而无不及。他已经离不开这个女人,又不知如何才能纳她为妃。事情难办,却又不能不办,因此就有了历史上著名的"杨太真"。

开元二十九年(741)正月,太真宫里来了一位法号"太真"的漂亮女道士,她就是杨玉环。人们知道她正是寿王妃时,都有些吃惊。其实,这个马虎眼并不深奥,如此操弄一番,皇帝纳入后宫就是女道士,而不是寿王妃了。何况太真宫就在皇宫里,杨玉环随时都可为皇帝侍寝。唐朝诗人张祜的《集灵台》一诗,对此作了讽刺:

　　日光斜照集灵台,红树花迎晓露开。
　　昨夜上皇新授箓,太真含笑入帘来。

元宵佳节的晚上,太真宫里的杨玉环也与侍女到街上来观灯。不巧的是,碰到了曾获玄宗专宠的梅妃。梅妃看到身材丰腴的杨玉环,顿时火上心头,恨恨地骂了一句。杨玉环记在心头,决意报复。

进入太真宫以来,宫里的人都叫她"太真",玄宗也这样叫她,而对梅妃等则叫"爱妃"。这使杨玉环感到惶恐,生怕当一辈子"女道士",因而要让皇上"正名"。而入宫一年来,玄宗几乎每晚都要杨玉环伴寝,早已疏远梅妃等人。从此,玄宗便称杨玉环为"娘子",而且让宫中的人也这样称呼。

入宫一年,杨玉环以其年轻美貌征服了皇上,唐玄宗对她的宠爱超过了武惠妃和梅妃。而玄宗的情趣与杨玉环也有许多相同之处。杨玉环通晓音律,能歌善舞,加上聪慧过人、善于献媚,使玄宗迷恋不置。为了陪伴杨玉环游乐,玄宗把军国大政委之于李林甫。

杨玉环耳闻目睹了宫廷生活的残酷,她愈加感到,要保证自己在宫廷中的地位,就必须扼杀别人,除掉每一个有碍于自己的人。她要建立自己的网络,这样才能立于不败之地,她懂得孤军奋战不可能站稳脚跟,必须寻求党援,老宦官高力士可谓第一人选。

一天,杨玉环请高力士到自己的宫室,这是她第一次单独和高力士在一起。此后,杨玉环凡事都和高力士商量,两人频繁来往。高力士为杨家的每一个人都安排了合适的位置。

唐玄宗宠爱杨玉环,可谓到了无以复加的地步。他夜夜宠幸杨玉环,每日恨春宵苦短,以致从此再不早朝。白居易的《长恨歌》,对此作了具体的描写:

> 天生丽质难自弃,一朝选在君王侧。
> 回眸一笑百媚生,六宫粉黛无颜色。
> 春寒赐浴华清池,温泉水滑洗凝脂。
> 侍儿扶起娇无力,始是新承恩泽时。
> 云鬓花颜金步摇,芙蓉帐暖度春宵。
> 春宵苦短日高起,从此君王不早朝。

三、多才多艺 聪明机智

无论男人还是女人,只凭外貌,无论有多美,时间一久也同样会让人产生审美疲劳,只有聪明才智才能使之拥有真正的魅力。杨玉环鹤立鸡群的原因,不仅在于容色冠代,而且还有才华横溢、歌舞动人、机敏出众。这也是后宫许多姿色艳丽的女子做不到的地方。

一天,唐玄宗与亲王下棋,并令贺怀智独奏琵琶,杨玉环站在棋局前观看。眼看皇帝就要输棋了，杨玉环把怀里的猫扔在棋盘上，搅乱了棋局，唐玄宗因此十分高兴。

秋天的八月，太液池上有数千朵白莲花盛开，玄宗与贵戚在一边饮宴观赏，左右都叹羡不已。玄宗指着杨玉环对左右说："怎么比得上我的解语花？"（"争如我解语花？"《开元天宝遗事·解语花》）

到了冬至日，正逢大雪，天地之间白茫茫一片。中午时分，纷纷扬扬的大雪停了，房檐上的冰溜都成了上粗下细棍状。杨玉环命侍儿敲下两条冰溜看着玩。晚朝视政回来，玄宗问她说："你玩的是什么东西呀？"杨玉环笑着答道："我玩的是冰箸。"玄宗对左右侍从说："妃子天性聪慧，这个比喻得很好啊。"（"妃子聪慧，此象可爱也。"《开元天宝遗事·冰箸》）

杨玉环能诗善文，她曾经作过《凉州》诗，轰动一时，可惜没有传下来；《全唐诗》里，她的诗作只收录了一首。这首诗是为身边的宫女云容所作，诗云："罗袖动香香不已，红蕖袅袅秋烟里。轻云岭上乍摇风，嫩柳池边初拂水。"诗成之后，她还配以曲谱，亲自为云容配唱助舞。

杨玉环善歌舞，而且乐于接受新鲜事物，来自西域的胡旋舞，就在她的身姿旋转中出神入化。但真正令玄宗对她舞蹈天分叹为观止的，莫过于她配合《霓裳羽衣曲》所编排的舞蹈。《霓裳羽衣曲》是玄宗的得意之作，阵容庞大，乐师众多，仅配曲而歌的宫女就同时需要十人。全曲共十八章，分三大部，每部六曲，称为"散序六曲""中序六曲""终序六曲"。《霓裳羽衣曲》不仅乐器种类多，而且节拍先散后慢再快，对舞者的要求极高。而杨玉环一听就能领会曲中的意境，随兴便能配出完美的舞蹈来。这不仅使她自己引以为傲，更使玄宗如醉如痴，亲自为她伴奏，将她引为人生第一知己。

除了歌舞，杨玉环还精通音律。她是个音乐天才，能把好几种乐器演奏得出神入化。《谭宾录》记载，杨玉环擅弹琵琶，开元年间，宫中女官白秀贞出使蜀地，得到一面名贵的桫檀木琵琶，进献给了她。这面音色清亮的琵琶在杨玉环指下弹奏，就像天外仙音一般动人。诸王、公主以及虢国夫人以下的内外命妇，都争着要做杨玉环的弟子，跟着她学弹琵琶。

唐玄宗爱好音乐。还是在天宝年间，玄宗命宫女数百人为梨园弟子，都住在宜春北院。当时著名的乐师有马仙期、李龟年、贺怀智等。

玄宗精通音律，杨玉环对音律也十分在行。《开天传信记》记载，杨玉环擅长的另一种乐器是磬，说在她的敲击下，磬声"泠泠然""多新声"，即使是太常梨园中的专业击磬艺人，也比不上她的技艺。

四、认下干儿　册为贵妃

天宝二年（743）正月，唐玄宗下令隆重接待北部边塞胡将安禄山。杨玉环看着对安禄山如此感兴趣的皇上，感到不可思议。她早已听说过安禄山，父亲是胡人，母亲是突厥人。据说他会六个部族的语言，起初隶属于范阳节度使张守珪。玄宗十分赏识这个异族之人，安禄山频频得到提升，先被任命为平卢兵马使、营州刺史，后又被提拔为平卢节度使，成为唐朝第一个胡人节度使，从而掌握了北部边境的军权、民权和财政大权。

当杨玉环陪同玄宗在大殿上看到向皇上走来的安禄山时，差点儿笑出声来。这个身材肥胖、尊容令人瞠目的人，就是那个拥有各种各样动人传说、以勇武著称的安禄山吗？然而更令杨玉环吃惊的是，安禄山没有向玄宗下拜，而是对着杨玉环弯腰行礼。

玄宗觉得失了面子，责问："啊，杂胡，你为何只向妃子叩拜,不向朕行礼?"安禄山说:"臣从小时候起,就只向母亲行礼。我只知道是母亲生了我,至于父亲是谁,那就很难说清了,因此臣总是先向女的行礼。"杨玉环大笑起来,内心不由对他产生了好感,玄宗自然也就不再追问。

为了犒劳安禄山,玄宗赐给他许多金银珠宝,还任命他为范阳节度使、河北采访使。安禄山一下子就增添了十万人马,掌握了北部边塞的军政实权。

"陛下,臣有一事相求,希望陛下恩准。"宴席之间,安禄山突然变得一本正经,这令唐玄宗和杨玉环感到奇怪。安禄山两眼盯着杨玉环:说"臣自幼丧母,打算认一位高尚的女子做母亲。"玄宗饶有兴趣地问:"不知这个女子是谁,莫非是朕的娘子?""不错!就是坐在陛下身边的那位。"安禄山毫无做作。

唐玄宗和杨玉环感到意外,玄宗随即应允:"朕同意。不知玉环意下如何?"认这个比自己大十几岁的安禄山为干儿子,这令杨玉环有些惊愕,然而还是愉快地接受了。聪明的杨玉环想:有这样一个拥有地方实权的武将做自己的干儿子,对自己在宫中地位的巩固绝不会没有好处。为庆贺杨玉环收安禄山为义子,宫中连连举行盛宴。

天宝四载(745)七月,唐玄宗颁布诏令,命左相兼兵部尚书李适之为使,金紫光禄大夫陈希烈为副使,持节册立韦昭训的女儿为寿王妃。前夫寿王李瑁另有妻室,杨玉环心中别有一番滋味。

这年八月,唐玄宗李隆基在长安大明宫凤凰园发布诏命,册封太真宫女道士杨玉环为贵妃。杨玉环端坐接受文武百官和朝廷命妇的祝贺。看着年老的大臣、命妇对自己下拜,杨玉环感到从未有过的惬意。入宫五年,杨玉环终于有了正式的名分。

而且杨氏家族也跟着显贵起来。杨贵妃的父亲杨玄琰,追赠为济阳太守,封齐国公;母亲李氏,受封陇西郡夫人;叔父杨玄珪，官拜光禄卿、银青光禄大夫；哥哥杨铦为殿中少监；堂兄杨锜为驸马都尉，并娶武惠妃所生太华公主为妻。杨贵妃的三个姐姐，也分别赐予夫人封号，大姐封韩国夫人，二姐封虢国夫人，三姐封秦国夫人，并赐宅第于长安，准许她们以女官身份出入宫禁。

做了贵妃的杨玉环，终于搬出冷清的太真宫，住到了兴庆宫里。侍女人数也大大超过以前，单是为她织锦刺绣的工人就有一千二百多人，出则乘轿，入则服侍。享受的礼仪，与昔日的武后一样，甚至比武后还奢侈。她要陪侍玄宗接见回京上朝的大臣，外国使臣进京也要为她备厚礼。

然而，此时的杨贵妃却变得十分挑剔，难以侍候，饭菜稍不如意就大发脾气。御膳房为了投其所好，据说一顿饭的花销就相当于当时十户中等人家的财产。玄宗也不时地赐给她各种金银饰物和古玩珍画。

五、争风吃醋　两次出宫

杨贵妃的三个姐姐，个个妖艳异常，时常出入宫禁。每逢宴会，她们场场必到，而且精心打扮，陪侍玄宗和贵妃左右。三人中长相最美的虢国夫人，特别善于逢场作戏、搔首弄姿，有时甚至当着贵妃的面和玄宗眉来眼去，打情骂俏。

天宝五载（746）三月初三，唐玄宗将游幸曲江（在今长安东南）的消息发布后，从皇宫到曲江的沿途挤满了看热闹的百姓，想一睹圣颜，更想一睹倾倒后宫三千嫔妃的杨贵妃。

那天，杨贵妃和玄宗同辇，三夫人照例各自乘着华丽的钿车随后，满朝文武也都参加了游宴。当时，众多丽人云集曲江，全都衣着华丽、体态优美、意态娴雅。杜甫在《丽人行》中对此作了描写：

> 三月三日天气新，长安水边多丽人。
> 态浓意远淑且真，肌理细腻骨肉匀。
> 绣罗衣裳照暮春，蹙金孔雀银麒麟。

在游宴即将结束时，杨贵妃提议到附近的游乐原上观看夕阳美景。玄宗推托饮酒过量，想回御帐歇息。贵妃一行刚走，虢国夫人就趁机溜回来，与玄宗很快成就了好事。

杨贵妃久已对虢国夫人不放心，发现玄宗和虢国夫人都不在，她立即带领随从径回玄宗歇息的御帐，看到那令人尴尬的场面，她很是气恼，立即吩咐备车回宫，对玄宗的招呼毫不理睬。

杨贵妃气呼呼地回到皇宫，犹自愤愤不已。高力士匆匆赶回来，劝她见了皇上，就说身体不适才急着赶回来的，贵妃不肯答应。第二天一早，使者带来了皇帝诏令：贵妃立即出宫，搬到杨铦府第。杨贵妃余怒未消，拔腿便走，出宫到了杨铦府中。

杨氏家族听说贵妃被驱逐出宫，纷纷聚集到杨铦府中。得知是贵妃触怒皇上才被赶出来的，杨氏族人恐慌起来，猜测事情如何发展，商量怎样避免眼前的灾难。最后，大家觉得最好的办法，是赶快让贵妃向皇上赔罪。贵妃听了，"哈哈"大笑，觉得应该赔罪的是皇上。

宫里头，唐玄宗在盛怒中度过了这一天。登基几十载，还从未有人敢这样放肆。他希望杨贵妃认个错，然而贵妃却更倔强。到了晚上，玄宗终于耐不住了，命把赐膳送到了杨府。次日，又有十几辆宫车运来了贵妃的衣物和几十个侍奉贵妃的侍女，聪明的杨贵妃明白玄宗已经不再生气了。

杨贵妃出宫的第五天夜里，唐玄宗派高力士迎接贵妃回宫。杨贵妃由侍女扶下宫车，看到站在那里等候的皇帝，仅仅五天不见，竟苍老了许多。在这一瞬间，她明白了自己在皇上心中的地位。

唐玄宗下令举行欢宴为贵妃压惊，并赐给贵妃各色各样的小玩意儿，给她的姊妹每年几千万钱的脂粉费。杨氏家族不仅化险为夷，还获得了大量的赏赐。

杨贵妃依然过着奢侈的生活，各国进贡来的珍珠宝石、奇花异草，她十分喜欢，都要亲自过目，于是争相进贡成为一种时髦。贵妃匣子里许多世上罕见的物件，都是岭南节度使张九章和广陵长史王翼进贡的，两人也因此加官晋爵。杨贵妃爱吃荔枝，每当荔枝成熟季节，玄宗就诏令岭南地方官选择最好的，然后派专人马不停蹄、日夜兼程地奉送，正所谓"一骑红尘妃子笑，无人知是荔枝来"（杜牧《过华清宫》）。

谁知到了第二年的春天，杨贵妃再次被逐出皇宫。原来，杨贵妃听说宁王李成器有管玉笛，能吹奏出美妙的声音，就派人去借了来吹奏。宁王李成器是玄宗的哥哥，喜好音乐，而古礼"叔嫂不通问，伯婶不交言"，杨贵妃跟大伯子借笛子，在礼制上是欠妥的。玄宗看见悠然自得吹笛子的贵妃，立时大怒，下令立即出宫，搬到杨铦府中。

杨铦府邸再次笼罩上了阴郁的气氛，大家觉得皇上无论如何也不会像上次那样宽宏大量了，骄纵的虢国夫人没了盛气凌人的样子，老实的秦国夫人则大放悲声。谁知笼罩杨府的愁云惨雾只持续了四天，第四天晚上，玄宗派内侍张韬光送来了御赐膳食，贵妃悬着的心也终于放了下来。

于是，杨贵妃剪下了一缕头发，用罗帕包妥交给张韬光，还有短笺一纸，令其转呈皇上："臣妾死不足惜，惟望陛下珍重圣体。陛下对杨氏家族的大恩大德，妾死不敢忘。今将头发一缕奉献陛下，以为纪念。"玄宗见到一缕秀发，心中一阵痛楚，马上派高力士迎接贵妃回宫。

再次回到宫中的杨贵妃,更是专宠无比。玄宗对她的任何要求都立即给予满足,杨氏五府因此又获得了大量赏赐。杨贵妃暗自高兴,这次事件后,两人的关系发生了错位:玄宗对她已经不只是宠爱,简直是病态的迷恋。

六、全家得益　贵盛一时

杨贵妃荒淫奢侈的生活令人侧目,杨氏家族更是因她而飞黄腾达。堂兄杨铦、杨锜和三国夫人,在长安都有御赐的宅邸,时人称为"杨氏五府"。

当时,除皇宫外,长安城最豪华的当属五府的宅邸。三国夫人入宫时,连公主都得让座;她们出游时,地方官员都必须亲自出迎、盛情接待,备办丰厚礼品。皇帝游幸骊山时,五府都乘着豪华的车子、打着五彩的旗帜,随驾同行。长安百姓传唱歌谣:"生男勿喜女勿悲,君今看女作门楣。"述说杨贵妃的贵幸。

杨贵妃的从兄杨钊,曾在蜀地做个小官,后来到长安,因杨贵妃的关系得任监察御史。高力士以为,杨钊若能和贵妃的干儿安禄山联合起来,必能担当大任,从而可以保证贵妃的地位永远不可动摇。在高力士的举荐和杨贵妃的暗中干预下,杨钊很快又升任御史中丞。

诏书发布后,杨钊到贵妃馆舍谢恩。杨贵妃对杨钊说:"那个曾获皇上宠幸的梅妃,虽已远离了大明宫,却仍是我的心头之患,我要你……"杨贵妃突然停住。杨钊蓦然心惊,他没有想到看上去端庄柔顺的杨贵妃竟也这般心狠,对一个已经失宠的女人也不肯放过。可怜的梅妃做梦也没有想到,元宵夜的一句戏骂竟会招来杀身之祸。

杨贵妃的权力一天天扩大,她的要求几乎成了诏令,大臣们已经把她和皇帝视为一体。她的家族，杨铦、杨锜、三国夫人等五府的权势超过了其他王族。天宝十载（751）元宵灯会，五府各自带着随从在街上横冲直撞，在西市与玄宗的女儿广平公主相遇，双方互不让路发生争执。杨府随从挥鞭打人，广平公主受伤落马，驸马程昌裔下马欲救，也挨了几鞭。公主向父皇哭诉，玄宗大怒，降旨将杨府随从乱棍打死，同时将驸马程昌裔削职为民。

经过贵妃在皇上面前的极力夸饰，以及本人的投机钻营，杨钊在朝堂上的地位越来越重要。到天宝九载（750），他已官至兵部侍郎兼御史中丞，遥领剑南节度使，身兼十五使职，权倾内外。这年八月，玄宗又赐名"国忠"。

杨国忠阴险奸诈，接受贿赂，暗结帮派，魅惑皇帝，骗取信任。但他很快发现，皇上的器重引起了宰相李林甫的不满，李林甫开始处处打击排挤他。为了与李林甫对抗，杨国忠在杨贵妃的帮助下，加强了与安禄山的联系。为此，杨国忠请求赐封安禄山为东平郡王，玄宗应允并发布了诏令。入朝为官仅仅四年的杨国忠，成为独揽大权十七年的宰相李林甫的强大对手，双方的明争暗斗日趋激烈。

天宝十载（751），李林甫以剑南地方战乱迭起、边境不稳为借口，奏请玄宗，剑南节度使杨国忠应立即到任平定战事，想以此为借口将杨国忠排挤出朝。李林甫的建议名正言顺，使杨国忠很难拒绝。

杨贵妃十分清楚，杨国忠压倒李林甫成为朝中头号人物，对杨家的显赫和她本人地位的稳固都大有好处。她不能容忍杨国忠受到暗算，立即唤来高力士商量。高力士认为，杨国忠不如先到蜀地处理军务，暂避风头，然后由贵妃奏请圣上将其召回。果然，杨国忠刚到蜀地，玄宗派出的使者随后也就赶到了。

天宝十一载（752）十一月，执政十九年的宰相李林甫因病去世。这对杨国忠来说，真可谓天赐良机，唐玄宗马上发布了由杨国忠代替李林甫为右相的诏令。

杨国忠当政后，唐朝政治更趋混乱。他欺上瞒下，扣下边境战败的消息，不予奏报；自作主张，甚至人事更动也不与玄宗商议。他身兼三十多使职，横行受贿，广结罗网，成为李林甫之后的又一大奸相。

天宝十三载（754）正月，身领平卢、范阳、河东三镇节度使的安禄山入朝觐见。在安禄山入京以前，杨国忠曾多次上奏，称安禄山正在积蓄力量准备叛唐，要求玄宗明升暗降，削夺其兵权。由于杨贵妃的暗中庇护，玄宗一直不予理睬。安禄山身领三镇节度使职，在北部边地的战场上屡立奇功，玄宗对他的宠爱较之杨国忠有过之而无不及，曾一度想任他为宰相。安禄山的存在，对杨国忠的相位构成了威胁，所以他必须设法将其除掉。

然而，杨国忠陷害安禄山却是杨贵妃不能容许的。唐玄宗这次召安禄山入谒，就是她提出来的。为了笼络安禄山，玄宗下令在杨氏五府所在地宣阳坊附近的亲仁坊，为安禄山建了一座宽绰豪华的住宅。此外还赐给金银财物，并加官左仆射，对其部下也论功行赏。

安禄山被召进宫，受到唐玄宗和杨贵妃的热情款待。三天后，杨贵妃把安禄山召进自己的馆舍，在虢国夫人等人的怂恿下，几个妇人给"锦褓儿"安禄山洗了婴儿澡，一直闹到深夜。此后，安禄山经常出入宫闱，有时便夜宿宫中。杨贵妃与安禄山的暧昧关系，也因此不胫而走，只有玄宗蒙在鼓里。只是杨贵妃无论如何也想不到，这位对皇帝和贵妃的宠幸感激涕零的胡将，将要起兵反叛朝廷。

七、安史乱起　泣阻亲征

天宝年间,唐玄宗把军国大事先后托付给奸诈的李林甫和杨国忠,他们骄纵跋扈,屡兴冤狱,致使朝廷贪污腐败,十分混乱。君臣又贪立边功,多次在边境上发动战争。唐初那种内重外轻、以重驭轻的局面被打破了。多次入朝的安禄山窥透大唐国力空虚,觉得有机可乘,所以一面积极招兵买马,制造枪械,储备粮草,为起兵叛唐做准备;一面用贿赂魅惑的手段骗取玄宗和贵妃的信任,年年加官晋爵,拥有十五万兵马,成为唐朝权势最大的边将。

天宝十四载(755)十一月九日,安禄山以"诛杨国忠"的名义在范阳(今北京西南)起兵,率领胡汉兵马十五万长驱南下,兵锋直指东都洛阳。

十一月十五日,唐玄宗与杨贵妃正在骊山避寒,乍听安禄山起兵的消息,难以置信。然而,各地不停送来战报,河北州郡纷纷投降,安禄山的军队所向披靡,已经渡过黄河,迫近东都洛阳了。多年不理朝政、不问军事的唐玄宗感到手足无措,匆忙之中,他召集紧急朝议,任命刚来京城的安西节度使封常清为范阳、平卢节度使,立即到洛阳募兵,固守东都。令荣王李琬、大将高仙芝为正副元帅,在长安募兵组成东征军,出守陕城(今河南三门峡西)。

安禄山以万夫不挡之勇,连连攻克各地城池。十二月八日,逼近洛阳外围。十二月十三日,进占洛阳。从举兵叛唐到占领东都洛阳,安禄山仅用了一个月时间。

听说洛阳失守,唐玄宗怒不可遏,下令将封常清、高仙芝在军中斩首示众;随后任命陇右节度使哥舒翰为潼关守将。哥舒翰多年来屡立战功,是唐朝威名赫赫的武将,正在长安养病。哥舒翰临行前,循例谒见玄宗:"多年来承蒙陛下的恩宠,臣当誓死效力，然而沙场之争胜败难料，这次出征或者是安禄山的人头落地，或者是臣的首级滚落在安禄山的床笫之侧。"

第二天，哥舒翰率领留守京城的八万人马出发了。已在潼关的高仙芝和封常清的部下，此外还有各地汇集而来的残兵败将，共计二十多万人马，统归他指挥。同时，唐玄宗决定亲征，让太子李亨监国。可以说，这是最后一线希望，否则长安危矣。

对唐玄宗的打算，杨贵妃表示赞同。然而，得知太子监国、玄宗亲征消息，杨氏家族却惊慌起来。杨国忠请求贵妃设法阻止皇上亲征，他说："我们可是一直在同东宫作对啊！太子一旦监国，我们杨家满门都会丢掉性命。"

于是，杨贵妃摘去环珮，穿上素服，口衔黄土，匍匐来到玄宗面前，叩头哭泣。玄宗一见大惊，杨贵妃边哭边说："兵凶战危，陛下为何要亲自出征？妾受恩深重，怎忍心远离陛下？身为妇女不能随驾出征，宁愿碎首阶前，以报圣恩。"说完又伏地大哭。玄宗见此，柔肠寸断，最终还是留在了长安城。

天宝十五载（756）正月，安禄山在洛阳称帝，国号"大燕"，年号"圣武"，正式建立起与朝廷分庭抗礼的政权。消息传到长安，玄宗怒极，恨不得亲手杀了他。

四月，安禄山的后方会聚了大批官军，与其抗争。其中规模最大的是郭子仪和李光弼所部，一些投降的州郡纷纷反正；同时，潼关守军还击败了安禄山的一次进攻。且传说安禄山病重。此时，朝廷认为收复洛阳的时机已到，而哥舒翰则认为收复洛阳还未到时机。可玄宗听信杨国忠的谗言，不顾哥舒翰的反对，诏令立即出兵收复东都。

六月十日，哥舒翰的二十万大军从潼关出发，在灵宝县（今河南灵宝）西原与安禄山的劲旅崔乾祐部遭遇，展开了决战。哥舒翰虽拼死力战，仍未能挽回败局，官军死伤大半，哥舒翰被俘，潼关失守。

潼关失守的消息传到长安，宫内一片惊慌。潼关一失，长安已无险可守，安禄山的部队很快就会到达。次日，杨国忠入宫，商量皇上西狩的具体问题。皇上出逃的准备工作正在秘密进行，龙武将军陈玄礼被告知任随行护卫。傍晚，玄宗和杨贵妃一起从兴庆宫移往大明宫。

八、马嵬之变　自缢而死

六月十三日天蒙蒙亮，唐玄宗带着杨贵妃、高力士等踏上了"幸蜀"的路途。跟随去蜀的有太子李亨、宰相杨国忠等臣僚，以及龙武将军陈玄礼率领的龙武军。

启程不久，东宫宦官李辅国来到太子李亨面前，转达了龙武将军陈玄礼的话：全体将士认为国家遭此大难，完全是由杨国忠骄横跋扈引起的，请杀之以谢天下。紧张的气氛骤然笼罩上来，只是坐在车里的玄宗和贵妃一无所知。

晚饭的时候，队伍到达马嵬驿（在今陕西兴平），陈玄礼的近卫军四处游荡，一场政变正在酝酿。杨国忠忙得满头大汗，安置随行的官员和各国使者。二十多个吐蕃使者拦住杨国忠，请求拨给粮食解决晚饭问题。看到这一情形的陈玄礼部下立即高喊："宰相与胡虏谋反！"呐喊的士兵举起刀剑追向杨国忠，相府卫士和家丁及从官分别阻挡。然而，杨国忠还没跑出多远，就被蜂拥而上的士兵乱刀砍死，儿子杨暄也同时被杀。

唐玄宗和杨贵妃正在驿亭吃饭，这时有人报告：宰相杨国忠叛乱已被龙武军杀死。玄宗闻言，大吃一惊。这时士兵已经围住驿馆，龙武将军陈玄礼大声说："宰相杨国忠谋反，已被臣等杀死。祸根还留在陛下身边，将士请陛下割爱正法！"

陈玄礼所指，唐玄宗当然明白，却很是不忍。但眼前形势紧迫，若不答应将士的请求，自己的性命也未必能够保全。杨贵妃也很清楚，自己不可能逃脱这场劫难，只得与皇上依依惜别。高力士为避免危及皇上性命，传口谕"皇上赐贵妃死"。众将士欢呼"皇上万岁"。

随后，杨贵妃在马嵬驿佛堂前的梨树上自缢而死，时年三十八岁。白居易在《长恨歌》中对此作了描写：

> 渔阳鼙鼓动地来，惊破《霓裳羽衣曲》。
> 九重城阙烟尘生，千乘万骑西南行。
> 翠华摇摇行复止，西出都门百余里。
> 六军不发无奈何，宛转蛾眉马前死。
> 花钿委地无人收，翠翘金雀玉搔头。
> 君王掩面救不得，回看血泪相和流。

杨贵妃自缢后，高力士将其尸体抬到驿站的庭中，召陈玄礼等人验看。驿站外的将士们听到杨贵妃已被处死，欢声雷动。陈玄礼等人验尸无误后，这才脱去甲胄，向玄宗叩头谢罪。此时的玄宗还算镇定，好言好语安慰他们，并命告谕其他士卒。陈玄礼等人都高喊"万岁"，再拜而出，然后整顿军队继续行进。

事后，唐玄宗让高力士将杨贵妃的遗体裹以紫褥，胸前放上香囊锦袋，草草下葬。刚刚埋葬完，南方进贡的荔枝送到，玄宗睹物思人，不由放声大哭，即命人以荔枝祭于贵妃坟前。

后世题咏马嵬坡的诗句极多，吟咏、演绎、描绘李杨"爱情"的也不少，以至晚近还有《大唐贵妃》之类的作品。杨贵妃曾患齿痛之疾，有人据此画了一幅《病齿图》，曾有名士在画上题词："华清宫，一齿痛；马嵬坡，一身痛；渔阳鼙鼓动地来，天下痛。"这三句话，可说是对杨贵妃一生的精妙概括。

太平公主

太平公主（约665—713），唐玄宗姑母，高宗李治与武后之女，中宗李显、睿宗李旦之妹。她先后参与拥立中宗、睿宗，封镇国太平公主，实封至万户，开府置官属，权震朝野，当时宰相七人，四人出其门下。她颇有权术和野心，欲效其母武后专擅朝政，因谋废玄宗，事败被杀。

一、宠于则天　初嫁薛绍

太平公主是唐高宗李治和武则天最小的女儿，自幼聪明伶俐，方额广颐，很有心计，在诸女中最为武则天喜爱，常说她像自己。（"主方额广颐，多阴谋，天后常谓'类我'。"《新唐书·诸帝公主传》）

太平公主幼时，经常到外祖母杨氏家里去。当时，她的表哥贺兰敏之因与杨氏私通，也常在外祖母家。在来往于外祖母家的日子里，她随行的宫女（一说太平公主本人）可能遭到过表哥的逼奸。（《旧唐书·贺兰敏之传》："时太平公主尚幼，往来荣国之家，宫人侍行，又尝为（贺兰）敏之所逼。俄而奸污事发，配流雷州，行至韶州，以马缰自缢而死。"）

武则天可以容忍外甥与自己的母亲私通，但不能容忍他奸污自己钟爱的小女儿，加上此前贺兰敏之曾奸污内定的未来太子妃，最终决定将贺兰敏之流放雷州（今广东雷州半岛），并中途命人逼他自缢而死。

太平公主八岁时，以替去世的外祖母荣国夫人杨氏祈福为名，出家做了女道士，"太平"一名，便是她的道号。不过，虽然号称出家，她却一直住在宫中。当时，吐蕃强大，唐、蕃几次战争多以唐军失败而告终。高宗调露元年（679），吐蕃派使者前来求婚，点名要娶太平公主。高宗李治和武后不想让爱女嫁至远方，又不好直接拒绝吐蕃，便建了太平观让公主入住，正式出家，以此为借口来避免和亲。

过了几年，太平公主已是豆蔻年华，虽然出家做了女道士，但她并不想一辈子这样下去。她渴望爱情，希望像平常的公主那样被父皇赐给驸马。也许是高宗和武后有所疏忽，竟然很长时间也没有想到太平公主的婚嫁。太平公主心中十分着急，为了自己的终身大事，她决定亲自请求父母赐婚。

一天，高宗与武后正在后宫欣赏歌舞，太平公主前来拜见。只见她身穿紫衣玉带，头戴折上巾，载歌载舞。中宗与武后大笑起来，奇怪地问道："女儿不做武官，为何要穿成这样呢？"太平公主羞答答地说："把衣服赐给驸马可以吗？"中宗与武后听后，明白了太平公主的心思。

六朝时期，门阀世族观念盛行，表现在婚姻上就是讲究门第，世族基本不与寒门通婚。在这种社会环境下，出身和家族对个人生活的影响非常大。唐朝李氏虽是皇族，但并非传统的高门大族，因而自高祖建唐，几代皇帝都对传统的一等大族特别是山东世族采取抑制为主的政策。高宗显庆四年（659），还下诏禁止太原王氏、荥阳郑氏、清河崔氏、范阳卢氏等"自为婚姻"，以削弱其势力。而当时皇族也多与当世名臣或关中、代北贵族联姻，基本不与山东世族通好。这一政策直接影响了太平公主的婚姻。

不久，中宗与武后便择定了驸马的最佳人选——年少英俊的薛绍。薛绍是高宗的亲外甥，城阳公主的二儿子。薛氏不仅是大族，还是李唐家族的传统姻亲，这点符合政治需要。

太平公主对薛绍也很满意,因而不久便举行了婚礼。婚礼在长安附近的万年县馆举行,场面非常豪华,照明的火把甚至烤焦了沿途的树木;为了让宽大的婚车通过,甚至不得不拆除了县馆的围墙。

武则天对女儿非常宠爱,她认为薛绍的两位嫂嫂萧氏和成氏出身不够高贵,想逼薛家休妻。有人以萧氏出身兰陵萧氏,并非寒门相劝,她才放弃了这个打算。而薛绍的兄长薛顗,也曾因太平公主来头太大而担心惹来祸事。

不过,在第一次婚姻期间,太平公主安分守己,并无有不轨事件传出。她与薛绍十分恩爱,一连生了两个儿子、一个女儿。这段婚姻生活是平静幸福的,但不久就被打破了。

武则天摄政的垂拱四年(688),薛绍兄长薛顗参与唐宗室李冲的谋反,武后下令将他处死,薛绍受其牵连,被杖责一百,饿死狱中。当时,太平公主正怀着她和薛绍的第四个孩子。薛绍之死,令她悲痛欲绝。事后,武后为了安慰女儿,打破唐公主食邑实封不过三百五十户的惯例,破例将其封户增加到一千二百户。

二、再嫁攸暨　诛除怀义

薛绍去世后,寡居的太平公主终日郁郁不乐。武后看在眼里、疼在心里,决定为女儿再择佳婿,来抚平她内心的伤痛。

一开始,武后选中的是侄子武承嗣,后因武承嗣有病,也就作罢。武承嗣身体确实不太好,三四年后就病故了。接着,武后又选择了堂侄武攸暨。武攸暨此时已有妻室,武后暗中派人将之杀掉,强行把他配给太平公主做丈夫。

载初元年(690)七月,太平公主嫁给了武攸暨。九月,武则天称帝,改"唐"为"周",封武氏子十四人为王,武攸暨封千乘郡王。太平公主与武氏联姻,从而受到武则天的保护,避免了李氏子弟可能遭遇的不测。

武攸暨与太平公主共同生活了二十二年,育有两男一女。

在第二次婚姻期间,太平公主大肆包养男宠,与朝臣通奸。武攸暨性格老实憨厚,对公主的行为只能睁只眼、闭只眼。公主还曾将自己中意的男宠进献给武后,相传张易之、张昌宗兄弟便是她进贡的。太平公主之所以如此,与母亲武则天有很大关系。

武则天的父亲可能是个木材商人,母亲杨氏则来历不明。武则天当皇后前后,曾编造自己母亲是隋宗室遂宁郡公杨达之女,但她心里其实也没有底。因此,当有人瞧不起她的家族时,她还会十分生气。当时的人也清楚这一点,一直拿武氏当小族看。

小小的武氏家族与山东世族相比,一个很大的特点是"不守礼法"。武则天的母亲杨氏可以和外孙贺兰敏之私通;武则天的姐姐韩国夫人在丈夫死后和妹夫(即唐高宗)私通,并把自己的女儿也送进宫,侍奉舅舅(即唐高宗);武后养有许多男宠则众所周知;武后之侄武三思与表嫂(或表弟妹)韦皇后私通。

太平公主从小就生活在这样一个家族里,她不可能不受到这种风气的影响。

太平公主身材丰满,额头方正,面颊宽广,多有权术谋略。武则天认为她长相、性格都像自己,格外喜爱,常与她商议政事,但决不让太平公主把自己参与的事情外泄。太平公主畏惧母亲,因此处处谨慎,对外只字不提政事。她生活非常奢侈,大修宅第,华丽无比。

武则天一度宠爱薛怀义,后来有了张易之、张易宗兄弟,便喜新厌旧,疏远了薛怀义。薛怀义心有不甘,火烧明堂。他还四处斥责武则天负情忘义,另图新欢,有辱武后的名声。武后念旧情,不忍处死他,但太平公主看不下去,便进宫与母亲商议除掉薛怀义。于是,公主叫来武攸暨的堂兄武攸宁,密嘱数语,又选了十几个健壮有力的妇女，妥当安排。

当天傍晚，太平公主派人以武后的名义召薛怀义入宫。薛怀义半信半疑，但被女皇再次召幸是他一直期盼的，因此还是带了几个力士入宫。到了宫殿前，见宫中没有异常，只有几个妇女，便让力士在外等候，自己放心入殿。薛怀义刚迈入殿中，突然遭到背后一击，倒在地上，然后被众健妇捆绑起来。接着，武攸宁挥兵将跟薛怀义带来的力士杀死，又进殿杀了薛怀义，将其尸体送到白马寺。

此事办得干净利落，武则天大为高兴，嘉奖太平公主，赏赐了许多财物，还把她的食邑增加到了三千户。

三、拥立二帝　权倾朝野

武则天晚年，张易之兄弟倚仗女皇宠爱，权势冲天。他们利令智昏，大有顺之者昌、逆之者亡的势头。武周长安元年（701），张氏兄弟将私自议论他们的邵王李重润、其妹永泰郡主、妹夫魏王武延基下狱逼死。李重润兄妹都是唐中宗李显的子女，这就不仅得罪了李氏，也得罪了武氏，迫使他们联合起来反对二张。

中宗神龙元年（705），张柬之等联合右羽林卫大将军李多祚起兵诛除二张，迫使武则天传位于中宗李显，并改"周"为"唐"。太平公主参与了这次斗争，但似乎只是在幕后参与谋议，并没有什么实际行动。斗争胜利后，她因功被封为"镇国太平公主"，食邑增加到五千户。

太平公主参与此事的原因可能有二：其一是作为李氏女、武氏媳，她不能容忍张氏兄弟掌权；其二可能是私人原因，即张昌宗诬陷她所爱的情人高戬，把他投入了监狱。

中宗复位后，对妹妹太平公主格外优待，公主所生的薛、武两家儿女都享有实封户，三个儿子薛崇简、武崇敏、武崇行都任三品官。太平公主与相王李旦、长宁公主、安乐公主都派给卫士，环绕府第十步设置一区，由卫士手持兵器警卫，类似宫禁。神龙年间，太平公主与长宁、安乐、宜城、新都、定安、金城共七公主，都开府设置官属，一如亲王。安乐公主享有实封户至三千，长宁公主二千五百户，府中不设置长史。宜城、安定不是韦后所生，享受实封户只有二千。

当时，中宗懦弱无能，韦后、上官婉儿当权，她们自认为谋略远在太平公主之下，因此很是畏惧。太平公主也因此更加骄横。她大量保举天下士人为官，认为儒生大多贫困，就大量馈赠金帛加以接济，让他们归附自己。如此一来，远近士人翕然向往太平公主。就这样，太平公主从武则天当权时的幕后参谋，逐渐走到幕前，积极参与政治。中宗也很尊重她，曾特地下诏免她对皇太子李重俊、长宁公主等人行礼。

景龙三年七月（709），太子李重俊谋反。安乐公主与宗楚客想趁机陷害太平公主与相王李旦兄妹，遂诬告他们与太子同谋。主审官御史中丞萧至忠对中宗流泪进谏说："陛下富有四海，容不下一弟一妹，反而让别人罗织罪名杀害他们。"中宗深受触动，太平公主与李旦才得以幸免，但太平公主与安乐公主的敌对显然已经白热化。

景龙四年（710）六月，中宗被韦后与安乐公主毒死。上官婉儿与太平公主一起草拟遗诏，立温王李重茂为皇太子，皇后知政事，相王李旦参政，试图在韦后与皇族之间谋取平衡。但宗楚客与韦后党羽商议，改相王李旦为太子太师，将其架空，打破了这一平衡。这引起相王之子李隆基的不满，遂与太平公主密谋诛杀韦后。七月，太平公主派其子薛崇简参与了李隆基等诛杀韦后的行动，清除了韦氏党羽。

铲除韦后之后，少帝李重茂依然居帝位，李隆基等人准备拥立相王李旦复位,但没人首议,相王李旦又谦让不肯居帝位,事情一时间陷入僵局。此时,太平公主出面了。

少帝李重茂时年十六岁,太平公主认为他不过是个孩子,可以胁迫他让位,以此作为自己的功劳。于是,她入宫见李重茂,说:"天下大事已归于相王,此处不是小孩子应该坐的地方。"("天下事归相王,此非儿所坐。"《新唐书·诸帝公主传》)随后挟持李重茂下殿,取来皇帝的车马、服装进献给相王李旦。于是睿宗李旦复位。

太平公主有拥立之功,又是睿宗唯一的亲妹妹,深受宠爱,其权势威震天下,实封增至一万户,三个儿子封王,其余的都任祭酒、九卿。每次太平公主奏事,都要过很长时间才退出,睿宗对她言听计从。她保举的人才,睿宗无不任用,有的出身寒微、才能庸劣而破格升任侍从,不久又拜任将相。朝政大事若不禀告公主,几乎就不能执行。有时她不入朝,宰相就到其府邸商议决定朝政大事,睿宗只是画押而已。太平公主长期事奉武则天,善于揣测人主的心意,事先逢迎,无不切中。

太平公主贵宠无比,生活越发奢侈。她的田园遍于近郊,皆为上等肥沃者。给她制作的器物,州县护送,一路不绝。天下的珍宝、奇物、美味,充满她的家中。男女奴仆多达千人,还拥有陇右牧马达一万匹。

长安僧人慧范积蓄钱财千万,交给权贵,以图封官。他本来与张易之关系亲密,张易之被杀,有人说他参与了诛杀的计谋,因而被封为上庸郡公,每月发给俸禄。太平公主的乳母与他私通,后来太平公主也与他私通。慧范向公主请求升任官职,公主便上奏睿宗升任他为御史大夫。御史魏传弓弹劾慧范贪赃四十万,请求处以死刑。睿宗打算赦免,魏传弓进言说:"刑罚赏赐是国家的大事,陛下已经妄加赏赐,又想废弃刑罚,天下人将怎么议论呢?"睿宗不得已,废黜了慧范的大夫之职。大夫薛谦光弹劾慧范的不法行为,说不能宽贷;太平公主为其伸冤,睿宗偏听偏信,薛谦光等反落得有罪。

四、企图谋反　赐死家中

起初,李隆基被立为太子,太平公主认为他年轻,不以为意。后来,李隆基以太子身份代理主持国事,派宋王李成器、岐王李范总管禁兵。太平公主怨恨权力被分,说李隆基不是长子,不当立为太子,要求废黜。姚崇、宋璟等都不同意。

太平公主不肯罢休,又与益州长史窦怀贞等结成朋党,想加害李隆基。他想从同是宰相的韦安石身上打开缺口,便指使女婿邀请他到家里来,可韦安石坚辞不去。唐睿宗曾秘密召见韦安石,对他说:"听说文武百官倾心归附太子,你对此要多加留意。"韦安石却说:"陛下从哪儿听来的这种亡国之言?一定是太平公主。太子为国家立下了大功,而且一向仁慈明智,孝顺父母,友爱兄弟,天下无人不知。希望陛下不要被谗言迷惑。"睿宗听后有些惊异,说:"朕明白了,你不要再提这事了。"

后来,太平公主竟乘辇车到光范门,拦住宰相宋璟、姚崇等人,暗示他们改立太子。在场的人全都大惊失色。宋璟大声质问:"太子为国家立下大功,是真正的宗庙社稷之主,公主怎么忽然提出如此建议呢?"("东宫有大功于天下,真宗庙社稷之主,公主奈何忽有此议!"《资治通鉴·唐纪二十六》)

宋璟、姚崇秘密面见睿宗,请求把几个亲王或者外放,或者任命为太子属官,并请求把太平公主贬到东都洛阳。睿宗流着眼泪说:"朕已经没有兄弟了,只剩下太平公主这个妹妹,怎能远远安置到东都去呢?至于诸王,任凭你们安排。"("朕更无兄弟,惟太平一妹,岂可远置东都!诸王惟卿所处。"同上)不久之后,下诏令太平公主居住蒲州（今山西永济）。不过，公主在蒲州住了四个月，太子李隆基就上表将她召回了京师。

延和元年（712）七月，睿宗不顾太平公主的反对，禅位于太子李隆基。太平公主无可奈何，但仍劝睿宗总揽大政。因此，睿宗仍有权任命三品以上的官爵，决定刑狱政事，太平公主仍能借此操纵国家大政。

太平公主不满足于干政，她想除掉玄宗李隆基，自己亲政。她暗中买通侍奉玄宗的宫女元氏，让她在玄宗的饮食中下毒，希望毒死玄宗。谁知玄宗十分警惕，饮食必定先让人查验是否有毒。太平公主没有得手，但她仍不甘心。

自从武则天改"唐"为"周"之后，朝野上下对女性干政有一种本能的警惕。在这种大的社会背景下，任何女人干政的企图都是注定要失败的。韦后、安乐公主如此，太平公主也不例外。

当时的宰相共有七人，其中五人出于太平公主门下。（"时宰相七人，五出主门下。"《新唐书·诸帝公主传》）左羽林大将军常元楷、知羽林军李慈，都私下谒见太平公主，表示愿意为她效命。太平公主决定谋反，以除掉玄宗。

先天二年（713），太平公主与尚书左仆射窦怀贞、侍中岑羲、中书令萧至忠和崔湜、太子少保薛稷、雍州长史李晋、右散骑常侍昭文馆学士贾膺福、鸿胪卿唐晙，以及常元楷、李慈、慧范等，阴谋废除玄宗。计划派常元楷、李慈带羽林兵入武德殿杀死玄宗，窦怀贞、岑羲、萧至忠在南衙起兵应援，已经定好了日子。

唐玄宗得知太平公主的奸谋，召岐王李范、薛王李业、兵部尚书郭元振、将军王毛仲、殿中少监姜皎、中书侍郎王琚、吏部侍郎崔日用商定计策。玄宗派王毛仲取闲厩马三百匹，率领太仆少卿李令问、王守一、内侍高力士、果毅将军李守德叫开虔化门，斩常元楷、李慈首级悬挂于北阙，绑缚贾膺福关进客省，捉拿岑羲、萧至忠到朝堂，斩下他们的首级。窦怀贞在城壕中自缢，唐玄宗下令斩戮其尸，并将其姓改为"毒"。

太上皇睿宗听到事变的消息后，登上了承天门的门楼。郭元振上奏说："皇帝只是奉太上皇诰命诛杀窦怀贞等奸臣逆党，并没有发生什么其他的事。"玄宗也随后来到门楼之上，于是睿宗颁发诰命，列举窦怀贞等人的罪状，并大赦天下，但逆臣的亲属、党羽不在赦免之列。同时宣告："从现在起，所有军国事务和刑赏教化，均由皇帝处理。朕正好清净无为，修身养性，以遂平生夙愿。"这一天，太上皇睿宗移居百福殿居住。

太平公主逃入山寺，直到事发三天后才出来，唐玄宗下诏在其家中赐死，公主的儿子及党羽处死者达数十人。薛崇简因为平日屡次谏阻母亲而受到责打，故例外宽免，赐姓李氏，并准许留任原职。玄宗还下令将太平公主的所有财产没收充公。抄家时，发现公主家中财物堆积如山，珍宝器玩可以与皇家府库媲美，厩中牧养的羊马、拥有的田地园林和放债应得的利息，几年也收不完。

当初，唐玄宗筹划诛杀窦怀贞等人时，曾召见崔湜，想把他当作心腹。崔湜的弟弟崔涤对哥哥说："无论皇上问到什么，你都不能有所隐瞒。"崔湜没有采纳。窦怀贞等人被杀后，崔湜与尚书右丞卢藏用都因私侍太平公主获罪，被流放到边远之地。正逢有司审讯宫女元氏，元氏供出崔湜和自己同谋投毒谋害皇上，玄宗又下诏将崔湜赐死在流放途中。薛稷之子薛伯阳因娶公主为妻而免于处死，流放岭南，在途中自杀。

当初，太平公主在乐游原筑造观池，用作大集会的场所。在她败灭后，乐游园的观池被玄宗赐给了宁、申、岐、薛四王，都城民众每年在那里进行祓禊活动。

金城公主

金城公主（？—741），唐宗室之女，中宗李显养女，父雍王李守礼。中宗答允吐蕃求婚，将其嫁予吐蕃赞普赤德祖丹。其时赞普年幼，祖母掌权，且玄宗时期唐蕃边境时有战争。金城公主凭着聪慧、善良，居中努力，巩固了文成公主进藏后的唐蕃"舅甥之盟"。

一、远嫁吐蕃　致力和平

金城公主本名李奴奴，为雍王李守礼之女。后为唐中宗李显收养，自幼与其他公主一同成长于皇宫中。

武周久视元年（700），唐休璟率唐军击败吐蕃军。长安二年（702），陈大慈又率唐军击败吐蕃军。在此情况下，吐蕃恢复向唐朝进贡。

唐中宗神龙元年（705），赤德祖丹继位为吐蕃赞普（"赞普"为吐蕃君长称号），垂帘听政的赤德祖丹祖母没禄氏，派大臣悉薰热入唐进贡，并为赞普求娶唐公主。为了边境的安宁，中宗李显册立李奴奴为"金城公主"，遣嫁吐蕃赞普。

景龙三年（709），吐蕃派人来长安迎接公主，中宗李显在苑内球场设宴招待。景龙四年（710），唐朝派左卫大将军杨矩护送金城公主入藏，中宗李显亲自送至始平县（今陕西兴平），并赐给锦缯各数万匹，大批杂使、工匠，还有龟兹乐队，同时还改始平县为金城县，地为怆别里，并颁布金城公主远嫁制书。

金城公主沿着丝绸之路到甘肃，再经青海的河源、玉树等地，进入西藏。经过长途跋涉，终于来到了吐蕃首都。吐蕃民众以自己的方式隆重欢迎远道而来的唐朝公主，赞普赤德祖丹更是欣喜若狂。

金城公主出嫁时，带去大量的锦缯和各种工艺技术人员。入藏之后，朝廷又派专人去中原求取《毛诗》《春秋》《礼记》等文化典籍。这些诗书的传入，对吐蕃的语言文字以及整个文化的发展产生了很大的影响。金城公主的丈夫赤德祖丹特别喜爱汉文化。这时期吐蕃的文物制度多是采用唐朝的，汉文汉语也颇为盛行。

金城公主到达吐蕃后，赞普的祖母为她修建了城池。金城公主与丈夫相亲相爱，过了一段幸福的生活。

唐睿宗即位后，任杨矩为鄯州（今青海西宁东部一带）都督，以管理当地，处理与吐蕃的关系。吐蕃想让鄯州归属于自己，对此暗中衔怒，但表面上对杨矩却很好，经常厚赠财物。杨矩接受了财物，便乐意为吐蕃说话。因此，吐蕃请求以河西九曲（今青海化隆）作为金城公主的汤沐邑，杨矩便上表请朝廷将九曲赐给了金城公主。九曲一带，水多草茂，适宜放牧，与唐接壤。自从得到九曲，吐蕃更加得意，有些轻视唐廷，想以九曲为依托进犯大唐。

唐玄宗即位后，致力于收复失地，统一大唐。开元十年（714），吐蕃宰相坌达延上书，请求玄宗先派左散骑常侍解琬携带盟文，到河源（今青海湖以南地区）划定两国的边界，然后两国再订立盟约。解琬曾任朔方大总管，所以吐蕃特意要求派他前往。解琬进言，认为吐蕃定是心怀鬼胎，准备反叛，请玄宗预先在秦、渭等州屯兵，以防意外事变的发生。与此同时，吐蕃也派遣宰相肖钦藏入朝，进献两国盟书。

双方的盟约还未订立，吐蕃便派将领率十万人马进犯临洮（今属甘肃），大队人马驻扎兰州，还派兵进入渭源地区掠取牧马。鄯州都督杨矩自知当初为吐蕃请赐九曲之错，担心朝廷降罪，遂自杀。玄宗命左羽林将军薛讷与太仆少卿王晙，一起率军迎击吐蕃。

坌达延率十万吐蕃兵驻扎在大来谷（在今甘肃渭源西北）。王晙精选七百勇士，身着胡人服装，夜间袭击吐蕃军队；又在这七百人后面五里远的地方，安排了很多战鼓和号角。先锋部队与敌军相遇后即大声呼喊，后面的人击鼓吹角与之呼应，吐蕃兵误以为唐军大队袭来，惊慌失措，以至于自相残杀，死者数以万计。

此时，薛讷的部队还驻扎在距大来谷二十里的武街，在这两地之间挤满了溃败的吐蕃兵。王晙又一次率军乘夜出击，吐蕃兵一败涂地，王晙这才得以与薛讷的部队会师。唐军乘胜追击溃败的吐蕃兵，一直追到洮水。两军又在长城堡展开激战，吐蕃军再次大败，先后被杀被俘的达数万人之多。在这次战役中，丰安军使王海宾阵亡。

宰相姚崇、卢怀慎等上奏说："以往吐蕃与我大唐一向以黄河为界，中宗神龙年间娶了大唐公主，于是越过黄河到大唐境内修筑城池，设置了独山、九曲两军，两军距离积石军三百里，又在黄河之上架起了桥梁。现在吐蕃既已背叛了朝廷，我们就应该拆毁他们的桥梁、拔掉他们的城池。"玄宗表示同意。

赤德祖丹继位时，年纪幼小，对外军事政策主要为大臣所操纵。成年以后，又常常受到边将的蒙蔽，虽然与唐室通婚，唐、蕃双方的战争时有发生。金城公主对此也无可奈何，她夹在宗国唐朝与丈夫之间进退两难，但仍希望双方和平相处，常向赤德祖丹吹枕边风。

二、力求修好　王子认母

在金城公主的劝说下，赤德祖丹有些动摇，再加上吐蕃军队连连受挫,于是便派使者入唐求和;金城公主也上书,请求玄宗答应与吐蕃修好。玄宗同意了,派皇甫惟明前往吐蕃,并捎给金城公主一封信。

吐蕃赞普非常高兴,又派大臣名悉腊赴唐,奉上赞普的书信,以及赞普和金城公主的礼物。玄宗对吐蕃来使名悉腊予以优厚招待,并与吐蕃订立了以赤岭(今青海湟源日月山)为界的互不侵犯和约,并立碑刻约,这是唐、蕃第三次和盟。自此,吐蕃岁岁向唐朝贡,不敢侵犯边境。可以说,这与金城公主的努力是分不开的。

藏史盛传,金城公主妊娠,赞普赤德祖丹的另一王后那昂女细顿非常妒忌,便四处散布声称自己怀有身孕。金城公主生下王子赤松德赞时,被细顿夺去,伪称是自己的,赞普和大臣们一直疑而未决。对此,金城公主心中十分痛苦。

按照古代藏族习俗,王子能说话、走路时,要举行小王子的能步喜会。赤德祖丹设宴庆祝,邀请了两个王后的亲属和大臣。藏王用金杯盛满佳酿,交给小王子:"儿呀,把这杯酒送给你的舅舅吧!"那昂家族的人们用各种方式引诱,而小王子却走到了金城公主的家人一边,把金杯递给了金城公主的家人。这时金城公主落泪了,从儿子呱呱落地至今,始终母子分离,从此永远可以和儿子在一起了,金城公主欢跳起来。这段王子认母的故事,虽然只是一个传说,可它反映了藏族民众早在一千余年前就认识到汉藏血肉相连、不可分割的关系。

开元十年(722)八月,吐蕃军队围攻小勃律,小勃律国王向唐北庭节度使张嵩求救说:"勃律是大唐西域的门户,勃律如果灭亡,整个西域也就会落入吐蕃之手了。"于是,张嵩派疏勒副使张思礼率领汉、胡步骑四千前去救援。张思礼昼夜兼程,与小勃律的军队夹击吐蕃军队,大获全胜,斩杀和俘获数万。从这以后几年内，吐蕃一直未敢进犯大唐边境。

开元二十九年（741），金城公主长眠于西藏高原。她自出嫁到去世，在吐蕃生活了三十二年，为唐、蕃和平相处做出了巨大贡献，为传播汉藏友谊耗尽了心血。

金城公主去世后，吐蕃派四十万大军入侵唐朝，至安仁军，被唐朝骑将率五千骑兵打败。

功过是非论宰相

唐代除三省长官外,六部尚书等"同中书门下三品""同中书门下平章事"者,也均为宰相。玄宗朝宰相不少,也很是知名,贤相姚宋媲美房杜、古今景仰,奸相李杨亦千古少见、令人切齿。而开天理乱之别、玄宗前后迥然之异,宰执实属第一关捩,既为绳度,持正切谏则君明世治;亦为镜鉴,奸相横行准是照见人君昏荒。宰辅关系之大,良可古今同慨。

中书令姚崇

姚崇（650—721），唐朝名相，四大贤相之一。本名元崇，字元之，后避"开元"年号改名。陕州硖石人。历任兵部尚书、中书令等，封梁国公。武后、睿宗、玄宗三朝位列宰相，居相位十多年，挽救危局，革除弊政，整顿吏治，振兴经济，为开元之治作出了重要贡献，人称"救时宰相"。

一、仕途平坦　扶摇直上

姚崇祖籍吴兴郡武康县（今浙江湖州德清），为江南世家大族吴兴姚氏之后。先世因官北迁，遂定居陕州硖石（今河南三门峡市陕州区）。父亲姚懿，贞观年间做过嶲州都督。

姚崇少时性格豪爽，崇尚气节，喜欢打猎，常呼鹰逐兽以自乐。长大后，他听人劝告，刻苦读书，后经科举入仕，授濮州司仓参军，又任司刑丞。此时正值天授年间，武则天为巩固自己的统治，重用酷吏周兴、来俊臣，肆行严刑峻法，遭冤被杀者比比皆是。姚崇理案公正执法，把很多人从冤狱中救了出来。

不久，姚崇因才能出众，接连晋升，直至夏官郎中，成为兵部要员。时逢契丹大举进兵，攻陷河北一些州县，当地人心恐慌。姚崇上奏数条应急措施。武则天见其剖析周密、论理恰当，甚为惊奇，便破格提升姚崇为兵部侍郎。

武则天重用酷吏、奖励告密。酷吏趁机诬陷贤臣，任意用刑，滥杀无辜，民愤很大。满朝文武被弄得人人自危，惶惶不可终日，却无人敢于谏诤。周兴、来俊臣死后，武则天有一次对廷臣说："过去周兴、来俊臣等推断、勘验案件，受牵连的朝臣很多，都有谋反之罪，国家有法，朕岂能违背？只得将他们处死。其中也怀疑有枉法滥奏的，朕便让近臣到狱中亲自审问，都供认不讳，朕不再怀疑，便准予处以死刑。近来没再听说有谋反的人，那么以前被杀的那些，会不会有诬陷冤枉而死的？"

姚崇毫不讳言，对武则天说："自垂拱以来，被告身死破家者，都是屈打成招而死。告密的人都认为自己有功，所以诬攀罗织，危害胜过了汉代的党锢。陛下命令近臣到狱中审问，近臣也担心不能自保，怎敢为被冤枉者翻案？受审的犯人若想翻案，又害怕遭其毒手，因此在近臣审问时，都不敢有异议。上天降灵使圣上恍然大悟，诛锄两位凶徒，朝廷得以安定下来。"

姚崇还以自己和全家百余口的性命担保，认为全朝文武大臣并无一人有谋反之心，恳求武则天以后收到状子就搁起来，不再追究。如果今后发现真有人谋反，甘愿承受知而不告之罪。武则天听了姚崇的话，非常高兴，随后说："以前宰相皆顺承旨意，使朕陷于滥施刑罚的境地，现在你的话很合朕的心意。"（"以前宰相皆顺成其事，陷朕为淫刑之主。闻卿所说，甚合朕心。"《旧唐书·刑法志》）遂特赏白银千两给姚崇，并斩杀酷吏以平民愤。

武周圣历元年（698），武则天提升姚崇为夏官（兵部）侍郎、同凤阁鸾台平章事，（凤阁、鸾台为武周时期中书、门下二省的别称。）不久又兼相王李旦府长史。但姚崇以母亲年老有病解职侍奉，武则天下诏同意他以相王府长史侍疾。一个月后，姚崇重新兼夏官尚书、同凤阁鸾台三品。姚崇上奏道："臣事相王，不宜再掌管兵马。不是臣爱惜性命，只是这样做对相王无益。"武则天采纳了姚崇的意见，下诏改他为春官（礼部）尚书。

姚崇为官廉明，不畏权势，敢于直言。当时，武则天的内宠张易之、张昌宗兄弟，依仗武后，肆无忌惮。长安四年（704），张易之要把京城的十个和尚调往自己在河北定州修建的佛寺。为了压一压张易之的嚣张气焰,明知是件小事,可姚崇就是不同意。张易之几次请求,姚崇仍坚决不同意。张易之因此怀恨在心,常在武则天面前诋毁姚崇。恰逢突厥犯边,武则天便调姚崇任灵武道行军大总管,后改任灵武道安抚大使。虽然还是凤阁鸾台三品,但已无宰相实权。

姚崇赴任之前,武则天要他推荐堪任宰相之人。姚崇推荐了张柬之,说张柬之沉稳有谋,能断大事。在这之前,狄仁杰就推荐过张柬之,但武则天一直没任其为相。如今经姚崇再次推荐,武则天这才任命张柬之为秋官(即刑部)侍郎、同凤阁鸾台平章事,做了宰相。

二、施谋避祸 再登相位

张柬之担任宰相后,对张易之、张昌宗兄弟在朝中的无法无天深感不安。大臣们多次上书,要求对二张进行惩治,但因武则天袒护,二张依然横行宫中,逍遥法外。

中宗神龙元年(705)正月,武则天病重卧床,不能出朝,张柬之觉得铲除二张的时机已到,便开始着手谋划。此时,正好姚崇从驻地回京,张柬之喜上加喜,认为姚崇回来,铲除二张就更好办了。经过精心谋划,姚崇和张柬之率五百羽林兵冲入玄武门,杀死了这两个作恶多端的恶棍。接着,他们又对武则天施加压力,迫使她让位给太子李显。

李显复位后,姚崇、张柬之被任为宰相。因姚崇有功,加封为梁县侯,食邑二百户。

武则天退位后,迁居上阳宫。一天,中宗李显率百官前去问候,大家都欢欣鼓舞,相互庆贺,可姚崇却呜咽流涕,哭了起来。张柬之等都感到诧异,忍不住问他:"今日岂是您流泪哭泣之时?恐怕您的灾祸就要由此开始了。"姚崇说:"我事奉了则天皇帝很久,现在要辞别她,悲不能忍。况且我前日因公义而诛杀奸逆,是人臣的本分;今天辞别旧日的君主,也是人臣的本分,都是出于本心。"中宗李显听后大怒,当天就下诏将姚崇调离京城,出任亳州(治今安徽亳县)刺史。

其实,调离京城,正中姚崇下怀。他并非真的留恋君臣私情,而是已经预感到武氏家族和李氏王朝之间即将爆发权力之争,担心遭到武氏势力的暗算,成为其间的牺牲品。果然不出所料,第二年,武则天之侄武三思在中宗支持下,削夺张柬之等人的实权,并将他们在流放中杀害。姚崇则因"一涕"而幸免于难。

姚崇罢相后,远离京城,摆脱了朝廷的内部斗争,先后在亳州、宋州、常州等地担任刺史。

这时,朝中大权已被武三思和韦后掌握,中宗不过是个傀儡。景龙元年(707)七月,早已对武三思和韦后怀恨在心的太子李重俊,率羽林军杀死武三思及其党羽十余人。在韦后及其女儿安乐公主的逼迫下,昏庸的中宗派兵杀了李重俊。景龙四年(710),韦后母女合谋毒死中宗,准备登上皇位。而李隆基则策动禁军发动政变,一举杀死韦后、安乐公主及其党羽。在儿子李隆基和妹妹太平公主的支持下,相王李旦恢复帝位,是为睿宗,改元"景云"。李隆基被立为太子。

景云元年(710)六月,睿宗李旦拜姚崇为兵部尚书、同中书门下三品。姚崇再登相位。

三、相开三度　革新政纲

睿宗虽然复登皇位,但实际上,朝廷大权为太平公主掌控。太平公主受母亲武则天影响甚大,一心想干预朝政,坐上皇位。姚崇虽被睿宗拜为宰相,但他深知斗争复杂,隐患重重,依然有些惶恐不安。后来,为防后患,姚崇和宋璟联名上奏,建议将掌握兵权的人调任各州刺史，把太平公主安置到东都洛阳，以确保李隆基的东宫地位。

谁知昏庸的睿宗把姚、宋的建议如实转告了太平公主，太平公主听后大怒。李隆基也慌了手脚，为争取主动，便站出来指控姚崇等挑拨皇上与兄妹间的关系，应该受到严惩。随后，姚崇再次遭贬，调任申州刺史。之后又先后任扬州刺史、淮南监察史和同州刺史。在做地方官时，姚崇清正廉洁，很受百姓爱戴。

延和元年（712），睿宗让位给太子李隆基，是为唐玄宗。一心想当皇帝的太平公主见李隆基已对自己构成威胁，决定发动政变。唐玄宗李隆基事先得到密告，决定先发制人，遂于开元元年（713）七月，率羽林军消灭了太平公主的党羽，随后赐死太平公主。宫廷内乱终于平息下来，唐玄宗的地位得到了巩固。

登基之初的唐玄宗算得上位英明君主，他励精图治，一心想振兴国家。平息宫廷内乱后，他决定起用姚崇为相。开元元年，玄宗到新丰（今陕西临潼东北）巡视军队。按规定，皇帝出巡，方圆三百里内的州郡长官都要到皇帝行在拜见。姚崇此时任同州（今陕西大荔）刺史，且受到皇上秘密召唤，非去不可。姚崇来到行营时，玄宗正在渭河边打猎，立即就地召见。唐玄宗问姚崇会不会打猎，姚崇说从小就会，二十岁时就以呼鹰逐兽为乐，所以人虽已老，但还能射猎。于是君臣一起狩猎，姚崇在猎场上驰逐自如，很让玄宗满意。

罢猎后，唐玄宗向姚崇征求治理国家的意见。姚崇侃侃而谈，一点也不觉得疲倦。唐玄宗听了，对姚崇说道："你应该做我的宰相。"姚崇知道唐玄宗胸襟宽广，有宏图大志，也想做他的宰相，辅佐他成就大业；但又有意要激他一下，便不行礼谢恩。唐玄宗感到奇怪，有些不高兴，遂问姚崇："你嫌宰相位不够高吗？"姚崇回答说："臣不敢。只是有十点建议上奏，陛下考虑能否做到；如果做不到，我就不敢做这个宰相。"唐玄宗让他说出来看看。

姚崇立即说了如下十条意见（即《十事要说》）：第一，垂拱年间以来，朝廷以严刑酷法治天下，请今后施政以仁义为先；第二，鉴于先朝高宗征伐吐蕃兵败青海，请于数十年内，不贪求边功；第三，朝廷亲近之人多冒犯法纪，而这些奸佞之徒都因受宠幸而免罪，请严格执法从近臣开始；第四，武后临朝以来，宦官专权，惑乱朝政，请禁止宦官参政；第五，此前地方官随意征缴苛捐杂税，盘剥百姓，请减免租庸赋税，杜绝苛捐杂税；第六，鉴于武后以来皇亲国戚争权，朝廷内乱，政权不稳，请皇亲国戚今后不得担任中央要职；第七，鉴于先朝对群臣轻慢无礼，有失君臣之敬，请君主对大臣待之以礼；第八，鉴于中宗时擅杀忠臣，使谏臣心灰意冷，请使敢于直言进谏者不获罪受害；第九，鉴于武后建造福先寺，上皇建造金仙、玉真二观，工程浩大，耗费百万，请今后杜绝建造佛寺道观；第十，汉朝外戚禄产、王莽专权擅政，扰乱国家，请以此为鉴。

姚崇的这十条建议，涉及政治、经济、军事、法治等，针对武则天以来弊政和历史教训而提出，可谓挽救政治衰败的革新纲领。言辞不多，但切中时弊。这对胸怀大志，希望振兴国家的唐玄宗来说，可谓救世良方，因此他都欣然接纳。于是，唐玄宗就在渭川拜姚崇为兵部尚书、同中书门下三品。

四、兴利除弊　大胆改革

姚崇第三次担任宰相后，唐玄宗为他提供了施展才能的广阔舞台。但凡军国要事，玄宗都要和他商量。宰相张说和姚崇不和，玄宗就把他派往地方当刺史；另一宰相刘幽求，则被调任闲职。当朝的宰相只有姚崇和卢怀慎。但姚崇既掌相权，又掌军权，无疑处于支配地位，从而成为开元年间革故鼎新的最高行政长官。

开元初年，政局混乱，社会动荡不安。自武后末年以来，皇亲国戚多居台省要职，诸王又掌管禁军。为了争权夺利，诸王勾结朝官，频频发动政变，短短八九年时间，连续发生五次政变。针对这一弊端，姚崇首先从整顿吏治入手。开元二年（714），姚崇协助玄宗将诸王改任外州刺史，并规定诸王"不任以职事"，"到官但领大纲，自余州务，皆委上佐主之"。从此，诸王只享有爵位，不再掌握军政大权，从而失去了作乱的条件。

中宗以来，因风行卖官鬻爵，官吏猛增，机构臃肿，除正员外，全国置员外官两千余人。官多则俸禄多，国家因此开支巨大。针对这一弊端，姚崇又于开元初年大量裁减冗员，所有员外官、试官、检校官全部罢免，并严正声明：没有政绩和战功，不经皇帝特别诏令，吏部和兵部都不能录用这三种官。同时还取消了一些闲散诸司、监、置十余所。

姚崇还劝谏唐玄宗，"戚属不任台省"，因此开元初没有大封外戚。姚崇还把一些官高势盛、居功自傲的功臣贬到地方任刺史。这一系列措施，犹如釜底抽薪，抑制了功臣的权势，根除了中央政局动乱的隐患。多年来动荡不安的政治局面自此结束，所以，人们称姚崇为"救时宰相"。

开元初年，在姚崇的建议下，唐玄宗还制定了中央官和地方官相互交流的制度。京官有才识者，出任都督、刺史；都督、刺史有政绩者，入选京官。这根除了长期存在的重内官轻外官的弊端。县令是地方的基层长官，长期不予重视。为避免滥用，开元四年（716），唐玄宗亲自对新任命的县令进行殿试，其中只有一人成绩显著提升，其余四十五人不合格，被遣回家习读。

姚崇荐官取士，以德才为重。他推荐的广州都督宋璟，刚正不阿，为官清廉，是唐代的四大贤相之一。他还罢免了以前的"斜封官"。这种官是由皇帝直接颁下敕书，用斜封交付中书省执行，故称"斜封官"。开元二年，申王李成义未通过有关部门，私自奏请皇上把府中的阎楚珪由录事提拔为参军，玄宗已表示同意。姚崇得知后上疏反对，他说："臣认为量才授官，应当交给有关部门。如果因是亲戚故旧，给予官爵以显示恩惠，那就像从前一样，肯定会紊乱纪纲。"因姚崇极力反对，唐玄宗最终收回了敕命。

在整顿吏治时，同时注意用法制来约束官吏，对违法乱纪者，即便皇亲国戚，也一视同仁，决不宽容。开元二年正月，薛王李业的舅舅王仙童依仗权势，暴虐百姓，受到御史的弹劾，将依法受处分。李业向皇上求情，玄宗便下令重新查究，意欲宽赦。姚崇上书说："仙童罪状明白，御史所言并无冤枉，不能放过。"唐玄宗最终听从了姚崇的建议。

由于姚崇对吏治的大力整顿，使得开元初期政治较为清明，社会稳定，经济上得到了很好的恢复和发展。

五、力持灭蝗　"救时宰相"

佛、道二教在唐代甚为盛行。由于寺院享有特权，没有赋役，上自帝后、达官贵人，下至豪绅富贾，都在利用它们捞取好处。寺院不惜耗费巨资，占用大量土地，频繁修建佛寺、道观，然后纷纷度人为僧。由于"度人为僧无穷，免租庸者达数十万"，造成国家财政日益困乏。

开元二年（714），姚崇上疏，请求裁减和尚。他说："百姓能够安居乐业即是福身，哪里用得着剃度奸诈之徒为僧，让他们败坏佛法呢？"姚崇认为，只知信佛，终将导致身死国亡，并以史实为例说明。唐玄宗采纳了这一建议，遂裁减僧尼三万人，让他们还俗从事生产，并禁止百官和僧、道往来；禁止铸造佛像、传写经书，禁止修建佛寺；修缮佛寺的，也要报请批准。这一系列措施，无疑对控制寺院经济、发展农业生产，以及增加国家财政收入，起了很大的作用。

开元三年（715），山东等地连续发生严重蝗灾。人们都认为此乃"天灾"，希望求得上天显灵消灾，因此"坐视食苗不敢扑"。姚崇上疏主张扑杀蝗虫，他说："田地都有主人，让他们自己救自己的地，肯定无人偷懒。"建议"夜中设火，火边挖坑，且焚且塞，除之可尽"。他还说："自古以来之所以有不能除尽的蝗虫，只不过是不够用力罢了。"

姚崇的建议一出，朝廷议论纷纷，都"以驱蝗为不可"。姚崇力排众议，据理力争，他说："庸儒教条，不知道变通。现在山东遍地蝗灾，极其罕见。河北、河南没有多少存粮。如果没有收成，百姓免不了流离失所。事关重大，不能死板。即使不能除尽，也比任其成灾要强。"为了消除皇上的疑虑，坚定其灭蝗决心，姚崇直言："陛下好生恶杀，此事不必您下敕文，请允许臣下牒文办理就是了。如果除不了，臣的官职爵位，都可以除去。"

姚崇的这一席话，终于让唐玄宗抛开了顾虑，他对左右说："朕与贤相讨论已定，扑蝗之事，再有敢议论者处死。"接着，姚崇立即派遣御史，取名"扑蝗使"，分赴各地督促扑蝗。数日之后，仅汴州一地就扑灭蝗虫十四万石，投入汴渠顺流而下的更是不计其数。由于奋力扑杀，蝗虫渐渐止息，山东免遭了一场大灾难。

黄门监魏知古本是小吏出身，因为姚崇的引荐，才与姚崇同朝为相。姚崇有些轻视他，让他代理吏部尚书职务，负责主持东都洛阳的官吏铨选，另派吏部尚书宋璟在门下省负责审定吏部、兵部注拟的六品以下职事官。魏知古因此对姚崇十分不满。

姚崇的两个儿子，都在分设于东都洛阳的中央官署任职。他们倚仗父亲对魏知古有恩，大肆揽权，为他人私下向魏知古求官。魏知古回到长安后，把这些事全都告诉了唐玄宗。过了几天，玄宗装作漫不经心地问姚崇："卿的儿子才干品性怎么样？现在担任什么官职啊？"姚崇揣摸到了玄宗的心思，便回答说："臣有三个儿子，其中有两个在东都任职，他们为人欲望很大，行为也很不检点。如今他们一定是有事私下嘱托魏知古，只不过臣没有来得及去讯问他们而已。"

唐玄宗原本以为姚崇定会为儿子隐瞒，听了他的这番回答，高兴地问道："您怎么知道这件事的呢？"姚崇回答说："魏知古地位卑微之时，臣曾经多方关照。臣的儿子非常愚鲁，认为魏知古一定会因此而感激臣，从而容忍他们为非作歹，所以才敢于向他干求请托。"唐玄宗因此而认为姚崇忠正无私，而看不起魏知古的忘恩负义，想罢黜他的职务。姚崇再三请求不要这样做，他说："此事本是臣的两个儿子有罪，破坏了陛下的法度，陛下赦免他们的罪过，臣已经感到万幸了；如果因为臣的缘故而斥逐魏知古，天下人定会认为陛下在偏袒臣，这样会累及圣朝的声誉。"唐玄宗沉吟良久才答应了他的请求。魏知古被免去相职，改任工部尚书。

有一次，姚崇因事请了十几天的假，导致应当处理的政务堆积成山，宰相卢怀慎无法决断。姚崇假满复出之后，只用一会儿工夫，便将未决之事处理完毕，不禁面有得意之色，回头对紫微舍人齐浣道："我做宰相，可与历史上哪些宰相比？"齐浣没有回答。姚崇继续问道："我与管仲、晏婴相比，谁更好些？"齐浣回答说："管仲、晏婴所奉行的法度虽然未能传之后世，起码也做到终身实施。您所制定的法度则随时更改，似乎比不上他们。"姚崇又问道："那么，我到底是什么样的宰相呢？"齐浣回答说："您可以说是一位救时之相。"（"公可谓救时之相耳。"）姚崇听后十分高兴，把手中的笔扔在桌案上，说："救时宰相，也是不容易找到的呀！"（"救时之相，岂易得乎！"《资治通鉴·唐纪二十七》）

六、自请罢相　唯物抑佛

有人进言说:"各道按察使只会给官府和百姓添麻烦,请陛下精简各地的刺史、县令,停止向各道派遣按察使。"唐玄宗下令召集尚书省官员讨论,姚崇认为:"现在不过是选派了十道按察使,尚且担心未必都能找到合适人选,何况全国共有三百多个州,至于县的数量则又超过好几倍,每一位刺史、县令怎么能都称职呢!"唐玄宗因此没有停派按察使。

尚书左丞韦玢上奏道:"各部郎官大多无事可做,请陛下裁汰郎官,改授他职。"不久,韦玢就被外放为州刺史,宰相打算任命他为冀州刺史,玄宗下令改到一个小州。姚崇上奏道:"各部郎官松散懈怠,还有不称职的,韦玢请求裁汰郎官,正是奉公的表现。现在郎官刚刚改任他职,韦玢就被贬黜外放,街谈巷议都说这是受到郎官诽谤所致。臣担心今后尚书左右丞以韦玢为戒,那样的话,尚书省的日常事务又怎能办好呢?臣希望陛下对此事全面考察,以便使为官者无所疑惧。"唐玄宗听从姚崇的意见,将韦玢任命为冀州刺史。

开元四年(716),山东蝗灾又起,姚崇又下令各州组织人力捕杀蝗虫。汴州刺史倪若水说:"蝗虫是上天降下的灾祸,并非人力可以扭转的,朝廷应当通过修德行善来消除蝗灾。十六国时期前赵的刘聪就曾捕杀埋掉蝗虫,但蝗虫造成的灾害反而更为严重。"因此,倪若水抵制前去督促捕蝗的御史,不肯捕蝗。姚崇得知此事,写信给倪若水说:"刘聪乃僭越称帝,因此德不胜邪;当今乃圣朝明君,所以邪不胜德。自古郡守贤良,蝗虫不入其境。倘若修德可以免除蝗灾,岂不等于说蝗灾是因为无德而招致的吗?"倪若水这才不敢坚持违抗捕杀蝗虫的命令。

这年五月,唐玄宗颁布敕命,委派使者分赴山东受灾各州,仔细考察地方官捕杀蝗虫的情况，并将勤勉者和懒惰者的姓名记录下来回奏。也正是因为姚崇力主灭蝗，连年发生的蝗灾才没有引起严重的饥荒。

姚崇自己没有住宅，寓居在罔极寺里，因身患疟疾向皇上请假。唐玄宗屡次派使者询问姚崇的日常饮食起居，每天竟达数十次之多。黄门侍郎源乾曜上奏言事时，每当他的回答符合旨意，唐玄宗总是说："这一定是姚崇的主意。"（"此必姚崇之谋也。"）有时回答不符合旨意，玄宗就说："你为什么不事先和姚崇商量一下呢？"（"何不与姚崇议之？"《资治通鉴·唐纪二十七》）源乾曜也常常向唐玄宗道歉，承认确实如此。

朝中一有大事，唐玄宗就要让源乾曜到罔极寺询问姚崇的意见。源乾曜请求将姚崇从罔极寺搬到四方馆居住，并准许家属入馆照料，唐玄宗答应了。姚崇认为四方馆内存有官署的文书，不是病人应当居住的地方，因而坚决推辞。唐玄宗对他说："设置四方馆，本来就是为官员服务的；安排你住进来，是为国家考虑。朕恨不得让你住到宫里，你还有什么可推辞的呢？"（"设四方馆，为官吏也；使卿居之，为社稷也。恨不可使卿居禁中耳，此何足辞！"同上）

姚崇的两个儿子——光禄少卿姚彝和宗正少卿姚异，平日广交宾客，收受了许多礼物，受到时人的非议。主书赵诲受姚崇亲近信任，接受胡人贿赂被发觉，唐玄宗亲自审讯，罪当处死。姚崇出面营救，唐玄宗因此不高兴。恰巧赶上因特殊情况赦免京城的在押罪犯，玄宗在赦免敕书中专门标出赵诲的名字，另处杖刑一百，并流放岭南。姚崇因此感到忧惧，便屡次请求辞去相职，推荐广州都督宋璟代替。唐玄宗准其辞职，改授开府仪同三司。

姚崇虽然不在相位，但有关军国大事，唐玄宗依然征求他的意见。开元五年（717）春，玄宗将赴东都洛阳巡幸，太庙突然倒塌。玄宗问身边大臣何故，那些人都说是皇上服（睿宗）丧未满三年，巡幸不合天意。玄宗召来姚崇询问，姚崇说："太庙大殿乃前秦苻坚所建，年代久远，木质腐朽，必然会倒塌。但倒塌之日与行期相合，只是巧合而已。"劝皇上不要耽误巡期，并建议重新修建太庙。唐玄宗依了他的意见。

开元九年（721）九月，姚崇病逝，时年七十二岁，追赠扬州大都督，谥曰"文贞"（又作"文献"）。开元十七年（729），又追赠太子太保。

姚崇临终时，嘱咐子孙薄葬："吾身亡后，可殓以常服，四时之衣，备一副而已。"（《遗令诫子孙文》）并再三叮嘱子孙不要信佛："佛教以清净慈悲为本，愚昧的人却希望通过抄写经文、建造佛像求得来世之福。过去的北齐与北周两国对峙，北周毁弃佛经佛像而整治军队，北齐却丢开刑罚与政令，大量建造佛寺，等到两国交战，结果是北齐灭亡，北周勃兴。近代的武氏成员和韦氏诸人，所建之寺与所度之僧数不胜数，却并未免除宗族夷灭的后果。在我死后，你们不要像凡夫俗子那样愚昧无知，为我诵经超度以求死后之福。道士们见僧尼因此而获利，也会效法，更不能将他们请进家门。这条家训，子孙后代必须永远遵守！"

唐玄宗对姚崇去世十分悲痛，遂下令为他撰写了赞誉碑文："位为帝之四辅，才为国之六翮；言为代之轨物，行为人之师表。"

吏部尚书宋璟

宋璟（663—737），唐朝著名宰相，四大贤相之一。字广平，邢州南和（今河北邢台）人。历仕武后、中宗、睿宗、殇帝、玄宗五朝，历任吏部尚书、刑部尚书、尚书右丞相等。曾两度出任宰相，为相共约四年。宋璟为人刚正不阿，直言敢谏，又精于吏治，刑赏无私，与姚崇同心协力，辅佐唐玄宗开创了"开元盛世"。

一、初涉政坛　勇斗二张

宋璟的父亲宋玄抚，曾任卫州司户参军，是个低级官员。因此，宋璟家境不好，但他力求上进，刻苦好学，博学多识，工于文辞。年仅十七岁即中进士，授上党尉，后又升任监察御史、凤阁（中书）舍人。他为官正直，颇受武则天的赏识。

张易之、张昌宗是武则天的内宠，有恃无恐，横行不法。宋璟不顾个人安危，与二张反复斗争。武周长安三年（703），张易之诬陷宰相魏元忠，贿赂凤阁舍人张说作诬证。张说同意，将至御前作证。同为凤阁舍人的宋璟劝张说："名誉气节最为重要，天地鬼神难以欺瞒，一定不能勾结奸佞诬陷好人，以图苟且免祸。如果因此触怒皇上、谪官流放，美德也会受人尊敬。倘若遭遇不测，我一定叩请天子救你，情愿与你一起去死。千万努力，要想让万代景仰，就在此一举了。"（"名义至重，神道难欺，必不可党邪陷正，以求苟免。若缘犯颜流贬，芬芳多矣。或至不测，吾必叩阁救子，将与子同死。努力，万代瞻仰，在此举也。"《旧唐书·宋璟传》）张说为宋璟所言感动，廷辩时如实上奏，魏元忠得以免受陷害。

不久，宋璟调任御史中丞。这时武则天年事已高，张易之、张昌宗兄弟更加飞扬跋扈。朝中大臣都惧怕他们，不敢直呼其职，而称张易之为"五郎"，张昌宗为"六郎"。宋璟对二张毫不畏惧，反而使二张有些怕他。

一次，武则天大宴群臣，二张位居列卿三品，在上座；宋璟官阶六品，在下座。张易之讨好宋璟，虚位作揖说："公是朝中第一人，为何下座？"宋璟说："我才劣位卑，张卿以为第一，这是什么原因？"天官侍郎郑杲平时对二张毕恭毕敬，问宋璟："中丞奈何称五郎为卿？"宋璟说："以官言之，正当为卿。足下不是易之的家奴，何必称他为郎？"宋璟的话使郑杲面红耳赤，也使二张狼狈不堪。从此，张易之兄弟对宋璟怀恨在心，处处中伤，但因为武则天知道内情，所以宋璟得以免罪。

长安四年（704），二张因武则天病情加重，深以为虑，暗中密谋对策。这时，有人发觉二张有异谋，告发他们谋反，但武则天不信，也不加追问。许州杨元嗣告发张昌宗召术士李弘泰看相，李弘泰说他有天子相，还劝他在定州建造佛寺，使天下归心。因为涉及谋反大事，这次武则天派凤阁侍郎韦承庆、司刑卿崔神庆和御史中丞宋璟查明上报。

韦、崔惧怕二张权势，又想讨好武则天，竭力为张昌宗开脱，说他已经把李弘泰的话告诉了皇上，不可加罪。宋璟质问说："易之等事露自陈，情在难恕，且谋反大逆，无容首免。请勒就御史台勘当，以明国法。"事情败露才自陈，作不得数。他还对武则天说："易之等久蒙陛下驱使，分外承恩，臣必知言出祸从，然义激于心，虽死不恨。"武则天听后很不高兴。宰相杨再思恐怕宋璟获罪，急忙拉他出去。宋璟说："天颜咫尺，亲奉德音，不烦宰臣擅宣王命！"（同上）宋璟始终不放过二张，对武则天说，倘若不将二张拘押在狱中，恐怕将要为乱天下、动摇民心。于是，武则天将张易之、张昌宗拘押入狱。

过了不久，武则天又将二张特赦放出。为了缓和矛盾，她令张易之兄弟到宋璟家谢罪，宋璟拒不接见，说："公事当公言之，若私见，则法无私也。"（同上）他对二张恨得咬牙切齿，对左右说："不先击小子脑袋，负此恨矣！"（《资治通鉴·唐纪二十三》）宋璟对二张的斗争，关系到国家的安危，因而得到朝臣的支持。

左拾遗李邕上奏武则天，说宋璟所奏，不是为谋自身私利，而在安定国家，但武则天就是不听。

为了避免矛盾，武则天派宋璟到扬州当按察，宋璟说："审理州县案件，是监察御史的职责。"后又诏令按察幽州都督屈突仲翔，宋璟又拜辞说："御史中丞非大事不得出京。仲翔犯的是贪赃罪，要臣前去，必有害臣之心。"随后，武则天又下诏任为李峤副使，出使陇蜀。宋璟又加推辞，说："陇右没有变故，臣以御史中丞为李峤之副，朝廷还没有先例。"宋璟为治二张之罪，三次违诏，不肯奉诏前往。

本来，张易之兄弟想借宋璟出京的机会，向武则天劾奏，以谗言陷害他，予以诛杀。此计不成，他们又生一计，在宋家举办婚事时刺杀宋璟。宋璟获知阴谋，就乘坐破车躲到别处歇宿，刺杀计划无法实现。

宋璟对二张的斗争，虽然没有取得结果，但却使二张处于不利地位，朝臣对他们的所作所为极为痛恨。

神龙元年（705）正月，武则天病情加重，二张守在武则天身边处理国事，大臣无法近前。宰相张柬之经过详尽周到的密谋，联合禁军将领，杀死二张兄弟，迫使武则天让位于太子李显。

二、坚持原则　不畏权贵

中宗李显复位后，认为宋璟为官正直，命他任吏部尚书兼谏议大夫、内供奉，随时讨论朝政得失。不久，又改任黄门侍郎。

中宗李显昏庸无能，朝政大权掌握在皇后韦氏和武则天侄儿武三思手中，二人淫乱宫闱，狼狈为奸。因此，宋璟又和武三思展开了尖锐斗争。

武三思曾经因事请托宋璟，宋璟正色对他说："当今圣上复位，大王应该以侯爵身份归居府第，为何要干预朝政？大王难道没听说过吕产、吕禄（汉初吕后的侄儿，因干政被诛灭）之事吗？"

神龙二年（706），京兆人韦月将上书中宗，告发武三思"潜通宫掖，必为逆乱"。武三思得知后，暗中让手下人诬陷韦月将大逆不道。中宗听信谗言，特令处斩韦月将。宋璟以为案情不实，请求查实验证。中宗大怒，说："朕已决定斩首，你还有什么可说的？"宋璟说："韦月将告韦后与三思有私情，陛下不加过问就问斩，臣恐天下会议论，请查实后用刑。"中宗听了，愈加发怒。宋璟面无惧色，说："请陛下先将臣斩首，不然不能奉诏。"中宗无奈，才暂免韦月将死罪，发配岭南；后来又将他处死。

不久，中宗下诏宋璟为检校并州长史，没有成行；又任为检校贝州（治今河北清河）刺史，宋璟终于被挤出了朝廷。

宋璟到达贝州时，正值当地暴雨成灾，庄稼颗粒无收，百姓饥馁。武三思的封地在贝州，他不顾百姓死活，派人向封户强征租税。宋璟出于对百姓的爱护，抗拒交纳租税。武三思利用手中的权力，将宋璟调到杭州、扬州做刺史，后又迁任洛州刺史。在任地方官期间，宋璟清正廉洁，执法严正，官吏百姓没有敢为非作歹的。

当时，韦后、武三思相互勾结，权倾朝野。太子李重俊不是韦后所生，引起他们的忌恨，打算废掉太子，立韦后女儿安乐公主为皇太女。李重俊忍无可忍，景隆元年（707）与左羽林大将军李多祚共谋，打算矫诏调动羽林军，发动宫廷政变，杀死武三思及其同党。但昏庸的中宗不察大局，听从韦后和安乐公主，挫败了李重俊的政变，李重俊兵败被杀。

从此，韦后和安乐安主更加有恃无恐，中宗成为傀儡，一切由着母女俩摆布。韦后一心想做女皇，便在景龙四年（710）将丈夫中宗毒死。螳螂捕蝉，黄雀在后。眼看就要做女皇了，不料中宗弟弟李旦之子李隆基联合姑母太平公主发动政变，诛杀了韦后和安乐公主。相王李旦复位，立李隆基为太子。

三、出任宰相　革除弊政

睿宗复位后，任命宋璟为检校吏部尚书、同中书门下平章事，成为宰相。他和姚崇同朝为臣，二人同心协力，辅佐睿宗，改革中宗以来的弊政。

中宗时期，外戚和公主干预朝政，吏治腐败，贪污成风。只要出钱三十万，任何人都可以给官做。他们不经中书、门下批准，直接由皇帝降墨敕授予，时人谓之"斜封官"。这些斜封官大都是富豪商贾，不会理政，搜括百姓却更加凶狠。姚崇和宋璟上疏睿宗，请求罢免斜封官，进忠良，退不肖。先后共罢免斜封官数千人，纲纪为之一振。宋璟还从整顿制度着手，恢复三铨制度，在候选的上万人中，铨选了两千人。宋璟选拔、考核官员，不畏权贵，不徇私情，赏罚公平。时人以为有贞观遗风。

睿宗是个无能的皇帝，妹妹太平公主为其复位出力，因而权势日重。她广交朋党，积极扩大势力，直接威胁太子李隆基。景云二年（711），她邀集宰相于光范门，要求废掉太子，在场的人都惊慌失色。宋璟镇定自若，抗言道："东宫太子有功于天下，是真正的宗庙社稷之主，岂能能别生异议！"（"东宫有大功于天下，真宗庙社稷之主，安得有异议！"《旧唐书·宋璟传》）

为确保太子地位，宋璟和姚崇密报睿宗，提出三条对策。一是将宋王李成器、幽王李守礼出为刺史；二是岐王李隆范、薛王李隆业交出羽林军大权，由太子直接掌握；三是将太平公主及其丈夫武攸暨迁往东都洛阳。睿宗采纳了前两条意见，对第三条没有同意，仅命太平公主出居蒲州（今山西永济）。随后，睿宗命太子监国，凡六品以下官员及徒罪，均由太子处置。

面对如此局势，太平公主加紧反扑，在她鼓动下，掀起了一股反对罢"斜封官"的浪潮，还把矛头直接指向太子。李隆基受到极大压力，便违心上奏，说姚、宋离间他和姑姑、兄弟之间的关系，睿宗便罢去二人宰相之职，贬宋璟为楚州刺史。此后，宋璟的调动极其频繁，先后任申州、魏州、兖州、冀州刺史，河北按察使，幽州都督兼御史大夫，最后转任广州都督。在广州，他改革住房旧俗，教百姓烧砖瓦，把茅草屋改成了砖瓦房，以避免火灾。老百姓歌颂他的功德，在离开时立"遗爱碑"，纪念他的爱民之情。

延和元年（712），睿宗禅位给太子李隆基，退位为太上皇。李隆基虽然做了皇帝，但太平公主的势力很大，朝中宰相多数依附于她。有人密告玄宗，太平公主将要作乱。玄宗召集岐王李隆范、薛王李隆业和宰相郭元振等人商议，决定先发制人，调兵三百余人，一举杀死太平公主党羽，太平公主闻变逃脱，后被赐死家中。至此，宫廷接连不断的政变才算告一段落。

四、再度任相　犯言直谏

唐玄宗李隆基精明能干，他决心革除弊政，使大唐王朝重归兴盛。开元之初，他任用姚崇为宰相，整顿吏治，开创了开元之治的繁荣局面。姚崇免相后，他又采纳其建议，任命宋璟做了宰相。

开元四年（716）十一月，唐玄宗任用宋璟为吏部尚书兼黄门监（门下省长官，即侍中）。唐玄宗派内侍杨思勖前往广州迎接，宋璟风度凝远，沉默寡言，一路上竟未与杨思勖说话。杨思勖颇为不满，回来告诉了皇上，而玄宗却更加器重宋璟的为人。

宋璟为相，志在择人，因才授人，使百司各任其职。他看到括州员外司马李邕、仪州司马郑勉有才略、有文采，但思想和性格上有不少毛病,感到"若全引进,则咎悔必至;若长弃捐,则才用可惜"。于是根据各人特点,分别拜任渝州刺史和硖州刺史。大理卿元行冲在人们的心目中可以说是才行兼备,但上任之后,宋璟发现他并不称职,于是调其为左散骑常侍。

宋璟选拔官吏,大公无私,不论亲疏,不论贵贱,一视同仁。他有个堂叔叫宋元超,在吏部选拔官吏时,特别说明自己是宰相宋璟的叔父,想借此得到重用。宋璟知道后,给吏部去了一函,说宋元超既然表明了和自己的关系,为矫枉过正,就不应再予任用。岐山县令王仁琛,是玄宗即位前的藩邸故吏。唐玄宗特降墨敕令授予五品官,宋璟上疏认为不可,说:"陛下对亲朋故旧所能给予的私情和恩惠,向来都有惯例;任命官职,要看其资历,也有一定之道。仁琛因为旧恩,已获升职,如今若再蒙超擢,就是有违惯例。"他请求由吏部考核,按制度办事。唐玄宗只得听从宋璟的意见,收回成命。

宁王李宪奏请授给候选官员薛嗣先一个小官,唐玄宗将此事交给中书省和门下省处理。宋璟上奏道:"薛嗣先曾两次被任命为斋郎,虽说他并非明显应当留任,但考虑到是至亲的缘故,本来应当大小任命一个职位。景龙年间,皇帝经常用墨敕直接除授官职,这些人被称为'斜封官'。自陛下登基以来,所有这些弊端均已革除,朝廷每颁行一次封赏,每任命一个官职,全都是由于这些人立下了功劳,或者才能出众,而且都必须通过中书、门下二省。如此至公之道,唯有圣明君主才能真正实施。薛嗣先是陛下的姻亲,陛下并未法外施恩,而是交由臣等商量,臣请求将此事交由吏部具体处理,不要直接正式降敕任命。"唐玄宗表示同意。

在此之前,各州的朝集使往往携带很多礼物进京打点,等到来年开春返回时,大多得到升迁。宋璟奏请皇上将这些人一律原职遣还,以便革除这一弊端。

唐玄宗宠臣太常卿姜皎，也是他藩王时的故旧，在诛杀太平公主时又立过大功。玄宗对他的宠遇，为其他大臣所莫及。姜皎的弟弟姜晦沾哥哥的光，也当上了吏部侍郎。宋璟为此事进谏说："姜皎兄弟权宠太盛，不是安定之道。"唐玄宗听从他的意见，将姜皎改任散官，放回田园，姜晦也改任为宗正卿。

宋璟也是制度建设方面的专家。为了避免朝臣独断专行，避免君王听信谗言，他建议恢复贞观年间谏官、史官参与议事的制度。贞观年间，皇帝临朝，中书、门下及三品官奏事，或御史弹劾百官，都让谏官、史官参与。高宗即位后，武则天专权，这一制度逐渐破坏，大臣奏事多在谏官、史官退朝之后，所奏之事外人不得而知，产生了许多弊病。恢复对仗奏议，有利于政事公开和监督。唐玄宗批准恢复这一制度："自此以后，凡事情不属秘密的，皆让史官、谏官参与。"

作为宰相，宋璟敢于犯颜直谏，唐玄宗很是敬畏，常常曲从于他。开元五年（717），宋璟随同玄宗巡幸东都，路过崤谷（在今河南陕县境），山高路窄，难以行走。玄宗十分恼怒，要罢免河南尹李朝隐和负责旅途事务的知顿使王怡。宋璟进谏说："陛下刚开始巡幸，如今便因此罢免二臣，臣担心将来民受其弊。"唐玄宗认为很有道理，免去二人死罪。

五、力戒奢华　严禁恶钱

当时，社会风气趋向奢华，讲求厚葬。宋璟为官，力戒此弊。

开元七年（719），王皇后之父王仁皎去世，哥哥王守一是当朝驸马都尉，他请求皇上为其父建造高五丈二尺的坟墓，唐玄宗答应了。许多大臣虽有异议，却不肯上奏，唯独宋璟无所畏惧，他和同朝宰相苏颋共同上疏，指出厚葬和薄葬是俭与奢的大事，奏疏说："节俭是德行之首，奢侈是万恶之源。高坟是前代贤人所诫，厚葬将为正人君子非议。"唐玄宗完全接受宋璟的劝谏，按照常规尺寸建造坟墓，还特意赏给宋璟、苏颋彩绢四百匹。

有些人明明有罪，却没完没了地四处告状，宋璟对此非常厌恶，便将这些人全都交付御史台治罪。他对御史中丞李谨度说："你应当释放那些已经认罪不再上诉的人，把那些还在不停申诉的人先关起来。"正因如此，很多人怨恨宋璟。正赶上天下大旱，宫中的滑稽戏俳优扮作旱神模样，在皇上面前演戏，其中一个演员问"旱神"："你为什么到人间来降灾呢？""旱神"答说："我是奉了丞相之命降临人间的。"又问："这是为何？""旱神"接着回答："蒙冤者达三百余人，丞相将他们全都关进监狱，借此压制他们，所以我不得不到人间降灾，以示警告。"唐玄宗对此也有同感，自此对宋璟产生不满。

开元八年（720）正月，宋璟和苏颋奏请禁止恶钱。恶钱是民间铸的私钱。铸造时掺进杂质，质量低劣。恶钱的流行，使贫者日贫，奸豪的财富岁增。他们建议："切断天下恶钱，推行二铢四絫钱，不堪使用的钱币全部销破复铸。"此举伤害了铸钱富豪的利益，引起人们的不满。鉴于江、淮之间劣质钱尤其泛滥，宋璟派监察御史萧隐之作为使者，前往该地搜查劣质钱。萧隐之执法严酷，所到之处鸡犬不宁，百姓怨声载道，玄宗将其贬官，并罢免了宋璟、苏颋的相职。宋璟改任开府仪同三司，不再握有实权。此后，朝廷对劣质钱的查禁大为放松，劣质钱再次泛滥。

宋璟罢相以后，一如既往，仍直言敢谏，刚正不阿，处理事务十分果断。罢相后的第二年，唐玄宗任命他兼任京兆留守，并要他接替河南尹王怡处理权梁山的谋反案。宋璟对案件进行复查，发现权梁山诡称办婚事，筹集款项，县吏要贷款的人连坐。宋璟接手后，经过了解和审讯，把几个头头定了罪，其余一概不问，迅速断了案。

开元十二年（724），唐玄宗东巡泰山，宋璟留守京师。出发之前，玄宗对宋璟说："卿是国家元老，为朕股肱耳目。朕如今将巡洛阳，分别有一段时日，你有什么好建议，请告诉朕。"宋璟一一直言相告。玄宗将宋璟"所进之言，书之座右，出入观省，以诫终身"（《旧唐书·宋璟传》）。

后来，宋璟兼任吏部尚书。开元十七年（729），玄宗拜任宋璟为右丞相，并在尚书省宴请百官，席间赋《三杰诗》一首，亲自书写，赐给宋璟、张说、源乾曜三人。

姚崇和宋璟相继为相，姚崇擅长随机应变以圆满完成任务，宋璟则擅长遵守成法坚持正道。两个人虽志向操守不同，却能同心协力辅佐玄宗，使这个时期赋役宽平，刑罚清省，百姓富庶。在唐代的贤相中，前有贞观朝的房玄龄和杜如晦，后有开元朝的姚崇和宋璟，其他的人，则无法与这四人相提并论。姚崇与宋璟进见时，唐玄宗常常要站起来迎接；他们离开时，玄宗要在殿前相送。等到李林甫做宰相时，虽然受到的宠信超过姚崇和宋璟，但得到的礼遇无法却与他们相提并论。

开元二十年（732），宋璟已经七十岁，年老体弱，请求致仕，退归洛阳东都私宅。玄宗只得同意，仍令全给俸禄，赐绢五百匹。退居私宅后，宋璟谢绝宾客，不与外事。

开元二十五年（737），宋璟与世长辞，享年七十五岁，追赠太尉，谥曰"文贞"。

"内宰相"王琚

王琚（？—746），唐朝宰相。怀州河内（今河南沁阳）人。历任主簿、太子舍人、谏议大夫、中书侍郎、户部尚书等职。他为玄宗诛杀太平公主出谋划策，并参与实际行动，因功扶摇直上，宠极一时。玄宗安定天下后，致力于治国安邦，而王琚非其才，遂被疏远。贬官外任后，王琚不知收敛，仍恃功骄纵，引起李林甫的忌恨，被诬陷成罪，终致缢死。

一、隐姓埋名　厚交太子

王琚的父亲王仲友，曾任下邽丞，追赠楚州刺史、魏州刺史；叔父王隐客，在武则天朝任凤阁（中书）侍郎。

王琚幼年丧父，叔父王隐客对他十分疼爱。王琚自幼刻苦学习，加之聪敏有才，经过刻苦钻研，很快便精通了天文星象之学。因叔父在朝中任职，王琚得以经常与权贵近臣交往。二十岁时，他曾拜见驸马都尉王同皎，王同皎十分器重他。

唐中宗李显时，武则天之侄武三思与皇后韦氏勾结，专断滥杀。王同皎谋划刺杀武三思，王琚赞同这一义举，便与周璟、张仲之等共同策划。但事情不慎泄露，武三思杀了王同皎。王琚仓皇逃命，隐瞒姓名，受雇于扬州富商之家。时间一长，主人看出他不是等闲之辈，便将女儿嫁给他，给他丰厚的资财，王琚也赖此得到接济。

过了几年，睿宗李显即位。王琚主动向岳父讲述了事情的始末，岳父厚送财钱，使他返回长安。当时李隆基为太子，空闲时常在长安近郊游猎，疲倦了便在树下休息。王琚穿着儒服拜见太子，并邀请他到自己家作客。李隆基见是个儒生，估计没有什么恶意，就同意了。

到了王琚的住处，李隆基一看，家里非常简陋，只有一个"村妻"和一头驴。李隆基坐了很久，王琚杀驴进酒，招待特别丰厚，李隆基很感惊异。自此，李隆基每次到长安近郊游猎，总要去他家里停留。

二、与诛太平　扶摇直上

王琚结识李隆基后,在李隆基的推荐下,得以补任诸暨县主簿,为此,他前去东宫拜谢太子。那时,睿宗之妹太平公主专断朝政,权倾朝野,王琚对此颇为担忧,想借机向太子献计,以铲除太平公主。

王琚来到东宫庭院,故意昂着头慢悠悠地行走。侍卫见此,认为对太子不敬,就呵斥说:"太子在此!"王琚怒道:"在外面只听说有太平公主,没听说有太子。太子本来对国家有功,对君主孝敬,怎么会背上这种名声?"("在外只闻有太平公主,不闻有太子。太子有大功于社稷,大孝于君亲,何得有此声?"《旧唐书·王琚传》)李隆基听见王琚说话,立即召见。

王琚说:"韦氏杀君,天下动摇,人们思归李氏,殿下很容易除去他们。如今天下已经平定,太平公主一心专权用事,左右大臣多为她效力,皇上因她是亲妹妹,很能容忍她的罪过,臣私下为殿下寒心。"李隆基拉着王琚的手,让他与自己同榻坐下,哭着说:"现在父皇的兄弟姐妹中,就只有一位太平公主了。如果把这些事禀告父皇的话,恐怕会让他老人家伤心;可如果不去禀告,又担心她的危害会越来越严重,这可怎么办呢?"

王琚回答说:"天子所讲究的孝道,与平民不同,应当考虑的是宗庙社稷的安危。以往汉代盖长公主从小抚养昭帝长大,后来与上官桀谋杀大司马霍光,没有与昭帝商议,昭帝还是以大义除去了她。如今太子功定天下,而太平公主竟敢妄自图谋,在大臣中树立党羽,有废立之意。如果太子诚心召见宰相张说、刘幽求、郭元振等谋划,他们必有妙计诛除太平公主,忧患也便可以解除。"李隆基说:"先生有什么技艺,能隐晦行迹与寡人交往相处?"("公有何小艺,可隐迹与寡人游处?")王琚说:"臣善于飞丹炼药，并擅长诙谐、好作隐语，足可以混迹于俳优当中。"（"飞丹炼药，谈谐嘲咏，堪与优人比肩。"《旧唐书·王琚传》）李隆基听了很高兴，只恨与他相知太晚。

第二天，李隆基授任王琚詹事府司直、内供奉，兼宗文馆学士，命他每天与诸王及姜皎等人入宫侍奉。虽然姜皎、王守一、李令问等人势重天下，但诸人缺乏谋略，只有王琚经常参与密谋。不到一个月，王琚便升任太子舍人，兼谏议大夫。睿宗延和元年（712），太子受内禅即位，是为玄宗，王琚升任中书侍郎。

太平公主与宰相窦怀贞、萧至忠、岑羲等日夜谋划，意欲除掉玄宗。刘幽求、张暐谋划先诛杀他们，由于侍御史邓光宾泄露密谋，没能成功，他们全都获罪。此后，太平公主加紧谋害玄宗的行动，王琚见事情紧急，请玄宗及早决策。

先天二年（713）七月，唐玄宗与岐王、薛王、姜皎、李令问、王毛仲、王守一，率铁骑到承天门。太上皇李旦听到外面喧哗聒噪，召郭元振登上承天楼，闭门抗拒。不久，侍御史任知古召集数百人到朝堂，不得进入。很快，王琚随从玄宗来到楼下，诛杀萧至忠、岑羲、窦怀贞，斩杀贾应福、李猷于内客省。

事情平定后，王琚晋任户部尚书、封赵国公，姜皎任工部尚书、封楚国公，王毛仲任辅国大将军、封霍国公，王守一任太常卿、封晋国公，各自享用实封五百户；李令问任殿中监、封宋国公，享用实封三百户。王琚、姜皎、李令问辞谢不受，以旧官增加实封二百户。玄宗还在内殿召集宴会，赐给金银杂器每人一床、帛两千匹、宅第一所。

三、罢相外任　骄纵招祸

唐玄宗对王琚特别爱重信任，让他参与重大政事，当时人称"内宰相"。每次玄宗早上在阁中接见，直到黄昏时王琚才出来。

遇到休假日，使者便到宅第召他。而皇后也派尚宫慰劳王琚的母亲，赏赐不断，群臣无不羡慕。王琚宠极一时，无人能比。

有人劝玄宗说："王琚、麻嗣宗等人，都是诡诈游说之士，可以与之共度危难，不可与之共享安乐。一旦让他们得志，便容易恃宠骄纵。如今天下已经平定，陛下应当多求纯朴经术之士来辅佐自己。"一语点醒梦中人，此后，玄宗逐渐疏远王琚。

不久，玄宗授任王琚为御史大夫，持节巡察天兵以北各军。开元二年（714），王琚改任紫微侍郎，还未到京城，又被授任泽州刺史，削减封户一百。此后，王琚历任衡、郴、滑、虢、沔、夔、许、润八州刺史，又恢复封户。开元二十二年（734）起，王琚先后担任㒋、同、蒲、通、邓、蔡六州刺史；天宝元年（742）起，他又任广平、邺郡二郡太守。

王琚自认为立有功勋，到天宝时已为旧臣，因而日常行为有些骄纵。他性格豪放奢侈，担任过十五州的地方官，每当离旧任就新职，接受馈赠常达数百万，侍儿数十，备具宝帐，满门有三百口人。玄宗念旧情，常宽容他，他便更加放纵，不遵守法度。王琚在州府与官属、胥吏、豪强饮酒戏谑，以赌博、藏钩取乐；每次调任，车马数里不绝；他还经常携从宾客歌伎驱驰射猎。王琚这种在地方上呼风唤雨的日子，前后达四十年。

李邕过去与王琚友善，他俩都是年纪大了迁徙在外，经常书信往来，因遭受贬谪而心怀不满。天宝五载（746），右相李林甫忌恨王琚因功意气用事，想除掉他，遂派人揭发其以往受赃纳贿之罪。王琚被削去封户散阶，贬任江华员外司马。李林甫又派酷吏罗希奭详加查究，王琚非常害怕，服毒尚未死掉，罗希奭来到，勒死了他。当时的人都哀怜他死非其罪。

王琚任中书侍郎时，母亲本来居住洛阳，千里迢迢来到京城长安，责备说："你们王家上代都只任州县官职，如今你没有攻城野战的功劳,以谄佞取悦于上,海内切齿憎恨,我担心以后你家坟墓没人再去扫除了。"王琚听不进去,仍我行我素,最终招致祸患。

唐代宗宝应元年(762),追赠王琚为太子少保。

中书令张说

张说(667—730),唐朝宰相。字道济,又字说之,世居河东(今山西永济),徙家洛阳。历任凤阁舍人、诸部侍郎、尚书等,封燕国公。他三次为相,对开元文治武功均有贡献,尤以裁冗兵归农、改府兵为募兵及设置文馆书院最为突出。他还是当时的文人领袖,为文有"大手笔"之誉。

一、科举出身　直言被贬

张说家世代为官,祖父张恪,任庆州都督;父张骘,任洪洞丞。由于家境富有,张说受到了良好的教育。

武后永昌元年(689),朝廷策贤良方正,时年二十出头的张说前往参加。当时从四面八方赶来应试者达一万多人,竞争非常激烈。掌管国家大权的武则天亲自到洛阳临试。最后,张说对策第一,授太子校书郎。没有多久,又升至左补阙,掌皇帝规谏之事。

武周久视元年(700),武则天至三阳宫(在河南境内)避暑,酷热已过,秋凉径至,仍不见她降旨返回,朝中大臣不知何故,却不敢言语。张说上疏武则天,劝谏说:"陛下以万乘之躯驾幸离宫,暑退凉至,未降归来之旨。愚臣固陋,担心此非良策。"接着陈述了具体理由,诸如供应不便、有碍百姓、诱惑圣心、安全堪虞等，最后指出："如今国家北有胡寇觊觎边境，南有夷獠骚扰。关西小旱，耕稼令人担忧。希望陛下及早返回，安居京城，大力发展农业，修德以招抚远人，罢掉不急之务，减省无用之费。"武则天虽未听从意见，但对张说敢于直谏非常赏识。长安初年（701），张说升任凤阁舍人，正式成为朝廷要员。

长安三年（703），武则天男宠张易之、张昌宗兄弟横行无度，一心想陷害宰相魏元忠。魏元忠为官正直，对张氏兄弟无法无纪非常愤怒，曾杖杀张易之的不法家丁，随后又阻止武则天提升张昌宗为雍州长史，并曾对武后说："让小人在陛下身旁，是臣之过错。"

此时正值武则天有病，张氏兄弟公然诬陷，状告魏元忠与司礼丞高戬私下议论，说"太后已经老了，不如依附太子，作长久之计"。武则天听后十分恼怒，立即将魏元忠和高戬打入大牢，并要他们与张昌宗对质。张昌宗知道辩不过魏元忠，就许以官位诱惑张说站出来作伪证。张说为了自保，暂时答应下来。在去作证的路上，当时和张说同为凤阁舍人的宋璟，劝他珍重名节，不要为了保全自己，去附和奸臣、陷害好人。史官刘知几也在旁边提醒，劝他不要在青史上留下污名，以免连累后代子孙。这些话使张说深受触动，遂决定不作伪证。

武则天召太子李显、相王李旦以及宰相们到朝廷对质，武则天问张说，张说没有马上回答。魏元忠害怕了，对张说说："你也要与张昌宗一起罗织罪名陷害我魏元忠吗？"张说大声呵斥他说："你魏元忠身为宰相，为什么竟说出这种陋巷小人的言语呢？"张昌宗在一旁急忙催促张说，让他赶快作证。张说说："陛下都看到了，张昌宗在陛下眼前，尚且这样威逼臣，何况在朝外呢！臣现在当着诸位朝臣的面，不敢不把真实情况告诉陛下。臣实在是没有听到过魏元忠说这样的话，只是张昌宗威逼我，让我为他作虚假的证词罢了！"

张易之和张昌宗急忙大声说："张说与魏元忠是共同谋反！"武则天追问详情，张易之和张昌宗回答说："张说曾经说魏元忠是当今的伊尹和周公。伊尹流放了太甲，周公做了周朝的摄政王，这不是想谋反又是什么？"张说说："张易之兄弟是孤陋寡闻的小人，只是听说过有关伊尹、周公的只言片语，又哪里懂得伊尹、周公的德行！那时魏元忠刚刚穿上紫色朝服，做了宰相，我以郎官的身份前往祝贺，元忠对前去祝贺的客人说：'无功受宠，不胜惭愧，不胜惶恐。'我确实是对他说过：'您承担伊尹、周公的职责，拿三品的俸禄，有什么可惭愧的呢？'伊尹和周公都是臣子中最为忠诚的，从古到今一直受到人们的仰慕。陛下任用宰相，不让他们效法伊尹和周公，那要让他们效法谁呢？况且今天我又哪能不明白依附张昌宗就能立刻获取宰相高位、靠近魏元忠就会马上被满门抄斩的道理呢？只是我害怕日后魏元忠的冤魂向我索命，因而不敢诬陷他罢了。"

武则天说："张说是个反复无常的小人，应当与魏元忠一同下狱治罪。"后来，武则天又一次召见张说追问这事，张说的回答仍然与上次一样。武则天大怒，指派宰相与河内王武懿宗一同审讯，张说的说法仍然与最初一样。

大臣朱敬则上疏，直言申辩说："魏元忠一向以忠诚正直著称于世，张说入狱又没有任何正当理由，如果将他们治罪，会失掉天下民心。"

大臣苏安恒也为此上疏，认为："陛下登基之初，臣民们都认为您是善于纳谏的君主；在位多年以后，都认为您是喜欢阿谀奉承的君主。自从魏元忠下狱，大街小巷纷扰不安，士民们都认为陛下信用为非作歹之徒，贬逐贤良方正之士。那些忠臣志士，都在自己家中扼腕叹息，在朝堂之上却缄口不言，害怕万一违犯了张易之等人的意图，会白白送死而毫无益处。现在朝廷征发的赋税劳役都很繁重，百姓生计日益残破，再加上邪恶之徒专擅放纵，刑罚与赏赐失当，我真担心民心不稳，引发其他的变故，以致朱雀门内动起刀兵，有人前来大明殿夺取帝位，陛下将用什么来解释，又将靠什么来抵御他们？"

张易之等人看了苏安恒的奏疏，勃然大怒，想要杀他。幸亏有朱敬则和凤阁舍人桓彦范、著作郎魏知古的多方保护，才得以幸免。

因为张说的实话实说，魏元忠免于被杀，只是撤了宰相职位。但武则天怪罪张说出尔反尔，前后说法不一，遂把他流放岭南钦州（今广西钦州）。就在这次流放路过韶州时，张说看到张九龄文章，给予高度评价和夸奖，给了他以很大鼓舞，后来也成了一代名相。

二、三任宰相　辅佐新主

两年后，宰相张柬之和一些官员趁武则天病重，策动禁卫军杀了张易之、张昌宗兄弟，逼迫武则天让位于中宗李显。不久，显赫一时的女皇帝武则天病逝。

中宗复位后，召张说为兵部员外郎，后升为工部侍郎。张说母亲去世后，奏请离职回家服丧。期满回朝，仍为工部侍郎。随后迁兵部侍郎，加弘文馆学士。

景云元年（710）六月，睿宗李旦复位，迁张说为中书侍郎，兼雍州长史。七月，中宗的第二个儿子谯王李重福在东都洛阳举兵谋反，兵败被杀。东都留守捕获其党羽数百，审讯了很久，始终没有结果。睿宗派张说前去处理此案。张说到洛阳后，很快抓捕了举兵主谋，案件处理得干净利落。审得实情后，张说还释放了其他无辜被拘捕者。

睿宗对张说这次洛阳之行非常赞赏,他说:"朕知道卿按察此狱,决不会冤枉良善无辜之人,亦不会漏掉罪人,如果不是卿忠正,岂能如此?"遂任他为太子李隆基的侍读。这期间,张说与太子李隆基相处得十分融洽。

景云二年(711)正月,睿宗拜张说为中书侍郎、同中书门下平章事,做了宰相。此时,正值皇室内部斗争白热化,太子李隆基和太平公主之间为争夺皇位"鏖战"正酣。太平公主野心勃勃,想效法母亲武则天当女皇。太子集团有姚崇、宋璟支持,太平公主集团有武则天侄儿武三思等人支持。

二月,有术士上言,五日内有急兵入宫。睿宗闻知后,立即命令严加戒备。张说对此十分敏感,意识到情况不妙,忙对睿宗说:"这是奸人离间太子之计。陛下如果让太子监国,则名分确定,奸人丧胆,流言消失,祸患堵塞。"姚崇觉得张说所言有理,也对睿宗说:"张说所言,是保全社稷的最好计策。"唐睿宗采纳了张说的建议,即命太子监国。

虽然睿宗已命太子监国,但太平公主依然伺机反扑,想尽办法迫使睿宗将姚崇、宋璟等大臣赶出朝廷,贬为地方州官。不久,又迫使睿宗罢免张说相职,贬为尚书左丞,命为东都留守。

延和元年(712)八月,唐睿宗以"传德避灾"为由,让位给太子李隆基,是为唐玄宗。太平公主广引党羽,密谋举兵政变。早有预感的张说知道情况紧急,急忙自东都派人带着自己的佩刀赶来献给玄宗,暗示他迅速拿定主意,先发制人,除掉太平公主。就在太平公主即将发动政变之时,唐玄宗终于下定决心,一举诛杀了太平公主及其党羽。此后,皇室内部开始稳定下来。

因协助诛除太平公主有功,张说被召为中书令,再次出任宰相。但张说与同为宰相的姚崇不和,经常相互告发。他私下到岐王李范那里,表明自己倾心依附的诚意。同时指使御史大夫赵彦昭弹劾姚崇，但玄宗不予理睬。

张说又指使殿中监姜皎向皇上进言："陛下早就想任命一位河东总管，却苦于找不到合适的人选，臣现在发现了一位称职人选。"玄宗问他是谁，姜皎回答说："姚崇文武全才，是担任河东总管的合适人选。"玄宗说："这是张说的主意，你竟敢当面欺骗朕，应当处以死刑！"姜皎赶忙叩头自首谢罪。

一天，姚崇退朝时，故意装作行动不便，落在众大臣后面。玄宗见了，问他是否有足疾。此时其他人都已散去，只剩下姚崇自己，他便对玄宗说："臣有腹心之疾。"玄宗追问其故，姚崇答道："岐王是陛下的爱弟，张说是辅臣。张说暗地里乘车到岐王家里，臣恐怕出什么差错，所以担忧。"结果，张说被贬为相州刺史。

不久，与张说相处很好的宰相苏颋对玄宗进言，认为张说忠诚正直、建有功勋，不宜外迁。于是，玄宗遂提升张说为荆州长史，随后又任为右羽林将军、检校幽州都督。入朝时，张说身着戎服拜见皇上，玄宗非常高兴。

开元七年（719）六月，张说升任检校并州大都督府长史兼天兵军（为绥护内属的突厥九姓而设）节度大使。这期间，张说为边疆的安定做出了很大贡献。

开元八年（720）六月，朔方大使王晙在受降城诱杀突厥降户，死者千余人。大同等地的突厥人知道后非常震惊，人心惶惶，局势开始动荡起来。张说受命后，亲自带领二十骑前往安抚。副使李宪认为突厥人很难相信，不宜轻入，去信阻止张说前往。张说回信说："我的肉不是黄羊肉，不怕被吃；我的血不是野马血，不怕被喝。士人应当临危舍命，这正是我效忠的时候。"（"吾肉非黄羊，不畏其食；血非野马，不畏其刺。士当见危致命，亦吾效死秋也。"《新唐书·张说传》）于是直接进入突厥部落，召集各酋长耐心慰抚。突厥人被他的诚心深深感动，人心慢慢平静。突厥部落因此安定下来，避免了一场动乱之祸。

开元九年（721）四月，兰池州（今宁夏盐池）康待宾举兵谋反，攻陷六胡州，然后纠合党项共七万人进逼夏州（治今陕西神木南）。张说率兵万人前往讨伐，康待宾兵败服降。讨击使建议诛杀党项，以免死灰复燃、再次谋反。张说说："王者之师，应该征伐叛逆、抚慰服从，怎么能杀已经降服的人？"遂奏请朝廷设置麟州，以安置党项余众，使其安居复业。张说因这次平乱有功，迁兵部尚书、同中书门下三品，再次做了宰相，掌握朝廷文武大权。

三、讨叛定边　改兵革制

开元十年（722）四月，张说兼知朔方节度使。九月，康待宾余党康愿子又起兵反叛，自立为可汗。张说奉命率兵征讨，生擒康愿子。征服叛军后，张说将河曲六州残余的五万多顺服残兵，分散安置，迁徙到许、汝、唐、邓、化、豫等州，黄河以南及朔方各州的千里之地遂无人居住。

为防止外敌犯边，边境过去常驻兵达六十余万。张说认为没有强敌，请求裁减二十万，以减轻巨大的军备耗资。唐玄宗对此颇感疑虑，但经张说再三上疏，最后同意裁撤边境驻边部队二十余万，占了驻兵的三分之一。

随后，张说还根据实际情况，建议唐玄宗改府兵制为募兵制。府兵制是寓兵于农的一种制度，经过训练的兵士平时在家耕种田地，战时应召出征，且自备军需。这样一来，兵士不堪其苦，逃亡者甚多。

开元十年（722）九月，唐玄宗要招募青年担任宿卫，张说建议免除他们的租调劳役，给予优厚待遇，并且一年更换一次。

玄宗听从他的建议，不到十天，就招募精兵十三万。从此以后，兵农分开，兵成为一种政府雇佣的职业，这对加强军事管理，提高军队素质和作战能力，起到了有效的促进作用。

史官刘知几去世后，著作郎吴兢撰修《则天实录》，其中记载了宋璟激励张说为魏元忠作证的真实经过。张说在修史时见到这段记载，心里知道是吴兢所写，嘴里却故意说："刘五（即刘知几）修史时对我一点都不照顾。"吴兢马上站起来回答说："这一段是我吴兢写的，所有的草稿都还在，我不能让明公错怪已经去世的刘知几。"在坐的同僚听了这话，全都大惊失色。后来，张说私下里请求吴兢将这段记载略改几字，吴兢始终没有答应，他说："我要是曲从您的要求，《则天实录》就不再是秉笔直书的信史，将何以取信于后人呢？"

由于山东各州旱情严重，唐玄宗命台省名臣出任州刺史，其中包括中书侍郎崔沔。当初张说举荐崔沔担任中书侍郎，依照惯例，接受皇帝制命以及传达皇帝旨意均由宰相负责，中书侍郎形同虚设。崔沔认为："朝廷设官分职，上下之间应相互维系，只有在位者各抒己见，朝廷大政才能减少失误。中书侍郎是中书令的副职，岂可拱手沉默无所事事呢？"因此遇事经常表示不同意见，张说对此感到不快，便趁此机会将他外放为刺史。

开元十一年（723）二月，张说兼中书令。随后，他改革政事堂为中书门下，其下设五房：吏房、枢机房、兵房、户房、刑礼房，分曹掌管总务，正式建立了政事堂的办事机构，加强了政事堂的权力和地位，使政事堂的发展步入了新的阶段。

四、行为不慎　获罪罢相

开元十三年（725），唐玄宗准备封禅泰山，张说草拟了封禅礼仪并进献玄宗。四月，唐玄宗与中书门下及礼官、学士一起在集仙殿聚饮。玄宗说："神仙是凭空虚构的，朕并不认为可取。贤才则是治理国家的工具，朕今天与诸位一起会餐，应当将集仙殿改名为集贤殿。"规定凡在书院供职的官员，五品以上均为学士，六品以下均为直学士；又任命张说为知院事，以右散骑常侍徐坚做他的副职。唐玄宗还打算请张说任大学士，因其极力推辞而作罢。

张说推荐了许多中书、门下省吏员和自己亲近的人，任代理官职随从玄宗登泰山。封禅大典结束后，玄宗推恩颁赏时，这些人往往能获得破格提拔，升为五品官，而这种皇恩却与其他文武百官无缘。中书舍人张九龄谏阻，但张说拒绝采纳。还有，扈从车驾的士卒，均只加勋而不赐物，因此朝廷内外均对张说极为不满。

开元十四年（726），张说奏道："如今的五礼，经过贞观、显庆年间两次编撰修改，前后有很多不同之处，其中有些尚有所偏颇。希望陛下允许臣和学士等人对古今的礼仪进行讨论研究，酌情对五礼作适当的增删修改，然后颁布施行。"唐玄宗表示同意。

唐玄宗召见河南尹崔隐甫，准备重用。张说鄙薄崔隐甫没有文采，就提议让他做金吾大将军；前殿中监崔日知与张说关系好，张说就举荐他做御史大夫。不过，玄宗没有听从张说的建议，任命崔日知为左羽林大将军，任命崔隐甫为御史大夫。从此，崔隐甫与张说有了矛盾。

张说很有才学智谋，但也贪财。百官陈述事情，若有不符合自己心意的地方，他喜欢当面驳斥，甚至大声呵斥谩骂。他厌恶御史中丞宇文融的为人，还担心他权力上升，因此对其所提建议大多加以压制。中书舍人张九龄对他说："宇文融蒙受恩宠掌握大权，又能言善辩，很会耍弄权术，您对他不能不有所防备。"张说轻蔑地说："鼠辈能有什么作为！"

这年四月,崔隐甫、宇文融和御史中丞李林甫一起上书,弹劾张说:"请术士观星象以测吉凶,还徇私舞弊,收受贿赂,过分奢侈。"唐玄宗立即下令拘捕张说,并派兵包围了他家。

这次事件给了张说很大的精神打击。事后,唐玄宗派高力士去探视,只见张说坐在席上,蓬头垢面,"食以瓦器,惶惧待罪"。高力士回朝汇报所见,并说张说曾为侍读,于国有功。玄宗怜悯张说,就只罢了他的中书令,免去宰相之职,其余不予追究。

崔隐甫、宇文融害怕张说被重新起用,多次上奏诋毁。他们各自结成朋党,明争暗斗。唐玄宗很厌恶这种做法,开元十五年(727)二月,命张说致仕,崔隐甫免职回家侍奉母亲,宇文融离京任魏州刺史。

张说离开朝廷后,专心致志研读文史。开元十六年(728),张说仍被请为集贤院院士,朝廷每有要事,玄宗仍要征求他的意见。开元十七年(729)二月,玄宗又任他为尚书左丞相。

张说是唐代著名的文学家,也是当时的文人领袖。他的文章以清丽、精密为后人称颂。其时朝廷大述作,多出张说之手。许国公苏颋亦是如此,二人并称"燕许大手笔"。张说尤其擅长碑文,当代无人能及。

张说倡导开馆置学士,唐玄宗设立丽正书院,聚拢许多文学名士从事文化事业,如徐坚、贺知章等。唐玄宗还任张说为修书使,总管丽正院。朝廷待遇院中人士十分优厚,中书舍人陆坚认为,这些人所做之事对国家并无益处,白白耗费钱财,打算奏请全部罢免。张说以为:"自古以来的帝王,在国家安定时期,无不大建宫室,增广耳目声色之好。唯独当今天子延纳和礼遇博学儒者,阐发和弘扬先圣遗留的文献典籍,这样做对国家大有好处,且所耗钱财也极为有限。陆子所说的话,怎么如此不明事理!"唐玄宗得知此事后,愈发推重张说。后来,丽正书院改名"集贤书院",任命张说为知院事。张说在做宰相时,提拔和重用了一批文学之士,其中最著名的有张九龄,后来成为唐代的名相。

开元十八年(730)十二月,张说病逝,终年六十四岁。唐玄宗在光顺门为他举哀,并亲自撰写神道碑文。追赠太师,赐谥"文贞"。因曾封燕国公,张说文集名《张燕公集》,共二十五卷。

中书令张嘉贞

张嘉贞(676—739),唐朝宰相。字嘉贞,蒲州猗氏(今山西临猗)人。他受知武后、玄宗,历任监察御史、中书舍人、中书侍郎、中书令等职,封河东郡侯。玄宗朝任相三年,擅长陈述奏进,裁断敏捷,但性格强直急躁,不够宽容。他虽然显贵,但从不置办田园,有关见解可谓通达。

一、才惊则天 忠感玄宗

张嘉贞祖籍范阳(今北京西南),高祖张子吒,在隋朝时任河东郡丞,遂举家迁至蒲州。

张嘉贞的父亲张思义,曾任成纪县丞,但很早就去世了。自幼丧父的张嘉贞十分好学,长大后考中五经科,补任平乡尉,不久便因事获罪而免官。

武周长安年间(701—704),御史张循宪出使河东,有事一时不能决断,便询问佐吏:"你知道哪里有德才兼备的宾客吗?"佐吏听说过张嘉贞的才名,遂向张循宪荐举。张循宪召见张嘉贞,询问如何处理手头的事情。张嘉贞剖析条理,无不透彻。张循宪大为惊奇，试着让他起草奏章，结果挥笔立就。张循宪看过奏章内容，认为都是自己考虑不到的。

有一天，武则天觉得张循宪的奏章十分出色，便夸他大有长进。张循宪奏告都是张嘉贞所写，请求将自己的官职让给他。武则天说："朕难道没有另外的官职来晋用贤能吗？"武则天在内殿召见张嘉贞，用帘子挡住自己。张嘉贞仪表英俊魁伟，奏对直抒己见，武则天认为他有奇特的才能。张嘉贞趁机请求："臣是草野之人，未曾见过朝廷礼仪，陛下误听，引我在宫禁对奏。如今天威近在咫尺，却犹如隔着云雾，恐怕君臣之道有不能尽意之处。"武则天说："好。"下令卷起帘子，授任他为监察御史，升张循宪为司勋郎中，奖励他举荐得人。

经过几次升任后，张嘉贞担任了兵部员外郎。当时，文牒堆满几案，郎官不能裁决，张嘉贞认真处理，不出十天，便没有拖延的文牒了。通过政绩考核，张嘉贞晋任中书舍人，历任梁、秦二州都督和并州长史。他为政严肃，不讲情面，下属吏员无不畏惧。

开元初年（713），张嘉贞到京城奏事，唐玄宗称赞他的政绩，多次予以慰劳。张嘉贞趁机说："臣幼年丧父，与弟弟张嘉祐相依为命长大成人。如今他任鄌州别驾，与臣各在一方，相距遥远，互相牵挂。希望能调任他为内官，使我们稍近一些。臣兄弟定会尽力报国，死而无恨。"玄宗为此调任张嘉祐为忻州（治今山西忻县）刺史。

当时，突厥九姓部落刚刚归附唐朝，散居在太原以北，张嘉贞奏请设置天兵军以安抚保护民众。玄宗采纳了这一建议，在并州设置了天兵军，张嘉贞被任为天兵使。

开元六年（718）春天，张嘉贞入朝，有人告他在军中生活奢侈、僭越，且贪赃受贿，御史大夫王晙因此弹劾他。玄宗命有关官员审查，经审查不合实情，玄宗令治诬告者之罪。张嘉贞不以私仇为念，进言道："国家的重兵利器都在边疆，如今告状者一有不当便治罪，臣恐怕会因此阻塞言路，成为未来的祸患。从前天子听政于上，盲者歌赋赞诵，百官规劝，众人指责。而今若让此人获罪，以后天下的事情就无法传达给朝廷了。"因此，诬告之人得以免去死罪。

唐玄宗认为张嘉贞很忠诚，许诺要任他为宰相。张嘉贞说："过去马周起自平民，谒见君主，血气方刚，太宗任用他，能竭尽他的才能。马周刚五十岁就去世了，假使任用稍晚，便来不及了。陛下不认为臣无能，一定要用的话，就要趁早，以后臣衰老就无能为力了。况且百年之寿，谁又能达到呢？臣时常担心先于朝露而死于沟壑，如果真能效力于万一，不辜负陛下之恩，臣就满足了！"（"昔马周起徒步，谒人主，血气方壮，太宗用之，能尽其才，甫五十而没。向使用少晚，则无及已。陛下不以臣不肖，必用之，要及其时，后衰无能为也。且百年寿孰为至者？臣常恐先朝露死沟壑，诚得效万一，无负陛下足矣！"《新唐书·张嘉贞传》）玄宗说："你暂且前去，不久就征召你为相。"

二、入朝任相　张说排挤

开元八年（720）春天，苏颋、宋璟罢相，唐玄宗果真打算任用张嘉贞，却忘了他的名字。玄宗在夜里召见中书侍郎韦抗，问他："朕曾记得他的风度操行，如今任北方大将，姓张、双名，卿为我想想是谁。"韦抗说："不就是张齐丘吗？现在任朔方节度使。"玄宗便让他起草诏令。将近半夜时，玄宗阅览大臣表疏，其中一份是张嘉贞呈进的，这才记起他的名字，便任他为中书侍郎、同中书门下平章事，追回了弄错名字的诏书。

见到任命自己为宰相的诏令，张嘉贞立即欣然入朝。任相之后，他兢兢业业，政务处理得当，颇受好评。因此仅过了几个月,便加授银青光禄大夫,升任中书令。张嘉贞任职三年,擅长陈述奏进,裁断处置思维敏捷。但他的性格强直急躁,时论恨他不够宽容。

开元十年(722),唐玄宗御驾到达东都洛阳。当时,洛阳主簿王钧负责为张嘉贞修理宅第,正遇因贪赃被人告发,玄宗下诏在朝堂对王钧处以杖刑。张嘉贞害怕受到诬告牵连,催促有关官员尽快将王钧处死以灭口,然后将此事归罪于御史大夫韦抗、中丞韦虚心,将二人贬黜。

当年冬天,秘书监姜皎获罪,张嘉贞迎合驸马王守一意旨,奏请对姜皎处以杖刑,不久姜皎去世。正值广州都督裴伷先获罪,玄宗召见侍臣问如何定罪,张嘉贞又接引姜皎的例子比照。兵部尚书张说认为不对,说:"刑不上大夫,因为他接近君主。所以说'士可杀不可辱'。臣今年秋天奉诏巡视边疆,中途听说姜皎在朝堂上处以杖刑,流放发配而死。姜皎官居三品,而且有功,如果罪应处死,就杀掉罢了;唯独不应该让他当廷受辱,像对待兵卒那样对待他。姜皎的事情已然过去,岂能容许再对裴伷先滥施决罚呢?"玄宗认为很对。

退下之后,张嘉贞不高兴地对张说说:"你的话太严重了。"张说说:"宰相,时运来了就做,不可能长久保持的。如果贵臣都可以决杖,只恐怕我辈也要连及。我之所以这样做,难道不是为了天下士人君子的地位吗?"

起初张嘉贞在兵部时,张说已经担任侍郎。等到两人都做了宰相,张说地位在张嘉贞之下,议论政事时张嘉贞无所谦让,张说颇为不满,便故意说这些话来激怒他。此后两人开始不和。

三、罢相病逝　子亦拜相

不久,张嘉贞的弟弟张嘉祐受任金吾将军,兄弟并居将相之位，地位显要而接近皇上，人们对此都十分害怕、忌恨。

张嘉贞品性简慢疏放，待人诚恳，从不猜疑，心胸宽大，有时也因此带来祸患。有想要晋升的人，他就引荐他们，并能始终给予恩惠。他所引荐的中书舍人苗延嗣、吕太一，考功员外郎员嘉静，殿中侍御史崔训，都居于清贵职位，张嘉贞每日与他们商议政事。因此当时人说："张令公四俊：苗、吕、崔、员。"张嘉贞开始任中书舍人时，中书令崔湜轻视他，后来与他议事，见解每每超出自己。崔湜惊叹道："中书令这个官位应该由他来坐。"果然，十年后张嘉贞便做了中书令。

张嘉贞任中书令后，虽然显贵，却不置办田园。有人劝说，他回答道："我既然担任过宰相，没死的时候，岂有饥寒之忧？如果遭到贬逐，即使富有田产，仍然无法拥有。近代士大夫努力扩大田宅，不过是给不肖子弟准备酒色花费，我不这样做。"（"吾尝相国矣，未死，岂有饥寒忧？若以谴去，虽富田产，犹不能有也。近世士大夫务广田宅，为不肖子酒色费，我无是也。"《新唐书·张嘉贞传》）

开元十一年（723），玄宗到达太原，张嘉祐贪污受贿之事被人告发，张说劝他素服待罪，不得入朝谒见。之后，张嘉贞出为幽州刺史，张说代他任中书令。张嘉贞心中怨恨张说，对别人说："中书令可以有两员，他怎么相逼得如此紧迫呢？"

第二年，张嘉贞任户部尚书、益州长史，主管都督事。玄宗下诏在中书省设宴，命张嘉贞与宰相聚会。张嘉贞怨恨张说排挤自己，在席间谩骂，源乾曜、王晙一同劝解，才得以和解。

开元十三年（725），玄宗皇后王氏兄长王守一，因犯罪被赐死，张嘉贞因与之亲厚而获罪，贬任台州刺史。不久，又授任工部尚书、定州刺史，主持北平军事务，封河东侯。将要赴任时，玄宗为他赋诗，下诏百官在上东门为他饯行。

张嘉贞到任后,在恒岳庙中立碑,亲自撰写碑文,然后命匠人刻石。碑用白石雕刻,文字是黑色的,黑白对照,十分分明,甚是奇丽。恒岳庙祠为远近百姓祈禳,每年收入钱数百万枚,张嘉贞认为自己有撰写碑文之功,就从中取了万枚。

开元十七年(739),张嘉贞因病请求回东都,唐玄宗下诏同意。到东都时,张嘉贞已经失明,玄宗下诏命御医为他诊治。但病势已重,御医也无力回天。当年秋天,张嘉贞去世,终年六十四岁,追赠益州大都督,谥曰"恭肃"。

张嘉贞为相时,曾举荐万年县主簿韩朝宗任御史。张嘉贞去世十多年后,韩朝宗任京兆尹,一次谒见玄宗,说:"陛下对待宰相,进退都能以礼相待,他们虽已身亡,子孙却在朝廷。张嘉贞晚年得有一子张宝符,陛下唯独没有授他官职。"玄宗悯然,遂召入张宝符,授为左司御率府兵曹参军,赐名"延赏"。

张延赏虽然幼年丧父,却能博涉经史,精通吏治,宰相苗晋卿尤为赏识,将女儿嫁他为妻。唐肃宗在凤翔,升任张延赏为监察御史,任为关内节度使王思礼的幕府。王思礼任北都留守,上表推荐他任副职,肃宗召入张延赏升其为刑部郎中。元载出任宰相,得力于苗晋卿,所以对张延赏另眼相待,推荐他任给事中、御史中丞。后来,张延赏官至中书侍郎、同中书门下平章事。父子二人都官至宰相,时人传为美谈。

侍中源乾曜

源乾曜(?—731),唐朝宰相。相州临漳(今河北临漳)人。进士及第后,历任户部侍郎、尚书左丞、京兆尹等,及黄门侍郎、同紫微黄门平章事(同中书门下三品)、侍中。他治政有能名，且清廉自守，堪为表率。但为相期间或推让、或唯诺，联署附和而已。

源乾曜出身世家，是北魏太尉源贺之后。祖父源师民，在隋朝任刑部侍郎；父亲源直心，在唐高宗时为司刑太常伯，后流放岭南，并在那里去世。

源乾曜早年考中进士，累迁至殿中侍御史。神龙二年（706），唐中宗李显任命十道巡察使，负责考察官吏、安抚百姓等事务。源乾曜受任为江南道巡察使，因政绩突出，升任谏议大夫。

景云二年（711），源乾曜针对朝廷荒废射礼，上奏说："圣王教化百姓，一定要制礼作乐，以正人情。君子三年不为礼乐，则礼崩乐坏。古代择士，先观射礼，并非取一时之乐。射可以区别正邪、观察德行，圣王对此无不重视。如今朝廷吝惜费用，荒废射礼，很是不妥。花费的虽是钱财，保全的却是礼制，恳请重开射礼。"不久，源乾曜出任梁州都督。

开元元年（713），邠王府的僚属犯法，唐玄宗认为用人不当，因而要大臣们举荐王府长史。由于太常卿姜皎的推荐，源乾曜受到皇上的召见。源乾曜入宫奏对，神清气爽，对答如流，玄宗"甚悦之"，提升他为少府少监，兼邠王府长史。不久，升任户部侍郎、兼御史中丞，又改任尚书左丞。

开元四年（716），源乾曜被擢升为黄门侍郎、同紫微黄门平章事，成了宰相。然而只过了一个月，便与姚崇一同罢相。后来唐玄宗巡幸东都，以源乾曜为京兆尹，留守京师长安。源乾曜任京兆尹三年，"政令宽简，不严而理"。

其间，宫里的一只白鹰走失，玄宗命京兆府官吏捕捉。不料找到时，那白鹰挂在荆棘丛里，已经死了。官吏担心皇上治罪，源乾曜却说："皇上仁爱明察，不会因飞鹰走狗之类的玩物治人之罪。如果定要治罪，我自己来承担，你们无须担心。"于是上表请罪，玄宗并未追究。人们都佩服源乾曜临事不惧，又能引过归己。

开元八年（720），源乾曜再次拜相：先被任命为黄门侍郎、同中书门下三品；不久，升任侍中，加银青光禄大夫。其间，源乾曜曾进言："如今权贵子弟多谋求在京任职，从而使贤才俊士远放京外，这与公道不合。臣有三子，都在朝中为官，请将其中二人外放，以合公平之道。"唐玄宗很高兴，下诏褒扬他，并号召朝中百官仿效。由此，公卿子弟做京官而出外者有一百多人，对改革吏治起到了良好作用。

开元十年（722），唐玄宗采纳"国之执政，应加崇宠"的建议，厚赏源乾曜和张嘉贞，给予实封三百户。此举开创了唐朝宰相享有封邑的先例。

开元十三年（725），唐玄宗封禅泰山，源乾曜持反对意见，与中书令张说产生矛盾。封禅结束后，源乾曜任尚书左丞相，兼任侍中。

源乾曜任相期间，张嘉贞、张说、李元纮、杜暹，相继执掌朝政。源乾曜为人谨慎，廷议时很少发表意见，晚年更是联署公文而已。源乾曜曾受姜皎举荐，张嘉贞排挤姜皎，他却不加申辩、援救，故而为时人所讥。

开元十七年（729），源乾曜被罢去侍中之职，保留左丞相。八月，受拜太子少师，因官名有犯祖讳，推辞不受，改任太子少傅，并封安阳郡公。

开元十九年（731），唐玄宗巡幸东都洛阳，源乾曜因年迈没有扈从，留在长安养病。十一月，源乾曜病逝。玄宗辍朝两日，在洛阳南门为之举哀，并追赠幽州大都督。

中书侍郎李元纮

李元纮（？—733），唐朝宰相。字大纲，祖籍滑州，世居京兆万年。初仕雍州司户参军，历任县令、京兆少尹及诸部侍郎等，封清水县男。开元十七年拜中书侍郎、同中书门下平章事。他为官正直，不畏权贵，为百姓办了许多好事，颇有政绩。为相清廉，所得赏赐分予亲朋。虽贵为宰相，但家无储积，受到时人称赞。

一、家族显赫　政绩非凡

李元纮出身于官宦世家，家族显赫。祖籍滑州（今河南滑县），后迁居京兆万年（今陕西西安）。

李元纮的曾祖丙氏粲，在隋炀帝大业年间任屯卫大将军。隋末义军四起，盗贼遍地，隋炀帝命他督率追捕京城以西二十四郡盗贼。他善于安抚，甚得军心。唐高祖李渊时为太原留守，有意起兵成就帝业，便与丙氏粲深交。等到唐军入关，丙氏粲率领众兵归附，授任宗正卿。封应国公，赐姓"李"。后任左监门大将军，因其年迈，唐高祖允许他乘马在宫中巡视。丙氏粲八十多岁去世，谥曰"明"。

李元纮的祖父李宽，唐高宗时任太常卿，封陇西公。父亲李道广，武则天时任汴州刺史，颇有政绩。突厥、契丹侵犯河北，朝议征发河南兵进击，百姓受到惊扰，李道广尽心安抚，没有人逃往他乡。李道广因功升任殿中监、同凤阁鸾台平章事，封金城侯，去世后追赠秦州都督，谥曰"成"。

李元纮在这种官宦家庭长大，深受影响，少时便十分端庄谨慎。成年后，他出仕任雍州司户参军。

当时，武则天之女、睿宗之妹太平公主权势震慑天下，百官无不顺应迎合其意。太平公主为谋求私利，曾与僧人争夺水碾，李元纮判定还给僧人。雍州长史窦怀贞畏惧公主的权势，催促他改判。李元纮在判状后面用大字写道："南山可移，判不可摇。"（旧唐书·李元纮传）终究不肯改判。这自然开罪了太平公主，李元纮不久便改任好畤令。由于他很有政绩，又升任润州司马，以善于治理闻名。

开元初年（713），李元纮任万年令，赋役号称公平，深得民心。唐玄宗得知后，立即将他升任京兆少尹。玄宗诏令李元纮疏通三辅渠，当时，亲王、公主、权贵之家都沿渠架设水碾，蓄水筑堰，与民争利。李元纮不畏权贵，命令官吏将其全部捣毁，分水灌溉渠旁田地，庄稼丰收，百姓大获其利。

李元纮的官声很好，玄宗命官员考核政绩时，他成绩优等，得以升任为吏部侍郎。开元十三年（725），户部侍郎杨玚、白知慎因支出失当获罪，贬为刺史，玄宗命令宰相及公卿寻求可以接替之人，公卿多推荐李元纮。玄宗打算升他为尚书，宰相认为资历浅薄，于是任户部侍郎。

任户部侍郎期间，李元纮曾列举利害及政事得失，玄宗认为他有才能，可以担任宰相，赐给他衣一袭、绢二百匹。第二年，便授任李元纮为中书侍郎、同中书门下平章事，封清水县男。

二、抑止名利　正直清廉

李元纮出任宰相执掌国事，致力于严厉约束百官，抑止追求名利之人。那些喜好浮夸钻营者都害怕他，经常在玄宗面前诋毁。但唐玄宗宠信李元纮，一次武成殿宴会，玄宗赐群臣衣裳，特别以紫服、金鱼袋赐给他和另一宰相萧嵩，群臣无人能比。

当时，朝廷废置京官职田，论者请求在京城附近设置屯田，以充实仓廪。李元纮说："军务与国政情况不同，内地与边境制度相异。如果百姓清闲没有劳役，土地荒芜没有开垦，就可以让清闲的百姓耕种荒田，减省运输，充实军粮。这种情况下设置屯田，益处很大。如今百官废置的职田不在一个县里，不能集中；百姓的私田都努力自耕，不可占取。如果设置屯田，就要公私相换、调发壮丁。调发劳役则家业荒废，减免租庸则国赋欠缺，内地设置屯田，自古从未有过。恐怕得不偿失，徒然烦扰百姓、浪费财钱。"玄宗认为他言之有理。

起初，左庶子吴兢任史官，撰写《唐书》一百卷、《唐春秋》三十卷，两部书还没完成，他便因守丧而解官。后来，吴兢守丧期满，上书请求完成撰述，玄宗下诏允许他在集贤院继续完成史书；等张说退休时，又诏令他在家修史。李元纮因此进言："国史记录君主善恶、国政利弊，关系褒贬，前代圣人尤为注重。如今张说在家修史，吴兢又在集贤院撰录，遂让国家大典分散不一。况且太宗在宫中另设史馆，是为了重视这个职务、隐秘其事。请求勒令张说到史馆修史，与史官一起参酌会同撰录。"玄宗下诏，让张说和吴兢都到史馆修撰国史。

李元纮任宰相，节操十分清廉。他执掌国事多年，不曾改修住宅，僮仆很少，车驾的马匹都老弱不堪。得到的封赏，随时接济亲族。后来，宰相宋璟曾感叹说："李侍郎引荐美才，贬黜贪官，身为国相，家无储蓄，即使季文子的德行，也不能超过他！"（"李侍郎引宋遥之美才，黜刘晃之贪冒，贵为国相，家无储积。虽季文子之德，何以加也！"《旧唐书·李元纮传》）

后来，李元纮与宰相杜暹不和，两人几次在玄宗面前争辩，玄宗不高兴，将二人一并罢相，命李元纮任曹州刺史。调任蒲州时，李元纮因病辞职。后来，他以户部尚书致仕。

开元二十一年（723），李元纮病体好转，玄宗任为太子詹事。但没过多久，他便去世了，追赠太子少傅，谥曰"文忠"。

黄门侍郎杜暹

杜暹（约675—740），唐朝宰相。濮州濮阳（今河南濮阳）人。历任婺州参军、大理评事、监察御史、给事中、安西副大都护、礼部尚书等，及黄门侍郎、同中书门下平章事。他为人孝顺友爱，事继母至孝，待异母弟十分友爱。他为官清廉，生活节俭，常自我约束，勤勉不倦。因与李元纮互争高下，惹怒玄宗，被罢相外任。他清廉的节操，受到后人称赞。

一、清正廉明　出使绝域

杜暹的父亲杜承志，在武则天时任监察御史。武则天改"唐"为"周"，残酷打击李氏宗亲，她放手任用酷吏，李氏宗室被杀和遭流放者甚众。

怀州刺史宗室李文暕，仇人诬告其谋反，武则天下诏令御史勘问。杜承志秉公审验，没有查出谋反事实。结果李文暕获罪，杜承志遭贬。后又升任天官员外郎，但杜承志看到罗织诬陷之狱兴起，便称病辞官，殁于家中。

杜家从高祖到杜暹，五世同居，杜暹居家尤为恭敬谨慎。杜暹生母去世早，由继母抚养长大，他侍奉继母十分孝顺。

二十岁左右，杜暹考中明经科，补任婺州参军。任满将要调任时，属下官吏送他一万张纸。其时，婺州所产纸张非常有名，相互馈送也是官场惯例，但杜暹只接受百张，其余全都退还，因此被称为"百纸参军"。众人感叹说:"这与从前清官接受一枚大钱,又有什么区别呢?"("昔清吏受一大钱,复何异也!"《旧唐书·杜暹传》)

不久,杜暹任郑县县尉,又因清廉节操闻名。华州司马杨孚公正刚直,经常向杜暹征询意见,很是器重。时值杨孚升任大理正,杜暹因受到公事牵累获罪,杨孚说:"假如连这个县尉都获罪,那公正清廉之士又该如何激劝呢?"("若此尉得罪,则公清之士何以劝矣。"同上)杨孚上书陈述事实,向执政者说明,朝廷遂升任杜暹为大理评事。

开元四年(716),杜暹以监察御史之职前往碛西(即西域地区)检查屯守。正值安西副都护郭虔瓘与西突厥可汗阿史那献、镇守使刘遐庆互相控告,玄宗下诏命杜暹就地查验。杜暹进入突厥营帐,寻求郭虔瓘等人的犯罪证据。突厥人以黄金馈赠,杜暹坚决推辞。左右的人说:"公出使绝域,不可失去戎人之心。"杜暹只好接受,却又悄悄埋在帐幕之下。等到出境以后,他才传书让突厥人收取黄金。突厥人大惊,越过沙漠追赶他,没有追上,只好返回。

事后,杜暹升任给事中,因继母去世而离职守丧。开元十二年(724),安西都护张孝嵩升任太原尹,有人推荐杜暹为继任人选,说杜暹以前出使安西,突厥人佩服他清廉,至今仍然思慕。就这样,杜暹丧期未满,便被起用授任黄门侍郎,充安西都护府副大都护、碛西节度使。杜暹毫不推辞,遂单骑赴职。

第二年,于阗王尉迟眺暗中联合突厥各部,图谋叛乱。杜暹察知他们的阴谋,出兵讨伐,将其党羽五十人全部消灭,另立君长,于阗重回安定。因功加授光禄大夫。杜暹守卫边疆四年,安抚戎人,训练士兵,能勤苦自励,受到各族民众喜爱。

二、勤勉不倦　不受馈赠

开元十四年（726），唐玄宗认为杜暹有宰相之才，遂授他以黄门侍郎、同中书门下平章事，派宦官迎接他入京就职。杜暹奉命离开安西，当地官吏百姓前来送别者众多，都对他恋恋不舍。但皇命难违，杜暹只得与他们洒泪而别。

杜暹谒见皇上时，应对机敏，玄宗大为高兴，赐绢二百匹、马一匹、宅第一处。杜暹为相兢兢业业，政事处理得井井有条。

杜暹友爱兄弟，对异母弟杜昱非常关爱。杜暹缺少学问，在朝堂议论往往失于浅薄，然而能以清廉勤俭自我约束，勤勉不倦。他从年轻时立誓不接受亲友馈赠，直到终身。

后来，杜暹与李元纮互争高下，罢相外任荆州都督长史，历任魏州刺史、太原尹。开元二十年（732）冬天，唐玄宗从东都洛阳出发，到达北都太原时，任命杜暹为户部尚书，允许他随从皇帝车驾。回西京长安没多久，玄宗再次前往东都，以杜暹为京城留守。杜暹率领值勤卫士修缮了三座宫城，又疏浚了城河，亲自监督工程，毫不懈怠。玄宗听说后赞扬他，几次赐书褒扬慰劳，升任他为礼部尚书，封魏县侯。

开元二十八年（746），杜暹去世，终年六十余岁，追赠尚书右丞相，玄宗遣中使协助办理丧事，并赐绢帛三百匹。太常寺议谥曰"贞肃"，右司员外郎刘同昇、都官员外郎韦廉认为杜暹"有忠孝之美，所谥不尽其行"，建议驳回重议。博士裴总认为，杜暹守丧期间奉命出使安西，虽然为国勤劳，却不得尽孝。杜暹之子杜孝友赴阙陈诉，玄宗诏令有关部门重加考定，最终定谥曰"贞孝"。

杜暹去世后，尚书省及故旧官吏赠送财物，以帮助办理丧事。杜孝友一概不收，以遵行杜暹平素不接受亲友馈赠的心志。

黄门侍郎宇文融

宇文融（？—约730），唐朝宰相。京兆万年（今陕西西安）人。历任主簿、劝农使、兵部员外郎、侍御史、御史中丞、户部侍郎等，及黄门侍郎、同中书门下平章事。他善于聚敛，大肆搜刮民脂民膏，以此邀宠玄宗，使之穷奢极欲、奢靡无度，从而导致官夺民利、社会凋敝，成为安史乱源之一。

一、家庭影响　善于聚敛

宇文融的祖上，是隋朝的平昌公宇文弼，曾任吏部尚书。祖父宇文节通晓法令，太宗贞观年间任尚书右丞，为人谨慎，办事干练，洁身自好。当时，江夏王李道宗因私事请托，宇文节不仅没有答应，反而奏报了皇上，唐太宗很高兴，赐绢二百匹，慰劳说："朕近来不设左右仆射，正是因为公在尚书省啊。"（"朕所以不置左右仆射者，正以卿在省耳。"《旧唐书·宇文融传》）永徽初年（650），宇文节迁任黄门侍郎、同中书门下三品，接替于志宁任侍中。

宇文节与唐初名相房玄龄之子房遗爱关系很好，来往密切。房遗爱之妻高阳公主，为人骄横，房玄龄去世后，她教唆房遗爱与兄长房遗直分割财产，过后反而诬陷房遗直。房遗直自我申辩，太宗对公主大加责备，公主由此失宠，闷闷不乐。恰巧此时御史弹劾盗窃案，搜得僧人辩机的宝枕，辩机称是公主所赐给。原来，公主早与辩机私通，送给他无以数计的财物，改让另两个女人侍候房遗爱。

太宗得知此事大怒，下令腰斩辩机，杀死奴婢十多人。公主因此更有怨言，太宗驾崩时，面无悲戚之容。高宗即位后，公主又让房遗爱与兄长诉讼分财，房遗爱因此获罪，降职出任房州刺史，房遗直为隰州刺史。

房遗爱一意孤行，与驸马都尉薛万彻密谋，打算拥立荆王李元景为帝。房遗直揭发阴谋，高宗令长孙无忌审问，又得到了房遗爱与公主谋反的罪证。高宗诏令将房遗爱、高阳公主等人处斩。宇文节虽未参与谋反，也因与房遗爱友善而获罪，贬往桂州，并死在那里。

宇文节被贬官后，家境中落。宇文融的父亲宇文峤，任莱州长史，官位不高，因而宇文家族再也没有恢复当年宇文节为尚书右丞的繁盛景象。全家人常惶恐不安，生活也很拮据。自幼生长在这样的环境里，宇文融的性格受到很大影响，十分看重钱财，渴望出人头地。

成年之后，宇文融明达善辩，擅长为官治事之道。开元初年（713），宇文融担任富平县（今属陕西）主簿。他办事干练，凡事都处理得井井有条。源乾曜、孟温相继任京兆尹，都称赞他贤能，并以礼相待。在他们的举荐下，宇文融不久便升任监察御史。

当时，全国各州县户籍缺漏、隐匿现象严重，人们大多离开原籍，四处辗转逃亡，以逃避徭役赋税。由此导致强弱兼并，州县不能制止，朝廷引以为患。宇文融面见玄宗，进奏对策，请求查实天下户籍，没收隐户和未申报的土地，以增加财用。玄宗采纳了这个建议，任命宇文融为覆田劝农使，负责检查簿籍虚实。宇文融抓住这一机会，分外认真，结果查出很多假冒功勋及逃亡的人丁，因此而升任兵部员外郎，兼任侍御史。

宇文融于是奏请慕容琦、韦洽、裴宽、班景倩、库狄履温、贾晋等二十九人为劝农判官，以御史名义分别查验州县，核检、订正田亩数量，招集流亡人户，分给田地耕种。宇文融又兼任租地安辑户口使。当时各道查出逃亡人户达八十万，田地也几乎相等。到开元九年（721）年底，增收的钱达数百万贯。唐玄宗很高兴，召见宇文融，授任他为御史中丞。

二、受玄宗宠　与张说争

然而，问题也接踵出现。各路使者在执法上竞相追求严峻苛刻，所在州县官吏又一味迎合使者，变本加厉骚扰百姓，致使百姓苦不堪言。阳翟县尉皇甫憬上疏反映这一情况，但玄宗正宠信宇文融，皇甫憬反被贬职为盈川尉。

州县官吏迎合上司旨意，务求多得逃户，为此不惜虚报数量，有的甚至把户籍中原有的实户也当作新增的客户呈报上去。议者认为，没收田地、核查户口会滋生事端，百般反对诘难。但唐玄宗一心向着宇文融，宰相源乾曜等也都支持他。玄宗又召集群臣广泛商议，公卿附和玄宗，不敢提出异议。只有户部侍郎杨玚认为在户籍以外收税，会导致百姓贫困破产，得不偿失。结果，杨玚也因此获罪贬官。

宇文融见皇上支持自己，越发得意，他请求亲自从驿路巡行天下，事不分大小，先上报劝农使，然后再上报台省，台省官吏等待他的旨意，才能下达实行。尚书省左右司长官，也都是在看到宇文融的意见后，才对具体问题作出处理决定。宇文融经过的地方，必定召集百姓，宣传天子的恩旨，以至于有的百姓因感激而流泪，都称赞宇文融是百姓的父母官。

开元十三年（725），宇文融出使返回朝廷，向皇上奏报情况，唐玄宗于是下诏说："各地征收的客户赋税，在当地设立常平仓，增加各种谷物的储备，根据情况买进和卖出；官府鼓励设置农社，使贫富相互救济。凡在农忙季节，州县一般事务全部停止,以便使百姓全力收割庄稼。流亡新归的农户,十道各自分派官吏慰问安抚,使他们安居乐业。待恢复完成旧业,州县每季申报一次情况,不得隐瞒。"

一时间,宇文融权倾朝野,皇帝宠幸,百官争相巴结、奉承。宇文融也得意洋洋,自以为掌管着天下的财政大权,谁敢奈何,便趁机贪污受贿。

中书令张说一向厌恶宇文融,每当宇文融有所建议,总是援引大道理在朝廷上与他争辩。宇文融见张说对自己如此,便怀恨在心,寻找一切机会中伤他。宰相张九龄提醒张说:"宇文融最近得势,他能言善辩,且诡计多端,公不可以轻视。"张说不以为然:"这不过是狗鼠之辈,能有什么作为!"("此狗鼠辈,焉能为事!"《旧唐书·宇文融传》)

不久,宇文融又兼任户部侍郎。适逢玄宗到泰山封禅归来,宇文融鉴于迫近冬季考选官员的期限,请求将吏部考选事务分由十人主持。玄宗下诏命宇文融与礼部尚书苏颋、刑部尚书韦抗、工部尚书卢从愿、右散骑常侍徐坚、蒲州刺史崔琳、魏州刺史崔沔、荆州长史韦虚心、郑州刺史贾曾、怀州刺史王丘分别负责,但不得参与最后决定,一切由皇帝裁决。宇文融向朝廷奏报考选之事时,张说多次驳斥,宇文融大为恼怒,便和御史大夫崔隐甫等弹劾张说招引术士驱邪及受贿之事,张说因此罢相。

宇文融担心张说将来再受任用,仍然联合崔隐甫诋毁不止。玄宗痛恨他们结党,下诏命张说致仕,放崔隐甫回家,令宇文融出任魏州(治今河北大名)刺史。

三、任相百日　获罪贬死

开元十四年(726),河北发大水,唐玄宗立即下诏命宇文融领宣抚使,不久兼检校汴州(今河南开封)刺史等。宇文融又建议请求开垦九河旧地为稻田，以陆地运输的经费暂且移作放债本钱，收取利息缴入官府。玄宗全都同意。然而，宇文融兴办役事众多，但大多没有成功。

开元十六年（728），宇文融奉召入朝任鸿胪卿，兼户部侍郎。第二年，他又升任黄门侍郎、同中书门下平章事，也就是成了宰相。

宇文融既居宰相之位，便雄心勃勃，以天下为己任。他曾对别人说："假使我执政能有数月之久，天下就可以安定了。"（"使吾居此数月，庶令海内无事矣。"《旧唐书·宇文融传》）于是，他引荐宋璟任右丞相，裴耀卿任户部侍郎，许景先任工部侍郎。当时人称赞他知人善任。

但宇文融性情急躁，很少赞许属下，任宰相后每天接待宾客旧友一起畅饮，因此为时人所讥。他思维机警敏捷，无论何时都能随口应答皇上的问话，即使是天子也无法使他理屈。

信安王李祎任朔方节度使，宇文融畏惧其权势，十分忌恨，便指使侍御史李宙上奏弹劾。李祎暗中得知，通过玉真公主、宠阉高力士而自行回朝。第二天，李宙果然上疏弹劾李祎，玄宗很生气，罢免了宇文融的宰相之职，叫他出任汝州刺史。

宇文融担任宰相共一百天而罢职，钱粮之事也从此得不到治理，国家用度日渐不足。玄宗十分思念他，责备宰相裴光庭等人说："公等指责宇文融的罪过，朕已将他治罪，然而国家财用不足，该怎么办呢？"裴光庭等不能回答，就指使有关官员弹劾宇文融结交不法之徒，作威作福，其子大肆接受赃物、名声恶劣等事。玄宗一怒之下，将宇文融贬为平乐县（今属广西）尉。

一年后，司农卿蒋岑在汴州时欺骗隐藏官息钱多达巨万，给事中冯绍烈援引法律条文深加追究，玄宗下诏将宇文融流放到崖州（今海南三亚）。

途经广州时，宇文融拖延不肯前往。都督耿仁忠斥责说："明公受到朝廷的谴责，以至于此，如果再故意抗拒皇命，滞留广州境内，恐怕将连累我等。恐怕朝廷知道明公在此，也肯定不能罢休。"宇文融惶恐不安，上路后死在途中。

当初，宇文融广设使职聚财，以满足玄宗奢纵之心，百姓忧愁恐惧。有关官员争相搜刮民财，就是从宇文融开始的。宇文融死后，玄宗还不忘其旧功，追赠他为台州刺史。后来向皇上谈论财利而得宠者接踵相继，都是以宇文融为榜样的。

黄门侍郎韩休

韩休（672—739），唐朝宰相。京兆长安（今陕西西安）人。历任主爵中外郎、礼部侍郎、虢州刺史、工部侍郎、尚书右丞、工部尚书，及黄门侍郎、同中书门下平章事等，封宜阳县子。韩休品性正直，敢于直谏，不惧获罪，亦不谋求荣华富贵。他任宰相，坚持己见，经常面折廷争，直言玄宗过失。开元年间玄宗尚属英明有为，故颇能容忍。

一、为民请命　不惧获罪

韩休的父韩大智，曾任洺州司功参军；伯父韩大敏，武后朝官拜凤阁舍人。

武则天当政时，极力抑制李唐宗室的势力。梁州都督李行褒被部下诬告谋反，武则天令韩大敏前往查究。临行之前，有人劝他说："李行褒是李唐近属，武后想除掉他，如果不迎合旨意，祸患不久将至，你不可不为自己考虑呀！"韩大敏说："怎能为自身安全而冤屈没罪的人呢？"（"岂有求身之安而陷人非罪！"《旧唐书·韩休传》）

抵达梁州后，韩大敏查清事实，开脱了李行褒之罪。武则天大怒，派遣御史复审，最终杀了李行褒，韩大敏被赐死于家。

韩休喜好学习，博览群书，擅长文辞。起初应制举，任桃林县尉。二十岁左右，韩休被荐举为贤良，到东宫回答有关国政的策问。太子李隆基令其逐条对答，韩休对答如流，结果与校书郎赵冬曦一同考中乙等，授任左补阙。

李隆基继位后，韩休先后任主爵员外郎、中书舍人。因政绩过人，升任礼部侍郎，兼知制诰。

开元十二年（724），山东地区发生旱灾，唐玄宗命韩休与黄门侍郎王丘、中书侍郎崔沔等五名中枢官员补任州刺史，韩休出任虢州刺史。

虢州位于东、西两京之间，为朝廷近州，乃皇帝出行必经之地，时常要为厩马征收草料。韩休请求将料秤平均摊派给其他郡，中书令张说反驳说："减免虢州百姓负担而转嫁给其他州，这是刺史想施私人恩惠罢了。"韩休又坚持论奏，部下劝他不要冒犯宰相旨意，韩休说："担任刺史却不能免除百姓的弊害，还怎样治理政务？若是因此触怒上司而获罪，也心甘情愿。"（"为刺史不能救百姓之弊，何以为政！必以忤上得罪，所甘心也。"同上）朝廷最终同意了韩休的请求。

一年之后，韩休因母亲去世解官，按礼法为母守丧。守丧期满，后出任工部侍郎、兼知制诰，很快又升任尚书右丞。

开元二十一年（733），侍中裴光庭去世，唐玄宗诏令宰相萧嵩推荐接任之人。萧嵩称赞韩休的志向品行，玄宗便授任他为黄门侍郎、同中书门下平章事。

二、面折廷争　玄宗优容

韩休自幼深受伯父韩大敏的影响，为人正直，从不致力于升

官,也不谋求发财。他做宰相后,天下人都认为十分适宜。("及拜,甚允当时之望。"《旧唐书·韩休传》)

韩休为相,秉承一贯的正直作风,即使对皇上,也敢于面折廷争。

万年尉李美玉有罪,玄宗要将他流放岭南。韩休说:"县尉是小官,所犯又非大罪。如今朝廷有大奸,请求先予惩治。金吾大将军程伯献依恃恩宠贪赃枉法,住宅车马超越规制,臣请求先逐出程伯献,再逐出李美玉。"玄宗不同意。韩休坚持己见,争辩说:"微小罪过尚且不能容忍,大奸大猾怎能置之不问?陛下如果不逐出程伯献,臣就不敢奉诏流放李美玉。"("美玉微细犹不容,伯献巨猾岂得不问!陛下若不出伯献,臣即不敢奉诏流美玉。"《旧唐书·韩休传》)玄宗不能迫使韩休改变本意,只好听从他的建议。

韩休遇事坚定正直,大都如此。起初,萧嵩认为韩休柔顺,容易控制,因而推荐他为相。岂料韩休任相后,处理政事时经常反驳自己,萧嵩心中不平。宰相宋璟听说后,称赞说:"想不到韩休能做到这样,真是仁者之勇啊!"("不谓韩休乃能如是,仁者之勇也。"同上)

萧嵩为政宽宏随和,韩休则严峻耿直。对于时政的得失,韩休谈论起来言无不尽。唐玄宗在苑中狩猎,有时大举奏乐,只要稍有过度,玄宗都要看着左右的人问"韩休知道吗",担心他会上书劝谏。果然不一会儿,韩休的疏议就奏了上来。

唐玄宗曾经对着镜子默默不乐,高力士在旁边说:"自从韩休入朝为相以来,陛下无一日欢乐,比以前瘦多了,何必自我烦恼而不驱逐他呢?"玄宗说:"我的面容虽然消瘦了,但天下一定丰饶许多。萧嵩禀报事情常常顺从旨意,他退下以后,我无法安睡。韩休经常据理力争,辞别以后,我睡得很安稳。我任用韩休,是为了国家，并非为我自己呀。"（"吾貌虽瘦，天下必肥。萧嵩奏事常顺旨，既退，吾寝不安；韩休常力争，既退，吾寝乃安。吾用韩休，为社稷耳，非为身也。"《资治通鉴·唐纪二十九》）

韩休与萧嵩日益不和，常在皇上面前争执不休。玄宗对此很不高兴，便罢免萧嵩改任尚书左丞，命韩休以工部尚书罢相。开元二十四年（736），韩休调任太子少师，封宜阳县子。

开元二十七年（739）韩休去世，终年六十八岁，追赠扬州大都督，谥曰"文忠"。代宗宝应元年（762），追赠太子太师。

中书令张九龄

张九龄（678—740），唐朝宰相。又名博物，字子寿，韶州曲江（今广东曲江）人。历任校书郎、左拾遗、中书舍人、洪州都督、工部侍郎、中书令等。任相三年，其间唐玄宗已由开明君主变成昏庸天子，奸相李林甫得宠，直臣失势。但张九龄仍直言诤谏，堪称直臣严相。他还是唐代著名的诗人，有名篇传世。

一、才堪经邦　终得拜相

张九龄出身于官僚家庭，父祖等历代为官。曾祖张君政，曾任韶州别驾；祖父张子虔，曾任窦州录事参军；父亲张弘愈，曾为新州索虑丞。

张九龄天赋聪敏，七岁能文。十三岁时，他写信给广州刺史王方庆，写得条理清晰、文采斐然，王方庆阅后，惊叹道："这孩子一定能够大有作为。"（"此子必能致远。"《旧唐书·张九龄传》）武周神功元年（697），张九龄参加科举考试，以乙第考中进士，授校书郎。

长安三年（703），宰相张说因直言得罪武后宠臣张昌宗，被流放岭南。路过韶州，看到张九龄的文章，夸奖其文"如轻缣素练"，能"实济时用"。张说博学多才，为当时文人的领袖，他的夸赞，给张九龄以很大鼓舞。

中宗神龙三年（707），张九龄赴京应吏部试，以"才堪经邦"科登第，授秘书省校书郎。景龙四年（709）夏，张九龄奉使岭南，就便省亲。当了几年秘书郎，得不到调迁，他萌生了归乡之念。

睿宗景云元年（710）六月，李隆基册立为太子，随后召集天下文士，亲加策问。张九龄前往应对，成绩优异，任为右拾遗。不久，李隆基即皇帝位，调张九龄任左补阙。

当时，宰相姚崇曾奏请依照顺序提拔任用郎吏，唐玄宗却只是盯着屋顶不做声。姚崇重复了几次，玄宗始终一言不发。姚崇感到十分恐惧，便急忙退出。当日罢朝之后，高力士向玄宗进谏道："陛下刚刚总理天下大事，宰臣上奏言事，就应当面表明自己的态度，为何对姚崇的建议不闻不问、一言不发呢？"唐玄宗回答说："朕让姚崇总理朝廷政务，遇有军政大事可当面奏闻，共同商议；郎吏是小官，这样的事也要打扰朕吗？"适逢高力士奉旨到省中宣谕诏命，便将玄宗的话转达给了姚崇，姚崇这才转忧为喜。知道这件事的人，无不叹服玄宗深明为君之道，姚崇的声望也因此更高了。

当时，宰相姚崇深受唐玄宗器重，执掌军国大权。在玄宗即位的第二年，张九龄就上书姚崇，劝他疏远阿谀奉承、急于进取之徒，提拔任用纯正忠厚之士。姚崇赞赏张九龄的建议，并予以采纳。开元四年（716）秋，张九龄以"封章直言，不协时宰"，招致姚崇不满。这年秋天便以秩满为辞，去官归养。

张九龄居家期间，除奏请朝廷并主持开通大庾岭路外，与曲江县尉王履震、韶州王司马来往密切，诗酒唱酬，结为知己。

开元六年（718）春，张九龄奉召入京，返京之时，王司马一直送到大庾岭上。到长安后，因修大庾岭路有功，张九龄拜左补阙，主持吏部选拔人才。在任期间，张九龄办事公正，和右拾遗赵冬曦奉命评定人才等第，前后四次都公正服人，为众考生及旁人称道。

开元十年（722），张九龄调任司勋员外郎。当时的宰相张说，因为同姓，对张九龄特别器重，尤其欣赏他的文才，常对人说："后出词人之冠也。"张九龄也视张说为知己，两人关系非常密切。开元十一年（723），张九龄升任中书舍人，封曲江男。

开元十三年（725）十一月，唐玄宗到泰山封禅，张说亲自选定随同官员，其中有许多是中书、门下三省的官员。封禅礼毕，这些官员都加阶晋级。在这之前，张九龄曾提醒张说："官爵是给天下的示范，应该以品德声望为取舍标准，劳绩资历放在其次，若是颠倒，讥讽毁谤也就跟着来了。"张说听后不以为然，说："事情已经决定，空虚的说法不足为虑。"结果不出张九龄所料，张说的做法为内外所怨。

次年四月，御史中丞宇文融上奏，请求弹劾张说。宇文融在奏疏中指责张说："请来术士观星象以测吉凶，还徇私舞弊，收受贿赂。"张说遂被罢官遣返回家。其实，在宇文融弹劾之前，张九龄就曾提醒张说，要他对宇文融"不可不备"，张说对此并没有放在心上。

因与张说来往甚密，张九龄也受到了此次事件的牵连，先改任太常少卿，随后又出任冀州刺史。后来张九龄以老母在乡、冀州路途遥远为由，上书请求换至江南。玄宗允许，改为洪州（今江西南昌）都督，继而转任桂州（今广西桂林）都督兼岭南道按察使。

开元十八年（730），张说去世。唐玄宗在哀悼张说时，忽然想起他生前曾多次推荐张九龄为集贤院学士以备顾问的话，便召拜张九龄为秘书少监、集贤院学士，掌管院事。这时，正好遇到朝廷起草赐渤海国的诏书，朝廷上下无人胜任，张九龄提笔即就，上下叹服。没多久，张九龄转任工部侍郎、知制诰，继而转中书侍郎，后因母亲病故回家守丧。

开元二十一年（733）十二月，张九龄守丧期满，唐玄宗恢复其中书侍郎职务，并加同中书门下平章事，做了宰相。次年改任中书令，兼修国史。

二、廉正敢谏　整肃纲纪

张九龄担任宰相后，开元二十二年（734）上书唐玄宗，请求不要禁止私人铸钱。三月，玄宗敕令百官商议此事。秘书监崔沔、右监门录事参军刘秩等，许多大臣都表示反对，担心私铸会使钱劣滥，穷人更穷、富人更富，甚至出现汉文帝时吴王刘濞富埒天子的情况。于是，唐玄宗才打消了这一念头。

唐玄宗前期算得上贤明君主，但到后期便昏庸起来，听信奸臣谗言，沉湎酒色，过着荒淫奢靡的生活。张九龄做宰相的时候，正值玄宗由贤明走向昏庸的转折时期。面对这种形势，张九龄不顾个人安危得失，直言敢谏，屡有建言，力求排除日益严重的危机，以挽救开元之盛世。

张九龄始终认为，选人用才是关系国家兴衰存亡的大事，他曾说，"国家赖智能以治"，"国家之败，由官邪也"，"任人当才，为政大体"。基于这些认识，他在实际工作中反对以私情用人，反对利用职权压制、排挤人才，反对依据资格判断人才。当时，朝廷上下重京官、轻外官。为改变这一风气，张九龄上奏说："谋求治理，根源在于重视地方官。"他认为县令和刺史是最能接近百姓的亲民之官,应该加以重视。他建议玄宗:"凡是没有担任过都督、刺史,虽有高策,不得任侍郎、列卿;没有担任过县令,虽有善政,不得任台郎、给事中、中书舍人。"张九龄的这些主张,对后来提高外官地位、重视外官作用,以及整肃地方吏治,起到了重大的推动作用。

开元二十三年(735),张守珪征讨契丹有功,唐玄宗要拜他为相,以示奖赏。张九龄认为,张守珪虽有战功,但不具备宰相的品行和才干,便进谏说:"宰相是代天子管理事务的官,不是奖赏功劳的官。"玄宗不完全赞同,便退一步说:"只给名分,不给职权,可以吗?"张九龄认为这样做也不妥,他说:"名号和车服仪制不能随便给人,这是君主要好好掌管的。"继而反问玄宗:"张守珪才破契丹,陛下就给他做宰相,要是他消灭了奚、突厥等,又用什么官来奖赏呢?"唐玄宗无言以对,遂放弃了拜张守珪为宰相的念头。

当初,副将安禄山讨伐奚、契丹失败,范阳节度使张守珪将其捉拿护送京城,请求按照朝廷典章执行(死刑)。张九龄上奏说:"张守珪的军令定要执行,安禄山不应免除死罪。"玄宗特别赦免安禄山,张九龄再次上奏说:"安禄山狼子野心,面有谋反之相,请求根据罪行杀掉他,以免除后患。"("禄山狼子野心,面有逆相,臣请因罪戮之,冀绝后患")玄宗说:"你不要因为王夷甫了解石勒这个旧例,误害了忠诚善良的人。"("卿勿以王夷甫知石勒故事,误害忠良。"《旧唐书·张九龄传》)随后放安禄山回了藩地。不出张九龄所料,放归安禄山,真的给大唐王朝留下了大大的祸患。

李林甫口蜜腹剑,深得唐玄宗宠信。他见张九龄精通文辞、文笔超群,为皇上所器重,一直深怀忌恨。在提升他为宰相时,玄宗曾征求张九龄的意见,张九龄说:"宰相关系国家安危,陛下任李林甫为相，我担心日后要有宗庙社稷之忧。"（"宰相系国安危，陛下相林甫，臣恐异日为庙社之忧。"《资治通鉴·唐纪三十》）但后来，唐玄宗已经听不进逆耳之言，遂于开元二十二年（734）拜李林甫为宰相，为后来的严重后果埋下了隐患。

张九龄为官清廉，风度潇洒，唐玄宗曾对左右说："每见九龄，精神顿生。"后来宰相每次推荐公卿时，玄宗一定先问："风度能和九龄相比否？"（"风度得如九龄否？"）旧例，士大夫要把笏板插于腰带，然后乘马。张九龄体弱，常派人拿着笏板，朝廷因此设立了笏囊。笏囊的设立，就是从张九龄开始的。

八月五日为唐玄宗诞辰，开元十七年定为"千秋节"，后又改称"天长节"。届时百官上寿，大多进献珍异之物。唯独张九龄进献《金镜录》，言说前古兴废之道，劝皇上励精图治，玄宗"赏异之"。

张九龄的不足，史书谓为"性颇躁急，动辄忿詈，议者以此少之"。即性格急躁，动不动就生气骂人，因而引起人们的议论、批评。

三、林甫中伤　九龄罢相

当时，唐玄宗宠爱武惠妃和她的儿子寿王李瑁，武惠妃与李林甫相互勾结，诋毁太子李瑛，阴谋废掉他，改立李瑁为太子。

唐玄宗与宰相商议废立之事，张九龄说："陛下即位将近三十年，太子和诸王都没有离开过深宫，每天都受到皇上的训诫。天下人都庆幸陛下治理有方，在位长久，子孙繁盛。现在三个皇子都已年长成人，没听说有什么大的过失，陛下为何要听信那些无稽之谈，以一时的喜怒，把他们全部废掉呢？再说太子是天下的根本，不可轻易动摇其地位。春秋晋献公、汉武帝、晋惠帝、隋炀帝，都因废杀太子而引起祸乱、失掉天下。由此来看，废立太子之事必须谨慎对待。陛下若定要那样做，我难以遵命。"玄宗听后很不高兴。

李林甫起初没说什么，退朝之后，私下却对受玄宗器重的宦官说："这种事情是皇上的家事，何必要与外人商量！"

唐玄宗犹豫不决，武惠妃便暗中让官奴牛贵儿对张九龄说："有废必有立，你如果能够从中助一臂之力，就可以长做宰相。"张九龄斥责了牛贵儿，并把他的话告诉了玄宗。玄宗因此有所感悟，所以一直到张九龄罢相，太子的地位也没有动摇。

开元二十四年（736）十月，朔方节度使牛仙客在河西任职时节约有度，勤于职业，使得仓库充实、器械精良，经李林甫撺掇，唐玄宗要任命他为尚书。

张九龄明确反对，他说："尚书就是古代的纳言，唐朝建立后，只有曾经做过宰相或朝野内外有名望、有德行的人才能担任。牛仙客原本是河湟地区节度使判官，现在骤然出任如此显要的官职，恐怕有辱于朝廷。"玄宗说："那么，只封给他有实封户数的食邑可以吗？"张九龄也说不妥："封爵本为奖赏战功。牛仙客作为边将，充实仓库、修理军器都是分内之事，谈不上有什么功劳。陛下如果要奖赏他勤于政事的功劳，赐予金帛就可以了。分土封爵，恐怕不合适。"玄宗沉默不语。李林甫却说："牛仙客具备宰相的才能，当不当尚书又有何妨！张九龄是一介书生，不懂得大道理。"玄宗听后十分高兴。

第二天，唐玄宗又说要封给牛仙客食邑，张九龄仍然坚持说"不可"。玄宗极为愤怒，脸色大变说："朝廷大事都要由你来做主吗？"张九龄叩头谢罪说："陛下不认为我无能。使我为宰相，所以朝中大事有不对的地方，我不敢不直言。"玄宗说："你嫌牛仙客出身贫寒，那么你自己的出身有什么高贵呢？"张九龄说："我不过是岭南一个贫贱之人，不像牛仙客出生中原。但我在台阁之中，掌管诰书诏命已有许多年了。牛仙客原本是边疆地区的一个小官吏，目不识丁，如果委以大任，恐怕难孚众望。"李林甫退朝后说："只要有才能，何必一定要会写诗作文？天子要重用一个人，又有什么不可以呢？"十一月，玄宗封牛仙客陇西县公，赐予实封食邑三百户。

此后，李林甫不断在玄宗面前揭张九龄的短，极尽诬陷中伤之言。加之张九龄老是犯颜直谏，已使玄宗深感心烦，以至于李林甫的甜言蜜语使其顿感开心。

就这样，事态开始发生变化，权力逐渐从张九龄之手转移到了奸相李林甫手中。开元二十年十一月，张九龄被罢知政事，改任尚书右丞相。

第二年，张九龄举荐的监察御史周子谅弹劾牛仙客，触怒了唐玄宗。玄宗遂左右将周子谅打得死去活来，然后流放外地，周子谅不幸死于途中。随后，唐玄宗以张九龄举荐不当为由，贬为荆州大都督府长史。

张九龄被贬江南后，曾作《感遇》诗十二首，其中第七首写道："江南有丹橘，经冬犹绿林。岂伊地气暖，自有岁寒心。可以荐嘉客，奈何阻重深！运命唯所遇，循环不可寻。徒言树桃李，此木岂无阴？"以丹橘自喻，表现诗人对贤者难为世用的不平。

开元二十八年（740）三月，张九龄去世，终年六十八岁，追赠荆州大都督，谥曰"文献"。

安史之乱爆发后，唐玄宗仓皇幸蜀，想到张九龄当初谏斩安禄山一事，为之流涕。下诏追赠张九龄为司徒，特遣使者前往曲江祭奠，并厚恤其家。

张九龄才思敏捷，文章高雅，诗意超逸，是唐代著名诗人。其《感遇》《望月怀远》等为千古传诵的名篇。有《曲江集》二十卷传世。

工部尚书牛仙客

牛仙客（675—742），唐朝宰相。泾州鹑觚（今甘肃灵台）人。历任陇右营田使、太仆少卿、河西节度使，及工部尚书、同中书门下三品。他从小吏起家，官至宰相。但缺乏宰相的才干，一味唯唯诺诺，毫无建树。任用牛仙客做宰相，反映了唐玄宗后期偏听偏信又负气用事的一面。

牛仙客没有读过书，最初不过是个县衙小吏。但由于善于察言观色，投上司所好，所以县令傅文静很器重。

傅文静调任陇右营田使后，把牛仙客召至幕府，让他参与议事。牛仙客在陇右屡立功劳，选任洮州司马。

开元初年（713），王君㚟任河西节度使，征授牛仙客为节度判官，成为其心腹。王君㚟未得志的时候，经常往来于回纥等四个部族之间，颇受其人轻视。当上河西节度使后，便利用法律惩治他们。四个部族感到耻辱，颇为怨恨，进而发生冲突，王君㚟遂被杀。当时，牛仙客惊慌失措，幸亏机敏，趁对方不注意，侥幸逃脱。

随后，兵部尚书萧嵩代王君㚟任节度使，又把军政交付于牛仙客打理。牛仙客为政清廉，工作勤勉，从不懈怠，以信义对待士大夫，受到萧嵩的称赞。等到萧嵩回朝担任中书令，乘机举荐了他。牛仙客因此得任太仆少卿，判凉州别驾，知节度留后事，不久升任河西节度使，兼任凉州刺史。

开元二十四年（736），牛仙客接替信安王李祎任朔方行军大总管，而崔希逸接替他任河西节度使。

当初在河西时，牛仙客致力于节省费用，仓库积蓄多达巨万，器械也全部精良。崔希逸接替他任河西节度使后，看到这些成果，当即奏报了朝廷。唐玄宗派刑部员外郎张利从驿路赶去核实，果然如表状中所称。唐玄宗很高兴，准备任用牛仙客为尚书。

然而，这一提议遭到了宰相张九龄的反对。他认为牛仙客目不识丁，原本不过边疆县衙小吏，让这种人出任尚书这样显要官职，恐怕有辱于朝廷。玄宗听了虽然很不高兴，但也没有坚持己见，封牛仙客为陇西县公，赐予实封食邑三百户。

但没过多久，在奸相李林甫的排挤下，张九龄被罢去相职，而李林甫又大力荐举牛仙客为相，唐玄宗同意了，牛仙客得以任工部尚书、同中书门下三品，知门下省事，遥领河东节度副使。

当时，监察御史周子谅私下里对御史大夫李适之说："牛仙客毫无才干，滥登相位，大夫是皇室至亲，岂能坐观其事？"李适之遂将此言上奏，唐玄宗大怒，当即诘问，周子谅辞穷。玄宗负气用事，最讨厌别人说牛仙客"滥登相位"之类的话，一怒之下，把周子谅发配瀼州，结果死于途中。

牛仙客靠李林甫举荐而当上宰相，故而对李林甫言听计从，遇事只做应声虫而已，不敢有丝毫异议。因此，他担任宰相，谨慎小心之外没有其他建树，不过是随波逐流、唯唯诺诺、一味顺从罢了。唐玄宗前后赐给的物品，他都封存起来，不敢动用；百官向他请示裁决，他不作任何裁断，总是说："依照令式。"

唐玄宗任用牛仙客，知道舆论并不赞同，一次闲聊时，他就此询问高力士。高力士说："牛仙客原是小吏，不是任宰相的材地。"（"仙客本胥史，非宰相器也。"《新唐书·牛仙客传》）唐玄宗愤然说道："朕将任用康崿！"康崿也是一名小吏，没有什么才干。这不过是玄宗一时气头上的话，有人说给康崿，康崿竟然信以为真，十分高兴。但过了很长时间，也没有任他为相的诏令，原来是空欢喜一场。

天宝元年（742），唐玄宗命改易官名，牛仙客被封为豳国公，加授左相，任工部尚书如故。

当年七月，牛仙客去世，终年六十八岁。追赠尚书右丞相，谥曰"贞简"。

御敌平叛众将领

开元、天宝时期的战事，不外两端：一则御敌，一则平叛。前者主要抵御来自吐蕃及其他部族的侵犯，规模有限；后者则是平定安史叛乱，可谓举国投入。承平日久，战将稀缺，但也不乏名将，高仙芝、封常清、哥舒翰、李光弼、郭子仪、王忠嗣，无不名震古今。只可惜唐玄宗信谗掣肘、宦官监军，前线战将不得自主，遂致一败再败，一场叛乱竟持续数年……

左羽林大将军薛讷

薛讷（649—720），唐朝将领。字慎言，绛州万泉（今山西新绛）人。历仕高宗、武后、中宗、睿宗、玄宗五朝，先后任蓝田令、幽州都督、左羽林大将军等职，封平阳郡公。他勇敢善战，屡建战功，为唐朝巩固边疆作出了贡献。与郭虔瓘、王晙等并为中兴名将。

一、抗拒俊臣　劝谏则天

薛讷出身将门，父亲薛仁贵为唐初名将，曾任左卫大将军。薛讷从小深受父亲影响，喜好骑马射箭，练就了一身过硬的本领。他性格深沉果敢，不爱言谈。

薛讷最初任城门郎，负责守护城门，后来升任蓝田（今陕西蓝田）县令。

武周神功元年（697），有一个倪姓富商，因私人债务接受御史台审理，重金贿赂御史中丞来俊臣。来俊臣让薛讷拨义仓粮食数千石，给那个富商。薛讷不惧威势，坚决不从，说："义仓里的粮食本为防备水旱灾害，怎能置百姓性命于不顾，而充实一个人的资产呢？"不久，来俊臣因罪被杀，此事便就此了结。

唐中宗李显即皇帝之位没多久，便被母后武则天废为庐陵王。载初元年（690），武则天改"唐"为"周"，自称"神圣皇帝"，改元"天授"。

武则天称帝后，李、武两姓储位之争十分激烈。以武承嗣、武三思为首的武家子侄跃跃欲试，甚至曾联合酷吏迫害李氏宗室。薛讷作为将门之子，一心拥护李氏宗室，但他官职卑微，没有机会向武则天进言。

契丹与李唐王朝世代修好，唐太宗、高宗都曾赏赐契丹财物，双方交好多年。缘此，契丹决定不与武周修好，并开始侵扰边境。

万岁通天元年（696），契丹军队侵扰河北，发布檄文，称："还我庐陵王！"圣历元年（698）八月，武承嗣之子淮阳王武延秀，前往突厥迎娶默啜可汗的女儿，被当场拒绝："我世代受李氏恩赐，打算把女儿嫁给李氏子作为报答，你武家儿哪有资格？听说李氏还有两位皇子，我应当发兵相助。"于是，契丹再次发兵入侵边境。

年逾古稀的武则天意识到，解决好储君问题，是进一步稳定政局的关键。狄仁杰、李昭德等几位有见识的宰相，坚决反对立武氏为皇嗣，武则天为此犹豫不定。后来经过宰相狄仁杰的剖断劝说，武则天终于下定决心，派人把庐陵王李显秘密接回洛阳，入住东宫，立为太子。

契丹得知李显复立为太子，担心是缓兵之计，仍不肯退兵，朝廷决定发兵打击。武则天因薛讷出身将门，命他任左威卫将军、安东道经略使，率军前往讨伐。临行前，薛讷趁机对武则天说："丑虏（契丹）侵扰边境，以庐陵王为借口。如今庐陵王虽已返回东宫，契丹还不肯坚信。如果太子之位不动，敌人将自然解兵而退。"武则天深以为然，遂坚定了立李显为太子的决心，发布了诏书。果然，契丹见薛讷前来讨伐，恐怕不是对手，便以李显已复立太子为由，退兵而去。

薛讷因为这次功劳，被武则天授为幽州都督，兼安西都护，检校左卫大将军。在此期间，薛讷多次率兵征讨突厥，屡建战功。

二、一度削职　复起大捷

唐玄宗即位后，薛讷因带兵有方，深受朝廷的赏识，升任为左军节度。

当时，因为太平日久，部队都放松训练，号令也不严格。开元元年（713），唐玄宗在新丰讲武，见诸军军容不整，大为震怒，流放兵部尚书郭元振，杀给事中、知礼仪事唐绍。各路军马震惊失措，队形散乱，只有薛讷和朔方道大总管解琬所领兵马岿然不动。

有一次，唐玄宗派遣轻骑宣召薛讷。轻骑来到军门，企图进入军营。但薛讷治军严整，严禁使者随意进入，守门卫士严格执行。后来，轻骑出示天子诏书，薛讷才下令放行。玄宗得知此事，大加赞赏，特意慰勉，盛赞薛讷有周亚夫的风范。

开元二年（714）夏天，契丹与奚联合突厥侵犯边境，薛讷建议征讨。玄宗下令他与左监门将军杜宾客、定州刺史崔宣道，统兵两万前往征讨。

当时天气炎热，酷暑难耐，士兵身负重甲，还要携带粮草，难以行进。杜宾客担心难以获胜，建议等秋凉后再进兵，宰相姚崇也赞同杜宾客的意见。薛讷认为天气虽热，但牧草茂盛，战马粮草充足，可以放慢行军速度挺进。群臣争论不定，但多数认为不宜出兵。

唐玄宗即位之初，正想向四方夸耀国威，便听从薛讷的意见，授任他为紫微黄门三品，以示倚重，然后命大军北上。薛讷所率唐军长途跋涉，人困马乏，后军又不按计策作战，结果被契丹军打得几乎全军覆灭。薛讷仅与数十骑突围，被契丹人嘲笑为"薛婆"（老怯如婆）。

薛讷战败回朝，归罪于崔宣道、李思敬等八人。唐玄宗下制，将八人全部在幽州处死，又将薛讷免死，削官为民。只有杜宾客因主张不出兵而获免。

同年八月，吐蕃大将坌达延、乞力徐聚兵十万，侵扰临洮、兰州，抢掠渭州的渭源县（在今甘肃东部）。薛讷重被起用，从平民百姓直接任命为左羽林将军，作为陇右防御使，与太仆少卿王晙一同率兵前去征讨。

十月，吐蕃再次进攻渭源。薛讷与王晙配合作战，组成掎角攻势，两面夹击敌军，连连取胜，斩杀、俘虏敌兵数万，擒获吐蕃首领六指乡弥洪，缴获兵备器物以及牛羊不计其数。此次战役，是十几年来对吐蕃作战取得的最大胜利。唐玄宗原本打算于十二月御驾亲征，接到前方大获全胜的捷报，大为高兴，授薛讷为左羽林大将军，封平阳郡公。

开元三年（715）四月，唐玄宗鉴于突厥十姓中越来越多的部众归降朝廷，授薛讷为凉州镇军大总管，统领赤水（在今甘肃武威西南）诸军，驻守凉州（今甘肃武威）；又以左卫大将军郭虔瓘为朔州镇大总管，统兵驻守并州。东西配合，防备后突厥阿史那默啜。

开元四年（716）六月，回纥等五部皆来归降，唐朝北部边境暂时安定。不久，薛讷以年老致仕，回家休养。

开元八年（720），薛讷去世，终年七十二岁，追赠太常卿，谥曰"昭定"。

右羽林大将军高仙芝

高仙芝（？—755），唐朝名将。历任游击将军、安西副都护、四镇节度使、左金吾大将军、河西节度使、右羽林大将军等。他因父功而弱冠拜将，镇守安西多年，屡立战功而不断升迁。安史之乱爆发后奉命平叛，不得已退守潼关，却因宦官监军诬告，玄宗偏听而被枉杀。

一、年轻有为　战功卓著

高仙芝是高句丽人，出身武将世家，父亲高舍鸡，以将军之职隶属河西军，任四镇校将。

高仙芝自幼习武，武艺高强。二十多岁时，跟随父亲来到安西（治龟兹，今新疆库车），因父功补授为游击将军。几年后，父子成为同僚。

高仙芝仪表堂堂，善于骑射，骁勇果敢，但其父仍为他性格迂缓而担忧。起初，高仙芝隶属于节度使田仁琬、盖嘉运等人，没有受到重用。后隶属于安西四镇节度使夫蒙灵察（亦作"马灵察"），这才受到器重。开元末年，夫蒙灵察上表，奏请朝廷拜授高仙芝为安西副都护、四镇都知兵马使。

小勃律（在今克什米尔西北部，都城孽多城，今吉尔吉特）原为唐朝属国，又是吐蕃通往四镇的交通要道。吐蕃赞普把自己的女儿嫁给小勃律王为妻，小勃律王听命于吐蕃，吐蕃进而控制了西北各国，因此西北二十多个小国都隶属于吐蕃，不再向唐朝进贡物品。田仁琬、盖嘉运、夫蒙灵察曾相继出兵讨伐小勃律，都没有成功。

天宝六载（747），唐玄宗下诏命高仙芝率步骑一万，出讨小勃律。当时，步兵都各自带着私马，高仙芝就从安西出发，经过拨换城（今新疆阿克苏），进入握瑟德（今新疆巴楚东北），途经疏勒（今新疆喀什），登上葱岭（今帕米尔高原），跋涉播密川，最后停驻在特勒满川（今瓦罕河），行军共一百天。

接着，高仙芝兵分三路：疏勒守捉使赵崇玼统领三千人马取道北谷道，拨换守捉使贾崇瓘取道赤佛道，高仙芝与监军边令诚取道护密。三路一起进兵，相约在连云堡（小勃律西北部）会合。连云堡城中有守兵一千多，城南依山设营栅，有守军九千。

连云堡城下有婆勒川，适逢川水暴涨，不能渡过。高仙芝杀牲畜祭川，命士兵带上三天的干粮集合在水边，士兵都不相信能渡河。谁知涉水渡河之后，连旗角都没有沾湿。

士兵登岸后列好行阵，高仙芝非常高兴，对监军边令诚说："假若我军渡河时敌军袭击，我军将全军覆灭。现在渡过河列好了阵，这是上天把敌人赏赐给我们啊。"于是登山挑战，不到中午就打败了敌军；又连夜发动猛攻，夺取了敌城，斩杀敌人五千级，生擒一千人，缴获战马一千多匹，服装、物资、武器、甲胄数以万计。

二、威震西域　宽恕仇人

高仙芝打算乘胜深入，但监军边令诚害怕，不肯前行。于是，高仙芝留下边令诚和弱兵三千，驻守连云堡，自己率军继续前进。

三天之后，大军到达坦驹岭（兴都库什山山口之一）。坦驹岭高峻险绝，稍不留神，就会坠入深渊，而下山的路长达四十里。高仙芝担心士兵畏惧艰险不敢前进，暗中派出二十名骑兵，穿着阿弩越胡人的衣服前来迎接。高仙芝事先曾对部将说："如果阿弩越胡人前来迎接，我们就没有顾虑了。"士兵畏惧不前时，正巧二十名骑兵赶到，对高仙芝说："阿弩越胡前来迎接，我们已经截断了娑夷河（古代的弱水）上的藤桥。"娑夷河上的藤桥，是小勃律通往吐蕃的唯一之路，桥断则吐蕃不能前来支援。士兵们听了，畏惧心理顿消，高仙芝随即命全军下山。

下山之后，走了三天，阿弩越胡前来迎接。第四天，唐军到达阿弩越城，当天着手修桥、铺路。第二天，高仙芝派席元庆率精骑一千先行，让他见到小勃律国王后，就说："我们不要你的城，只想借道前往大勃律。"小勃律城中有大酋领五六个，都是吐蕃的心腹。高仙芝密令席元庆："如果小勃律酋领逃跑,你只领出示诏书呼喊,说要赏给他们缯綵。等他们来了,就全都捆起来等我。"席元庆遵嘱照做。高仙芝来到后,将大酋领全部斩杀。小勃律国王和妻子逃入山洞,经告谕才出来投降。至此,高仙芝平定了小勃律国。

随后,高仙芝立即派兵截断娑夷河上的藤桥。直至日暮,藤桥才全部拆掉。黄昏时分,吐蕃援军赶到,因藤桥已断而无法过河。河桥长度约有一箭之遥,若要修复,要用一年的工夫。消除了后顾之忧,高仙芝率领唐军抵达大勃律,又平定了其国。

这年八月,高仙芝带着小勃律王和王妻,从赤佛道赶往连云堡,准备与监军边令诚一起班师。自此以后,西北七十二国都震惊畏惧而归降于唐。

九月,高仙芝一行到达连云堡,与边令诚相见。月底,高仙芝率军到达播密川,派判官王庭芬到京师报捷。高仙芝率军到达河西时,夫蒙灵察因高仙芝不事先告诉自己,而是径自向皇上报捷,大为愤怒,不肯迎接、慰劳大军。

见到高仙芝后,夫蒙灵察骂道:"高丽奴,于阗使者你是从谁手里得到的?"高仙芝很害怕,忙说:"是中丞之力。"夫蒙灵察又说:"你所任的焉耆镇守使、安西副都护、都知兵马使,都是从哪里得到的?"高仙芝回答说:"也是中丞之力。"夫蒙灵察说:"既然如此,捷报不等待我而竟敢直接上奏,这是为什么?按理应当斩首,看你刚立了功,就赦免了吧。"

高仙芝心怀恐惧,不知所措。监军边令诚将情况秘密上报玄宗,并说:"高仙芝立了奇功,如果因忧虑而死,将来谁还愿意为朝廷效命呢?"

天宝七载(748)六月,唐玄宗升任高仙芝为鸿胪卿、暂行御史中丞,取代夫蒙灵察任四镇节度使,而下诏命夫蒙灵察返回。夫蒙灵察十分害怕，而高仙芝一如既往，一早一晚都去拜见他，且总是小跑着前来。夫蒙灵祭因此更加惭愧，不能安心。

副都护程千里，衙将毕思琛，行官王滔、康怀顺、陈奉忠等，都曾在夫蒙灵察面前诋毁过高仙芝。高仙芝就任四镇节度使后，叫来程千里骂道："你面容虽是男子，而心胸狭窄却像妇人，为什么啊？"他又对毕思琛说："你夺走我城东能产千石种子的田地，还能记起来吗？"毕思琛回答说："那是你赏赐给我的。"高仙芝说："那是因为从前我畏惧你的权势，难道会是怜悯你而赏给你的吗？我本来不想说出来，只是怕你担忧，这才说出来。如今说出来就没事了。"他又召来王滔，准备揪打羞辱。过了一段时间，高仙芝将以上仇人全都予以宽容，说："我不再恨他们。"从此全军得以安定。

不久，高仙芝加授为左金吾卫大将军，授其一子为五品官。后又加授开府仪同三司。

三、为人贪婪　受诬被杀

天宝九载（750）十二月，高仙芝率军讨伐石国（昭武九姓之一）。他假意与石国议和，石国国王降唐。谁知高仙芝却突袭石国，还把其王作为俘虏献上，而朝廷又斩杀了国王。从此之后，西域诸国都担心降唐被杀，再也不肯归降。

石国王子逃到大食，乞求大食派兵到怛逻斯城（今哈萨克斯坦江布尔城附近）攻打高仙芝，以替父亲报仇。高仙芝听说后，亲率蕃、汉兵三万攻打大食。深入大食国境内七百余里，到达恒逻斯城，与大食军队相遇，两军对峙了五天。这时，葛罗禄部落的军队叛唐，与大食军前后夹击，唐军大败，士卒几乎全部战死，残存仅有数千。战后，高仙芝被解除了安西四镇节度使之职，入京任右金吾卫大将军。

高仙芝为人十分贪婪，攻破石国后，获得瑟瑟（即碧珠琛）十余斛，黄金装了五六骆驼，良马宝玉很多。他的家产累积多达巨万，但他并不大吝惜财物，人有所求他即给予，不问多少。

不久，高仙芝授任为武威太守，并取代安思顺任河西节度使。但当地部众执意挽留安思顺，朝廷便改拜他为右羽林军大将军。

天宝十四载（755），高仙芝封密云郡公。同年十一月，范阳节度使安禄山反叛，荣王李琬任元帅，高仙芝为副元帅，率飞骑、彍骑及朔方、河西、陇右入京勤王兵马，并召募关辅新兵五万，接替范阳节度副使封常清东讨。唐玄宗登上勤政楼，引荣王李琬接受军令，赐宴高仙芝以下的将领。

十二月，高仙芝率军从长安出发，玄宗又到望春亭慰劳，下诏命边令诚监军。军队停驻在陕郡（今河南三门峡西），但封常清败退，东京洛阳被叛军占领。封常清劝高仙芝放弃陕郡，退守潼关。高仙芝十分着急，就打开太原仓，拿出所有东西赏赐士兵，焚烧了剩余的物品，领兵急速退往潼关。正巧叛军赶到，官军仓皇而逃，甲仗、资粮丢弃一路，绵延几百里。到潼关后，高仙芝整顿军队、修缮守备，士气才渐渐振作起来。叛军进攻潼关不克，于是退兵。潼关是长安的屏障，应该承认，高仙芝和封常清退守潼关的战略决策是正确的。

当初，边令诚多次因私事请托，高仙芝没有答应，边令诚遂怀恨在心。此时，边令诚乘机告发高仙芝逗留不进以激怒皇上，还说："封常清用叛军的强大来动摇军心，高仙芝则放弃陕郡数百里土地，并克扣、盗取军粮及赏赐物资。"玄宗大怒，随即派边令诚到军中斩杀封常清和高仙芝。

边令诚到潼关后，杀了封常清，将尸体放在草席上。高仙芝从外边赶到，边令诚率一百名刀手跟随自己，说："大夫也有诏命。"高仙芝立即退下,到了封常清被杀的地方,说:"我遇到叛军不作抵抗而退却,这是我的罪过,因此而死是应该的。然而说我盗取、克扣军粮和赏赐之物,这绝对是诬陷。"("我退,罪也,死不辞;然以我为减截兵粮及赐物等,则诬我也。"《旧唐书·封常清传》)他对边令诚说:"上有天、下有地,三军兵士都在,你难道不知吗?"他又环顾部下说:"我招募你们,本想击败叛贼领取重赏,但贼势正盛,所以拖延到这时,也是为了坚守潼关啊。我如果有罪,你们直说无妨;如果我无罪,你们应当喊冤枉。"士卒们平日敬爱高仙芝,都高声喊叫:"冤枉!"喊声如雷,震动大地。("兵齐呼曰:'枉',其声殷地。"同上)

边令诚不为所动,仍要下杀手。高仙芝看着封常清的尸体说:"封二(封常清行二),你从无名小辈到功劳卓著,是我推荐提拔你做了我的判官,不久你又取代我担任节度使,今天与你一起死在这里,难道这是天命吗?"说完被杀。

高仙芝、封常清,均为有唐一代名将,却均冤枉被杀。这固然有阉人的诬陷,也不能不说是唐玄宗的昏庸,史家所谓"玄宗虽为左右蒙瞽,然荒夺其明亦甚矣"(《新唐书·封常清传》)

范阳节度副使封常清

封常清(?—755),唐朝将领。蒲州猗氏(今山西临猗)人。历任侍从、节度判官、安西节度留后使、安西副大都护、范阳节度副使等职。他学识、才能过人,但三十岁后才自荐做了侍从,其后凭借才干逐渐升职。安史之乱中受命平叛,所部临时招募而战败,受宦官诬告被枉杀。

一、因才升职 以威服人

封常清少时父母双亡,和外祖父一起生活。后来,外祖父被流放到安西充军,守卫胡城(今哈萨克斯坦奇姆肯特东)南门,封常清也跟随到了那里。外祖父喜欢读书,经常坐在城门楼上,教外孙读书。在外祖父的指导下,封常清读了许多书,增广了见识。

外祖父去世后,封常清无所依靠,从此过着清贫的生活。虽然学识过人,但因为孤苦贫困,所以年过三十,仍然没有名气,只得投身从军。

当时,夫蒙灵察任四镇节度使,高仙芝任都知兵马使。有一次,高仙芝出兵,奏请拨给随从三十余人,要求服装必须鲜亮。封常清一向仰慕高仙芝,便投书自荐,希望成为一员随从。高仙芝见他身材细瘦,腿短足跛,嫌他丑陋,不愿接受。

第二天,封常清再次投书,高仙芝推脱说:"我的随从已经够了,你何必再来?"封常清听后大怒,说:"向来仰慕您,愿意在您麾下效劳,所以毛遂自荐,您为何拒之千里之外呢?您如果按本领待人,那是志士仁人所希望的;如果以貌取人,恐怕会失去子羽(春秋时人,曾助子产相郑)那样的人才。您还是再考虑一下吧。"("慕公高义,愿事鞭辔,所以无媒而前,何见拒之深乎?以貌取人,恐失之子羽,公其念之!"《新唐书·封常清传》)尽管如此,高仙芝还是没有接受。从此,封常清就早晚不离高府之门,等他出入。几十天后,高仙芝迫不得已,只好收封常清做了侍从。

开元二十九年(741),达奚部落叛乱,从黑山之西进攻碎叶城。唐玄宗诏令夫蒙灵察平叛,夫蒙灵察派高仙芝率两千精骑追击叛军。达奚兵因长途跋涉而来,十分劳顿,不堪一击,结果唐军大获全胜,达奚几乎全军覆灭。封常清在帐中私下写了捷报,详细陈述了遇敌的情形和克敌制胜的谋略,高仙芝想说的,封常清都讲得十分周到。高仙芝取来捷报读了,感到十分意外,惊奇不已,遂加以采用。

高仙芝率部凯旋,夫蒙灵察设宴犒劳,判官刘眺、独孤峻等争着问他:"前些日子的捷报是谁写的?你麾下怎么会有如此人才?"高仙芝答道:"是我的侍从封常清所写。"刘眺等人便命封常清入座,像旧相识一样和他攀谈起来,众人都对封常清另眼相看。随后,封常清因破达奚有功,被封为叠州(治合川,今甘肃迭部)戍主,并任四镇都知兵马使判官。此后以军功累授镇将、果毅、折冲。

天宝六载(747),高仙芝代替夫蒙灵察任安西节度使,上奏请求任封常清为庆王府录事参军,充节度判官。高仙芝每次出征,常任命封常清为留后使。当时,高仙芝乳母之子郑德诠已是郎将,高仙芝把他看作亲兄弟,委托处理家事。但郑德诠傲慢无礼,瞧不起封常清。有一次,封常清外出办事,返回时诸将都来拜谒,只有郑德诠不屑一顾,还驰马越过封常清而去。

封常清命左右把郑德诠秘密带来,对他说:"我封常清出身贫寒,想侍奉中丞(高仙芝),两次都被拒绝,你也不是不知道。现在,中丞命我做留后使,你怎敢对我无礼,侮辱中丞?"接着吩咐手下人:"把郎将处死,以正军纪。"结果,郑德诠被杖打六十,脸冲下拖了出去。当时,高仙芝的妻子等在门外大声哭嚎,为郑德诠求情,封常清不为所动。随后将其罪状如实上呈,高仙芝看后大惊失色,但见到封常清却没提一句,封常清也没有向他谢罪。其后,又处决了两员有罪的将军。军中官兵自此都很畏惧封常清,再也没人敢轻视他。

二、出兵平叛　兵败被杀

后来，高仙芝出任河西节度使，又上书请求任命封常清为节度判官。过了几年，封常清升任西安副都护，安西四镇节度副使。不久，改任北庭都护，兼任伊西节度使。

封常清勤勉节俭，吃苦耐劳。他出行时往往乘骡子，私厩中因此减少了两匹马。他对待属下赏罚分明，军士对他又敬又怕。

天宝十四载（755）十一月，封常清入朝拜见皇上。其时安禄山已经反叛，唐玄宗遂向他询问平叛之策。封常清上奏说："安禄山领叛军十万，犯我中原，由于太平已久，中原之人不知作战。但事有顺逆，情况也会发生突变。我请求大开府库，招兵买马，割下叛贼安禄山的首级献于圣上。"玄宗听后大为高兴，第二天便拜封常清为范阳节度副使。

封常清奉命到东京洛阳招募兵勇，集合部队六万人，都是市井百姓。接着，封常清砍断河阳桥，以东京为固守之地。

安禄山传檄书给平原太守颜真卿，希望他趁早归顺。颜真卿派李平前往洛阳告知，封常清接到书信，立即写信给颜真卿，劝他坚守平原，并把几十封传购安禄山头颅的檄书一并送去。颜真卿见到来信，更加坚定了死守不降的决心，并把讨伐安禄山的檄书传送各郡。

同年十二月，安禄山渡过黄河，先遣部队与封常清的军队遭遇，几百名士兵被杀。随后，安禄山大军压境。由于封常清所部缺乏训练，而叛军却久经战阵，所以封常清屡战屡败。

当时，高仙芝奉命驻守陕城（今河南三门峡西）。封常清战败后逃至陕城，见到高仙芝，将叛军的情况作了详细汇报，并对高仙芝说："敌军强大，恐怕一时难以获胜。潼关无兵防守，一旦失守则京师危险，不如退守潼关。"高仙芝只好放弃陕城，退守潼关。

封常清兵败后,先后三次派使者入朝,上表陈述叛军的形势,唐玄宗都不肯召见。于是,封常清亲自骑马入朝报告。谁知刚到渭南,玄宗便下敕书削其官爵,让他以平民身份隶属于高仙芝,高仙芝命封常清巡监左右厢诸军。由于高仙芝对宦官监军边令诚的请托多不听从,边令诚怀恨在心,趁机诬告高仙芝和封常清无故弃城撤兵。玄宗大怒,派边令诚处决二人。

边令诚到达潼关,宣布敕令。封常清说:"我封常清之所以不拼死在战场上,是不忍心玷污国家的尊严,被敌人抓住杀害。如今讨贼无功,死而无憾。"("常清所以不死者,不忍污国家旌麾,受戮贼手。讨逆无效,死乃甘心。"《旧唐书·封常清传》)随后,封常清和高仙芝先后被杀。

当初封常清战败后进入潼关,要见皇上汇报战况、陈述策略,玄宗不允。封常清既忧虑、又害怕,就写遗表谢罪,其中说道:"自从洛阳失守,我三次派使者上奏章陈述讨贼战略,都没被接见。"又说:"我死之后,希望皇上不要轻看叛贼,那么国家就安定了。"等到临刑之时,封常清把这份表文(《封常清谢死表闻》)交给边令诚,拜托他呈送皇上。封常清被杀后,天下人都哀怜他。

河西节度使哥舒翰

哥舒翰(?—757),唐朝将领。历任右武卫员外将军、鸿胪卿、河西节度使等职,封西平郡王。他作战勇敢,屡败强敌,名振西鄙,赢得安宁。安禄山举兵反叛,因朝廷缺少将帅,他奉命带病率军驻守潼关,因受奸人进谗、玄宗督促,不得已出关作战而大败。被俘后屈节求生,成为人生一大污点。

一、威振三军　勇猛无敌

哥舒翰是突厥哥舒部落人，以部落名为姓。他家庭富有，个性豪爽，为人仗义，好许诺，爱读书，喜欢饮酒赌博，疏财重气，广交朋友，所以许多人愿意与他来往。

哥舒翰的父亲哥舒道元，任安西都护府副都护，久居安西。四十岁时，父亲去世，哥舒翰便到京师长安客居。后来，因受到一个小军官的训斥，便气愤地仗剑出走，到河西从军。

起初，哥舒翰隶属于节度使王倕所部。天宝元年（742），王倕攻取吐蕃新城（今青海门源）后，交给哥舒翰治理。哥舒翰治军严厉，经营有方，三军无不为之震慑。

天宝五载（746），王忠嗣继任河西节度使，提升哥舒翰为衙将。哥舒翰喜欢读《左传》和《汉书》，在军中仗义疏财，士兵多归心于他。

王忠嗣命哥舒翰任大斗军副使，派他去征讨吐蕃。一起出征的同级将官傲慢无礼，不肯合作，哥舒翰大发雷霆，伸手一阵猛揍，直把那人打得瘫在地上，他才扬长而去。士卒忙去扶救时，发现那个将官已经气绝身亡。其他军官敢怒不敢言，士兵更是感到害怕。哥舒翰自以为回军之后会受到惩处，但王忠嗣只是简单询问了一下经过，不但未予训斥，反而提升他为左卫郎将。哥舒翰感谢王忠嗣的知遇之恩，处处言听计从。

当吐蕃又来入侵时，哥舒翰主动请战。敌军分成三个梯队，从山上一批接一批依次冲下来接战。哥舒翰手持长枪迎头奋击，不一会儿，枪柄折断，便拾起带刃的半截，继续拼杀。直到把三重敌兵全都打败，他才带着染成血色的半截枪返回本阵。从此，哥舒翰的名字广为传播，敌军闻风丧胆。

天宝六载（747），哥舒翰升任右武卫员外将军，充陇右节度副使、都知关西兵马使、河源军使。此前，积石军（陇右节度使所辖军镇之一，在今甘甘肃天水一带）每到麦熟时节，吐蕃便率众来抢夺麦子。他们兵民一齐抢割，武装驱赶麦主，而唐军也不能抵御，以至于人们把吐蕃兵众称作"吐蕃麦壮"。

哥舒翰到任后，决计严厉打击"吐蕃麦壮"，从而杜绝他们的抢掠。等到吐蕃五千多兵众又来抢麦时，哥舒翰率领精兵猛将从城中杀出。吐蕃兵众猝不及防，许多人专来抢麦，只带工具而没有兵器，遭遇强劲攻击，急忙回头逃命。哥舒翰的将士四处追击，杀伤其大半人马。跑在前面的"麦壮"正要松口气时，早已安排埋伏的军队突然冲了出来，前后夹击，打得"麦壮"匹马不还。从此之后，吐蕃再也不敢前来抢麦。

哥舒翰有个家奴叫左军，十五六岁便有超常的膂力，胆大凶猛，每次出征都不离主人左右。哥舒翰善使长枪，追杀时往往先把枪搭在敌兵的肩上大喝一声，趁其吃惊回头张望的瞬间，突然刺入喉头，接着用力向上一挑，将整个人挑离马鞍或地面三五尺高，然后才摔到地上。左军则下马将奄奄一息的敌兵一个个地割下首级，带在身边。他们主仆配合作战，已经习以为常。哥舒翰的这一作战风格传扬开来，成为传奇英雄，进而产生了歌谣：

北斗七星高，哥舒夜带刀；
至今窥牧马，不敢过临洮。

二、义救忠嗣　斥责禄山

天宝六载（747）冬天，宰相李林甫诬陷王忠嗣谋反，免除了他河西、陇右节度使的官职，待罪狱中。唐玄宗召哥舒翰入朝，部将劝哥舒翰多带金帛，以便搭救救王忠嗣。但哥舒翰却不以为然，他说："假如皇上信任我，何必非要金帛？若不信任，要它们又有什么用呢？"（"使吾计从，奚取于是？不行，用此足矣。"《新唐书·哥舒翰传》）就这样，哥舒翰没带任何财物便到了京城长安。

唐玄宗在华清宫召见哥舒翰，盛赞他的勇气和战功。皇上问到西部边疆的防卫情况，哥舒翰以前所未有的谦和态度作了回答。玄宗十分高兴，当即授鸿胪卿，兼西平郡太守，摄御史中丞，并代替王忠嗣为陇右节度使。

哥舒翰一听到"王忠嗣"的名字，心中顿时涌起感恩热望，便斗胆向皇上提出恢复王忠嗣官职，极力否定加于其身的种种罪名，以事实说明其无罪而有功。玄宗见他喋喋不休，不耐烦了，起身要回禁中。哥舒翰急忙跟上去叩头，声泪俱下地慷慨陈词。玄宗为他的一片至诚感动，终于答应免除王忠嗣的死罪，贬官为汉阳太守。朝中官员听说此事，都称道哥舒翰为人义气。

天宝七载（748），哥舒翰在青海湖中的龙驹岛上修筑了城堡。不久，见到城畔湖面上有白龙游泳，于是取名"应龙城"。哥舒翰居于城中，吐蕃不敢接近，退守石堡城（在今青海湟源）。由于道路遥远，又多险阻，所以官军一直没有发兵攻打。

第二年，朝廷下令调集朔方、河东等地军队十万多人，由哥舒翰统领进攻石堡城。哥舒翰派部将高秀岩、张守瑜带兵进攻，不到十天便攻拔其城。于是，西部边境出现长时间的安定局面。玄宗以哥舒翰的功劳，拜特进鸿胪员外卿，赐物千匹、庄园和住宅各一处，加摄御史大夫，并封其一子为五品官。三年后，又加开府仪同三司。

哥舒翰与胡将安禄山、安思顺见面之初，便话不投机。后来，他们先后都当上了节度使，在商讨用兵、防务等问题时，常常发生矛盾。唐玄宗多次为之调解，并让他们兄弟相称。

天宝十一载（752）冬天，他们三人一齐回到朝中，玄宗派宦官高力士等，在京城东驸马崔惠童池亭设宴招待。哥舒翰的母亲尉迟氏是于阗人，父亲是突厥人，安禄山早想借机嘲弄一番。如今同坐一席，安禄山忽然对哥舒翰说："我的父亲是胡人，母亲是突厥人；你的父亲是突厥人，母亲是胡人。你我族类相同，咱们何不相亲相近呢？"哥舒翰立即回答说："古人云：狐狸向着自己的洞窟号叫是不祥之兆，这是因为他忘本的缘故。（意指安禄山公开他们的出身，是故意贬低人格，称其自相贬损为"号叫"。）老兄若能与我亲近，我怎么敢不尽心呢？"

安禄山听出了哥舒翰反唇相讥的语义，无名怒火窜上心头，便起身大骂："你这个突厥小子，竟敢如此无礼！"哥舒翰也拍案而起。这时，高力士见两员大将都到了剑拔弩张的地步，唯恐搅乱宴席，一再用眼神制止哥舒翰。哥舒翰一来看重与高力士的友情，出于对他的尊重，二来从那种眼神中还看出鄙视安禄山的含义，所以不与再争，假装醉酒，离席而去。从此之后，两人积怨更深。

三、出兵平叛　结怨国忠

天宝十二载（753），哥舒翰晋封凉国公，食邑三百户，加河西节度使。

当时，安禄山看不起宰相杨国忠，杨国忠也忌惮安禄山得宠于玄宗，在玄宗面前说他有造反作乱的迹象，只是玄宗听不进去。正逢哥舒翰击败吐蕃，攻克洪济、大漠门等城，尽收九曲部落，回京报捷，杨国忠便乘机拉拢他，上奏朝廷赐予其西平郡王爵位，一年后又拜为太子太保兼御史大夫，增封食邑三百户。

哥舒翰喜好饮酒，放纵声色，因而身体虚弱。有一天洗澡时受了风寒，昏倒在地，过了很长时间才苏醒过来，此后便回到京城，在家养病。

天宝十四载（755）十一月，安禄山在范阳（今北京西南）发动叛乱，举兵南下。封常清、高仙芝战败被杀后，朝中已经没有几个堪当平叛大任的将领；只有哥舒翰，一向威名远震。于是，唐玄宗召见哥舒翰，拜为皇太子先锋兵马元帅，并以田良丘为御史中丞兼行军司马，以王思礼、李承光、苏法鼎、管崇嗣及火拔归仁、李武定、浑萼、契苾宁等为副将，率领河陇、朔方兵及蕃兵共二十万出征，守卫潼关。玄宗还在勤政楼上亲自送行，并下诏让哥舒翰率军路过殿门不必下马，还命令臣僚百官到郊外饯行。

军队开始东行，先锋的大旗碰到城门上，主帅标志掉到地上，旗杆折断，大家为此都很感不安。哥舒翰也十分惶恐，多次以病推辞，但玄宗不肯批准，哥舒翰只得硬着头皮率军出征。

天宝十五载（756），玄宗为了笼络哥舒翰，拜为尚书左仆射、同中书门下平章事。安禄山派其子安庆绪率军攻打潼关，被哥舒翰击败。

起初，户部尚书安思顺得知安禄山要谋反，借入朝之机向皇上奏报了此事。安禄山起兵反叛后，唐玄宗因为安思顺先已奏报，所以不加问罪。哥舒翰素来与安思顺有矛盾，此时想借机报复。他认为自己重兵在握，有所请求，皇上一定不敢不答应，于是就故意伪造了一封安禄山给安思顺的信，让人假装送信，然后在潼关城门口抓住此人，献给朝廷，而且列举了安思顺的七条罪状，请求玄宗诛杀。结果，安思顺和他的弟弟太仆卿安元贞，都因此事被处死，家人被流放到岭南。杨国忠无法搭救他们，因此开始畏惧哥舒翰的权势。

哥舒翰率大军进驻潼关，派出各路使者，与河北、山西各地的节度使取得联系，以掌握叛军动向。然而，在收到各地军情报告的同时，更多的是将士、民众对宰相杨国忠的声讨，认为是他弄权朝中，招致叛乱，人人对他切齿痛恨。这时，大将王思礼劝道："安禄山起兵，是以诛杀杨国忠为名。现在我们留下三万兵据守潼关，带领精锐之师返回去诛杀杨国忠，或者派小股兵将把他挟持到潼关来斩首，你看如何？"哥舒翰说："那样一来，我们岂不成了反贼？"不过，哥舒翰内心是同意这样做的，只是觉得时机未到，不便行动，所以犹豫未决。

其时，有人对杨国忠说："如今朝廷重兵全部掌握在哥舒翰手中，如果他率众回头西进，对你来说不是很危险吗？"杨国忠闻言大吃一惊，他知道百姓对他怨声载道，而且自己在文臣武将中树敌不少，所以认为那种可能性是存在的。于是，他想出一个冠冕堂皇的理由奏请扩兵，说："兵法上说'安不忘危'。现在潼关虽有重兵把守，但后方没有预备队伍，万一潼关失守，京师能不害怕吗？请允许挑选牧区的三千青年，立即予以训练。"玄宗同意之后，杨国忠便派剑南军将李福、刘光庭去办理。同时，杨国忠又奏请玄宗，招募一万人，驻屯灞上，派心腹杜乾运统领。这些部队名为御敌，实则是防哥舒翰。

哥舒翰得知这方面的情报后，便想到这是针对自己的一种战略部署，于是以顾全大局、统一指挥为由，上表请求将杜乾运的兵马隶属潼关，接着便召杜乾运到潼关议事，借故将他杀死。杨国忠得到这一消息，更加害怕，对儿子说："我将死无葬身之地了！"

然而，哥舒翰也因此终日不安。原先中风留下的后遗症日见严重，不能亲自处理军务，大小事务都委托行军司马田良丘。田良丘又不敢专断，转而让部属王思礼主管骑兵、李承光主管步兵，结果，王、李二人争权夺利，全军号令不一，人无斗志。

四、出师惨败　降贼被杀

哥舒翰据守潼关之初，多次向朝廷报告：安禄山虽然占据了河朔，但不得人心，请允许坚守潼关，等叛军前途无望、人心离散时，出兵剿灭。如此则可以不伤自己的兵将而全歼叛贼。

当时，叛军将领崔乾祐在陕郡养精蓄锐，伺机进攻。哥舒翰对此有所觉察，亦有戒备。但有人却上书，说安禄山在陕城兵不满四千，且为老弱无备之众。因此，唐玄宗令哥舒翰立即出关作战，收复陕、洛一带。哥舒翰再次上奏说："安禄山起兵反叛，早就训练了军队，根本不存在无备之军，即使有老弱兵卒，也一定是引诱我军的钓饵。叛军远道而来，利在速战。我军在本地据险，利在坚守，不易轻出；如果轻易出关，便中了叛军的圈套。希望陛下允许臣静观事态的发展。"

与此同时，节度使郭子仪、李光弼也上书说："哥舒翰既病又老，叛军一向知道这一情况，而且哥舒翰的大军多是乌合之众，不足以战。如今叛军精锐南破宛城、洛阳，而以其余军队驻守幽州。请让我们率军直捣其巢穴，把叛军将领的妻、子作为人质扣押起来，招降叛军，他们内部一定崩溃。潼关大军，只应固守，不可轻出。"然而，杨国忠一直害怕哥舒翰对自己不利，屡屡奏请玄宗下令出兵。

唐玄宗生活在太平岁月，不熟悉军事战阵之事，加之杨国忠煽动，便派宦官多次督促哥舒翰，要他火速出兵。屡次受到催促、责备，迫不得已，天宝十五载（756）六月四日，哥舒翰放声号哭了一场，率兵出潼关抵达灵宝县的西原。

出潼关七十里之后，道路险要狭窄，叛军预先在此埋下了数千伏兵。八日，官军与叛军交战，官军北临黄河，南遇高山。叛将崔乾祐率军数千抢先占领了险要之地。哥舒翰与田良丘乘船在河中观察叛军布置形势，见敌军人少，以为人数不多，没什么阻力，便催促官军将士加速前进。哥舒翰领兵三万登上北岸高处，擂鼓助威，其时叛军出兵不过万人，三三两两，散如星星，或疏或密，或进或退，了无阵容。官军望见之后，都耻笑其无能，说："等擒贼后再吃饭也不迟。"一经接战，叛军偃旗息鼓，看似要逃跑。因此官军更加懈怠，以为不战可胜。不久，埋伏在高处的叛军一齐出击，居高临下乱抛滚木礌石，官军死伤无数。由于道路狭窄，官军无法疏散展开，躲又没处躲，完全处于被动挨打的局面，死伤惨重。

哥舒翰想用毡车驾马为前驱，冲杀出去，但正当午后，东风劲吹，叛军用数十辆草车乘风纵火，霎时烟焰张天，充满山道，熏得官军将士睁不开眼。叛军健卒不时从烟雾中跃出击杀几人，然后又隐蔽无踪。官军以为敌人就在烟雾之中，聚集强弩乱箭齐发，结果自相残杀、自相拥挤，甚而跌进滚滚黄河之中。后面的军队看到前军大败，转身便跑，溃不成军，填沟坠河，呼天喊地，死亡数万。有的捆缚器械，制成筏子，以枪为楫，渡河逃命，结果登上北岸的不到十分之一。官军最后生还的仅八千余人，潼关被叛军占领。

哥舒翰治军严格，但不关心士卒疾苦。行军时，他从不体恤将士饥寒，有的士兵饿得受不了，偷吃了百姓的桑葚，哥舒翰知道后便下令凶狠鞭打。监军顾大宜不理军务，终日与将士赌博、饮酒，弹奏箜篌、琵琶取乐，而士兵们却吃不饱饭。玄宗派人慰劳军队时，许多士卒反映缺衣，玄宗以十万件成衣赐予军队，但哥舒翰压住不发，军败之后，衣满军库。

战败之后，哥舒翰与数百骑兵一路向西疾驰，渡过黄河，到了关西驿（一个小驿站），收集残兵败将，打算收复潼关。蕃将火拔归仁等以一百多骑兵将他围住，说："您带领二十万大军出战，结果一战而损失殆尽，还有何面目去见天子？况且您没见高仙芝、封常清的下场吗？"有人建议，不如干脆去投降安禄山。

哥舒翰不肯回头向东，火拔归仁等人强迫他上马，并用绳子把腿脚绑于马腹，把不肯服从的将领全都绑起来，押着向东走。正好叛军将领田乾真到来，便投降了叛军。随后，田乾真把他们全都送到了洛阳。

哥舒翰被押到安禄山面前，安禄山得意地说："你平素看不起我，今天觉得怎样？"（"汝常轻我，今日如何？"《旧唐书·哥舒翰传》）哥舒翰俯伏着认罪说："我是肉眼不识陛下，才到了这个地步。陛下是拨乱反正的主子，如今天下尚未平定，李光弼在土门，来瑱在河南，鲁炅在南阳，但愿能留着我，我愿意用书信招他们投降，那样，用不了几天就可以平定天下了。"（"肉眼不识陛下，遂至于此。陛下为拨乱主，今天下未平，李光弼在土门，来瑱在河南，鲁炅在南阳，但留臣，臣以尺书招之，不日平矣。"同上）安禄山听罢大喜，当即委任哥舒翰为司空、同中书门下平章事，让他写信招降李光弼等人。但收到书信的将领，无不谴责哥舒翰毫无气节，根本不肯投降。安禄山见没啥用处，便把他囚禁了起来。

第二年正月，安庆绪（安禄山长子）先杀死了父亲安禄山，兵败后又杀了哥舒翰。后来，朝廷追赠哥舒翰为太尉，谥曰"武愍"。

同时代的知名诗人，多有歌咏哥舒翰事迹者，如王维、李白、杜甫、高适等，对其经营西域都有较高评价。老杜谓之"开府当朝杰，论兵迈古风"，"智谋垂睿想，出入冠诸公"（《投赠哥舒开府翰二十韵》）。明人王嗣奭评析杜诗《潼关吏》，指出"潼关之败，由杨国忠促战所致，罪不在哥舒，当时只少一死耳"（《杜臆》），可谓中肯。而杨国忠"促战"之所以得逞，又何尝不由唐玄宗之昏聩不智？此又不可不明者。

朔方节度使郭子仪

郭子仪（697—781），唐朝名将。因其职、爵，世称"郭令公""郭汾阳"。华州郑县（今陕西华县）人。一生经历武后、中宗、睿宗、玄宗、肃宗、代宗、德宗七朝，历任左卫大将军、九原太守、卫尉卿、朔方节度使、兵部尚书、司空、中书令等职，先后封代国公、汾阳王。他军旅生涯六十多年，其中以一身而系天下安危达二十余年，多次指挥重大战役，取得重大胜利。为人宽厚，教子严格，富贵寿考，名传千古。

一、善抓战机　敌疲我打

郭子仪出身太原郭氏，父亲郭敬之，历任五个州的刺史，追封祁国公。

郭子仪早年参加武举，以"异等"的成绩入仕从军。在军中，郭子仪先后担任过各军的军使。天宝八载（749），唐玄宗下令在木剌山（在今内蒙古乌拉特旗东）设置横塞军及安北都护府，命郭子仪任横塞军军使，拜任左武卫大将军。天宝十三载（759），玄宗下令改横塞为天德军，仍令郭子仪为天德军使，兼九原郡（治今内蒙古五原）太守，朔方镇（治今宁夏灵武西南）节度右厢兵马使。不久，因母亲去世，郭子仪去职返家守孝。

天宝十四载（755）十一月，范阳节度使安禄山起兵叛唐。十五万叛军大举南下，一月之间，攻占了河北数郡和河南荥阳、洛阳。唐玄宗"夺情"启用郭子仪，任为卫尉卿兼灵武郡太守、充朔方节度使，命他率领本军东讨叛军。郭子仪亲赴校场，检阅大军，誓师出征。

郭子仪率军出征，首先与叛将周万顷的大军相遇。双方经过一场厮杀，叛军大败，俘获、斩杀了周万顷，传首朝廷。安禄山又派大同军使高秀岩攻夺河曲（在今山西永济），郭子仪又挥军击败了他。

第二年正月，叛军将领蔡希德攻陷常山郡（治今河北正定），转攻河北郡县，河北全境皆为叛军占领，安禄山在洛阳称"大燕皇帝"。在这紧急时刻，唐玄宗命郭子仪率兵南讨叛军。四月，郭子仪收复云中（今山西大同）、马邑（今山西朔县东北）两郡之后，兵出井陉（今河北井陉），会合河东节度使李光弼所部，一举攻占了史思明坚守四十多天的九门（今河北藁城县西北）、藁城两县。至此，常山郡九县全为官军收复，安、史叛军的后路受到严重威胁。

安禄山的后方基地，在平卢（今辽宁朝阳）和范阳两镇。占领洛阳后，他之所以不急于西进，一则为谋称帝，二则为保后路。河北各郡是洛阳至范阳的必经之地，既是后路，也是退路。如果河北失守，安禄山将陷入后路断绝的困境。因此，当他得知常山太守颜杲卿、平原太守颜真卿起兵反抗的消息，立即派主将史思明率数万人马回救河北。在这种情况下，李光弼和郭子仪出兵井陉，攻其后路，这一战略决策是非常正确的。

郭子仪、李光弼两军攻占九门、藁城两县后，率兵退往常山。史思明立即收整人马，跟踪而进。郭子仪见史思明"我行亦行，我止亦止"，便将计就计，派出五百精锐骑兵，牵着史思明疾速北进。史思明不知是计，一连追了三天三夜，追到行唐县（今河北中部）时，已经人困马乏。当他发现前面只有少数骑兵时，才知上了当。于是东退沙河（今河北行唐和新乐两县之间）休整。郭子仪乘其疲劳发起进攻，大获胜利。

安禄山得知史思明出战不利，增派蔡希德从洛阳率步、骑两万北上,令将领牛廷玠从范阳率兵一万南下,增援史思明。这就使河北地区的叛军增加到了五万多人。郭子仪所率兵力总数虽多于叛军,但他没有急于与敌交战,仍旧实行疲敌计策。他率官军从沙河、行唐继续北走,引诱叛军追击。史思明因兵力大增,不再顾虑,放心追赶。

到达恒阳(今河北曲阳)后,郭子仪加固城池,采取"贼来则守,贼去则追"的战术,使四五万叛军处于欲战不可、欲退不得、欲歇不能的疲劳状态之中。六月底,郭子仪见史思明的几万人马已被拖得疲惫不堪,决定大规模出击。他联合李光弼所部共十万余人,在嘉山(今河北定西)与五万叛军展开大战。结果杀死叛军四万多人,俘虏一千多人。史思明也被打得从马背上掉了下来,丢盔弃甲,拖着半截枪杆,狼狈逃回营中,急率残部退守博陵(今河北定州)。郭子仪、李光弼乘胜率军进围博陵。

嘉山一战,官军声威大震,河北十多个郡纷纷杀死叛军守将,重归朝廷。安禄山的后路被彻底切断,往来通信使者都为官军捕获。洛阳叛军的家属都在范阳、平卢,听说退路已绝,都惶惶不安,军心因此动摇。加上哥舒翰坚守潼关,致使安禄山陷入西进不得、北退不能的被动地位。他非常恐慌,招来狗头军师高尚、叛军将领严庄骂道:"你们教我造反,说是万无一失。现在过去了好几个月,我只剩下汴、郑几个州,官军两面夹攻,到哪儿找万无一失?"于是叛军商议放弃洛阳,兵退范阳。

这一大好局面,是郭子仪与李光弼联合作战的结果,尤其值得称道的是郭子仪采取的疲敌战术。本来,郭、李两军十万余人,迎战五万叛军已是优势。但郭子仪在战术上采取谨慎态度,用走、扰等多种办法使叛军一疲再疲,因而在嘉山打了官军出战以来第一个最大的歼灭战,切断了敌军退路,改变了整个战争形势。

此时,如果朝廷采取郭、李提出的坚守潼关、北攻范阳的方案,那么消灭安、史叛军于黄河南北已不需要多长时间。但极端骄傲又极端昏庸的唐玄宗,听不进正确意见,反而听信宰相杨国忠之言,强迫哥舒翰率领缺乏训练的潼关守军展开战略反攻,致使哥舒翰所率官军全军覆灭。叛军随即西出潼关,攻入长安,唐玄宗仓皇逃往成都。唐王朝的东、西两京均被叛军占领,战局急剧恶化。

二、借兵回纥 灭贼主力

天宝末年(756)七月,太子李亨在灵武登基,是为唐肃宗,改元"至德"。郭子仪奉命率朔方军五万人前往保驾。经过近一年的准备,官军集结于朔方的军队有所增强;叛军方面出现分裂,安禄山被儿子安庆绪杀死,史思明驻军范阳后,不听安庆绪的调动。在这种情况下,唐肃宗决定展开战略反攻,首先收复两京。

至德二载(757)四月,唐肃宗任命自己的儿子广平王李俶为天下兵马元帅,以郭子仪为副元帅,授予收复洛阳、长安的任务。李俶并无多少军事才能,挂名而已,实际指挥重任全在郭子仪的身上。

五月,郭子仪率军从凤翔东进,准备收复长安。在城西清渠,与安守忠、李归仁的叛军遭遇。两军相持七天之后,安守忠、李归仁假装退却,郭子仪没有识破敌计,挥军追赶。安守忠、李归仁随即以九千骑兵摆开长蛇阵,郭子仪又错误地攻击对方中部。叛军即收首尾两翼,与步兵一道夹击,结果官军大败,郭子仪只得收集溃军,退保武功。

清渠之战所以失利,不仅在于郭子仪指挥不当,缺乏对付精锐骑兵的经验;同时也证明,收复长安的时机还不成熟。

九月十二日,官军经过三四个月的兵力补充后,唐肃宗又命李俶和郭子仪率领十五万大军再次反攻长安。二十七日，官军进军到长安城西边，与安守忠、李归仁和张通儒率领的十万叛军对阵。郭子仪接受清渠之战中遭到叛军骑兵冲击而迅即溃败的教训，加强了纵深部署。他自己率领中军，以李嗣业为前军、王思礼为后军，同时也加强了侧翼的保护。

交战开始后，叛军李归仁部首先向官军挑战。李嗣业即率前军出击，将其击退。但叛军迅速调整部署，集中兵力迎战李嗣业，很快击溃了官军。李嗣业乘叛军抢夺官军丢弃物资之机，整顿队伍，调整队形，再次发起猛攻。由于李嗣业身先士卒，带头冲锋，战场形势很快好转。

叛军见正面进攻没有进展，就出动骑兵向官军阵东迂回，企图袭击官军右侧。郭子仪注意到这一情况，立即令出身回纥铁勒部的将领仆固怀恩，率四千回纥骑兵迎击。这支骑兵是郭子仪特地建议肃宗向回纥怀仁可汗借来的，以对付叛军骑兵，人数虽然不多，但战斗力很强，一下子就将叛军骑兵消灭了一大半。随后，郭子仪又命令他们迂回到叛军阵后发动袭击，同时指挥前军和中军发动猛攻。在官军的两面夹击下，叛军逐渐溃败。

经过半天激战，官军歼敌六万余人。叛军残部逃往长安城内。这时，官军本应乘胜追击并截断叛军东逃之路，但元帅李俶以疲劳为由而收兵，郭子仪也没有主张追击。结果，安守忠、李归仁、张通儒当夜放弃长安，率军东撤。

三天以后，郭子仪率兵继续东进。官军的迟缓行动，使叛军得以重新部署。为了确保洛阳，安庆绪令严庄率领防守洛阳的主力部队西上，会合从长安东退之军，合力阻击官军。这时，叛军的总兵力仍有十五万人。

十月十五日，郭子仪在新店（今河南陕县西）与叛军主力遭遇。叛军依山列阵。郭子仪首先从正面进攻，并令回纥骑兵从侧后袭击。当正面进攻失利之际,仆固怀恩率领的回纥骑兵赶到南山(位于新店之南),对叛军侧翼发起了猛烈冲击。叛军畏惧回纥骑兵,一见射来之箭是回纥骑兵的,立即惊恐溃乱。郭子仪乘机指挥大军发起猛攻,形成两面夹攻之势,又大败叛军。严庄等叛军将领率残部东逃。

十月十六日夜晚,安庆绪听说主力战败,万分惊慌,仅率三百骑兵和一千多步兵,从洛阳逃往邺城(今河南安阳)。十八日,官军收复东京洛阳。郭子仪因收复两京有功,晋封代国公。唐肃宗由衷赞叹:"国家能有今天,全仗你的力量啊!"("国家再造,卿力也。"《旧唐书·郭子仪传》)郭子仪由此而名声大振。

其实,郭子仪对收复两京的作战指挥并非十全十美。他针对叛军骑兵精悍的特点,采取梯次配置、两面夹攻的战术,充分发挥回纥骑兵勇猛善战的特长,使之迎战敌骑、袭敌侧翼,都是正确的。但官军十几万兵力集中于一个方向,没有多路配合,从而未能全歼叛军的有生力量。

同时,借兵助剿并非上策,留下了无穷后患。客军不会白白参战,必有所允,昏庸的唐肃宗甚至主动提出"克城之日,土地、士庶归唐,金帛、子女皆归回纥",这为回纥在长安收复后烧杀抢掠提供了合法的口实。

三、军无统帅　兵败邺城

乾元元年(758)九月,郭子仪奉诏与李光弼同率九路节度使,统兵二十万,征讨安庆绪。此时,唐肃宗开始忌惮将帅功高权大,便以"郭子仪与李光弼都是元勋,无法相互统率"为由,不设元帅,仅以宦官鱼朝恩为观军容宣慰处置使,实为军中的最高指挥。

郭子仪带兵从杏园(今河南汲县东南)渡河,围攻卫州(今河南汲县）。安庆绪统兵七万，分三路向卫州增援。郭子仪严阵以待，布置三千名弓弩手藏于土垒之后，对他们说："敌兵到后，我佯装后撤，敌兵必然追赶，到那时你们一起跃出射杀。"到交战的时候，郭子仪率兵后退，叛军果然追了上来。追到土垒边上时，埋伏的士兵一起放箭，登时箭如雨下，射死敌兵大半。郭子仪率兵返身杀回，安庆绪急忙退回邺城，并派人向史思明求救，史思明从范阳发兵三十万来救，但观望不敢向前，只先派遣了一万人马到达滏阳（今河北磁县），遥造声势。

乾元二年（759）二月，官军重重包围邺城，挖通城墙，堵截漳河水灌城。城中水流四溢。从冬天一直到第二年春天，安庆绪坚守城门不出。城里粮食吃尽，人们挖野菜、削树皮充饥，一只老鼠竟值钱四千。人们都认为城陷只在朝夕，叛军中有想投降的，由于水太深而无法出去。而官军没有统一的首领，鱼朝恩不懂军事，所以进退无人调遣，围城日久却没有成效。

此时，史思明趁机引兵进逼邺城，重新部署各路兵马，以离邺城五十里为限，四面扎营，每个军营配鼓三百面，遥相呼应。并让每个营选五百精骑，每天袭击官军，官军出击则返回本营。连续多日，官军日有损失。史思明又派人抢劫官军的运粮车，致使官军粮食奇缺，由此官军军心动摇。

三月，官军屯兵六十万于邺城城北，史思明亲自率领五万精兵前来挑战。官军以为是小股游兵，没有在意。史思明趁机率军直前奋击，两军交战，正赶上狂风骤起，飞沙走石，天昏地暗，咫尺不能相辨。敌我双方均大乱，官军向南溃逃，叛军向北奔袭。官军损失惨重，各路兵马都惊慌撤回本镇。

鱼朝恩平日里就忌恨郭子仪的功劳，他借邺城失利，乘机上书诬陷郭子仪。七月，唐肃宗召郭子仪回朝，由李光弼率领众兵。众将士听说后，都站在道旁哭着挽留郭子仪，郭子仪无奈地看了看众将士，策马而去。

上元二年（761），李光弼失守河阳后，郭子仪被重新起用，出兵河东。谁知刚打了几个胜仗，因受新即位的唐代宗李豫所疑，第二次被解除兵权，闲居在家。

宝应二年（763），吐蕃举兵二十万攻入长安，唐代宗东逃陕州，郭子仪被再次起用，任关内副元帅。郭子仪指挥刚纠集起来的四千多散兵游勇，用疑兵之计，虚张声势，吓退了吐蕃兵，收复了长安。从此，他才受到唐代宗的重用。

四、七十挂帅　单骑退敌

广德二年（746），郭子仪先前的部下大将仆固怀恩率领朔方军叛变，在河东与唐王朝分庭抗礼。郭子仪年近七旬，以朔方节度使奉诏出征。

朔方兵都是郭子仪的老部下，听说郭子仪来了，自动离开仆固怀恩，欢迎郭子仪。仆固怀恩率三百名亲信逃到灵武，招引回纥、吐蕃两部共十万人马，绕过邠州，进逼奉天（今陕西乾县）。唐代宗派郭子仪率兵抵御，回纥、吐蕃因畏惧郭子仪，不战而退。

永泰元年（765）九月，仆固怀恩又引回纥、吐蕃、吐谷浑、党项等部共三十多万人马攻唐，唐都长安再次受到威胁。郭子仪立即建议唐代宗调兵遣将，扼守要冲。自己则率兵一万，坚守泾阳（今陕西泾阳），保卫长安。

十月，郭子仪刚到泾阳，就被吐蕃、回纥联军十万余人团团围住，形势非常危急。面对十倍于己的强敌，郭子仪镇定自若，毫不惊慌。他一面令众将严密设防，坚守不战，一面密切监视敌军的动向。

不久，郭子仪发现敌军之间出现了间隙。原来，挑动吐蕃和回纥出兵的叛将仆固怀恩突然于九月在鸣沙（今宁夏中卫东）暴病身死，吐蕃便想乘机统辖回纥人马。率领回纥军队的主将是怀仁可汗的弟弟药葛罗，为了防备吐蕃乘机吞并，他将兵营从城北移屯城西。郭子仪认为，在收复两京的战争中，自己曾与回纥军并肩作战，在回纥将士中有较高威望，有可能说退甚至争取回纥军反戈一击。因此，他派亲兵将领李光瓒先出城试探。

见到回纥主将药葛罗，李光瓒转达了郭子仪的问候，劝他不要与唐军为敌。药葛罗狐疑满腹地问："郭令公（郭子仪曾任中书令，时人尊称其"令公"）确实在这儿吗？你在欺骗我们吧？仆固怀恩早就告诉我们，说郭令公已经死了。如果确实在此，你请他亲自来和我们谈。"

李光瓒回城汇报了情况。郭子仪立即召集众将商议对策。郭子仪说："现在敌军多我十倍，死力硬拼，是不可能取胜的。过去，我和回纥将士有过比较亲密的关系，我亲自去见他们，和他们谈一谈，有可能不战而退回纥之兵。"大部分将领同意郭子仪的意见，但请他带上五百名精锐骑兵随行护卫，以保证安全。郭子仪说："这不需要，人去多了，增加对方的怀疑，反而会坏大事。"

随后，郭子仪带了几名随从，跨上战马，正要出发。他的三儿子郭晞飞奔而来，一把抓住郭子仪的马缰，跪在地上哭着劝道："回纥军队是像虎狼一样的敌人，父亲大人是堂堂唐朝的元帅，为什么偏要自成俘虏，上门送死呢？"郭子仪回答说："现在（敌强我弱，形势危急，）如果交战，不仅我们父子都要死掉，而且会导致国家危亡。我只身前往，诚心诚意和他们交流，若是有幸肯于听从，岂不是四海黎民的洪福？只要国家、社稷能够保全，我就是死了，又有什么关系呢？"（"今战则父子俱死，而国家危。往以至诚与之言，或幸而见从，则四海之福也。不然，则身没而家全。"《资治通鉴·唐纪三十九》）郭晞不听，仍然苦苦劝阻。郭子仪用鞭子抽了一下儿子的手，喝到："走开！"说着扬鞭跃马，驰出西门。

出城之后，郭子仪放慢速度，令随从边走边大声喊道："郭令公来啦，郭令公来啦……"药葛罗闻讯，不知是真是假，生怕唐军有诈，立即摆开阵势，弯弓搭箭，严阵以待。郭子仪见此情形，明白回纥仍有疑虑，于是毅然摘下头盔，脱去铠甲，放下刀枪，策马提缰，向回纥阵前缓缓行去。

药葛罗及其主要酋长，见来将只带了几名随从，还免胄空手而行，终于放下心来。大家仔细辨认，发现果真是郭子仪。郭子仪到达回纥军阵之前，回纥的大小酋长，在药葛罗的率领下，一齐下马拜倒在地，表示欢迎。郭子仪立即翻身下马，跨步向前，一把搀扶起药葛罗，并向各位酋长们拱手问候。

寒暄过后，郭子仪紧紧握住药葛罗的手，婉转地责备说："你们回纥军队对唐朝江山是有大功的，朝廷对待你们也很不错，为什么要违背旧约，出动大军攻到唐朝京都附近来呢？像仆固怀恩这样背叛朝廷、把自己的母亲也遗弃不管的人，在你们回纥中是从没有过的。你们跟着他，抛弃前功而新结怨仇，背离唐主而帮助叛臣，这是多么愚蠢的行动啊！我今天挺身前来，就是为了说明这些道理。你们可以把我绑起来杀掉，但我的将士会与你们决一死战的。"药葛罗听了，既惭愧又害怕，对郭子仪说："请郭令公恕罪，我们是上当受骗了。仆固怀恩说天可汗（唐朝皇帝）已经驾崩，令公也已去世，中原无主，我们才兴兵前来的。现在天可汗仍在长安，令公又统兵在此，仆固怀恩已被上天所杀，我们哪能再跟老将军为敌呢！"

郭子仪见药葛罗同意不再攻唐，十分高兴，便趁机说："吐蕃背信弃义，乘中原内乱，不顾与朝廷的甥舅之亲，屡次兴兵侵犯边境，深入内地，到处烧杀抢掠，夺走的牛羊马匹、金银珠宝不计其数。现在吐蕃又想乘机吞并你们，你们何不乘机反戈一击呢？果真如此，你们既可以击败吐蕃获其财物，又可以与唐朝继续友好下去，一举两得，两全其美。这可是上天赐给你们的良机呀！"药葛罗听后，立即表示同意："我们被仆固怀恩骗到这里，已对令公有罪，我们愿意为令公出力，攻打吐蕃，将功赎罪。"

郭子仪谈判成功，双方订好了合击吐蕃的计划。然后，郭子仪和药葛罗以酒洒地，共同发誓说："大唐天子万岁！回纥可汗万岁！两国将相万岁！唐、回两军，合击吐蕃，有违约者，死于战阵，家灭九族！"

吐蕃得知回纥转与唐军结盟，感到大事不妙，连夜撤兵西走。郭子仪派朔方兵马使白云光率精骑，会合药葛罗跟踪追击，自己统大军继后。联军追至灵台西原赤山岭（今甘肃灵台县西），大败吐蕃军，斩杀五万余人，俘虏上万人，夺回了被吐蕃抢走的工匠、妇女四千多人，缴获牛羊驼马数以万计。吐蕃残军狼狈逃走，其他各路攻唐人马也都闻风而退。经此一战，郭子仪更是名震朝野；单骑退兵，传为千古佳话。

五、为人宽容　谦退礼让

大历年间（767），吐蕃仍连年内侵，郭子仪以副元帅久驻河中、邠州，承担备御任务。大历十四年（779）五月，唐德宗李适继位，召郭子仪还朝，任为山陵使，主管代宗安葬事宜，赐号"尚父"，晋位太尉、中书令，免去副元帅及所兼节度使等职。

郭子仪洞悉世情，为人宽厚，对待同僚十分宽容。李光弼和郭子仪同为唐朝名将，曾同在朔方镇当将军。但两人关系并不太好，互不服气。安史之乱爆发后，唐玄宗提升郭子仪任朔方节度使，位居李光弼之上。李光弼怕郭子仪刁难他，曾想调到别的方镇去。这时，朝廷要郭子仪挑选一位得力大将，去平定河北。郭子仪出于公心，推荐了李光弼。李光弼却以为郭子仪是借刀杀人，让他去送死，可朝廷之命又不能不服从。临行前，他对郭子仪说："我情愿赴死，只求你不要再加害我的妻子儿女。"郭子仪听了这话，流着热泪对他说："现在国难当头，我器重将军，才点你的将，愿与你共赴疆场讨伐叛贼，哪里还记着什么私愤呢！"李光弼听了非常感动。两人手拉手相对跪拜，前嫌尽释。

郭子仪的府第从来都是大门洞开，贩夫走卒之辈都能进进出出。一次，郭子仪的一名手下将领到外地任职，到郭子仪的府第辞行。在王府里，他看见郭子仪正为夫人和女儿做奴仆，端着洗脸水，拿着手巾。郭子仪的儿子觉得脸上无光，一齐劝说，希望父亲能够自重，不要让外人笑话。郭子仪不以为然，对儿子们说："我家的马吃公家草料的有五百匹，我家的奴仆吃官粮的有一千多人。如果我筑起高墙，不与外面来往，只要有人怨恨，诬蔑郭家不安分，加上贪图功劳、妒忌贤能的人煽风点火，郭氏一族就会灭族，追悔莫及。现在我打开府门，任人进出，即使有人想诬陷，也找不到借口。"（"尔曹固非所料。且吾马食官粟者五百匹，官饩者一千人，进无所往，退无所据。向使崇垣扃户，不通内外，一怨将起，构以不臣，其有贪功害能之徒成就其事，则九族齑粉，噬脐莫追。今荡荡无间，四门洞开，虽谗毁欲兴，无所加也！"《智囊全集·上智部·郭子仪》）儿子们恍然大悟，都十分佩服父亲的高瞻远瞩。

郭子仪晚年在家养老时，王侯将相前来拜访，郭子仪的姬妾从来不用回避。唐德宗的宠臣卢杞前来拜访时，郭子仪赶紧让众姬妾退下，自己正襟危坐，接待这位"鬼貌蓝色"的当朝大臣。卢杞走后，家人询问原因，郭子仪说道："卢杞相貌丑陋，心地险恶，姬妾见了，肯定会笑出声来。卢杞必然因此怀恨在心，将来大权在握，追忆前嫌，我郭家就要大祸临头了。"后来卢杞当了宰相，即便与他小有过节的人，也必欲置之死地，完全应验了郭子仪的说法。

郭子仪功德越高，人们越尊重他。吐蕃、回纥称他为神人，皇帝都不直接称呼他的名字。甚至有些安史叛将也很尊重他。安庆绪的骁将田承嗣占据魏州后，蛮横无理，飞扬跋扈。郭子仪派部将去见他，田承嗣还向郭子仪所在方向遥望叩拜，指着自己的膝盖对使者说："我这双膝盖，不向别人下跪已有多年了，现在要向郭公下跪。"（"兹膝不屈于人若干岁矣，今为公拜。"《旧唐书·郭子仪传》）李灵耀占据汴州，不管公私财物，经过辖区则一律扣押。而郭子仪的财物经过时，李灵耀非但不敢扣留，还命人护送过境。麾下老将军数十人，都是王侯显贵，郭子仪指挥进退，他们就像仆人一样，听从他的安排和指挥。（"麾下老将若李怀光辈数十人，皆王侯重贵，子仪颐指进退，如仆隶焉。"《旧唐书·郭子仪传》）

郭子仪处处做士兵的榜样。他领兵打仗，从不侵犯百姓的利益。当时连年战争，农村经济破坏，农民生活困难，负担很重，筹集军粮确实不易。为了减轻民众的负担，他不顾自己年迈力衰，亲自耕种。在他的带动下，官兵在休战时，一边训练，一边参加农业劳动。动乱时期，他的驻地丰收的庄稼随处可见。

郭子仪不仅得军心、民心，事奉皇上也很忠心勤谨。无论是手握强兵，还是方临戎敌，诏命何时入朝，他从未迟延过。在他被幸臣鱼朝恩谗毁削去兵权后，仆固怀恩率十万大军进逼京师，正当用人破敌之急，朝廷恢复和加封他为太尉、泾原、河西及朔方招抚观察使、关内河东副元帅、中书令等一系列虚职和实职。但郭子仪从不把打仗破敌当作升官发财的敲门砖，他坚决要求辞去太尉之职，只保留招抚观察使一职即可。他上奏说，自兵乱以来,纲纪破坏,时下与人比高低、争权势已成风尚,他希望在朝中兴起礼让之风,就由自己开始实现。("且用兵以来,僭越赏者多,至身兼数官,冒进亡耻。今凶丑略平,乃作法审官之时,宜从老臣始。"《新唐书·郭子仪传》)他还说,自己早已懂得知止知足的道理,惧怕盈满之患。

在击败叛军、擒获仆固怀恩后,郭子仪对往昔的官爵决心一无所受。经过再三恳让,才辞掉了太尉之职。但这位四朝柱石、卫国功臣,理应受到宠遇。他权倾天下而朝不忌,功盖一代而主不疑。德宗尊他为"尚父"。他既富贵而且长寿,后代繁衍安泰。他有八子七婿,都是朝廷重要官员。孙子有数十人之多,当孙子来问安,他都无法分辨谁是谁,只是颔首而已。

六、功高不骄　严于教子

郭子仪戎马一生。先平安史之乱,继而抵御吐蕃、回纥叛军,确保京师,战功卓著,威震四方,敌人听说郭子仪出战,往往闻风而逃。他治军宽厚,深得人心,将士把他看作父母一般,都愿为他拼死效力。他还培养出大批人才,有数十人后来位至将相。

郭子仪一心向着朝廷,忠心不贰。安史之乱后,许多节度使手握兵权,不听从朝廷的命令,为非作歹。而郭子仪功高却不骄傲,掌握重兵但从无异心,奖罚惩处,毫无怨言。

大历二年(767)十二月,郭子仪父亲的坟冢被人盗窃,人们都认为是宦官鱼朝恩干的,朝廷非常担心郭子仪会一怒而反。等他入朝时,代宗谈起此事,郭子仪说:"我引兵征战多年,手下将士大多横尸野外。我家的事,是上天要谴责我,不是人为的。"朝廷因而也安下心来。

作为父亲,郭子仪和夫人王氏严格教导子女,儿子、女儿人品端方，才华出众，没有一人走上邪路。三儿子郭晞曾驻守邠州，协助邠州节度使白孝德防守吐蕃和回纥，郭晞手下有十几个士兵酗酒闹事，还拔刀刺伤了酒店主人。泾州刺史段秀实不徇情面，将这十多个士兵就地正法。此事在郭晞军营里引起极大震动，军士们准备宰了这个胆大妄为的老头。段秀实当面教训郭晞："郭令公功劳盖世，人人敬仰，你作为他的儿子，却纵容士兵横行不法，胡作非为，这样下去，郭家的功名还保得住吗？"郭晞十分惭愧，向段秀实诚恳致谢，认为这是对自己的关怀和爱护，不准军士为难。段秀实在军营里过夜，郭晞亲自为他站岗放哨，以防歹人加害。第二天，还和段秀实一起，前往白孝德处赔礼道歉。郭晞为将如此，实在应归功于郭子仪夫妇教子有方、忠厚传家。

郭子仪的女儿也是才女。有一次，两位知名画家给郭子仪女婿赵纵画像，画完之后，众人认为两幅画像不分高下，郭子仪的女儿语出惊人，得到众人的一致认可。她说，韩姓画家"空得赵郎状貌"，周姓画家"兼移其神气，得赵郎性情笑言之状"。如果不是具有深厚的文化修养，又如何能有如此精辟的点评？

郭子仪的六儿子郭暧，有一次与妻子升平公主争吵。郭暧说："不要仗着父亲是当今皇上，你就这样厉害，我父亲并不惧怕你父亲。"升平公主非常气愤，跑回去告诉了父皇代宗。郭子仪回家听说后，顿时大怒，把郭暧捆绑起来，亲自入朝向代宗谢罪。代宗对他说："你没听说过这样一句俗语吗？'不痴不聋，不作家翁。'儿女们自己的事，我们何必认真呢？"郭子仪回来后，还是把郭暧打了四十杖。

建中二年（781）夏天，郭子仪病重，唐德宗命舒王李谊前来探病，郭子仪不能行叩拜礼，只能作揖。六月，郭子仪去世，享年八十五岁。追赠太师，赐谥"忠武"，配飨代宗庙廷，陪葬建陵（唐肃宗李亨墓，今陕西礼泉县）。德宗沉痛悲悼，废朝五日，命群臣吊唁，又亲临安福门送葬。按照礼制，一品官坟墓高一丈八尺，特下诏加高十尺，以彰显郭子仪的盖世功勋。

民间传说称，郭子仪在边塞从军，七夕曾见仙女下凡，谓之"大富贵，亦寿考"。传统戏曲也有搬演郭汾阳故事者，尤多用以祝寿；贺寿联语，更是不乏以之比拟者。

河北节度使李光弼

李光弼（708—764），唐朝名将。因其爵、谥，世称"李临淮""李武穆"。营州柳城（今辽宁朝阳）人。历任兵马使、节度副使、云中太守、范阳长史、户部尚书、侍中、太尉等职，封临淮郡王。李光弼足智多谋，治军严整，善于出奇制胜、以少胜多，与郭子仪齐名，世称"李郭"，史称"自艰难已来，唯光弼行军治戎，沉毅有筹略，将帅中第一"，为平定安史之乱做出了重大贡献。

一、文武双全　出镇河北

李光弼的父亲李楷洛，本是契丹酋长，在武则天执政时，归附唐朝，曾任左羽林将军、朔方节度副使，以作战勇敢著称，封蓟郡公。吐蕃入侵河源（今属青海），李楷洛率精兵击败了他们。刚出兵攻打吐蕃时，李楷洛对别人说："贼肯定能平定，但我将不能返回。"结果不幸言中。在班师的路上，李楷洛去世。武则天追赠他为营州都督，谥曰"忠烈"。

李光弼从小严于律己，不爱嬉戏，勤奋习武，擅长骑射；且喜读书，精通《汉书》。

李光弼少年参军，在军中表现出严谨刚毅的性格，处事从大处着眼。他先做左卫亲府左卫郎。父亲去世后，李光弼守孝三年，不曾与妻子同居。

天宝初年（742），李光弼升任左清道率兼安北都护府朔方都虞候。天宝五载（746），到河西节度使王忠嗣部下任兵马使，兼赤水军使。王忠嗣见他气度非凡，办事认真、干练，特别看重，常说："李光弼将来定能坐到我这个位置。"边疆一带开始有人称他为名将。（"忠嗣遇之甚厚，常云：'光弼必居我位。'边上称为名将。"《旧唐书·李光弼传》）

天宝八载（749），李光弼升任节度副使，封蓟郡公。三年后，拜单于副使都护。

天宝十三载（754），朔方节度使安思顺爱其才干，想把女儿嫁给他。听到消息后，他托病辞了官。陇右节度使哥舒翰对他的节操很是赞许，于是奏请朝廷，将他召回了长安。

天宝十四载（755），范阳节度使安禄山起兵叛乱。唐玄宗调集各路兵马，命哥舒翰率师抵御；任命郭子仪为朔方节度使，在河西集结兵力；同时准备选派一人，担任河北、山东地区的军事总管。玄宗亲自征求各地将帅的意见，看谁能担当此任。问到郭子仪时，郭子仪推荐李光弼，说只有他才能不负朝廷的期望。

天宝十五载（756）正月，李光弼任云中太守，兼摄御史大夫。二月转魏郡太守、河北道采访使，率领五千朔方兵与郭子仪会师，向东进军，攻克井陉、常山郡。叛将史思明领兵数万前来援救，截断常山粮道，城中官军缺乏草料。李光弼派出五百辆车，到石邑（今河北获鹿东南）运输，由一千多名弓弩手保护，让驾车的人一律穿上甲衣，编成方队，依次行进，结果绕过了史思明的军队，安全往返。

二、郭李联兵　大败叛军

当初，史思明等叛将已经将饶阳城包围了二十九天，尚未攻下，李光弼率领蕃、汉步骑一万余人，再加上太原弩机手三千人，出井陉关。

李光弼兵到常山，常山团练兵三千人杀死反叛的胡兵，抓住叛将安思义，出城投降。李光弼对安思义说："你知道自己的罪该死吗？"安思义不说话。李光弼又说："你久经沙场，看我的这些部队能否打败史思明？如今为我打算，我应该怎么办才好？如果你的计策可取，我就不杀你。"

安思义说："您的兵马远道而来，士卒疲劳，立即与强敌交锋，恐怕难以抵挡。不如率兵入城，早做准备，先为部署，然后再出兵。叛军虽然精锐，但难以持久，一旦失利，就会气丧心离，到那时就可以打败他们。史思明在饶阳，距离此地不到二百里路程。昨天晚上我已向他发出求援信，估计先锋部队明早就能到达，紧接着后面就是大部队，一定要留意才是。"李光弼听后很高兴，就为安思义松了绑，当即移军入城。

史思明得知常山失守，立刻解除对饶阳的包围，来救常山。次日天未亮，前锋部队已到达常山，史思明率大军紧随其后，共两万多名骑兵，直逼城下。李光弼派步兵五千从东门出击，叛军死命堵住城门不退。李光弼命五百名弩机手从城头一齐射击，叛军被迫后撤。随后，李光弼又把一千名弩机手分为四队，一队接一队地不停地发射，叛军不能抵挡，收军退于道北。李光弼派五千人手持矛枪，排成方队，出于道南，在滹沱河两岸列阵。叛军多次用骑兵来进攻，都被李光弼的弩机手射退，大半人马被射中，只好停止进攻，退下去休战，以等待步兵。

这时，有村民报告说叛军的五千步兵从饶阳向常山进军，昼夜兼程，行走一百七十里，已到了九门南面的逢壁，估计正在那里休息。李光弼立刻派出步、骑各两千，偃旗息鼓，沿滹沱河悄悄进军。到了逢壁，叛军正在吃饭，官军突然袭击，叛军被全部歼灭。

史思明得知步兵被消灭，形势不妙，遂率兵退入九门。当时常山郡的九个县，有七个归顺了官军，只有九门与藁城还被叛军占据着。李光弼派裨将张奉璋率兵五百驻守石邑，其余的县都派三百人守卫。叛将蔡希德率兵攻打石邑，被张奉璋击退。

李光弼派人向郭子仪求救。郭子仪率兵出井陉关，四月到了常山，与李光弼合兵，共有蕃、汉步骑十余万。郭、李与史思明在九门城南交战，叛军被打得大败，中郎将浑瑊还射死了叛将李立节。

史思明收罗残兵逃奔赵郡，蔡希德逃奔钜鹿。此时，河朔地区民众不堪忍受叛军的残暴行为，纷纷起兵反抗，各郡县都有抵抗的军队集结，多的两万人，少的也有一万人，各自与叛军战斗。郭子仪与李光弼的大军一到，这些军队都自动来助战。郭、李进攻赵郡，打了一天，全城投降。入城的官军士卒大肆抢掠，李光弼坐在城门上，收缴了所有抢掠的物品，全部归还了百姓。郭子仪俘虏四千余人，也都予以释放，只杀了安禄山任命的太守郭献璆。

天宝十五载三月，李光弼兼范阳大都督府长史、河北节度使。赵郡复归朝廷，史思明又逃往博陵。当时，博陵已经归顺官军，史思明到后，把郡官全部杀死。李光弼率兵包围博陵，攻打十天没有攻克，便退兵回恒阳补充粮草。

自从安禄山叛乱以来，常山一带成为战场，死人漫山遍野，白骨遮蔽平原。李光弼望着凄凉荒野的悲惨景象，不禁流下眼泪。他迎着扑面的寒风发誓：一定要扫清叛乱，告慰冤魂。

六月，郭子仪与李光弼率兵退回常山，史思明又收罗散兵数万随后追击。郭子仪挑选骁勇善战的骑兵轮番挑战，三天以后，到了行唐县。叛军因疲劳，无力再战，只好退兵。郭子仪乘机出击，又败叛军于沙河。

蔡希德到了洛阳，安禄山又让他率领步、骑两万，向北靠近史思明；同时，派牛廷玠发范阳等郡兵一万多人，增援史思明。合兵共五万多人，其中同罗、曳落河精兵占五分之一。郭子仪抵达恒阳，史思明也率兵追到。郭子仪依靠深沟高垒，以逸待劳，叛军来攻就固守，撤兵就追击，白天以大兵向叛军炫耀武力，夜里则派部队袭击敌营，使叛军不得安宁。这样持续数天，郭子仪与李光弼商议说："叛军已经疲劳，可以出战。"两军战于嘉山，叛军大败，被杀四万多人，被俘一千多人。

史思明从马上坠落下来，发髻散乱，赤脚步行而逃。到了晚上，拄着折断的长枪回到军营，然后又逃奔博陵。李光弼率军紧紧包围博陵，军威大振。于是，河北地区原先被叛军占据的十多个州郡，都杀了叛军守将而归降朝廷。

李光弼考虑到范阳是安禄山的根据地，准备先攻克范阳，断绝其根本和归路，但玄宗没有采纳。不久，哥舒翰失守潼关，玄宗出逃四川，国内人心惊骇。李光弼率军进入井陉，固城自守。

三、坚守太原　以少胜多

唐肃宗李亨在灵武即位后，首要任务是平定叛乱。但他在和平环境中长大，从未经历过战争，对军事知之甚少。至德元载（756），肃宗派人召回李光弼和郭子仪，授李光弼户部尚书，兼太原尹、北京留守、同中书门下平章事，成为"使相"，仍任节度使之职，率兵五千赴太原继续征讨叛军。

此前，朝廷有令，让侍御史崔众把兵众交给驻军太原的河东节度使王承业，崔众不但不交，反而侮辱王承业，甚至披甲持枪闯入其厅中闹事。当时，李光弼听了愤愤不平。如今李光弼进驻太原，崔众又只派部属前来联络。李光弼对此感到愤怒，且崔众仍然不交兵权，遂下令将其拘捕。正好朝廷使者到来，准备宣布提拔崔众为御史中丞的诏令。使者问崔众在哪里，李光弼回答说："崔众有罪，拘捕在押。"使者出示任命书，李光弼坚定地说："今天我杀的是侍御史，如果宣布了任命，杀的就是中丞；如果再拜宰相，我就杀宰相！"使者害怕了，不敢再说什么。第二天，李光弼在碑堂下将崔众斩首，于是威震三军。

至德二载（756），叛将史思明、蔡希德、高秀岩、牛廷玠，率众十余万围攻太原。李光弼经过河北苦战，精兵都去了朔方前线，此时部下都是临时调集的老弱兵将，且不足万人。史思明对将领说："李光弼手中尽是老弱之兵，太原指日可得，然后击鼓西行，占领河陇与朔方，就没有后顾之忧了。"

李光弼部下将士听到四大叛将一齐来攻，都十分紧张，建议赶紧增修城墙。李光弼说："太原城周围四十里，修起来得大动土木工役，劳民伤财，这实在是没有见到敌人而先自寻疲惫的办法。"因此，李光弼没有大规模筑城，而是亲自率领士卒、百姓挖掘护城壕，又制作了几十万块砖坯，运回城内。当敌人从外面攻城时，李光弼就下令用砖坯增垒，哪里被毁就补哪里。

史思明围攻太原，一个多月也没能攻下，便选择精锐兵将组成游兵，采取声东击西的战术，想找个空子打进去。但李光弼治军严格，即使敌兵不到，巡逻鸣警的一整套防范措施也照常执行，因而无懈可击。

李光弼十分清楚，自己的部下战斗力不强，为弥补这一不足，他在城中张榜招聘各种能工巧匠，以优厚待遇吸引他们发挥一技之长。其中有三个善于挖地道的人，李光弼就重用他们，开展地道战。叛军在城外久攻不下，便对着城头高声大骂，借污秽的语言和下流的嘲弄来发泄他们的气愤。李光弼便下令把地道挖到城外，乘那些人仰面大骂时，从背后突然拉住腿脚拖入地道，而后押到城墙上当众斩首。在另一处地方，则是白天记住那些谩骂最凶的人，夜间从地道钻出去，一举擒获，全部斩于城头。此后，叛军出来再不敢抬头便骂，而是小心翼翼地弯腰俯首查看地面，唯恐踏入夺命的道口。

与此同时，李光弼所招的巧匠制成发射石头的大砲、强弩，每当叛军逼近城墙时，一齐发射，打死叛军中狂妄的强兵悍将约十分之二三。城里的人，无论老幼都佩服李光弼的睿智和勤奋，老弱兵将也都鼓起勇气，欲与敌人一决雌雄。

后来，地道一直挖到了敌人的军营下面，先用木头支住。李光弼派人去叛军中送信，说因城中粮尽准备投降，叛军信以为真。到了约定的日子，李光弼先派副将带领数千人出城，完全像投降的样子，接近叛军的军营时，营区之内纷纷地陷——地道中抽掉了支撑木，营区顿时一片混乱，李光弼率敢死队趁机出击，与先出城的将士联合起来，涌进敌营。叛军四散逃命，村民也协助官兵追杀，结果斩首七万余级，缴获了叛军所有的军资器械。

自叛军围城之日起，到打退叛军，历时五十多天，李光弼一直住在城东南的前线指挥部，多次路过自己的家门都没有回去看一眼。叛军退走三日后，李光弼处理完军务，才回到家中。

之后，李光弼扩大战果，收回清夷、横野两地，并且擒获叛将李弘义。解除太原之围后，唐肃宗特下诏书嘉奖李光弼，授司空兼兵部尚书，进封魏国公，食邑八百户。

乾元元年（758），李光弼与关内节度使王思礼入朝时，受到空前隆重的欢迎，在朝四品以上官员全体出城迎接。随后，李光弼升任侍中，改封郑国公。

四、苦战御敌　出奇制胜

乾元二年（759）七月，唐肃宗面对叛军仍然控制大片土地的现实，出于尽快扫荡叛匪的考虑，进一步重用李光弼等高级将领，再次发布嘉奖、任用的命令，称李光弼"器识弘远，志怀沉毅，蕴孙吴之略，有文武之才。……出备长城，入扶大厦，茂功悬于日月，嘉绩被于岩廊"。任命他为天下兵马副元帅（正职是越王李係）。八月，李光弼又兼幽州大都督府长史、河北节度支度营田经略使。

其时，官军已收复长安和洛阳，平叛战争形势好转，但肃宗又担心将领功劳太大，危及皇位。当九方节度使联合进攻安庆绪时，肃宗不设主帅，而是派不懂军事的宦官鱼朝恩为观军容宣慰处置使，随军行动。鱼朝恩虽然没有直接指挥权，但代表朝廷说话，不顾客观情况，只知催促进兵。

围攻安庆绪占据的邺城（今河南安阳）时，史思明从范阳率军五万来援救安庆绪。号称六十万大军的官兵与安、史之军接战不久，忽然刮起大风，吹沙拔木，天昏地暗，咫尺难以相辨，交战双方都大吃一惊。官军将领纷纷引兵撤退，溃散的士卒趁乱抢掠民众。唯有李光弼仍身先士卒，苦战敌军，而且始终纪律严明。

此后，史思明杀死安庆绪，自称"大燕皇帝"，改范阳为"燕京"。九月，率领十几万人马，分四路从燕京南下，连续占领汴州（今河南开封）、郑州，兵锋直指洛阳。

这时，唐肃宗为了调动李光弼的积极性，再次给他加官晋级，升为太尉兼中书令，并代郭子仪为朔方节度使。李光弼受命之后，即率五百骑兵奔赴东都洛阳，深夜进城直入军营，接收了郭子仪的兵权。以他一贯的严谨治军的作风，重新发布了号令，兵力部署乃至旌旗也随之变更。郭子仪带来的朔方兵将都习惯于宽缓的军纪，对李光弼的这一套处处讲究规格、律令的做法不甚适应，因而都有畏惧心理，对他敬而远之。

左厢兵马使张用济当时驻军河阳，接到李光弼召见的通知后，对左右说："咱们朔方军不是叛军，而新来的节度使却乘夜而入，这不是对咱们有怀疑吗？"他建议精锐将士，与自己一同突然进入东都，驱逐李光弼，请回郭子仪执掌兵权。都知兵马使仆固怀恩提出异议："上次邺城战败，是郭公首先领兵撤退形成溃散的，朝廷追究将帅的责任，所以罢免了他的兵权。如果我们驱逐李公而强行挽留郭公，就是对抗朝廷，就是叛乱行为。"张用济听了这番话，觉得问题严重，因而也没有付诸行动。但他的这些言行却不胫而走，传到了李光弼的耳中，所以当他单人匹马去见李光弼时，不容辩解即被斩首。

李光弼在汴州的时候，听到了史思明要进攻的消息，也接到了调他去洛阳接替郭子仪的命令，对副将许叔冀说："如果你能坚守半个月，我一定带兵来援救。"许叔冀答应坚守。但当李光弼前往洛阳，史思明进军汴州时，许叔冀却与梁浦、刘从谏等人一起率众投降了史思明。这样，叛军势力更大，气焰更加嚣张。史思明派梁浦、刘从谏、田神功等将领率军南下江淮，对他们说："如能占领江淮，每人奖励两船金玉和丝绸。"而他自己则率军乘胜进攻洛阳。

李光弼对洛阳留守韦陟说："叛军乘胜而来，兵锋甚锐。我们应该按兵不动以挫其锋，只宜坚守，不与接战。可洛阳这个地方却不适于防御，你有什么好的计策呢？"韦陟回答说："不如干脆放弃洛阳，退守潼关，凭借天险，就足以挫折敌军锐气了。"李光弼说："据险以御敌，诚然是兵家常用的守势，但不是出奇制胜之策。两军相遇，即使前进一步，也是难能可贵的。如果我们退守潼关，就是放弃中原五百里的地方，势必助长敌军的气焰；如果移军于河阳，以北面的泽潞三城（今河南孟县筑南城、北城、中城）两地为依托，抗拒敌军，胜则擒获叛军兵将，败则闭门自守，还可牵制敌军，使他们不敢向西挺进，这就是所谓猿臂及远之势。"韦陟无言以对，而当时在场的判官韦损说："东都有皇帝的宅第，侍中（李光弼之职）为什么不守呢？"李光弼说："如果要守东都，那么汜水、滑岭也得派兵去守。你担任兵马判官，能去守住吗？"韦损也答不出话来。

李光弼深知，自己所带的兵马战斗力不强，又鉴于汴州的教训，为了保存实力，决定放弃洛阳。于是发布公告，让官吏民众一齐出城躲避，坚壁清野之后，只给敌人留下一座空城。当他把所有的军需物资转移到河阳，率军撤出洛阳时，叛军已经临近洛阳。官军的殿后部队出城时，夜幕已经降临，他们点起火炬徐徐离去，叛军尾随进城，始终不敢冲杀。李光弼率部进入河阳三城后，修筑防御设施，严格巡防律令，又与士卒同甘共苦，于是官兵一致，誓与叛军力战到底。

史思明进入洛阳，一无所获，恐怕李光弼卷土重来，便驻屯于白马寺（今洛阳市东），兵力向南不出百里，向西不敢侵扰皇帝宫殿，并在河阳城外挖掘了许多月牙形的攻防结合工事。十月间，向河阳发动了一次进攻。

其时，李光弼已做了大量准备，当史思明部将刘龙仙仗着一股勇气跑到城下挑战时，李光弼稳坐城头，不予理睬。李龙仙在城下乘马跑了一个来回，以显示威风，而后便破口大骂。李光弼身边的战将义愤填膺，摩拳擦掌。大将仆固怀恩请求出城，杀掉这个狂妄的家伙，以灭敌军的威风。李光弼说："杀鸡岂用牛刀？这不是大将的事情。"众将官听到这话，便理解光弼并非一味死守拒不接战，而是不愿轻易动用大将。于是，副将白孝德请求出战，李光弼抚着他的脊背送他出城。白孝德在一阵急鼓声中跑出城去，单枪匹马直取刘龙仙。在两军士卒的呐喊助威声中，白孝德将刘龙仙斩于马下，割下首级带回城中。这一来，敌军十分害怕，不再敢轻易前来挑战。

史思明蓄养了一千多匹好马，饲养人员每天都要把这些马赶到城外河边洗刷一番。几天之后，这引起了隔岸城中官军的注意，尤其是在马背上建功立业的李光弼，一眼望去，就像被磁石吸住似的，目不转睛。当天下午，他便命令集中军中的母马，共有五百多匹。第二天，当史思明的好马又到河边洗刷时，李光弼下令，将自己的五百多匹母马赶出城外，而把马驹留在城里。结果母马与马驹交相嘶鸣，引动了对岸史思明的马匹，不顾一切地跃入河中，浮水过河，官军及时打开城门，母马回城时便带回了那一千多匹好马。史思明气得大发雷霆，但已无可挽回。

此后，李光弼避开敌人的正面进攻，在中城西组织了一次反击，打败五千敌军，斩首一千多人，生擒五百，溃逃的也有半数落水而死。

五、坚守河阳　指挥有方

李光弼与史思明对峙期间，尽管官军取得了一些小的胜利，但河阳城中的储备粮即将告罄。为了解决粮食问题，李光弼决定亲自出去征集并组织运输。考虑到离城期间的防御问题时，他要求部将李抱玉替他坚守南城两天，李抱玉答应了。

李光弼带着部分兵将到河清（今河南坡头）一带征收粮食，为预防史思明切断粮道，特地驻军于河清北面的野水渡口。一天之后，李光弼留下部将雍希颢率一千人驻守野水渡，自己却忽然返回河阳。临走时，他吩咐雍希颢："史思明部下的李日越、高庭晖、喻文景均为猛将，今晚必有一人会来偷袭。你们只可防守，不可出战。如果他愿意投降，则带他到河阳来。"

雍希颢听了这话，不禁心中暗笑，会有这等好事吗？守到半夜时，果然叛军前来夜袭。雍希颢令将士故意高声问答，表示戒备森严，同时他亲自向城外发问："来将是李日越，还是高庭辉？"回答说是李日越，雍希颢笑着说："果然不出我们李将军所料，我正在这儿等你投降呢！"李日越问："司空（李光弼当时官职）在这里吗？"雍希颢答："入夜时便走了。"李日越沉默了一阵后，便表示愿意投降。

李光弼见到李日越后，给予优厚的待遇，李日越很受感动，主动提出给好友高庭晖写信劝降。李光弼满有把握地说："不用写了，他会来投降的。"没过几天，高庭晖果然率部来降。李光弼也像对李日越那样地热情接待，委以重任，并给他二人报请官职。众将领见李光弼料事如神，便向他请教所以然，他说："这都是顺理成章的事。史思明常说我只会守城，不能野战。现在我驻野水渡，他必然派人来偷袭，他向来军令严酷，来将抓不住我必定不敢回去，只好投降。高庭晖的才干还在李日越之上，见我优待李日越，他自然会来投降。"大家听了他的心理战术分析，没有一个不佩服的。

再说答应守城两天的李抱玉那里，李光弼离去的当天，便受到叛将周挚的猛烈攻击。李抱玉苦苦支撑着，先假装答应周挚第二天投降，利用缓兵之计，再予以反攻，终于打退了周挚的进攻，稳住了南城。

周挚在南城失利之后，又率军五千进攻中城。刚从野水渡返回中城的李光弼，先下令在城外树立大栅，栅外挖掘深与宽各两丈的护城壕沟，然后派部将荔非元礼率领精兵到城外的矮墙边守候，伺机出击。他自己则在城墙的东北角上竖起小红旗做指挥的信号。周挚挥兵逼近中城，还用大车运来木鹅、斗楼等攻城器具，但遇壕沟阻隔，不能靠近城墙，便命士卒取土填壕，然后从东、南、西三个方面分八路进兵城下。

其时，荔非元礼看到这一切，但李光弼却不见他有行动，便派人去问。荔非元礼反问："太尉（李光弼官职）打算守城，还是决战？"李光弼回答说："决战。"荔非元礼说："既然要打仗，那么敌军替我们填平了壕沟，有什么不好呢？"李光弼听他这么一说，便知他心中有数，于是鼓励说："我的智力不如你，你好自为之。"荔非元礼看着敌军填平壕沟打开栅门时，率领勇士突然出击，将敌军打退几百步远，看到敌军又排列起阵地，估计难以破阵，便率众回城。李光弼望见他收兵回城的情景，感到莫名其妙，便派人叫他来质问，不料荔非元礼反问："战事正忙，叫我做甚？"李光弼一听这话，便知他还有安排，便让他速回前线。不一会儿，只听得军中鼓声如雷，荔非元礼率众再次出击，骑兵与步兵一齐冲击，大败周挚。

周挚失败后，史思明改变战术，出动几百艘木船，装满灌了油料的柴草，从黄河上游点火放船，使之顺流而下，以火攻之法烧毁河中两桥，切断河阳三城的联系。岂料李光弼早有准备，以长竿顶住火船，再用抛石车发射巨石，将火船一一击沉。结果，李光弼又粉碎了叛军的火攻。史思明恼羞成怒，令周挚率三万精兵攻打北城，他自率余部进攻南城。

李光弼了解到敌军主攻北城，便留李抱玉再守南城，自率主力赶赴北城。登上城墙瞭望之后，李光弼说："敌军虽多，但零乱不齐，因此并不可怕。我看中午以前即可破敌。"于是命令众将出战，但到中午时仍未决出胜负。众将领归来后，都有些焦躁不安。李光弼及时调整了部署，着重攻打敌军最坚固的地方，分派将领，鼓励将士万众一心，以死拼搏。在李光弼的指挥下，官军将士以泰山压顶之势冲向敌阵，斩首万余级，生擒八千多人，缴获军械及粮食数以万计，并俘获大将徐璜玉、李秦授。

史思明不知道北城战败的情况，仍然攻打南城，李光弼下令将俘虏带到南城河边，当着攻打南城的叛军一连斩杀几十人，吓得叛军不再恋战。史思明不得已退回洛阳。

激战之前，李光弼对将领们说："战争本身就是一件危险的事情，我们的生命取决于胜败。我是朝廷大官，不可死于敌手，万一战斗不利，你们死于阵前，我必在此自杀。"说着从长筒靴中抽出随身携带的短刀，向大家表明决死之心，并在城墙上面向西方（长安帝都）三拜致礼。其悲壮之情，极大地鼓舞了全军将士，因此最终取得了河阳保卫战的胜利。

之后，李光弼又乘胜进军，攻克怀州（今河南焦作）等地，生擒安太清、周挚、杨希文等叛将，送至朝廷。李光弼因功晋爵临淮郡王，加封食邑至一千五百户。

六、夺职复职　郁愤而逝

在坚守河阳的战役中，李光弼以两万兵力，击退了史思明十几万人的大军。这一胜利冲昏了唐肃宗的头脑，也引起了一些人的嫉妒。观军容使宦官鱼朝恩不断向肃宗说叛军无能，可以一举扫平，而心怀叵测的仆固怀恩也赞同鱼朝恩的意见，说叛军可灭。于是朝廷一而再、再而三地传达皇上的命令，督促李光弼快速进兵，收复东都洛阳。

李光弼明知时机尚未成熟，叛军兵锋尚锐，但由于催促越来越紧，只好让李抱玉守河阳，自己硬着头皮出战，驻扎于邙山（今洛阳北）。官军在邙山布阵时，李光弼下令军队依据险要地形布阵，而仆固怀恩却偏要布在平原地带。李光弼说："依据险要地形布阵，可以进攻，也可以退守；如果在平原布阵，交战不利就全完了。我们不能小看史思明这个人。"命令军队转移到险要的地方，但仆固怀恩又予以制止。

这时，史思明乘官军阵势还没有部署完毕，发兵进攻，结果官军大败，死了数千人，军资器械全部丢弃。李光弼、仆固怀恩渡过黄河，退保闻喜（今属山西），鱼朝恩、卫伯玉逃回陕州，李抱玉也放弃河阳城逃跑，于是河阳、怀州都陷入叛军之手。朝廷得知此事，大为惊恐，便增兵驻守陕州。战局随之迅速恶化，李光弼上表请罪，肃宗下诏解除了他的兵权。

不久，肃宗又恢复了李光弼太尉、兵马副元帅的职务，让他出镇临淮。李光弼攻克许州，抓获史思明之子史朝义所任命的颍川太守李春。史朝义部将史参前来援救，双方在许州城下交战，李光弼又将史参击败。

史朝义围困宋州以来，已有数月，城中粮食已经用尽，宋州即将陷落。刺史李岑束手无策，遂城府左果毅刘昌说："粮仓中还有几千斤酒麴，请捣碎了吃。不出二十一天，必定会有援军前来救援。城东南角最危急，请让我前去防守。"

这时，李光弼来到临淮，诸将认为史朝义兵力还很强大，请求向南退保扬州。李光弼说："朝廷依靠我来决定安危，我再退缩，朝廷还指望什么呢？况且我出其不意，贼军哪里知道我军众寡！"于是直赴徐州，派兖郓节度使田神功进击，将史朝义打得大败。起先，田神功已经攻克叛将刘展，留恋扬州不愿回去，太子宾客尚衡与左羽林大将军殷仲卿在兖州、郓州相互攻击，听说李光弼到来，都慑于其威望，田神功急速返回河南，尚衡、殷仲卿也相继入朝。

李光弼在徐州，只有军队的事情自己决断，其余一切事务都委托判官张傪处理。张傪为政精明，处理事务十分自如，诸将陈述事情，李光弼多让与张傪商议，诸将事奉张傪如同事奉李光弼，因此军中整肃，徐州一带得以安宁。

先前，田神功从副将出身做到节度使，将前节度使判官刘位等人留在节度使幕府中，大模大样接受他们的叩拜；等看到李光弼与张俛行对等礼时，才大吃一惊，于是一一拜谢刘位等人，说道："田神功出身行伍，不懂礼仪，诸位为何不早说，铸成我的错误呢？"

广德元年（763）正月，史朝义走投无路，自杀身亡。历时八年的安史之乱平息。

广德元年（763）四月，浙东百姓袁晁聚集近二十万人马，辗转进攻州县。李光弼派遣部将张伯仪率军讨伐，镇压了他们。李光弼奏称已经抓获袁晁，浙东地区的叛乱全部平息。唐代宗下诏给李光弼增加实封食邑至二千户，授其一子为三品官，又赐铁券，"名藏太庙"，绘像凌烟阁。

李光弼虽然功勋卓著，却遭到宦官鱼朝恩、程元振等人的忌恨和陷害。得知他们多次在皇上面前诬告自己，便不敢再入朝廷。而原来的部下如田神功，对他的态度也起了微妙变化。李光弼郁郁不得志，郁愤成疾，继而病情加重。

广德二年（764）二月，李光弼在徐州病逝，终年五十七岁。唐代宗辍朝三日，追赠太保，谥曰"武穆"。

在平定安史之乱的八年中。李光弼一直是平叛主将之一，《新唐书》称赞他"战功推为中兴第一"。《旧唐书》亦云："凡言将者，以孙、吴、韩、白为首。如光弼至性居丧，人子之情显矣；雄才出将，军旅之政肃然。以奇用兵，以少败众，将今比古，询事考言，彼四子者，或有惭德。"肯定其武略，亦推崇其德行。

左武卫大将军王忠嗣

王忠嗣（705—749），唐朝名将。原名王训，太原祁县（今山西祁县）人。自幼在皇宫中长大，历任左威卫郎将、左金吾卫将军、左武卫大将军。以及河东、河西节度使等。他勇猛刚毅，颇有谋略，能征善战，攻克战胜，功勋赫赫；他身兼四节度，深受玄宗重用，奸相李林甫忌恨，诬陷贬官，郁闷而逝。

一、养于宫中　为将勇猛

王忠嗣的父亲王海宾，在唐睿宗时任右卫率、丰安军使。唐玄宗即位后，官任原职。

开元二年（714），吐蕃侵犯陇右，玄宗下诏命陇右防御使薛讷率杜宾客、郭知运、王晙、安思顺抵御。薛讷派王海宾为先锋。王海宾率领先锋军急速前进，到达武阶驿（在今甘肃西部）时，遇到吐蕃军，挥军与之交战，击败了敌军；又追击败军到达壕口，斩杀众多。接着，王海宾又指挥先锋军进攻长城堡，众将嫉妒他的战功，按兵观望，王海宾战死。大军乘机进攻，斩杀贼军一万七千人，缴获战马七万匹、牛羊四十万头只。玄宗怜惜王海宾的忠诚，追赠左金吾大将军。

王忠嗣时年九岁，便因父功授任尚辇奉御。他入宫拜见皇上，伏地大哭，玄宗安慰说："这是霍去病（喻王海宾）的遗孤啊，等到壮年要拜他为将。"（"此去病孤也，须壮而将之。"《新唐书·王忠嗣传》）改赐其名为"忠嗣"，收养在宫中。

王忠嗣在皇宫中生活了好几年。当时，李亨（后来的肃宗）还是忠王，玄宗叫他与王忠嗣交往，因此二人交情很深。

王忠嗣长大后，为人勇猛刚毅，寡言少语，富于谋略。玄宗每次与他谈论兵法，王忠嗣都对答如流，玄宗因此很器重他，说："将来你会成为良将。"（"后日尔为良将。"同上）

开元十八年（730），唐玄宗追封王海宾为安西大都护，任王忠嗣为代州别驾。王忠嗣上任后执法严明，豪强纷纷关闭门户，收敛行迹，不敢犯法。王忠嗣经常率轻骑出塞，忠王李亨禀告玄宗说:"王忠嗣勇于战斗,(我担心他经常出塞,)将会有闪失。"("忠嗣敢斗,恐亡之。"同上)玄宗因此将他召回朝。

信安王李祎在河东任副元帅,兵部尚书萧嵩出任河西节度使,他们相继引荐王忠嗣做自己的部下,让他担任兵马使。唐玄宗考虑到王忠嗣还很年轻,又心怀为父复仇的意愿,下诏不可任用他为重将。有一次,萧嵩要到京城长安,王忠嗣说:"我跟随公已经三年,却没有什么回报皇上。"于是请求率精兵数百袭击敌人。适逢吐蕃赞普大将在郁標川练兵,部下畏惧,想要返回,王忠嗣不听,提刀冲入敌阵,斩杀数千人,缴获羊马数以万计。萧嵩向朝廷奏报他的战功,玄宗非常高兴。王忠嗣因功升任左威卫将军、代北都督,封清源县男。

王忠嗣自恃勇猛,与陇右节度使皇甫惟明互争高低。他曾讥笑皇甫惟明的义弟王昱,惹恼皇甫惟明,便借机诬陷他有罪,王忠嗣遂被贬为东阳府左果毅。

河西节度使杜希望打算攻取吐蕃新城,有人提议说王忠嗣富于才干,足以佐助,如果定要取胜,非他不可。杜希望奏请,朝廷便下诏追召。王忠嗣奉诏赶到河西,与杜希望一起进军,攻取了吐蕃新城。此战以王忠嗣功多,授任左威卫郎将,专门负责行军的兵马。

不久,吐蕃大举出兵,准备雪新城之耻,一大早便逼近唐军阵地,唐兵不能抵挡,全军都很恐惧。王忠嗣单骑挺进敌阵,左冲右突,一人杀死数百人。敌军慌乱中相互践踏,官军趁机从侧翼袭击,敌军大败。战后,王忠嗣以功拜授左金吾卫将军,领河东节度副使、大同军使。

开元二十八年(740),王忠嗣担任河东节度使。次年,任朔方节度使,兼灵州都督。

二、威震边疆　避让功名

天宝元年（742），王忠嗣率兵北上讨伐奚怒皆，两军在桑乾河交战，官军三战三捷，俘虏了众多敌人，遂在漠北炫耀武力，大设宴会而归。

当时，突厥刚刚发生内乱，王忠嗣进军到碛口（今内蒙古呼和浩特北），筹谋攻取突厥。突厥乌苏米施可汗请求投降，但迟迟不来。王忠嗣考虑到其势力还很强大，眼下只是假意投降罢了，于是在木剌、兰山一带驻营，以便探听其虚实。王忠嗣乘机向朝廷献上平戎十八策，在拔悉密与葛罗禄、回纥三个部落间施展离间计。

天宝三载（744），王忠嗣进攻多罗斯城，渡过昆水，斩杀了乌苏米施可汗。西突厥可汗见此大为恐惧，遂率其部落一千帐归附唐朝。王忠嗣因功升任左武卫大将军。

次年，王忠嗣再次大败奚怒皆和突厥部众，并修筑大同、静边二城，调发清塞、横野军充实那里，将受降、振武两个军镇合并为一城，从此胡人不敢侵犯边塞。王忠嗣因功转任河东节度使，进封县公。

王忠嗣年轻时以勇猛自负，担任大将后，却能沉静持重，安定边界，不生事端。他曾说："和平时代做将军，不过是安抚众人而已。我不想竭尽中原之力来求取功名。"（"平世为将，抚众而已。吾不欲竭中国力以幸功名。"《新唐书·王忠嗣传》）因此训练士兵、战马，随缺随补。

王忠嗣有一张漆弓，重一百五十斤，经常将它藏在袋子里，表示没有什么用途。军中士气旺盛，每天都想着打仗，以便立功受赏。王忠嗣派出间谍，窥视胡人的薄弱之处，时常出奇兵袭击敌人。所向无不获胜，所以士兵也乐意为他所用。

鉴于兵器浪费现象十分严重，王忠嗣开始着手控制兵器的领取。军队每次出发时，王忠嗣都召集所属部将，将兵器交给他们，并叫他们授给士兵；出战返回，如果丢失弓箭，都按姓名治罪。因此部下人人自励，都非常爱惜自己的兵器，兵器因此日渐充实。

天宝四载（745），王忠嗣又兼任河东节度采访使。从朔方到云中，广袤数千里，他依据险要修筑了许多城堡，又开拓了几百里土地。在唐中宗李显时，左卫大将军张仁愿在朔方守护边疆，修建城池三座城，开拓土地三百里。自张仁愿去世后，至今已四十多年，王忠嗣继续了他的功业，塞外的胡人再也不敢轻易入侵。

天宝五载（746）正月，陇右节度使皇甫惟明交战失败，唐玄宗命王忠嗣持节担任西平郡太守，管理武威郡的事务。没多久，玄宗又命他任河西、陇右节度使，暂代朔方、河东节度使，佩带四将印，掌握强兵重地，统辖万里，为唐朝开国以来所没有。朝廷又授他一子为五品官。后来王忠嗣多次出战青海、积石，敌人遇上他往往败逃。他还前往墨离讨伐吐谷浑，灭了他们的国家。

王忠嗣以前在河东、朔方长期任职，熟悉边疆事务，深得士卒拥戴。如今任职河西、陇右，很不习惯当地的风土人情，也担心自己功名太盛，将招人嫉妒。于是上表，坚决辞让朔方、河东二节度使，玄宗同意了。

三、进谏不纳　遭谗贬死

唐玄宗当时正谋取石堡城（一名"铁刃城"，在今青海西宁西南），下诏问王忠嗣攻取的计策。王忠嗣上奏说："石堡城险要坚固，吐蕃倾全国之力守卫，若在坚城之下驻兵，动用数万士兵，然后再进攻，恐怕所得不能抵所失。请休兵秣马，再伺机而夺取。"玄宗希望"大有作为"，听了很不高兴。

奸相李林甫嫉妒王忠嗣的功劳，时时搜寻他的过失。天宝六载（747），大将董延光请求出兵石堡城，正中玄宗下怀。于是玄宗下诏命王忠嗣分兵接应，王忠嗣不得已而出兵。他深知石堡城有吐蕃重兵把守，即使下大力气进攻，也很难取胜，

王忠嗣不愿损失上万士卒的性命，来换取自己的升官晋爵，于是勉强应付，并不用心配合，因此对士兵也没有奖赏，董延光很不高兴。李光弼对此非常担忧，便来到军中劝说王忠嗣："大夫（王忠嗣官职）爱惜士卒，有抗拒董延光之心，名义上奉诏，实际上却想改变其谋略。不过，大夫将上万人的军队交给他，却不设重赏，凭什么提高士气？大夫吝惜数万段赐物，却为谗言留下了缝隙，如果不能取胜，将归罪于大夫，大夫将会首先遇祸啊。"

王忠嗣说："我本来考虑的是，得到一城不足以制服敌人，失去了也不会有害于国家。我怎能忍心拿数万人的性命换取一个官职呢？以后即使受到皇上责罚，不过就是当一个金吾、羽林将军，返回去宿卫京师；再不然的话，也不过贬为黔中上佐而已。"李光弼道歉说："我担心此事祸及大夫，因此前来衷心相告。大夫行古人遗事，我李光弼又有什么可说的呢！"说完就急步退出。

董延光到期不能取胜，果然上奏朝廷，说王忠嗣延误用兵。再加上安禄山在雄武筑城，控制了飞狐塞，阴谋反叛，请求王忠嗣发兵援助，实际是想乘机扣留他的士兵；王忠嗣提前到达，没有见到安禄山而返回。

王忠嗣多次上书说安禄山将要作乱，李林甫更加忌恨他，暗中派人诬告说："王忠嗣曾收养在宫中，他曾对别人说想奉太子（李亨）即位。"玄宗勃然大怒，召王忠嗣入朝，将他交付三司详细审问，结果判定罪当处死。

当时，王忠嗣的部将哥舒翰正受恩宠，他禀告皇上王忠嗣冤枉，请以自己的官爵为其赎罪，情词恳切，玄宗的怒气得以缓解，但还是把王忠嗣贬为汉阳太守。天宝七载（748），又转任汉东郡太守。

获罪贬官后，王忠嗣经常郁郁寡欢。他一向忠于皇上，如今却被诬陷谋立太子，感觉太冤枉了，但又无处申诉，只能郁积在胸。久而久之，便患上重病，于天宝八载（749）去世，终年四十五岁。宝应元年（762），唐代宗李豫追赠王忠嗣为兵部尚书、太子太师。

骠骑左金吾大将军李嗣业

李嗣业（？—759），唐朝将领。字嗣业，京兆高陵（今陕西高陵）人。历任中郎将、右威卫将军、骠骑左金吾大将军等职，封虢国公。他勇健过人，每战都冲锋在前，披坚执锐，所向披靡，屡立战功。先后打败吐蕃及降服小勃律等邦国，多次击败安史叛军，收复大片失地。后中箭将愈，闻金鼓声跃起，伤口迸裂，流血而逝。

一、讨伐胡兵　所向披靡

李嗣业身高七尺，壮勇绝伦。开元中期（约726—730），李嗣业随安西都护来曜讨伐入侵的十姓酋长苏禄，他率先出战，英勇无敌，俘获众多敌人，因功任为昭武校尉。

天宝初年（742），李嗣业应召到安西。李嗣业善使大刀，勇健过人，每次杀敌都冲锋在前，所向披靡。安西节度使夫蒙灵察见此，每次出兵，都让他随军出战。李嗣业因此屡立战功，升为中郎将。

当时，吐蕃十分强大，周围二十多个小邦国都归附它，不向唐朝进贡。天宝七载（748），安西都知兵马使高仙芝奉诏征讨吐蕃，他选李嗣业与郎将田珍为左右手。当时吐蕃聚众十万，在沙勒城（今甘肃敦煌一带）依山傍水，占尽天险之利。高仙芝率军包围沙勒城，对众将说："中午时分，必须攻下此城。"李嗣业引一队步兵，手持大刀，攀岩登城。李嗣业手擎一杆大旗，率先登上。吐蕃兵见唐军从天而降，登时大乱。李嗣业率兵左右冲杀，吐蕃军四散而逃，人马塞满山谷，落入水中溺死者十之八九。唐军大队人马长驱直入，抓获吐蕃首领勃律等。此后，拂菻、大食等七十二个国归顺唐朝。李嗣业因功拜为右威卫将军。

天宝十载（751），李嗣业跟随高仙芝攻打石国。高仙芝先假意与石国约好借道，然后出其不意，派兵袭击，遂一举攻破，在城中杀尽老弱，俘虏丁壮，抢掠金银财宝。石国国王之子逃出，把这种情况告知其他部落。众部落首领愤恨不已，纷纷聚集于大食，商议联合进攻唐军。高仙芝听说后，心里有些不安，先行带兵攻打大食。深入大食七百余里，但数战之后，唐军大败，士卒几乎全部战死，剩下的仅有几千人。

高仙芝还想重振兵马再战，李嗣业对他说："我们深入胡地，后无援兵，大食一战，损兵折将，如果消息被其他部落知道，敌军必然会乘胜合力围攻，那时我们想抽身后退就难了。不如现在及早兵退白石岭，好有退路。"高仙芝不以为然，李嗣业力劝说："愚者千虑，还有一得。现在形势危急，切不可犯下大错。"高仙芝这才点头同意。

于是，李嗣业手持大棒，作为开路先锋，引兵撤退。山间道路狭窄，兵马鱼贯而行。前面有一支敌兵堵道，大军很难前进。若后面再有追兵赶来，全军面临覆灭之险，情况万分危急。李嗣业见状，在前面手舞大棒，拼死冲杀，所到之处，人马俱丧。敌兵四散逃走，道路开通，唐军得以安全转移。

当时，将领与士卒失去联系，别将汧阳人段秀实听见李嗣业的喊叫声，就大骂道："害怕敌人而自己逃命，是缺乏勇气；保全自己而丢掉士卒，是不仁义。"（"惮敌而奔，非勇也；免己陷众，非仁也。"《新唐书·段秀实传》）李嗣业听到后，颇感惭愧，握着段秀实的手表示谢意，并主动留在后面抗拒追兵，收罗散卒，没有战死的士卒才得以逃脱。回到安西，李嗣业把此事告诉了高仙芝。高仙芝就任命段秀实兼任都知兵马使，做自己的判官。因此战之功，李嗣业又被提升为骠骑左金吾大将军。

二、大败叛军　闻鼓奋勇

天宝十四载（755），安禄山起兵反唐，第二年便攻占西京长安和东都洛阳。唐玄宗西逃蜀地，太子李亨即位，是为肃宗。唐肃宗在凤翔召见李嗣业，命他与郭子仪等率兵抵抗叛军。

李嗣业与节度使梁宰商议，决定暂缓发兵，以观形势变化。段秀实此时任绥德府折冲都尉，责备李嗣业说："天子情况正当紧急，臣子却安然不肯赴难，您常常自称是大丈夫，现在来看，实在是小儿女子罢了！"（"天子方急，臣下乃欲晏然，公常自称大丈夫，今诚儿女耳。"《新唐书·段秀实传》）李嗣业听后十分惭愧，当即报告梁宰请如数发兵，并任命段秀实为自己的副将，率兵前往平叛。

李嗣业自安西率军行程数千里，军纪严明，所经郡县秋毫不犯。肃宗见到李嗣业，十分高兴地说："今日得卿相助，胜过数万兵士，事情成功与否，就取决于卿了。"（"今日得卿，胜数万众，事之济否，实在卿也。"《旧唐书·李嗣业传》）肃宗命李嗣业与朔方节度使郭子仪、仆固怀恩等为先锋将领，成掎角之势。

李嗣业每次与安禄山叛军交战，都手持大棒率先冲击，叛兵无不望风披靡。

至德二载（757）九月，李嗣业与广平王李俶一同收复京城长安，与叛军大战于香积寺北面。李嗣业当时为镇西、北庭支度行营节度使，为前军；朔方右行营节度使郭子仪为中军；关内行营节度使王思礼为后军。

官军在距敌营数里处摆开长阵，以待叛军。安禄山属将李归仁率大队人马冲杀过来，官军阵营出现混乱。李嗣业对郭子仪说："看今天的形势，如果不奋身杀敌，决战于阵地，尚可以万死来换取一线生路。不然的话，我军将无遗类。"（"今日之事，若不以身啖寇，决战于阵，万死而冀其一生。不然，则我军无孑遗矣。"《旧唐书·李嗣业传》）说罢，他脱下战袍，手持大刀，赤膊上阵，口中大呼，在阵前立杀数十名敌兵，官军稳住了阵脚。前军将士全都手执长刀跟随李嗣业，如墙而进。

李嗣业奋不顾身杀敌，所向披靡。当时，叛军预先在唐营东面布下伏兵，官军侦察骑兵发现了这一情况。身为元帅的广平王李俶得知后，派来援唐平叛的回纥军去攻击伏兵。回纥军勇猛冲杀，结果叛军伏兵大败。李嗣业率军从敌营背后进攻，与回纥兵会合，表里夹攻，从正午一直厮杀到黄昏，斩首六万叛军。叛军溃败，惊慌中陷入沟壑、被踩踏而死的约十之二三。

战后，叛军将领安守忠、李归仁等收集残兵，向东退保陕郡。安禄山之子安庆绪又命将领严庄率数万叛军赴陕郡，以抗拒官军。

广平王李俶、郭子仪、王思礼等，率大军在陕郡西扎营，出兵攻打叛军。李嗣业与郭子仪在新店与叛军相遇，力战数个回合，官军初胜而后败，李嗣业十分着急。回纥兵从南山望见唐军战败，便前往支援，径自从背后攻击敌军，敌阵西北角首先被攻陷。李嗣业又率精锐骑兵猛攻，与回纥兵里外夹攻，敌军大败，退走河北。于是，郭子仪收复东都洛阳。战后，李嗣业以功加开府仪同三司、卫尉卿，封虢国公，食邑二百户。

李嗣业为官清廉，从不置办家产，身边只有大宛马十匹而已。先后受到赏赐的财物，都全部交给官府，用来补充军费。

乾元二年（759），官军合围相州（今河南安阳）。官军筑堤引漳水灌城，攻城数月不下。当时，大军没有统帅，诸将各谋自保，官军将士斗志低落。李嗣业则每逢出战，一马当先，披坚执锐，毫无惧色。

在一次战斗中，李嗣业被冷箭射伤，只好回营养伤。几天后，李嗣业正伏卧帐中，伤口已经快要愈合，忽然听到外面金鼓齐鸣，便大叫一声，从床上一跃而起，欲出外杀敌。不料伤口崩裂，血流数升，倒地而亡。

唐肃宗听说后，痛惜万分，下诏表彰李嗣业的功绩。追赠武威郡王，谥曰"忠武"。

王公·宦官·忠臣

唐玄宗时期的人物,可谓形形色色,犹如繁星点点,甚至可谓拔萃千古。宦官高力士大大有名,杨思勖却也卓然不凡。安史之乱,固然使番将、奸臣野心、丑态现形,却也让忠臣张巡、许远、南霁云、颜杲卿等留下千古英名,他们的杰出事迹,今天读来仍然令人感慨欷歔。王毛仲、王铁不太为今人所知,却不乏故事,颇具典型教诫意义,也不妨作个代表。

霍国公王毛仲

王毛仲（？—731），唐朝王公，禁卫军将领。早年服侍临淄王李隆基左右，并参与诛杀太平公主党羽。玄宗即位，先后任大将军、辅国大将军、朔方道防御讨击大使等，封霍国公。他出身微贱，骤然显贵，恃宠而骄，横行不法，贪求无厌，终致杀身之祸。

一、玄宗奴仆　屡加信用

王毛仲是高句丽人，父亲王求娄，本为游击将军职事，因犯法被免职。王毛仲长大后，因家贫而被卖到临淄王李隆基府中，做了奴仆。

不久，李隆基出任潞州别驾，路见一个叫李守德的人，矫健敏捷，善于骑射，做别人的苍头（奴仆），便出钱五万买了他。从此，王毛仲与李守德二人随侍左右，俱得李隆基欢心。

中宗景龙二年（708），李隆基从潞州回到长安，二人常身负弓箭随侍，不离左右。

早在唐太宗贞观中期，便挑选官宦之家的骁勇少年百人，每当外出游猎时，就命令他们身穿带有百兽图案的衣服随行，称为"百骑"。到武则天时，人数逐渐增加，称为"千骑"，分属于右羽林营。唐中宗时，人数再次增加，称为"万骑"，还设了统帅管理。

李隆基喜爱结交万骑兵统帅及各地豪杰，常与他们在一起饮酒作乐，并赐予金帛。王毛仲暗中揣摩李隆基的意图，也十分卖力地结交这些人。他的做法，深得李隆基赏识。

景龙四年（710）六月，唐中宗被韦后毒杀，韦后专权，任命韦播、高嵩等人为羽林将军，掌管万骑兵，以对待属下苛刻严厉树立威信。果毅将军葛福顺、陈玄礼任万骑兵的营长，与李隆基关系密切，也受到责打，二人便前来诉苦。当时，李隆基正密谋诛除韦后，与他们谈起此事，二人都愿效命。

六月二十日夜，李隆基与刘幽求、薛崇简、麻嗣宗等人，率兵入宫诛杀韦后等。行动开始后，李守德紧紧跟随李隆基，王毛仲则因畏祸而躲藏不出，事情平息几日后才回到李隆基府中。李隆基没有责怪他，照他人之例，也升他为将军。

李隆基立为太子后，派王毛仲负责东宫内部马驼、鹰犬等的饲养。不久，又升他为大将军，官阶为三品。

先天元年（712），唐睿宗禅位于李隆基。次年，太平公主与其党羽萧至忠、岑羲等阴谋叛乱，玄宗李隆基抢先下手铲除了太平公主。王毛仲因参与诛杀萧至忠、岑羲之功，晋位辅国大将军，负责内外闲厩、知监牧使，晋封霍国公，实封食邑五百户。李隆基命王毛仲与诸王及殿中少监姜皎等人侍卫禁中。

王毛仲善于逢迎讨好皇上，玄宗每隔一段时间见不到他，便怅然若失；王毛仲一出现，玄宗便立即喜笑颜开。开元九年（721），玄宗下诏任命王毛仲为持节朔方道防御讨击大使，与左领军大总管王晙、天兵军节度使张说、幽州节度使裴伷先同列。

二、志得意满　骄纵不法

王毛仲初任高职，非常注意形象，持法严肃，不避权贵，两营万骑兵及闲厩官吏等，对他均甚为敬畏，无人敢犯。

王毛仲对饲养军马特别尽心，起初朝廷有马二十四万，后来发展到四十三万，牛羊也都成倍增长。他命人每年种苜蓿一千九百顷，以备御寒过冬。又招募千人为牧仆，充实饲养队伍。他对各种草料管理严格，每年节余数万石。

有一次，唐玄宗东巡，王毛仲选取良马数万匹，各按颜色编成一队，马群色彩相同，甚为壮观。玄宗非常高兴，加任他开府仪同三司，追赠其父为秦州刺史。开元起初的十五年中，只有姚崇、宋璟、王仁皎、王毛仲获此殊荣。

王毛仲深受皇上宠信，玄宗赐给他的庄园、宅第、奴婢、驼马、钱帛等不可计数。他经常入宫侍宴，与玄宗谈笑。他的第一个夫人赐封为国夫人，第二个夫人又赐封为国夫人。每当王毛仲入宫面见，两位夫人都一齐得到玄宗的赏赐。王毛仲的儿子与皇太子李瑛也交情甚好。

开元十七年（729），王毛仲随玄宗拜谒五陵（指唐高祖、太宗、高宗、中宗、睿宗之陵），玄宗又追赠王毛仲之父为益州大都督。

王毛仲骤然跻身显贵之列，志得意满，意气扬扬，日见骄横。他异想天开，竟然请求皇上任他为兵部尚书，玄宗很不高兴，不予理睬。王毛仲怏怏不乐，开始对玄宗渐生不满，言语间常有怨意。

王毛仲与左领军大将军、葛国公葛福顺联姻，又与将军李守德、卢龙子、唐地文、王景耀、高广济等数十人狼狈为奸，横行不法。王毛仲自恃为玄宗旧人，最为不法。宫中太监到他家宣诏，他态度倨傲，不很恭敬。若是地位低下的太监来了，他有时就坐着召见；每有触犯，他就命人辱骂，盛气凌人，不可一世。宫中掌权的太监高力士、杨思勖等，都对他怀恨在心。

王毛仲的两位夫人，有一个是玄宗所赐。后来，这位夫人生了儿子，玄宗命高力士前去赐封，按例授其子为五品官。高力士回宫后，玄宗问王毛仲是否特别高兴，高力士回答："王毛仲接到诏书，沉默了一会儿，对臣讲：'这孩子封个三品官，也不会辱没朝廷吧？'"玄宗发怒，谴责王毛仲在铲除韦后时躲避事端，当时没有追究其罪反而升其官职，他却不知满足。高力士见玄宗对王毛仲动气，隔了几天，又悄悄对玄宗讲："北门奴仆官员都是王毛仲任用之人，如果不除去，恐怕以后会生出大乱。"玄宗默然不语。

开元十九年（731），王毛仲私自寄书太原，索要铠甲兵器。太原少尹严挺之迅速报告玄宗。玄宗怕激起事端，便隐瞒王毛仲谋反的事实，下诏说："开府仪同三司、兼殿中监、霍国公、内外厩监牧都使王毛仲，出身微贱，因有功绩从家臣升任朝官。朕对他恩宠无比，委任要职。从前铲除逆党（指韦后），他却畏祸逃跑，朕念旧情，宽容了他，仍给他以殊荣。他却不知感恩，日益骄横不法，经常有怨恨之语。"

随后玄宗下诏，将王毛仲贬瀼州（今广西上思），葛福顺贬壁州（今四川通江），李守德贬严州（今浙江桐庐），卢龙子、唐地文贬振州（今海南三亚），高广济贬道州（今湖南道县），以别驾员外身份安置。王毛仲的四个儿子全部免官，流放各地。其他受牵连的，还有数十人。

没等王毛仲到达瀼州，唐玄宗就派人把他缢杀于零陵（今湖南永州）。

太原县公王銲

王銲（？—752），唐朝王公。太原祁县（今山西祁县）人。历任县尉、监察御史、户部郎中等职，封太原县公。他善于献媚邀宠，曲意逢迎，一度受宠于唐玄宗。但恃恩骄纵，竟然与兄弟等图谋不轨，终致灭顶之灾。

一、献媚邀宠　曲意逢迎

王鉷出身于官宦之家，祖父王方翼，曾任夏州都督，为当时名将；父亲王璿，曾任中书舍人。

王鉷自幼博览群书，才学过人。开元十年（722），王鉷步入仕途，开始担任鄠县县尉、京兆尹稻田判官。官职虽然不大，但仍尽职尽责，因此政声很好。

开元二十四年（726），王鉷迁任监察御史、户部郎中。

天宝三载（744），长安令柳升因受贿被治罪。柳升任长安令，是京兆尹韩朝宗推荐的。韩朝宗曾在终南山下苟家嘴购买山地，建造别墅，准备将来用以躲避世乱。柳升之事株连到他，玄宗命王鉷审讯。王鉷秉承圣意，将韩朝宗贬为吴兴别驾。玄宗很满意，升任王鉷为长春宫使。

王鉷熟悉各种法律条文，擅长审问罪犯，唐玄宗认为他很有才学，次年又升他为御史中丞、京畿关内采访黜陟使。

李林甫担任宰相后，想方设法诛除异己。他见王鉷阴险苛刻，非常器重，往往通过他排挤、构陷他人。王鉷曲意逢迎，李林甫甚为满意。

王鉷善于聚敛财富。他奏请朝廷，令百姓除按规定缴纳赋税，还要另外缴纳"脚直钱"，百姓负担成倍增加。玄宗在位承平日久，奢侈腐化，后宫妃嫔服饰、脂粉的费用越来越大，特赏别赐不绝于时，所需财物日益增多。王鉷迎合圣意，每年进献钱款亿万，储于宫中，作为租税之外的收入，供玄宗私人使用。玄宗认为王鉷有富国之法，对他恩宠益厚，令他任户部侍郎兼御史中丞，加授检察内作使、闲厩使、苑内使、营田使、五坊使、宫苑使、陇右群牧、支度营田使，王鉷红极一时。

天宝八载（749），太白山人李浑等人上言，说看见了神人；

神人说金星洞里有玉板石，记载圣主福寿的符命。玄宗命王鉷前往仙游谷搜寻，果然找到了。

唐玄宗认为不断出现的这些吉祥征兆，都缘于祖先的福禄和威烈，遂给圣祖老子及高祖至睿宗五位皇帝上尊号，高祖窦太后以下的皇后亦都加号。王鉷搜寻到符命有功，加授银青光禄大夫。

此事传开之后，许多人起而仿效。如太白山人王玄翼上言，说是看见了玄元皇帝（老子），玄元皇帝说宝仙洞里有妙宝真符。玄宗又命刑部尚书张均等去搜寻，果然搜得。

当时唐玄宗尊奉道教，羡慕长生不死之术，所以各地的人们竞相奉献吉祥符命，群臣也不断上表恭贺。李林甫等人都请求捐舍宅第为道观，借以祝福皇上万寿无疆，玄宗十分高兴。为此，朝廷花费大量钱财，王鉷则可谓罪魁祸首。

天宝九载（750），王鉷任御史大夫、京兆尹，加知总监、栽接使，从此兼领二十多个"使"。王鉷在府第旁边专门建造了一座大院，存放文书，各官府官吏争着请他批示公务，有人一连等待数天也得不到机会，而玄宗派来传旨赏赐的使者不绝于路。那时，王鉷权势显赫，气焰熏天，在玄宗面前的地位仅次于李林甫，高过杨贵妃的堂兄杨国忠。

王鉷特别惧怕李林甫的阴险狠毒，对之异常恭敬。范阳节度使安禄山竭力讨好杨贵妃，邀宠唐玄宗，身受恩礼，不可一世。一次，他去找李林甫谈事，不很恭敬。李林甫心中不悦，准备对之示威，便命人速招王鉷前来进见。王鉷火速赶来，趋进俯伏，恭谨备至。安禄山从旁观看，见权势熏天的王鉷对李林甫竟如此敬畏，也渐生畏惧，一下子变得恭敬起来。李林甫虽然忌恨王鉷权势隆盛，但因他竭力讨好、曲意顺从，对其尚属亲近、保护。

二、恃宠骄纵　遭忌被杀

随着时间的推移，王鉷怙恃玄宗恩宠，日渐骄纵，就连李林甫也畏他三分。李林甫的儿子李岫任将作监，供奉宫中；王鉷之子王准任卫尉少卿，也供奉宫中。王准每次戏谑李岫，李岫常避让不争。万年尉韦黄裳、长安尉贾季邻，经常在厅事贮钱数百缗，又备下美酒佳肴、著名倡优，以备王准不时光临。

王鉷的家人仗势横行，他也不加约束。王鉷的弟弟王銲任户部郎中，有一次，兄弟二人招请术士任海川到府中，询问朝代更替之事，还问自己是否有帝王之相，隐约露出反叛之心。任海川大惊，借口有事逃去。王鉷担心事情泄露，假借别的事情，把任海川抓来杀人灭口。府中司马、定安公主之子韦会，曾回家谈论此事。左右告知后，王鉷派人将其收入监狱，在夜里缢死，尸体送还其家。韦会同母兄王繇，娶永穆公主为妻，虽然身为皇亲国戚，竟畏惧王鉷权势，不敢声张。

王鉷后来晋封太原县公，兼任殿中监。又受李林甫推荐，位置与杨国忠同列，杨国忠心中不悦。

龙武军万骑兵将领邢縡，王鉷、王銲兄弟与之颇有交情。天宝十一载（752）四月，邢縡准备发动右龙武军万骑兵火烧都门，诛杀执政的右相李林甫及左相陈希烈、杨国忠等，夺取朝中大权。在预定政变日期的前两天，事情泄露，玄宗命王鉷收捕邢縡。王鉷考虑到弟弟王銲可能在邢縡家中，便故意拖延行事，先派人把王銲叫走，直到傍晚才命万尉薛荣先、长安尉贾季邻等人前往捕捉邢縡。

贾季邻是王鉷荐举才任官的，一向与王銲友好，王銲见到他便说："我与邢縡是老朋友，邢縡如今造反，我担心事情紧急，他胡乱牵扯，请足下不要听信其言。"薛荣先等来到邢縡门外，前去捕捉邢縡。邢縡率部属与捕吏持弓刀相斗，王銲与杨国忠闻讯赶来。贾季邻把王銲的话告诉了王鉷，王鉷说："我弟弟怎能参与邢縡谋反之事！"

邢縡部属相互告诫，专杀杨国忠，不要伤着王鉷。这话被杨国忠部下听到。正好高力士率飞龙小儿甲骑四百人赶到，斩杀邢縡，尽擒余党。杨国忠上奏王鉷参与叛乱，玄宗不相信，李林甫也为王鉷说话，玄宗因而不予追问。

唐玄宗一直希望王鉷代王銲请罪，曾派杨国忠前去暗示。杨国忠见到王鉷，对他说："主上一向信任公，现在公必须割爱自保。公可以上疏请求治王銲之罪，王銲未必会被处死，公却可以因此安然无恙，何不尽快行事？"王鉷低头沉思良久，才说："小弟是父母最疼爱的，平常与我感情甚好，我不忍心这样做。"杨国忠回奏，玄宗闻知大怒。

过了几天，王鉷入朝，陈希烈奏请以大逆之罪惩治王鉷兄弟。王鉷大怒，大声为自己申诉，声色俱厉。退朝后，他上表言情。这时已经有诏书传下，令陈希烈抓捕、审讯王鉷。王鉷表章不能上奏，便去找李林甫求情，李林甫说："已经晚了。"

王銲被拘押狱中，唐玄宗派杨国忠负责审问。杨国忠一向忌恨王鉷，想借此置之于死地，便问王銲："王鉷是否参与谋反？"王銲还没回答，侍御史裴冕在旁边担心牵连王鉷，便呵叱王銲说："你为臣不忠，为弟不义。圣上因你兄长之故，任命足下为户部郎中，又加五品，恩宠可以算厚了。王鉷岂知你谋逆之事！"杨国忠听后有些愕然，对王銲说："你如果确实知情，就不要隐瞒；如果不知情，就不要胡乱牵扯。"王銲这才说："我兄不知。"

然而，杨国忠不肯放过王鉷，他买通贾季邻，许诺提拔重用。为追求荣华富贵，贾季邻作证王鉷参与了谋逆。于是杨国忠遂上奏玄宗。朝廷下诏,将王銲杖死在朝堂,王鉷赐死于三卫厨,长兄王锡贬死于路上。王氏诸子尽皆诛杀,家属迁徙远方。

骠骑大将军杨思勖

杨思勖(?—740),唐朝宦官。罗州石城(今云南曲靖)人。少年时入宫做太监,后因平定内部叛乱、诛除谋逆皇亲,升左监门卫将军,官至骠骑大将军。他多次平定部族叛乱,屡建战功,为唐玄宗得力干将,所受宠幸与权宦高力士相似。他性情凶狠,残杀俘虏,尸筑"京观",令人发指。

一、宫廷政变 崭露头角

杨思勖原本姓苏,后来被一个姓杨的人收养,就冒认了收养者的姓。

在少年时,杨思勖到皇宫里当了太监。一开始在内侍省做事,后来由于办事干练,提升为宫闱令。

唐中宗李显执政时,皇后韦氏干政,和昭容上官婉儿与武则天侄儿武三思勾搭成奸,淫乱宫中,操控权柄。相王李旦请中宗速立太子,以固邦本,太平公主也如此建议。中宗遂不与韦氏、武三思商议,立卫王李重俊为太子。

李重俊乃后宫妃嫔所生,不是韦氏亲生,韦氏很不高兴。因建储大事不和自己商量,武三思也心怀不满。韦后所生之女安乐公主,因韦后无子,她自恃恩眷,一心要当皇太女,进而登上女皇宝座,突然听说储位已定,不禁着急起来。中宗劝谕百端,允许她开府置官,安乐公主方才罢休。但她内心瞧不起太子,与驸马都尉武崇训一起呼他为"奴"。

太子李重俊愤愤不平,暗想:满朝大臣多是诸武党羽,只有魏元忠、李多祚两人较为正直,便立即与他们密商,准备起兵讨逆。于是,李多祚便联合了几个将军,如李思冲、李承况、独孤祎之、沙吒忠义等,假传圣旨,调发三百多羽林兵,拥着太子李重俊,杀入武三思府第。

此时,武三思正在家中夜饮,拥着娇妻美妾,武崇训也在旁陪宴,只有安乐公主入宫未归,不在席间。武三思猛然听见人喊马嘶,不由惊疑起来,命侍役出门探视。这时,羽林军一拥而入,见一个、杀一个,武三思父子无从脱逃,被李多祚等逐个拿下,推至太子马前。太子拔出佩剑,剁死武三思、武崇训两人。一面命军士搜杀全家,又杀死了十多个亲信党羽。

接着,太子李重俊命左金吾大将军李千里及其子天水王李禧,分兵把守宫城诸门,自己和李多祚等进入肃章门,直奔宫禁。

中宗与韦氏、上官婉儿及安乐公主等,夜宴才罢,忽见右羽林大将军刘景仁踉跄进来,报称太子谋反,已领兵进入肃章门。中宗十分恐慌,不知所措,还是上官婉儿有些主见,说道:"养兵千日,用兵一时,刘将军所掌何事,却听任叛兵犯阙?"刘景仁碰了一个钉子,连话都答不出来。安乐公主道:"你快去调兵进宫保卫,守住玄武门,再报知宰相宗楚客等速来保护!"刘景仁听了,连忙跑出去。

不一会儿,刘景仁便带兵百骑,前来保驾。中宗命令他屯兵楼下,自己与韦氏等登上玄武楼。杨思勖本来在左右侍候着中宗,此时也随步同上。不久,宗楚客、纪处讷,以及中书令李峤、侍中杨再思、苏瓌等,均前来向中宗请安。数人约率兵二千余名,由中宗敕令驻扎在太极殿,闭门固守。李多祚等来到玄武楼下，要求交出上官婉儿。中宗不忍心，不作回答。杨思勖在旁边进言道："李多祚挟持太子，率兵犯阙，这样的叛臣逆贼，人人得而诛之。臣虽然无才，也愿意领禁兵，前去击贼。"中宗道："卿愿意效力，朕还有何言？但此去需要小心！"

杨思勖领旨，立即下楼，飞驰至太极殿内，传谕宗楚客等。宗楚客立即聚齐一千多人，由他带领着出来。李多祚因为中宗未曾答复，尚在楼下等待，按兵不动。李多祚的女婿野呼利曾任羽林中郎将，准备夺门登上玄武楼，被将军刘景仁击退。忽然看见门已大开，急忙驰马欲入，迎头碰着杨思勖，一刀砍来，野呼利闪避不及，被杨思勖劈落马下；再砍一刀，将其杀死，李多祚军气势顿减。

随后，杨思勖率兵与李多祚交战。李多祚手下不过二三百人，兵士们见杨思勖十分勇猛，纷纷倒退。中宗在楼上观战，看见杨思勖已经得胜，不禁转忧为喜，遂高声传呼道："叛军听着！你等都是朕的卫士，为何跟着李多祚造反？若能立刻杀死李多祚，朕不但赦免谋反之罪，还会格外加赏，不要担心不富贵。"羽林兵听到此谕，见李多祚不能成事，大家顾命要紧，索性遵敕倒戈，杀死了李多祚。李思冲、李承况、独孤祎之、沙吒忠义等，都战死在乱军中，只有太子李重俊策马逃脱。

李千里父子进攻右延明门时，遇到宗楚客、纪处讷等引兵抵抗。李千里父子寡不敌众，同时伤亡。宗楚客派果毅军将赵思慎追捕太子，太子李重俊率百骑逃奔终南山。逃至鄠西，随身只有数人，暂憩林下，被左右刺死。左右将太子的首级献与赵思慎，赵思慎携带太子首级归报中宗。

叛乱平定后，唐中宗逐一封赏有功之臣，加授杨思勖为银青光禄大夫。

二、两次平叛　随帝封禅

景龙四年（710），韦后、安乐公主毒死中宗李显，妄图效仿武则天登上皇帝宝座。相王李旦第三子临淄郡王李隆基，英明果决，决定铲除韦后集团。杨思勖辨明形势，觉得李隆基很有前途，就投靠了他。在李隆基铲除韦后的过程中，杨思勖及时通风报信，立了大功，被提升为左监门卫将军。李隆基即位后，把他视为得力之将。

开元十年（722），安南人梅叔鸾发动叛乱，号称"黑帝"。他率领三十二州的兵力，对外联结林邑、真腊、金邻等外邦势力，形成了西南地区反对唐朝的军事同盟，声称拥军四十万。叛军连续攻城夺地，连安南府也为之攻克。至此，安南地区几乎全部在其掌握之中。唐玄宗决定派兵镇压梅叔鸾，当时杨思勖已经六十岁左右，主动请缨。唐玄宗分外高兴，任命他为骠骑将军。

到南方进行远距离作战，一般都会遇到后勤供应和士兵水土不服的困难，东汉伏波将军马援南征时就吃了这方面的苦头。杨思勖汲取教训，从京都长安出发时，他并未带着庞大的军团，而是孤身一人前往，抵达目的地后，招募当地人作为士兵，从而巧妙克服了水土不服的问题。

在安南大都护光楚客的帮助下，杨思勖顺利募集到了十万大军，随后便开始发动攻击。杨思勖与光楚客共同率领大军，选择了一条山高水险的近路，以迅雷不及掩耳之势，到达了叛军所在的城下。梅叔鸾得知杨思勖兵临城下，吓得慌了手脚，还没来得及想出对策，就被杨思勖闪电般地击败，自己也被活捉并临阵处决。俘虏的数十万叛军，原本为各地百姓，情愿投降唐朝，杨思勖为炫耀武功，镇服当地居民，还是杀死了许多叛军，用叛乱者的尸体做成京观（堆成了一座小山），然后班师而还。

开元十二年（724），五溪一带的覃行璋发动叛乱，杨思勖受任为黔中招讨使，率大军六万前往讨伐。杨思勖严明军纪，快速行军，闪电出击，大获全胜，斩首叛军超过了三万，首领覃行璋被活捉。不过，杨思勖上次杀伐太过，受到皇上的谴责，这次没杀覃行璋，而是把他押解回京，交皇上发落。杨思勖因平叛之功，晋升为辅国大将军。

平定了叛乱，唐朝经济又兴旺发达，进入开元盛世的高潮。中书令张说、侍中源乾曜先后上书皇上，请求封禅泰山。唐玄宗谦让一番，也就同意了。

开元十三年（725）十一月七日，唐玄宗到达泰山，举行封禅大典。杨思勖随从皇上封禅，统领侍卫。

据说，唐玄宗车驾到达泰山西侧时，忽然东北风大作，自午到晚刮个不停。随从官员住的帐篷被吹裂，支撑帐篷的柱子被吹折，众人大惊小怪，十分恐慌。侍卫们也个个惊惶失措，杨思勖极力劝说、安抚。张说也出来安抚大家，说这是海神来迎接皇上封禅，无需惊恐失措。

等唐玄宗到达泰山之下，天气晴和，一丝风也没有。但到玄宗斋戒的晚上，又狂风袭人，寒气彻骨。玄宗停止饮食，肃立夜露之下，直至夜半。他虔诚地祷告上苍："如果是我本人有罪过，请上天惩罚我本人。如果随从人员没有福分参加山上的封禅，也请求降罪于我。随从的兵士和骑乘的马匹委实受不了寒风袭击，请停止风寒。"玄宗祷告之后，风果然停了，山间的气温随之转暖。

杨思勖指挥卫士保护圣驾，十分谨慎周到。在玄宗登山之日，从山下一直到山顶的祭坛，一路上都有士兵设岗，组成一条"人"的传话线，负责传呼时间辰刻，传递皇帝及大臣的命令，只需一会儿工夫就能到达。夜间，山道上沿途燃火，堆堆火光相连，从山下望去，仿佛是星星从地上一直串连到了天上。这一天，泰山上热闹非凡，天气晴和，微风南来，歌吹之声不绝于耳，丝竹之响飘向天外。

为了纪念这次封禅盛典，唐玄宗李隆基亲自撰写了《纪泰山铭》一文，刻在泰山山顶的崖壁上。玄宗东封泰山时，国内各部族的首领、周围友好国家的国王或使者，都随从至泰山参与朝觐大典，并在泰山顶上由礼部尚书苏颋撰写的"东封朝觐颂"碑上留名。

唐玄宗封禅泰山之后，大为得意，下令给各级官员晋级。杨思勖由于两次平叛立功，这次又护卫有方，也得以加封，成了骠骑大将军，封为虢国公，成为唐朝屈指可数的大军功贵族。至此，唐太宗时期立下的"宦官不得担任三品以上职务"的规定被打破，也有人把这种宦官掌握国家实际军权的现象作为唐朝政治状况开始恶化的标志。

三、虐杀战俘 凶暴残忍

开元十四年（726），邕州（今广西南宁）又发生了以梁大海为首的叛乱。这场叛乱自邕州的封陵开始，逐渐蔓延到了宾州（今广西宾阳）、横州（今广西横县）等地。此时，唐玄宗又想到了多次平叛取胜的杨思勖，再次命他南下平叛。

二月，杨思勖从长安出发。到达目的地后，他招兵买马，指挥作战，再一次把叛乱成功镇压了下去，包括梁大海在内的三千多人被俘，杀死的叛军士兵超过两万，他们的尸体再次被杨思勖做成了"京观"。杨思勖又分头剿灭了梁大海的残余党羽，同年十二月班师回京。

开元十六年（728），岭南地区爆发空前大叛乱。这次叛军的领袖是泷州（治今广东罗定县南）的刺史陈行范，一同叛乱的还有其下属何游鲁、冯璘。在攻破岭南四十多个州县后,陈行范自称天子,而何游鲁、冯璘则成了定国大将军和南越王。在控制整个岭南地区后,叛乱又呈现出扩大化的趋势。

唐玄宗此次又下诏命杨思勖平叛。在到处是深山密林的南方作战,骑兵的实用性不如弩兵。因此,唐玄宗下诏令杨思勖调动永州、道州、连州三个州的兵力,以及淮南弩士十万,一起前往征讨。杨思勖率领大军一路南下,历经数次杀伐后,包围了陈行范的根据地泷州,与叛军展开了决战。

战斗异常激烈,由于杨思勖指挥有方,身先士卒,士兵们大都勇猛作战。最后,朝廷大军获胜,何游鲁、冯璘战死,陈行范逃走。杨思勖率部穷追不舍,在高山密林中,经过一系列的战斗,最终生擒了陈行范,活埋了其部下六万人,获得数以百万计的马匹、金银。

杨思勖虽是太监,但生性刚毅果决,有军事才能。但他凶暴残忍,杀人不眨眼,虐杀战俘更是令人发指。每次抓到俘虏,大多生剥其面,甚至剥去头皮。手下士卒无不畏惧,也因此唯命是从,所向立功。("思勖性刚决,所得俘囚,多生剥其面,或劙发际,掣去头皮;将士已下,望风慑悼,莫敢仰视,故所至立功。"《旧唐书·宦官传》。《新唐书》作:"杨思勖鸷忍,敢杀戮,所得俘,必剥面、皾脑,褫发皮以示人,将士惮服,莫敢视,以是能立功。")而叛乱者对他"望风慑悼",提起他的名字来,连哭泣的小儿都会吓得住声。

除了讨伐叛乱,杨思勖主要还是在宫里做太监。他对待宦官也非常严厉,一旦有人触犯法纪,他就会残忍地将其杀死。有一次,一个名叫牛仙童的内给事,出使幽州时收受了幽州节度使张守珪的贿赂。后来事情败露,唐玄宗勃然大怒,下令交由杨思勖处死。杨思勖先是把牛仙童在架子上绑了好几天,不给吃喝。在其陷入半死状态时，开始执行死刑：首先砍掉手足，之后开肠破肚、摘心取肺，剐其身上之肉吞食。（"内给事牛仙童使幽州，受张守珪厚赂。玄宗怒，命思勖杀之。思勖缚架之数日，乃探取其心，截去手足，割肉而啖之。其残酷如此。"《旧唐书·宦官传》。《新唐书》作："内给事牛仙童纳张守珪赂，诏付思勖杀之。思勖缚于格，箠惨不可胜，乃探心，截手足，剐肉以食，肉尽乃得死。"）这种残忍的刑法，已经和五代时期的凌迟很接近了。

开元二十八年（740），杨思勖去世，时年已八十多岁。

骠骑大将军高力士

高力士（684—762），唐朝宦官。本姓冯、名元一，后改名"力士"，随养父姓高。高州良德（今广东高州）人。经历武后、中宗、睿宗、玄宗、肃宗诸朝，官至骠骑大将军、开府仪同三司，先后封郡公、国公。曾协助平定韦后和太平公主之乱，深得唐玄宗宠信，并曾一度允其审阅朝臣奏章，决断其中小事。一生忠于玄宗，后受陷害遭流放，遇赦返回途中得知玄宗已死，咳血而逝。

一、服侍女皇　暗寻靠山

冯元一幼年时，生长在一个官宦之家，曾祖父是唐初越国公冯盎。后因高州有人叛乱，牵扯到冯家，官军在平叛时将其父亲冯君衡处死，并籍没了家产，冯元一便被送到了岭南讨击使李千里家抚养。

几年之后，李千里见冯元一聪明伶俐，体格健壮，便把他与另外一个小孩阉割了，送入皇宫当太监，一名叫做"金刚"，一个叫做"力士"。

当时,女皇武则天当政,她已经把持朝政四十余年。为使自己的地位得到延续,武则天处心积虑,日夜操劳。聪明伶俐的冯元一进宫没多久,就受到管事太监的喜爱,安排他到武则天左右做事。但好景不长,因其他太监犯错的牵扯,冯元一被责打一顿,赶出了皇宫。

离开皇宫后,冯元一无依无靠,老宦官高延福收他为养子,从此改名为"高力士"。高延福入宫之前,本是武则天侄儿武三思的家奴,二人关系不错,经常来往。因此,高力士也得以经常出入武家,受到武三思的喜欢。过了一年,在武三思荐举下,高力士重回皇宫,负责在司宫台管理伙食。

这次进宫后,高力士待人处世小心谨慎,遇到任何事情都三思而后行,因而没有再出什么差错,几年之后,高力士逐渐长大成人,身材高大,做事周密,善于传达诏令,又熟悉宫中的规矩礼仪,遂被提拔为宫闱丞,负责掌管宫内的法纪制度。

武则天改"唐"为"周",立即起用武氏子侄为宰相、将军,臣下有功也赐给武姓,又免去天下武姓的田赋,改文水县为武兴县,追封武氏先人,上谥号,立庙宇。显然,武则天是想传位给武氏子孙。以武承嗣、武三思为首的武家子侄,更是跃跃欲试,甚至勾结酷吏迫害李氏宗室。

武则天晚年,很得益于男宠张易之、张昌宗兄弟的悉心侍奉,她很感谢张家兄弟的奉献,授之高官,委以国政,成为她晚年最亲信的人。二张恃宠而骄,不仅在后宫恣意专横,而且开始干预朝政。武则天也有意把政务委托给他们处理,二张的势力迅速膨胀。文武大臣深为二张干政所惶恐,朝野上下议论纷纷。

此时的高力士,隐约感到武则天的政权根基快要坍塌,于是便不露声色地为自己寻找新的靠山。在所有皇族人员中,他选中了相王李旦第三子李隆基,觉得此人定会大有前途,便决定"倾心奉之,接以恩顾"。当时,李隆基也非常需要宫中有宦官作内援,二人就此交结,常来常往。

神龙元年(705)初,武则天病情恶化,身边只有男宠张易之、宗昌兄弟,宰相、太子难得见上女皇一面,诏令均出自二张之口。

在这种情形下,假传诏命篡夺帝位不是不可能的。宰相们非常担心,遂决定迫使女皇退位,拥立太子为天子,复兴唐室。以宰相张柬之、崔玄为首,迅速组成了政变集团,积极拉拢掌握军权的将军,控制宫城。桓彦范和敬晖秘密联络了太子李显,李显半推半就。

一切准备就绪之后,正月二十二日,张柬之、崔玄、桓彦范、左武卫将军薛思行等,率右羽林兵五百余人,到达玄武门;李多祚、李湛及太子宫内直郎王同皎,去迎接太子共同起事。但事到临头,太子李显的恐惧病复发,不敢出宫。王同皎不得不把他强抱上马背,向后宫进发。政变部队很快攻下玄武门,直抵迎仙宫,杀死二张。

众人簇拥着李显,轻轻迈进皇帝寝殿,环绕龙床伫立着。武则天吃惊地坐起来,问:"是谁作乱?"张柬之小心翼翼地向女皇解释:"张易之、张昌宗谋反,臣等奉太子之令杀了他们。愿陛下返政太子,顺从天意。"武则天被迫让位。

二十五日,唐中宗复位。武则天迁往宫城西南的上阳宫静养。

二、助平内乱 深受宠信

唐中宗李显昏昧懦弱,皇后韦氏专权,而女儿安乐公主则渴望当皇太女。中宗与韦后、昭容上官婉儿、安乐公主等,生活十分奢靡,大肆挥霍国库财富。

韦后急于实现"武则天第二"的愿望,但中宗不除,她的愿望便无法实现。安乐公主想当皇太女的愿望与日俱增,虽然多次向父皇提出要求,但都遭到拒绝。就这样,韦后、安乐公主同时萌发了一致的邪念:只要夫君/父亲不在人世,她们各自的愿望都能如愿。

景龙四年(710)六月,韦后、安乐公主假手马秦客,在中宗最喜欢吃的馅饼里放入毒药,将其毒杀。中宗驾崩,十六岁的幺子温王李重茂即位,是为少帝,改元"唐隆"。韦后以太后身份临朝称制。

按照韦后等人的事先安排,少帝只是过渡而已。宰相宗楚客约武延秀、赵履温、叶静能及韦温等韦氏一族,开始劝说韦太后仿照武则天的"易世革命",登上女主宝座。为达到改朝换代的目的,韦太后等人加紧活动。

当时,中央禁军的南衙十六卫和北衙十军,以及台阁尚书省的要职,均由韦氏族人担任。相王李旦及其子临淄王李隆基,还有太平公主,是她们的最大障碍,于是便密谋将之清除。高力士探听到了这一阴谋,立即告诉了李隆基。

李隆基与将军薛崇简、钟绍京、刘幽求发动早已串通好的"万骑兵",突袭后宫,从玄武门杀入,杀死了韦璿、韦播、高崇等人。到了太极殿。韦后惊惶失措,逃入飞骑营,结果与武延秀、安乐公主等人皆为乱兵所杀。

经过这次政变,韦氏集团被全部消灭,武氏集团也只剩下少数人。最后,太平公主出面收拾残局,扶持唐睿宗李旦再登皇位,李隆基被立为太子。

在发动政变的过程中,高力士作为内应,及时将皇宫里的情况报知李隆基,对政变的成功起到了重要作用。李隆基当上太子后,因与高力士关系很好,立即奏请皇上批准,把他调到自己身边,隶属内坊,升为内给事。高力士瞧准了形势,深受李隆基的宠信。

睿宗李旦即位的第二年,就失去了当初的进取精神,做了一些昏庸无道的事情,朝政出现腐败和混乱。他听信太平公主,开始重用奸臣。任命窦怀贞、萧至忠、岑羲、崔湜四人为宰相;恢复冗官,如景云二年(711)二月,在太平公主等人建议下,下诏将过去罢免的斜封官全部恢复;不恤民苦,如景云二年五月,女儿西城、隆昌两公主出家做了女道士,下诏征发数万民工,拆毁许多民房,用钱一百多万缗,建造了金仙、玉真两座道观。

李旦不喜欢掌权管事,一心只想清净无为,触目惊心的宫廷斗争又使他对皇帝的至尊地位感到心灰意冷,因此想及早禅位,做一个安逸清净的太上皇。延和元年(712)八月,李旦传位太子李隆基,自己称太上皇。玄宗李隆基即位,改元"先天"。

先天二年(713)六月,李隆基和太平公主之间的斗争白热化,双方都在聚集力量,准备发动政变。最后,李隆基先发制人,迅速扑灭了太平公主及其全部党羽的势力,完全控制了中央政权。李旦便下诏宣布正式禅位,只做清闲安静的太上皇,在百福殿颐养天年。

铲除太平公主后,玄宗李隆基下令大赦天下,改元"开元",并封赏各位有功之臣。高力士因命玄宗奴仆王毛仲杀死太平公主一党的萧至忠、岑羲有功,授为银青光禄大夫,随后又加封为右监门卫将军、知内侍省事。这两个职务非同小可,全国各地送来的奏请,都要先由高力士查看,然后才进呈皇上。如果是小事,高力士就自己解决;如果是大事,则上呈玄宗解决。

三、位尊权重 娶妻纳妾

高力士整天在唐玄宗身边服侍,细心照料饮食起居。他把自己的床铺搬到了玄宗寝宫旁的帷幕后面,即使休假也不外出,在殿帷里睡觉休息,随时接受皇上的差遣。玄宗曾说:"高力士值班,我才睡得安稳。"("力士当上,我寝则稳。"《旧唐书·宦官传》)

在那时,宇文融、李林甫、盖嘉运、韦坚、杨慎矜、王鉷、杨国忠、安禄山、安思顺、高仙芝等,虽也各有才能,但都是极力巴结高力士,才得以官至将相的。此外逢迎、附会的人,多得不可胜计,他们的欲望大都能得到满足。宦官像黎敬仁、林昭隐、尹凤翔、韩庄、牛仙童、刘奉延、王承恩、张道斌、李大宜、朱光辉、郭全、边令诚等,都是内供奉,高力士常派他们出外监节度军,办理有关诵经、布施等功德事,购买鸟兽。他们所到之处,官吏无不争相供奉,馈赠的财物不计其数,每次回来,累计所得,经常是数万之巨。京师里面最好的宅第园林、良田美产,十分之六是他们的。他们受到的宠幸几乎和高力士一样,但都是借高力士在玄宗左右帮忙才得到的。

高力士虽是宦官,但地位很高,各位皇子、公主都称他"阿翁",驸马等称他为"阿爷"。就连后来立为太子的李亨,也把高力士作为兄长对待。皇亲国戚尊称他为"爷",唐玄宗都不叫他名字,而叫他"将军"。

高力士虽然是个太监,但他有钱有势,也便公然娶妻纳妾。他看中了谁家的女儿,纵然对方很不情愿,也惮于其权势,不得不把女儿嫁给他。长安小吏吕玄晤有个美貌的女儿,高力士便将其娶来为妻。吕玄晤因女富贵,不久便做了高官。岳母去世时,高力士为她操办了极其隆重的葬礼,朝中官员纷纷馈赠财物,前来送葬的人络绎不绝,从府第到墓地,车马前后相望。

高力士自幼就与母亲麦氏失散,富贵之后,他想起了自己的母亲,就让岭南节度使帮忙寻找。后来,岭南节度使在泷州找到了麦氏，高力士立即将她接到京中。他们彼此都不认识，麦氏说："你胸前有七颗黑痣。还在不在？"高力士解开衣服给母亲看，果然有七颗黑痣。麦氏拿出一个金环说："这是你小时候戴的。"母子抱头痛哭。

唐玄宗知道此事后，册封麦氏为越国夫人，追赠高力士的父亲为广州大都督。当时，金吾大将军程伯献为了巴结高力士，与他结为异姓兄弟。在麦氏死后下葬时，程伯献就披麻戴孝充当了孝子。

高延福和妻子收养过高力士，高力士富贵后也没有忘记他们，把他们奉养起来，与麦氏待遇等同。

四、救护张说　劝谏玄宗

唐玄宗即位之初，下诏广求贤才，太常卿姜皎推荐了源乾曜。玄宗见源乾曜善于谈吐、敏于应答，行为举止很像睿宗时的中书令萧至忠，便封他为少府少监，兼邠王府长史，不久又提拔为尚书左丞。

玄宗后来对高力士说："源乾曜升迁这么快，你知道是什么原因吗？主要是因为他的相貌和言谈举止都和萧至忠很像。"高力士意味深长地说："难道陛下忘了萧至忠曾经与太平公主结党叛乱吗？"一语点醒梦中人，玄宗此后疏远了源乾曜。

张说是开元盛世有名的宰相。他博学多才，对唐朝的文治武功均有建树，曾协助唐玄宗除掉太平公主，还多次安定边疆。

开元十四年（726），御史大夫宇文融等弹劾张说，说他"招引术士占星，徇私枉法，贪污受贿，骄奢无比"。玄宗大怒，立即下旨将其家包围。事后，玄宗又派高力士去张家探视。高力士十分同情张说，回来后汇报说："张说蓬头垢面，坐在一张破草席上，用瓦器饮食，终日惶惧不安，等着皇上治罪。"玄宗一听，便打消了怒气。高力士接着说:"张说曾为陛下侍读,又立有功劳,希望陛下赦免他。"玄宗听从高力士的建议,释放了张说,仅仅罢去中书令的官职。

开元二十五年(737),在武惠妃的挑唆下,玄宗杀掉了太子李瑛。事后,玄宗因册立太子之事未定,经常神思恍惚、茶饭无心。高力士就问:"陛下不食,是饭菜做得不好吗?"玄宗说:"不是。我要老了,你想想我该怎么办?"高力士说:"是因为嗣君还没有确定吗?推选年长之子而立,有谁敢争?"玄宗说:"你的话是对的。"玄宗长子因射猎被野兽抓破了脸,不宜立为储君;李瑛是次子,他死后,诸子中年长的便是第三子李亨了。于是,玄宗立李亨为太子。

开元二十五年年末,武惠妃病逝,唐玄宗整天郁郁寡欢。对宫中的嫔妃,他一个也不喜欢。高力士终日侍候,见此非常着急。有一次,他看到寿王李瑁的妃子杨玉环,见她体态丰满,姿色艳丽,便向玄宗提及。玄宗一听大喜,急忙召杨玉环进宫侍酒。杨玉环生性聪颖,善于逢迎,到宫中后,为玄宗表演了歌舞。玄宗如获至宝,愁怀顿开,遂借酒寻欢,无所顾忌。随后经过一番"操作",留在了宫中,后来又册立为贵妃。

当初,奸相李林甫、牛仙客知道皇上厌倦了巡幸,不愿再去东都洛阳,而漕运不足以供给京师,于是把赋粟充当漕粮以增加粮税,又用和籴法强买民粮来充实关中地区。几年之后,国家用度稍为充裕。

有一天,唐玄宗在大同殿斋戒,高力士侍候。玄宗说:"我将近十年没有离开长安了,天下太平无事。我准备专心习练吐纳导引,把国家大事交给李林甫,你认为怎样?"高力士回答说:"天子顺天而动,到各地巡狩,是自古以来的制度。税收有常规,人们就不会感到过分。如今把赋粟充当漕粮,我担心国家没有十天、一月的积蓄；和籴的办法不停止，私人手中的存粮就会枯竭，放弃农耕从事贸易者会更多；而且国家大权不可交给别人，万一其人威权树立起来，谁还敢议论政事？"（"天子顺动，古制也。税入有常，则人不告劳。今赋粟充漕，臣恐国无旬月蓄；和籴不止，则私藏竭，逐末者众。又天下柄不可假人，威权既振，孰敢议者！"《新唐书·宦官传》）

唐玄宗闻言"不悦"，高力士察言观色，急忙叩头，说自己"发疯了，讲了错话，该死"（"心狂易，语谬当死。"同上）。玄宗给他置酒压惊，左右高呼"万岁"。之后，高力士回到家里，不再太多管事。

高力士家资殷实丰厚，非一般王侯所能比拟。他在来廷坊盖了佛祠，在兴宁坊建了道士祠，楼台殿阁极尽华美，耗费了大量钱财。他还在长安北面的澧水上修筑拦河坝，装了五个水磨，每天收取碾三百斛麦的租钱。定寿寺大钟铸成，他宴请公卿，敲一下钟的要给十万礼钱，有些人讨好他敲到二十下，就是少的也不低于十下。

虽然高力士大肆敛财，但他性情温和谨慎，很少有过错，善于观察时势行事，不敢骄横，所以唐玄宗始终信任他，士大夫们也不忌恨他。

五、谋抑国忠 谗害李白

天宝元年（742），高力士加官冠军大将军、右监门卫大将军，晋爵渤海郡公。天宝七载（748），加官骠骑大将军。

宰相李林甫和杨国忠专横跋扈，得罪了很多人。天宝十一载（752），龙武军万骑兵将领邢縡等，密谋诛杀杨国忠。杨国忠事先得到消息，率军前去镇压，邢縡等殊死抵抗。紧要关头，高力士率四百名飞龙甲骑赶到，将谋乱者全部杀死。因了这次行动，高力士重新获得皇上的宠用。

然而，邢縡等人的暴乱，并未使玄宗提高警惕，依旧宠信杨国忠。同年十一月，执政十九年的李林甫病逝，玄宗马上发布诏令，由杨国忠接任李林甫为右相。

杨国忠当政后，唐朝政治更加混乱。他欺上瞒下，边境上的战败奏折扣住不发，自作主张，甚至人事更动也不和皇上商议。他利用宠臣的地位，身兼四十多使职，横行受贿，广结罗网，成为李林甫之后的又一大奸相。

相传，当时大诗人李白在翰林院供职。李白诗才横溢，玄宗大加称赞。一天，玄宗和杨贵妃在沉香亭赏花，兴致很高，便派人召李白来填词助兴。当时李白正在饮酒，已有几分醉意，玄宗与贵妃畅饮很久，他才到来。玄宗看他两眼朦胧、醉态可掬，料知不能行礼，索性豁免礼节，命他在旁边坐下。李白尚昏沉未醒，无奈，玄宗命高力士用冷水喷，喷了数次，才将他的醉梦惊醒。李白睁开双目，看见帝、妃上坐，赶紧离座下拜，口称死罪。玄宗道："醉后失仪，何足计较！朕召卿至此，特欲借重你的好诗句，以助佳兴，你先起来，不必多礼。"李白谢恩而起。玄宗仍命他坐着，又命乐工李龟年送过金花笺，磨墨蘸好了笔，递笔给李白，命他作诗。李白不假思索，下笔立成《清平调》三首：

云想衣裳花想容，春风拂槛露华浓。
若非群玉山头见，会向瑶台月下逢。

一枝红艳露凝香，云雨巫山枉断肠。
借问汉宫谁得似？可怜飞燕倚新妆。

名花倾国两相欢，常得君王带笑看。

解识春风无限恨,沉香亭北倚栏杆。

玄宗高兴地说:"人面花容,一并写到,更妙不胜言了。"

不久,渤海郡派人送来表章,是用番文写成的。满朝大臣都不认识,只有李白一目瞭然,宣诵如流。玄宗大喜,便命李白也用番文草拟一份副诏。

李白一向看不惯杨国忠、高力士两人,想趁机奚落他们,请皇上命国忠磨墨、力士脱靴。玄宗笑着答应,立即传入杨国忠、高力士,命他们一个磨墨、一个脱靴。杨国忠是当时宰相,高力士是大内宠宦,怎肯受此羞辱?只因圣上有旨,不能违抗,只好忍气吞声,遵旨而行。李白非常欣慰,遂写好答书,遣归番使。玄宗赐予金帛,李白却不肯接受,只求在长安市中随处痛饮,不加禁止。玄宗于是下诏光禄寺,每天给李白美酒数瓮,任他到处游览,饮酒赋诗。

高力士对李白奚落自己耿耿于怀,心怀怨恨,便找了个机会挑唆杨贵妃,劝她废去《清平调》。杨贵妃说:"李白是奇才,当代无二,为何将他的诗废去?"高力士冷笑说:"他用赵飞燕比拟娘娘,试想赵飞燕当年,都干了些什么事?他敢于援引比附,究竟是何意?"杨贵妃被他一问,反觉不好意思,沉着脸不说话。原来,玄宗曾听说过《飞燕外传》记载汉成帝皇后赵飞燕身轻不禁风,成帝怕大风把她吹跑,大兴土木,斥巨资为其修建了一座"七宝避风台"之事。一次,玄宗开玩笑说:"像你便不怕风,任它吹多少,也不妨事。"杨贵妃知道皇上有意讥笑自己肥胖,有些生气。如今,李白以赵飞燕相比,正好切中杨贵妃的隐痛,又被高力士说破。

杨贵妃暗想,赵飞燕曾私通燕赤凤之事,正与自己私通范阳节度使安禄山相似,于是疑心李白有意讽刺,不由得变喜为怒。

从此入侍玄宗，多次说李白纵酒狂歌，失人臣礼。玄宗虽然极爱李白，要给他升官，怎奈杨贵妃多次阻止，也只好疏远，不再召入。李白也自知为小人所谗，恳求回老家去。于是，玄宗赐金放还，李白便浪迹四方，随意游览去了。

六、伴君蜀中　流放巫州

天宝十三载（754）秋天，大雨连绵，各地都发生了严重的水灾。唐玄宗担忧雨多伤及庄稼，杨国忠却找了些长得好的禾苗拿给他看，并说："虽然雨下得很多，但不会影响到庄稼。"玄宗信以为真。

杨国忠把持朝政，别的官员无人敢说真话。退朝之后，玄宗问高力士："这样的气候，肯定会造成灾害。你给我讲讲真实情况。"高力士不由叹气说："自从杨宰相把持朝政，所有法令都行不通，闹得灾祸不断，天下怎能太平呢？"但玄宗却听不进高力士的忠告。

天宝十四载（755）十一月九日，身兼范阳、平卢、河东三镇节度使的安禄山，以"诛杨国忠"的名义在范阳起兵造反。由于多年未有战事，玄宗荒淫，杨国忠擅权，疏于军务，导致军备荒废，叛军不甚费力，就先后攻占东都洛阳、攻陷潼关，然后向长安逼来。

唐玄宗决定带着杨贵妃等向蜀中逃跑，高力士作为贴身太监随驾同往。天宝十五载（756）六月，玄宗一行到达马嵬驿，龙武将军陈玄礼率领近卫军杀了杨国忠，又要求玄宗处死杨贵妃。玄宗不舍，可士兵聚集不动，形势非常紧迫。高力士知道，若不答应将士们的请求，皇上的性命也难保。所以急促地说："贵妃确实无罪，可杨国忠已死，贵妃还在陛下身边，将士们怎能安心？"杨贵妃明白自己无可逃脱，表示愿以死殉国。玄宗一时间沉默不语。高力士为避免危及皇上，替玄宗传口谕"皇上赐贵妃死"。随后，杨贵妃在马嵬驿佛堂自缢而死。高力士将贵妃的尸体抬到驿站庭中，召陈玄礼等人进来察看。陈玄礼验尸无误，传告驿站外的将士，将士们这才散开。马嵬事变，高力士调和矛盾功不可没。

十几天后，长安陷落，玄宗一行继续逃往蜀中，留下太子李亨主持平定叛乱。天宝十五载（756）七月，太子李亨在灵武登基，改元"至德"，是为肃宗，尊玄宗为太上皇。

玄宗听说肃宗即位，非常高兴，不由对高力士说："我儿顺应天意民心，改元'至德'，真是没有辜负我的教导，我还有什么可忧愁的？"高力士却说："洛阳、长安两京失守，黄河以南、汉江以北战火不断，百姓流离失所，天下人都痛心疾首。陛下却认为没有什么可忧愁的，我真有些听不明白。"（"两京失守，生人流亡，河南汉北为战区，天下痛心，而陛下以为何忧，臣不敢闻。"《新唐书·宦者传上》）

至德二载（758）末，官军收复两京，玄宗由成都返回长安，住在兴庆宫。肃宗不时前来问候，他有时也到大明宫去看望肃宗。左龙武大将军陈玄礼、宦官高力士一直保卫、侍候着太上皇。

当时，肃宗李亨宠信宦官李辅国。高力士本是李辅国的老前辈，资历要高得多。李辅国入宫后一直身份低贱，虽然已经暴贵，但高力士并不尊敬他，因此心怀怨恨。他开始寻找机会打击高力士，以稳固自己的地位。

太上皇经常在兴庆宫的楼上徘徊观望，百姓经过这里，看到太上皇，往往跪拜，并高呼"万岁"。太上皇常在楼下安排酒食招待客人，并在楼上宴请将军郭英乂等人，还赏赐许多东西。太上皇并无夺回皇位的用意，但他的行为却引起了肃宗的猜忌，父子间的矛盾由此尖锐起来。

上元元年（760）七月，李辅国劝肃宗把太上皇迁到与世隔绝的西内。此话正中肃宗下怀，便默许了。兴庆宫本来有三百匹马，李辅国假传圣旨把它们要走了，只留下十匹。太上皇对高力士说："我儿子听信了李辅国的阴谋，不能始终尽孝了。"

刚好肃宗生病，李辅国便假说皇帝请太上皇到行宫去。太上皇到了睿武门，五百个射生官拦住去路。太上皇大吃一惊，几乎掉下马来，问他们要干什么，李辅国带着几十个全副武装的骑士飞马前来奏道："陛下觉得兴庆宫低矮狭小，过于简陋，所以接您大驾回宫中。"

高力士厉声说："这是五十年的太平天子，李辅国你想干什么？"喝令他下了马。李辅国丢了缰绳，骂高力士说："翁真不懂事！"斩了一个跟从高力士的人。高力士大声说："太上皇向将士们问好！"将士们把刀收起来，高呼"万岁"。高力士又说："李辅国可给太上皇牵马！"李辅国无奈，与高力士一边一个，拉着缰绳，把太上皇送到西内。太上皇住在西内甘露殿，侍卫只有几十个人，都是衰老羸弱的。这一惊非同小可，太上皇拉着高力士的手说："不是将军，朕就成为被兵杀死的鬼了。"（"微将军，朕且为兵死鬼。"《新唐书·宦者传下》）

此事之后，李辅国更加仇恨高力士，必欲除之而后快。不久，在李辅国的陷害下，肃宗把高力士流放巫州（今湖南黔阳）。

当时，高力士正患疟疾，接到圣旨后，他对李辅国说："我早就该死了，只是因为圣上仁慈，怜悯我，我才能活到今天。请您让我再去拜见一下太上皇，我就死而无恨了。"李辅国不准。高力士只能带着满腹凄凉来到巫州。

巫州土地贫瘠，缺少粮食，高力士在此地苦度光阴。当地盛产荠菜，但当地老百姓都不食用，高力士触景生情，不由感慨地赋《咏荠》一首：

两京作斤卖，五溪无人采。
夷夏虽不同，气味终不改。

宝应元年（762）三月，高力士被赦免回京。一路上，高力士听别人谈起国家大事，才知道太上皇已经去世。高力士对太上皇忠心耿耿，一听此言，便向着北方号啕大哭，说："太上皇驾崩，我不能亲自攀扶梓宫，死有余恨。"后来吐血而死，终年七十九岁。

高力士死后，唐代宗听说他曾因玄宗驾崩而悲痛过度，是咯血而死的，深受感动。念其服侍玄宗有功，便下诏恢复了高力士的原有官职，还追赠为广州都督，并遵照玄宗的遗诏，让其陪葬泰陵，并由宫中出面为其操办了盛大的丧礼。高力士的墓，也因此成为唐玄宗泰陵唯一的陪葬墓，位于陕西省蒲城县保南乡山西村。

御史中丞张巡

张巡（709—757），唐朝忠臣。邓州南阳（今属河南）人。进士出身，历任真源令、主客郎中、御史中丞等职，世称"张中丞"。张巡博览群书，崇尚气节，通晓战法，善于领兵。安史之乱中，以不及万人之众，顽强坚守孤城，大小四百余战，先后歼敌达十余万，阻止叛军南进江淮，保障了朝廷的钱粮来源。后因粮尽援绝，士卒死伤殆尽，城破被俘，不屈而死。

一、为人志大　为令政善

张巡自幼好学，博览群书，十分向往古人坚贞不屈的气节。

他还爱好阅读兵书，不少行军作战之法烂熟于胸。他志向远大，不拘小节，结交的朋友都是俊才、长者，不与庸俗之人为伍，许多凡夫俗子认为他深不可测。

开元末年（741），张巡进士及第，初仕为太子通事舍人。当时，其兄张晓任监察御史，兄弟二人皆以文才扬名，称颂一时。

天宝中期，张巡调任清河（今河北清河）县令。张巡乐善好施，经常扶危济困。任职期间，由于公正廉明，体恤民情，不仅政绩出众，而且深受百姓爱戴。

在清河任职期满后，张巡回到长安。当时杨国忠执掌朝政，权倾朝野。有人劝张巡依附他，为自己谋个好官，张巡谢绝了。他认为，杨国忠专权行事，不可在朝为官。不久，他调任真源（今河南鹿邑）县令。

真源地处中原，豪强地主众多，他们与官府勾结，为非作歹。当地豪强华南金最为横暴，张巡到任后，将他依法处决，赦其党羽，恩威并施。从此，真源人人向善，百姓得以安居乐业。

张巡记忆力惊人。部下有一个叫于嵩的人，喜欢读书。有一段时间，于嵩反复阅读《汉书》，张巡看见了，便问："你为什么老是读这部书呢？"于嵩回答："还没读熟呢。"张巡说："我读一部书不超过三遍，终生不会忘掉。"于是背诵起于嵩正读的那卷《汉书》，直到背诵完整卷，也没错一个字。于嵩很惊讶，以为张巡碰巧熟读过这一卷，于是随意抽出其他各卷来测试，无不如此。于嵩又取出另外一些书，试着拿来考问张巡，张巡无不随问随诵，毫不迟疑。于嵩跟随张巡很长时间，也没见他经常读书。张巡写文章时，都是拿起纸笔就写，不曾打过草稿。

张巡后来驻守睢阳时，部下的士兵有上万人，城里的居民也有几万，只要见他们一面，问过姓名，以后再碰见便能叫出对方的名字。

二、受命危难 数败叛军

天宝十四载（755）冬天，范阳节度使安禄山起兵反叛。叛军首领张通晤率军攻入河南，连续攻陷宋（今河南睢阳）、曹（今山东曹县）等州，谯郡太守杨万石降敌，强令张巡为长史，命他到西边迎接叛军。

天宝十五载（756）二月，单父（今山东单县）尉贾贲率吏民南克睢阳，斩张通晤。当时雍丘（今河南杞县）令令狐潮想以城投降叛军，率军东击，在襄邑（今河南睢县）击败了淮阳（今河南淮阳）救兵。令狐潮将俘获的一百多人反绑起来，押至雍丘，准备处死。恰值令狐潮出城办事，淮阳士兵乘机解开绳索，杀死看守，关上城门，不让令狐潮回城。令狐潮只得丢下妻儿逃走。随后淮阳士兵迎贾贲入城，贾贲进据雍丘，拥有部众两千多人。

西迎叛军的张巡行至真源后，率属部哭祭皇帝祖祠，宣布起兵讨叛。吏民中愿意相随者达数千人，张巡从中选取出精兵一千，西去雍丘，与贾贲会合。贾贲、张巡入雍丘后，首先杀令狐潮妻儿，然后共同守城。吴王李祗闻讯后，即授贾贲为监察御史。令狐潮为报杀妻儿之仇，于二月十六日率精兵攻打雍丘，贾贲出击，战败而死。张巡率众力战，击退叛军。因作战勇敢，赢得军民的信任，张巡被奉为主帅，遂兼领贾贲之众，继续守城。

在洛阳失守后，朝廷迅速调集和组织兵力，在洛阳南、北两个方向抗击叛军。在河北有常山太守颜杲卿、平原太守颜真卿、东平太守吴王李祗、济南太守李随、饶阳太守卢全诚等，皆出兵讨逆，阻击和牵制了叛军，使其不能西进。此时，朝廷大军逐渐形成两大战场：一是牵制叛军西进长安的作战，二是阻截叛军南下江淮的作战。江淮地区是财赋所出，一旦为叛军攻占，后果不堪设想。而雍丘则是从洛阳通往江淮地区的要道，有着极为重要的战略意义，因而叛军初次攻打失败后，并未就此作罢，准备再次攻打，一场大仗已是不可避免。

三月二日，令狐潮又与叛将李怀仙、杨朝宗、谢元同等，率兵四万余前来争夺雍丘。城中军民大为恐慌，皆无守城信心。张巡认真分析敌情后，作出大胆决定。他对诸将说："贼兵精锐，知道城中空虚，有轻视我军之心。如今我们出其不意，突然袭击，敌军必然惊慌溃败。我们再乘胜进攻，必败敌军，这样城便可以守住了。"诸将听后，皆表示赞同。

张巡立即派一千人登城防守，自率千人，分成数队，突然打开城门，直冲叛军阵营。叛军刚到，立足未稳，遂惊骇后撤。第二天，叛军再次攻城，环城安置百门石炮轰击，城楼及城上女墙全被毁坏。张巡在城上立木栅，挡住叛军进攻。叛军黔驴技穷，只好采取强攻，纷纷攀登城墙。张巡用蒿草束灌上油脂，焚而投之，叛军被烧得焦头烂额，无法登城。

相持之中，有时瞧准叛军松懈，张巡便突然出兵袭击；有时趁夜深人静，则出兵偷袭敌营。如此坚守六十多天，经过大小三百多场战斗，带甲而食，裹伤再战，终于将叛军击退，并乘势追击，歼灭两千多人，差点儿就活捉了令狐潮。

五月中旬，令狐潮再次领兵围攻雍丘。令狐潮本与张巡相识，他亲至城下，想劝张巡投降，说："本朝已经极其危险，兵不敢出潼关，天下大势已去。足下以疲惫不堪之兵守卫危城，忠义无人赏识，何不投降，以求富贵？"张巡断然拒绝，并借机羞辱令狐潮："古人即使父亲被国君所杀，出于大义也不报仇。你却心怀杀妻杀子的怨恨，借助叛贼之力前来报仇，我看见你的头颅挂在四通八达的道上，为百世所笑，岂不可怜？"（"古者父死于君，义不报。子乃衔妻孥怨，假力于贼以相图，吾见君头悬于通衢，为百世笑，奈何？"《新唐书·张巡传》）令狐潮听后，羞惭而退。

此时，哥舒翰固守潼关，使叛军无法前进；郭子仪与李光弼在河北，接连大败叛军史思明部，切断了叛军前线与范阳老巢之间的交通线；叛军东进、南下，又被张巡阻于雍丘。安禄山前进不得，后方又受到威胁，军心动摇，打算放弃洛阳，撤回范阳。战争形势出现了有利于朝廷的转机。

然而，唐玄宗过高估计了战局的好转，于六月强令哥舒翰出兵决战，结果官军大败，潼关防线彻底瓦解，形势急转直下。潼关陷落几天之后，唐玄宗带着皇族亲贵，仓皇逃往蜀中。长安被安禄山占领。李光弼围困史思明于博陵，并准备挥师北上直捣范阳，忽闻潼关失守，只好解围南退，与郭子仪一起退入井陉。

此时，令狐潮围攻雍丘已四十多日，张巡与朝廷也断绝了联系。令狐潮得知长安失守，玄宗已逃往西蜀，便写信给张巡，再次劝降。张巡手下有六名将官，见众寡悬殊，便劝张巡不如出降，张巡表面答应，第二天，张巡将唐玄宗的画像挂在堂上，率众将士朝拜，然后押出六将，责其不忠不义、扰乱军心，当即推出斩首。此举坚定了军心。

三、以计赚箭　以少胜多

当时，令狐潮筹集粮食、食盐，用数百艘船，运到了雍丘附近。得知这一情况，张巡乘夜出兵城南，鸣鼓进击。令狐潮率大军前来迎战，张巡却另派部分善战兵士悄悄进到河边，夺获叛军的粮食、食盐千斛，其余运不走的便全部烧毁，然后返回城中。

第二天天亮后，令狐潮率众攻城，设置楼台百座。张巡在城头堆满树枝，浇上油脂，用火点着，叛军不敢靠近。张巡的兵士趁机放箭，射杀敌兵。

相持几个月后，经历了上百次战斗，城中箭支消耗殆尽。张巡命将士扎了一千多个草人，披上黑衣，在夜间用绳子吊向城下。叛军辨认不清，以为守军出击，万箭齐发，过了很长时间才发现上当，但为时已晚。张巡收回草人，得箭数万支。

此后，张巡又放下草人，叛军不予理睬。张巡于是将计就计，在一天夜晚，精选壮士五百人，乘夜从城上吊下。叛军以为又是草人，还嘲笑张巡的愚笨。五百壮士趁机杀入敌营，大破敌军，烧了敌兵营帐，追杀十余里。

令狐潮接连中计，恼羞成怒，继续增加兵力围城。张巡让郎将雷万春在城头与令狐潮对话，叛军乘机用弩机射雷万春。雷万春脸上虽被射中了六处，仍旧岿然挺立不动。令狐潮怀疑是木头人，就派兵去侦察，得知确实是雷万春，十分惊异，远远地对张巡说："刚才看见雷将军，方知足下军令之严，然而又怎能拗得过天道！"张巡回答说："君未识人伦之道，又怎能知天道！"

雍丘被围日久，柴火、饮水渐竭，张巡便欺诈叛军说准备撤走，将雍丘城拱手让与叛军，要求令狐潮撤退二舍（一舍为三十里）。令狐潮不知是计，于是引兵后撤。张巡率军民出城四十里，拆屋取木，返回城中，加强守卫。令狐潮见状，又率军围城，指责张巡言而无信。张巡在城上对令狐潮说："你要想得到这座城，必须先送三十匹马，得到马后，我便出城降你。"令狐潮果然送来战马三十匹。张巡得到马后，全部分给自己手下的几十名骁将，并下令说："明日叛军来时，你们突然出击，以迅雷不及掩耳之势冲杀敌阵，每人要擒获敌将一名。"

第二天，令狐潮责问张巡为何还不出城，张巡说："我想撤走，可是将士不听命令，你说该怎么办？"令狐潮一听，知道自己又上了当，列阵准备攻城。阵还没有布好，张巡的三十名骑将突然杀出，冲入敌军之中，生擒敌将十四人，斩杀一百多人，缴获器械牛马数百，返回城中。令狐潮无奈，只好引军退到陈留，不再应战。

不久，叛军步、骑七千多人进驻白沙涡，张巡夜间率兵袭击，大败叛军。张巡回军到桃陵时，又与四百多名叛军的救兵相遇，将其全部俘获。张巡把被俘的叛军分开，将其中河北的妫州、檀州兵以及胡人全部杀掉；将河南荥阳、陈留的胁从兵予以遣散，令他们各归其业。十日之间，陈留的胁从兵脱离叛军来归者，多达一万余户。

七月，令狐潮率部将瞿伯玉再攻雍丘。令狐潮包围城池达四个月之久，兵力常达数万，而张巡只有千余人，但每战皆获得一定胜利。由此张巡远近闻名，河南节度使嗣虢王李巨，正驻守彭城，听到张巡的事迹后，任命他为先锋使。

雍丘之战，张巡在敌众我寡的形势下，据守孤城，以忠义激励将士，临机应敌，智谋超群，因而取得了防守雍丘的胜利，阻止了叛军南下的企图。

此后的一段时间，张巡又多次打败叛军。八月，安禄山的河南节度使李廷望，亲率大军两万进攻雍丘，距城东三十里安营，以断张巡之后。张巡率精兵三千出击，大破叛军，斩杀大半。李庭望收军连夜逃走。十月初四，令狐潮又率领步、骑万余人进攻雍丘。张巡领兵出击，再次大败叛军，斩杀数千人，叛军败逃而去。十二月，令狐潮率兵万余人扎营于雍丘城北，张巡领兵出击，又大败叛军，叛军逃走。

令狐潮、李廷望率兵数万攻雍丘，不仅数月未能攻下，反而连续战败，遂不敢轻易围攻。无奈之下，叛军只得在十二月时，在雍丘以北设置杞州，筑城断绝雍丘的粮食援助，以逼张巡就范。鲁郡（今山东兖州）、东平（今山东东平）、济阴（今山东定陶）均被叛军攻陷。河南节度使嗣虢王李巨领兵东走临淮。叛将杨朝宗率兵两万，准备袭击宁陵（今河南宁陵），以切断张巡后路。

在这种情况下，雍丘已不可守。张巡遂主动放弃雍丘，率马三百匹、兵三千人转守宁陵，与睢阳太守许远、城父令姚訚等合兵。当天，杨朝宗率兵进至宁陵城西北后，张巡、许远派部将雷万春、南霁云领兵迎战。经过一昼夜激烈厮杀，大败杨朝宗部，杀叛将二十员，斩首万余级，死尸塞满汴水，河水为之不流。杨朝宗收集残部，连夜逃去。

唐肃宗李亨下敕书，任命张巡为河南节度副使，指挥江淮方面的作战。张巡认为部下将士有功，派遣使者向嗣虢王李巨请求给予空名委任状及赏赐物品，而李巨只给了折冲都尉与果毅都尉的委任状三十通，没有给予赏赐的物品。张巡写信责备李巨："宗庙社稷尚很危险，您怎能吝惜赏赐？"李巨竟没有回信。

四、足智多谋　随机应变

至德二载（757）正月二十五日，安禄山之子安庆绪派遣部将尹子奇，率妫、檀二州及同罗、突厥、奚等兵，与杨朝宗会合，共约十三万大军，进攻睢阳。睢阳太守许远闻讯，急忙向张巡告急。张巡率军三千多，自宁陵入睢阳，与许远合兵共六千八百人，与叛军展开激战。叛军全力攻城，张巡亲自督战，勉励将士，与叛军昼夜苦战，有时一天之内打退叛军二十多次进攻，连续战斗十六个昼夜，共俘获叛军将领六十多人，杀死士卒两万余人，守军士气大增。

许远见张巡智勇兼备，便对他说："我许远懦弱，不善领兵。公智勇兼济，我请求为公守城，请公为我出战。"于是，二人作了分工：许远负责调军粮、修战具等后勤保障工作，张巡全面负责军事指挥。从此二人密切配合，肝胆相照，结成了生死之交。

当时，许远部将李滔救援东平，降于叛军，还暗中与大将田秀荣勾结。许远知道后，将此事告诉张巡，张巡将田秀荣召至城上，斩首示众。在守军的顽强抵抗下，叛军屡次攻城不下，只好乘夜退去。张巡率士兵连败尹子奇，获车马牛羊甚多，全部分给将士，自己丝毫不要。唐肃宗下诏拜张巡为御史中丞、许远为侍御史。

敌将尹子奇探听到张巡准备出兵袭击陈留，于是又兵围睢阳。张巡虽然兵少，但他不依古法，临危应变，足智多谋，屡获胜利。在一个没有月亮的夜晚，张巡鸣鼓整队，作出准备出击的样子，敌军见状严加警备，列阵待战。一会儿，城上鼓停，敌兵见城中士兵卸甲休息，便放松警惕。而此时，张巡却令骁将南霁云带兵出城突袭，斩将拔旗，得胜而回。

叛军中有一胡人酋长披甲，率领胡兵千骑，准备招降张巡。张巡暗中将数十名勇士埋伏在护城壕中，并配以钩、陌刀、强弩等兵器，约好："听到鼓声便出击。"胡人恃其兵多，未加防备。当胡人行至墙下时，城上鼓声忽然响起，数十名勇士突然杀出，将其全部擒获。后面的叛军不知前面的胡人因何出事，想要救人，但都被强弩射退，无法前行。过了一会儿，藏在护城壕中的勇士顺城墙爬回女墙，叛军这才知道其中的缘由，大为惊愕，从此按兵不动。

张巡想射杀叛军主将尹子奇，苦于不认识而无法射击，于是命士兵用芦秆做箭，射入敌营。敌兵以为城中箭支用尽，高兴地报告了尹子奇。尹子奇亲率部队出击，南霁云认准尹子奇，弯弓搭箭，一箭射中尹子奇的左眼。尹子奇疼痛难忍，伏在马鞍上落荒逃走，张巡乘势从城中杀出，敌兵大败而退。

当时，睢阳城中有粮食六万斛，因围困解除，嗣虢王李巨征调三万斛转给濮阳、济阴。许远派人前去说明，不同意调出粮食，李巨不听。岂料济阴守将得到粮食，就投降了尹子奇。

七月六日，尹子奇又调兵数万，围攻睢阳。张巡积极准备守城战具。叛军制作云梯，高大有如半个彩虹，上面安置了两百名精兵，推至城下，想由此跳入城中。张巡事先在城墙上凿了三个洞穴，等待云梯临近时，从穴中伸出一根大木，头上设置铁钩，钩住云梯，使其无法后退；另一穴中伸出一根木头，顶住云梯，使其无法前进；剩下一穴中出一大木，头上安置铁笼，笼中装柴火，焚烧云梯。结果云梯从中间被烧断，梯上的叛军全部烧死。

叛军又用钩车钩城头上的敌楼，钩车所到之处，敌楼纷纷崩陷。张巡在大木头上安置链锁，锁头装置大环，套住叛军的钩车头，然后用皮车钩入城中，截去车上的钩头，然后把车放掉。叛军又制作木驴来攻城，张巡就熔化铁水浇灌木驴，木驴当即被销毁。叛军最后在城西北角堆积柴草做成蹬道，想借此登城。张巡白天不与叛军交战，一到夜晚，就派人暗中把松明干蒿等易燃物投进正在堆积的蹬道，叛军毫无察觉。十多天后，张巡率军出城大战，并使人顺风放火烧其蹬道，叛军无法救火，大火二十多天才熄灭。

张巡指挥作战，都是随机应变。叛军无计可施，不敢再来进攻，便在城外挖了三道堑壕，并置立木栅围困睢阳。张巡也在城里挖了壕沟，以对抗敌人。

张巡在守睢阳期间，曾作《守睢阳作》一诗：

> 接战春来苦，孤城日渐危。合围侔月晕，分守若鱼丽。
> 屡厌黄尘起，时将白羽挥。裹疮犹出阵，饮血更登陴。
> 忠信应难敌，坚贞谅不移。无人报天子，心计欲何施。

八月，睢阳守军死伤之余，士卒已锐减到六百人。张巡与许远把全城分为两部分，亲自率兵固守，张巡守东北，许远守西南。二人与士卒同甘共苦，昼夜守备不懈。对于攻城的叛军，张巡还对他们晓以大义，结果叛军中有两百多人先后倒戈。

当时叛将李怀忠在城下巡逻，张巡问他："君事奉安禄山有多长时间？"李怀忠答："两个月。"张巡又问："君的祖父、父亲做官吗？"李怀忠答："是。"张巡又问："君家世代为官，食唐天子粟，为何降贼前来攻打我？"李怀忠答："我过去为将，数次死战，竟为贼所败，这大概是天意吧。"张巡又问："自古悖逆终将灭亡，一旦平定叛军，君父母妻子都要被诛杀，你又怎么忍心见此？"李怀忠闻听此言，掩面流泪而去，随即率数十人投降张巡。

五、粮尽城破　宁死不降

不久，城中粮尽，兵士多数病亡，只剩下几百弱卒。张巡不得已，派南霁云等深夜垂绳下城，突围而出，寻求援助。

这时，许叔冀在谯郡（今安徽亳县），尚衡在彭城，都不肯出援。南霁云又转投临淮（治今安徽泗县东南），求救于御史大夫、代任河南节度使贺兰进明。贺兰进明嫉妒张巡、许远的名声和功劳超过自己，也不肯出兵援助。但他见南霁云英武勇健，想把他留下来，于是盛设宴席，并以美貌倡优招待。

南霁云见此情景，知道他不肯出兵，遂泪如雨下，哭着说道："我南霁云来的时候，睢阳被敌围困已经半年，城中粮食吃尽已经一个月了。我即使想一个人在此吃酒肉，道义上也不忍心，难以下咽。你们不顾唇亡齿寒之理，使我南霁云不能尽职于主帅。我今天割下一指留于此，日后再和你们理会。"于是抽出随身佩刀砍断一指，鲜血淋漓。贺兰进明等非常震惊，有些人被感动得掉下泪来。

南霁云飞驰离去。快要出城时，抽出一支箭，射向佛寺的高塔。箭射中塔砖，有一半箭头插进砖里。他说："我这次回去，如果打败了叛军，一定回来灭掉贺兰！这一箭作为我报仇的记号！"

南霁云到宁陵，收罗廉坦所部三千兵卒，准备破围入城。叛军因南霁云突围外出，日夜提防，南霁云拚死冲突，杀开一条血路，只带近千人进入睢阳城，其余全都战死。叛军知道睢阳没有援军，便加紧攻城。

到了十月，睢阳粮尽援绝，只好吃树皮。树皮吃光后，被迫宰食马匹。马尽，便掘鼠罗雀，但这根本无法满足每日所需。在这种情况下，终于发展到食人的悲惨境地。为了保证将士的战斗力，张巡将自己的爱妾带到众人面前，对大家说："诸公为国家尽力守城，一心无二，经年乏食，忠义不衰。我张巡不能自割肌肤给将士吃，岂能吝惜此妇，坐视将士饥饿。"于是将爱妾杀死，煮熟后犒赏将士。将士见此，无不哭泣，张巡强令大家吃下。不久，许远也将自己的奴僮杀死，用来充饥。随后将城中妇女捆束杀死，用来充饥；吃完妇女，又将老幼男子用来充饥。至城破之日，所食人口达两三万。百姓也知城破必死，所以无人相叛，最后只剩下四百多人。

在这种情况下，众将士主张突围东奔，张巡说："睢阳为江淮的屏障，若是弃城他去，敌军必然乘胜南下，江淮必亡；况且现在剩下的都是饥饿衰弱之士，难以杀出。我想出城也是死路一条，不如与城共存亡。"许远也赞成张巡的建议，于是又固守数日。

每次与敌作战时，张巡都气冲斗牛，瞋目出血，咬碎钢牙。城快陷落时，张巡向着京城长安所在方向叩拜，说："我现在粮绝兵尽，无能为力，不能阻止贼寇，保卫孤城。即使死后做鬼，也誓死与贼寇为敌，以报答圣明恩德。"（"臣智勇俱竭，不能式遏强寇，保守孤城。臣虽为鬼，誓与贼为厉，以答明恩。"《旧唐书·张巡传》）

十月九日，睢阳城被叛军攻陷。张巡、许远、南霁云等均被俘。当时，张巡等几十人被叛军捆绑，坐在那里，不知什么时候被杀。张巡起身小便，部下见他站起来，有的也站起来，有的悲伤流泪。张巡见此，便安慰他们说："你们别害怕，人生在世，终究难免一死。"部下都悲伤痛哭，不能抬头仰视。

叛军首领尹子奇见到张巡，说："我听说你每次出战，目裂齿碎，因何而至于这样呢？"张巡回答："我想气吞叛逆贼人，可惜力不从心。"（"吾欲气吞逆贼，但力不遂耳！"同上）尹子奇用大刀划开张巡的嘴唇，见张巡的牙齿只剩下了三分之一。

张巡怒骂尹子奇："我为国家大义而死。你依附叛贼，不过是猪狗罢了，岂能长久？"（"我为君父义死。尔附逆贼，犬彘也，安能久哉！"同上）尹子奇佩服张巡的气节，有意释放他。这时，其部下说："他是守大义之人，终究不肯为我所用。而且他深得众心，不可留下。"尹子奇威逼张巡投降，张巡坚决不肯。叛军又威逼南霁云投降，南霁云没有回答。张巡见此，便对南霁云呼喊道："南八（南霁云排行第八），大丈夫死便罢了，不能为不义屈服！"南霁云笑着回答说："我原来想假意投降，然后再有所作为。现在您说这话，我岂敢不死！"也不肯投降。（"巡呼云曰：'南八，男儿死耳，不可为不义屈！'云笑曰：'欲将以有为也；公有言，云敢不死！'即不屈。"韩愈《张中丞传后序》）

不久，张巡等人均被杀。面对利刃，张巡面色不变，犹如平常，时年四十九岁。

睢阳之战，张巡临敌应变，出奇制胜，面对强敌，坚守长达十个月之久，历大小四百多场战斗，斩杀敌将三百名，歼灭叛军十二万人。加上此前的雍丘之战，共计二十一个月之久，使江淮地区得以保全，并为朝廷组织反攻赢得了时间。

在此之前，宰相兼河南节度使张镐得知睢阳危急，昼夜兼程，并命浙东节度使李希言、浙西节度使袭礼、淮南节度使高适、青州节度使邓景山，以及谯郡太守闾丘晓等，共同出兵救援。闾丘晓距离最近，竟不遵命出兵，等张镐赶到睢阳时，城破已经三日。张镐一怒之下，召闾丘晓至，将其毙于杖下。十天后，朝廷组织战略反攻，一举收复长安。

张巡就义后，唐肃宗下诏，追赠扬州大都督、荆州大都督，封邓国公。贞元中，赠张巡之妻为申国夫人，赐帛。大中年间，将张巡、许远、南霁云三人绘像凌烟阁。

张巡的事迹一直为后人颂扬，为纪念张巡，后人在睢阳、杞县、南阳等地为他建立祠庙，并把他与张衡、张仲景誉为"南阳三张"。至今，我国江淮、台湾以及东南亚等地居民仍供奉张巡像，尊他为"唐代岳飞""张王爷"。

常山太守颜杲卿

颜杲卿（692—756），唐朝忠臣。字昕，京兆万年人。历任参军、判官、常山太守、卫尉卿、御史大夫等职。他出身名门，性格刚正，聪明干练。安禄山叛乱，应堂弟平原太守颜真卿之约，联合起兵截断安禄山的退路，并设计杀死几名叛将。常山被叛军攻破，被俘后惨遭杀害。

一、暗中起兵　计杀叛将

颜杲卿祖籍琅邪临沂（今山东临沂），后迁居京兆万年（今陕西西安）。五世祖颜之推，任北齐黄门侍郎；曾伯祖颜师古，唐太宗时任秘书监；祖父颜甫，任唐太宗之子曹王李明侍读；父颜元孙，任亳州刺史。

颜杲卿因先世有功德，担任遂州司法参军。他性格刚正，处理公务十分干练。开元中期,颜杲卿与兄长颜春卿、弟弟颜曜卿,均因书判成绩优异,受到吏部侍郎席豫的赞赏。不久,颜杲卿因政绩考核上等,迁任范阳户曹参军。节度使安禄山听说颜杲卿的名声,有意拉拢,上表推荐他为营田判官,代理常山太守。当时,安禄山兼任河北、河东采访使,常山在其辖境之内。

天宝十四载(755),安禄山反叛。叛军到达常山时,因无力抵挡,颜杲卿和长史袁履谦只好暂归叛军。安禄山赐给颜杲卿紫袍、袁履谦红袍,命令他们和自己的养子李钦凑领兵七千,驻守土门。等安禄山离去后,颜杲卿指着安禄山所赐衣服对袁履谦说:"我和你为什么要穿这些衣服?"袁履谦明白他的意思,于是和真定县令贾深、内丘县令张通幽,一起商量对付叛贼的计策。

颜杲卿借口生病,不再处理事务,让儿子颜泉明往返各地,与贾深、张通幽计议。他暗中结交太原尹王承业做内应,又派平卢节度副使贾循夺取幽州。不料贾循行事不密,计划泄露。安禄山杀掉贾循,派向润客、牛廷玠镇守幽州。颜杲卿表面上不管事,把政事委托给袁履谦,暗中召集平民权涣、郭仲邕谋划对策。

当时,颜杲卿堂弟颜真卿为平原太守,预先就料到安禄山要叛逆,暗中收养敢死之士,为御敌守城做准备。颜真卿派外甥卢逖到常山,约颜杲卿一同起兵,以切断叛军的北归之路。颜杲卿十分高兴,认为军队形成掎角之势,可以抑制叛军西进的锋芒。

于是,颜杲卿谎称叛军首领的命令,召集李钦凑前来议事。李钦凑连夜从土门赶来,颜杲卿推托夜里不能打开城门,让他住宿在驿站中;又派袁履谦和参军冯虔、郡豪翟万德等数人,设酒宴慰劳,待其喝醉后杀了,同时还杀掉其部将潘惟慎,并全歼所带叛军,把尸体投入滹沱河中。袁履谦拿着李钦凑首级给颜杲卿看,大家都喜极而泣。

在此之前，安禄山派部将高邈到范阳招募兵马，还没有返回，颜杲卿命令藁城县尉崔安石设法对付高邈。高邈来到滿城，冯虔、翟万德都已在驿站聚集等候，崔安石谎称已备下酒宴，骗高邈下马，冯虔喝令胥吏将其捆住。叛将何千年从赵地来到，冯虔也将其拘捕。随后，将二人押解回到常山。

二、苦战叛军　不降被杀

颜杲卿派翟万德、贾深、张通幽传示李钦凑的头，给高邈、何千年带上刑具送往京城，并让颜泉明与他们同行。到太原后，河东节度使王承业想把这一切当作自己的功劳，赠送优厚的礼物，打发颜泉明返回，却命令壮士翟乔去暗杀，并诋毁颜杲卿。翟乔不忍心杀害好人，如实相诉，颜泉明才免于一死。王承业上表玄宗，以杀贼为己功，玄宗提升他为大将军，押送高邈、何千年的官吏也都受到赏赐。不久，事情真相显露出来，玄宗下令拜授颜杲卿为卫尉卿兼御史中丞，袁履谦为常山太守，贾深为司马。

颜杲卿随即传檄河北，河北十七郡望风归顺。接着汇集众兵，声称二十万官军已进入土门，派部将郭仲邕率领一百名骑兵做先锋，驰奔向南，拖着柴草扬起灰尘，望见的人都说大军来了。到中午时，消息已传遍数百里。叛将张献诚正围攻饶阳，闻讯后弃甲而逃。于是赵、钜鹿、广平、河间的军民都杀掉伪刺史，传示首级到常山。而乐安、博陵、上谷、文安、信都、魏、邺诸郡都加强了防守。颜杲卿兄弟的兵势因此大振。

天宝十五载（756）正月，安禄山到达陕州，听到后方起兵的消息，非常恐惧，派部将史思明等率平卢兵渡河攻打常山，叛将蔡希德也从怀州前来会师。

颜杲卿还没布置好守备，叛军就已赶到，开始猛烈攻城。城内兵少，不够防守之用，颜杲卿就向河东节度使王承业求救。王承业曾侵夺杀贼之功，后被识破，对颜杲卿怀恨在心，因此不肯出兵救援。

颜杲卿指挥大军昼夜苦战，井水枯竭，粮食、箭矢都用光了。六天后，城池陷落，和袁履谦一同被俘。叛军胁迫劝降，颜杲卿不答应。叛军拘捕了颜杲卿的小儿子颜季明，把刀放在他的脖子上说："你如果投降，就让你儿子活命。"颜杲卿不回答，颜季明和卢逖遂一起被杀。

颜杲卿被解送洛阳，安禄山生气地说："我举荐你任太守，我有什么事亏待你了，你却要背叛我？"颜杲卿瞪着眼骂道："你本是营州放羊的羯奴而已，窃得皇上的恩宠，皇上有什么事亏待了你，你却反叛呢？我家世代为唐臣，坚守忠义，我恨自己不能杀掉你去报答皇上，怎能跟着你反叛呢？"安禄山怒不可遏，把颜杲卿捆在天津桥柱上，将他肢解后，又拿他的肉来吃。行刑过程中，颜杲卿不停地骂着叛贼，叛贼割断他的舌头，说："还能骂吗？"颜杲卿声音含混，气绝身亡，时年六十五岁。

颜杲卿被杀后，他的头被拿到街上示众，没有人敢于收敛。有个叫张凑的人，得到颜杲卿的头发，拿着它去进见玄宗。当天夜里，玄宗就梦见颜杲卿，醒来以后，为他举行祭祀。后来，张凑把头发归还给颜杲卿的妻子，其妻怀疑是否真实，结果头发无缘无故就像动了一样，其妻便不再怀疑。

乾元元年（758），唐肃宗追赠颜杲卿为太子太保，谥曰"忠节"。起初，博士裴郁认为颜杲卿不在朝执政，只谥曰"忠"；参加讨论者为之不平，最终定谥为"忠节"。建中三年（782），唐德宗加赠颜杲卿为司徒。

奸臣·逆臣·酷吏

　　古来论列唐玄宗前后的不同，总要归之宰相的奸贤之别，所谓任贤能则治、宠奸佞则乱。而安、史逆臣的成长壮大、为非作乱，一定程度又可谓"拜奸相所赐"；归根结底，则无不在于玄宗后期的昏庸闇昧、荒淫怠政。奸相李林甫、杨国忠，逆臣安禄山、史思明，都可算古来少见。搭配几个酷吏，又可为其时君昏臣奸、政纲紊乱、邪正不分，加个注脚、作个佐证。

中书令李林甫

李林甫(? —752),唐朝奸相。小名哥奴,祖籍陇西。历官御史中丞,刑部、吏部侍郎等,开元后期拜礼部尚书、同中书门下三品,后又任中书令。他收买嫔妃宫监,探得皇上意旨,大加迎合,由此获得宠信、执掌大权。他为人阴险忌刻,妒贤嫉能,排斥异己,表面甜言蜜语、背后阴谋暗害,时人谓之"口有蜜,腹有剑"。他任相十九年,朝政日趋腐败,终至酿成大乱。

一、巧于投机　刻意钻营

李林甫出身皇族,算起来,是唐高祖李渊堂弟长平王李叔良的曾孙。他的父亲李思诲,曾任扬州大都督府参军;母亲姜氏,是楚国公姜皎的姐妹。

李林甫从小不学无术,不务正业,是个只知斗鸡耍狗的浪荡公子。但深受舅父姜皎宠爱,让他当了千牛直长(宫廷侍卫)的小官。开元初年,李林甫又升为太子中允。

当时,身任侍中的源乾曜是其亲戚,李林甫便要求他赐自己做司门郎中。源乾曜原本就瞧不起他,便说:"做郎官要有才能和名望,不是一般人能够胜任的,哥奴哪有做郎官的条件?"遂任他为太子谕德(掌侍从赞谕),继而又升为国子司业。

开元十四年(726),宇文融出任御中中丞。他与李林甫交好,便大力推荐,因此李林甫被升为御史中丞,后来又当过刑部侍郎和吏部侍郎。

此时,唐玄宗宠爱武惠妃,其子寿王李瑁也特受父皇宠信,太子李瑛却被玄宗日渐疏远。李林甫发觉这些微妙之处后,觉得是个有利可图的好时机，便开始献媚于武惠妃，并表示要拥立寿王李瑁为太子。听了李林甫的甜言蜜语，武惠妃非常感激，处处暗中帮助他。

李林甫还巴结侍中裴光庭的夫人武氏（武则天侄儿武三思之女），与之私相往来。开元二十一年（733）裴光庭去世后，武氏便请求宦官高力士举荐李林甫任侍中。这时，唐玄宗已决定用韩休为宰相，高力士把这个消息透露给武氏，李林甫从武氏那里得到消息，便向韩休献殷勤。韩休担任宰相后，在皇上面前竭力推荐李林甫。没过多久，李林甫就升迁为黄门侍郎。

开元二十三年（735）五月，李林甫升任礼部尚书、同中书门下三品，并加赐银青光禄大夫，正式登上了相位。同时为相的，是侍中裴耀卿和中书令张九龄。唐玄宗打算任李林甫为相时，曾征求过张九龄的意见，张九龄说："宰相的职位关系到社稷安危，陛下用他为相，将来恐怕会危及国家。"但唐玄宗没听张九龄的话，依然拜李林甫为相。对张九龄阻止自己为相之事，李林甫虽怀恨在心，但因张九龄是著名诗人，玄宗又很倚重其文学才能，也只好暂时曲意奉迎，等待时机再予报复。

李林甫是个具有政治野心的人，为了实现自己掌握大权的目的，他更加注重与宦官和妃嫔的往来。每次奏请之前，他都要先通过妃嫔等，摸清皇上的意旨，因而他每次上奏，都能符合皇上的意愿，想法往往惊人的一致。

开元二十四年（736）十月，正在东都洛阳的唐玄宗忽然想提前返回长安，便征求宰相的意见。裴耀卿和张九龄都建议："农民秋收未完，望陛下以农事为重，等到冬天再起驾西还。"待裴耀卿、张九龄离开，早就摸清皇上想法的李林甫说："长安、洛阳是陛下的东西宫，往来行幸，应由陛下，何必要选择时间？就是妨碍农民的秋收，只要陛下减免路过地方的农民的税收就行了，有什么大不了的?"唐玄宗听了非常高兴，命令诏示百官，即日动身西行。

二、排斥异己　独揽大权

张九龄为官清廉，为人正直，遇事不论巨细，均据理力争，渐渐让唐玄宗感到心烦。

开元二十四年（736）十月，唐玄宗因朔方节度使牛仙客勤于工作，颇有政绩，想任用为尚书。张九龄认为不可，说："尚书一职，自唐朝建国以来，只有德高望重的人才能担任。牛仙客不过是个边境小吏，目不识丁，担当此任，恐怕会使朝廷蒙羞。"李林甫为了迎合皇上，趁机进谏说："牛仙客为官勤恳，是难得的相才。只要有能力，何必非要精通文辞？张九龄不过一介书生，不识大体。陛下要任用他做尚书，正大光明，有何不可？"

第二天，牛仙客便受爵陇西县公，食封三百户。但张九龄坚持己见，唐玄宗为此大怒道："难道什么事都要听你的吗？"此后，李林甫日夜在皇上面前揭张九龄的短，使唐玄宗渐渐疏远了张九龄。

十一月，武惠妃哭着对皇上说："太子暗中联合党羽，要谋害妾母子。"玄宗听后大怒，要废太子。张九龄进谏说："陛下坚持废太子，臣不敢奉诏。"唐玄宗为此更加不满。李林甫当时没说话，待退了下来，才对玄宗说："这是皇上家事，全由陛下安排，何必问外人。"（"家事何须谋及于人。"《旧唐书·李林甫传》）

没过多久，李林甫推荐萧炅为户部侍郎。此人不学无术，曾将"伏腊"读为"伏猎"。中书侍郎严挺之因此对张九龄说："省中岂容有'伏猎'侍郎！"于是，萧炅被调任岐州刺史。李林甫因此大为不满，对张九龄和严挺之恨之入骨，巴不得马上就报此一箭之仇。

这一天终于到了。严挺之的妻子离婚后，改嫁蔚州刺史王元琰，刚好此时王元琰犯贪污罪被打入大牢。严挺之看在前妻的情面上，为王元琰说情，因此受到牵连。张九龄上奏，认为严挺之不该获罪，唐玄宗十分不满。李林甫趁机上疏，说裴耀卿、张九龄是同党，要求弹劾。玄宗遂免去了二人的宰相职位，改授尚书左、右丞，李林甫则改任中书令，牛仙客为工部尚书、同中书门下三品。由此，李林甫迈出了独掌朝政大权的第一步。

开元二十五年（737），监察御史周子谅上书弹劾牛仙客，认为此人不学无术。结果，牛仙客没有告倒，周子谅反而遭到流放。李林甫落井下石，在皇上面前诬告周子谅是张九龄的同党，并说张九龄当初推荐周子谅时就有所谋。昏庸的唐玄宗已分辨不清奸相的谗言，遂把张九龄贬为荆州刺史。

唐玄宗采纳李林甫的意见，杀死了自己的三个儿子：李瑛、李瑶、李琚。天下人为之不平，却没人敢站出来声张。大理少卿徐峤为讨好李林甫，却上奏说："大理寺监狱过去杀气较盛，鸟雀都不敢来栖息。如今刑部处理死囚，每年只有五十八人，鸟雀也敢在狱中做窝了。"他的意思是，如今已无人犯法。为此，群臣纷纷上表祝贺。唐玄宗听了很高兴，将功绩归于宰相李林甫，立即下诏赐封李林甫为晋国公，牛仙客为豳国公。

次年，李林甫又兼陇右、河西节度使。从此，他独掌大权，涉足武备，总管朝廷文武选事，实现了一人之上、万人之下的政治野心。

三、口蜜腹剑　顺昌逆亡

李林甫独揽大权后，妒贤嫉能，生怕别人取代自己的地位。因此，他总是对人笑脸相迎，心里却时刻盘算别人，逆我者昌，顺我者亡。

天宝元载（742）三月，兵部侍郎卢绚骑马从勤政殿下经过，唐玄宗见他雄姿英发，不由赞不绝口，流露出要委以重任的神情。李林甫看在眼里，心里马上就打起鼓来，他想：卢绚要是委以重任，必将危及自己的权势。于是，他立即把卢绚的儿子召来，说："尊府名望高，皇上想让你的父亲去广州任职。如果他不想去，就让你父亲说自己年老了。"卢绚害怕被调到偏远的广州，急忙上书诉说自己已经年老，不堪重任。唐玄宗一看非常生气，随后就免去其兵部侍郎之职，改任华州刺史。卢绚到华州后，李林甫又诬陷他有病，不理政事，玄宗改任其为太子员外詹事。太子员外詹事是一个闲散无权的官职，由于李林甫的一手操纵，卢绚从此被排挤出仕途。

严挺之曾任尚书左丞，善于知人善任，后因得罪李林甫，被贬为绛州刺史。有一天，唐玄宗忽然问李林甫："严挺之在哪里？此人还可再用。"随后，李林甫召来严挺之的弟弟严损之，对他说："皇上要重用你哥哥，你赶快想办法让他进京面见皇上。"严损之非常激动，立即找来纸笔，以严挺之的名义上章请求进京就医，然后交给李林甫。李林甫拿着奏章去见皇上，并说："挺之年高，有病在身，需任闲散的官职，便于在京城就医。"唐玄宗听了，叹息不已，深感遗憾。天宝六载（748）四月，唐玄宗授严挺之太子詹事，好让他在东都洛阳养病。

宰相李适之与李林甫素来不和，李林甫一直在寻找机会陷害他。一天，李林甫对李适之说："华山有金矿，皇上还不知道。"几天后，李适之将此事上奏，玄宗征求李林甫的意见。李林甫说："臣很久就知道，但华山是陛下的根基所在，有王气，不宜开挖。所以一直不敢开口。"唐玄宗信奉道教，听了李林甫的话，非常生李适之的气，对李林甫则更加信任。李林甫趁机诬告李适之私结朋党。李适之立遭贬黜，株连而被贬者达数十人。随后，李林甫又逼李适之自杀身亡。

由于李林甫善于拍马奉承，唐玄宗非常宠信他，凡有政事，无论大小，都要和他商量。天宝三载（744），唐玄宗对高力士说："现在天下太平，人民安居乐业，我想把政事全部托付给李林甫，你看怎么样？"高力士答道："天子大权，岂能让他人代柄！李林甫权势已经够重，一旦他大权在握，谁还敢议论朝政？"唐玄宗听后不大高兴，高力士急忙叩头谢罪，说自己头脑发昏，口出胡言，罪该万死。高力士是唐玄宗非常宠信的宦官，他都这个样子，谁还敢说话？

为了堵塞言路，掩蔽皇上的耳目，李林甫召集众谏官宣布："当今皇上圣明，臣下迎合顺从尚且顾不过来，还有什么可议论的？诸位难道没见过立在马厩里的仪仗用马？整天悄然无声，吃的是相当于三品官俸禄的饲料；一旦嘶鸣，就没得可吃了。以后就是想不鸣叫，还能吗？"（"明主在上，群臣将顺不暇，亦何所论？君等独不见立仗马乎？终日无声，而饫三品刍豆；一鸣，则黜之矣。后虽欲不鸣，得乎？"《新唐书·李林甫传》）从此，众谏官没人再敢随便议论政事。

李林甫自己不学无术，却忌恨那些有才能的文人。天宝六载（747），唐玄宗下诏求贤，凡是有一技之长者，都要到京城参加面试。李林甫担心这些人会在奏对中揭露不学无术者，便对玄宗说："这些草莽之人行为粗鲁，地位卑贱，说话没有礼貌，到时会辱没圣上。臣请陛下全部委托尚书省进行策问考试。"唐玄宗遂下令各郡县长官精心选拔，将有非凡才能者送到尚书省进行复试。结果，因为李林甫从中作梗，复试时一个人也没有录用。李林甫还因此上奏，恬不知耻地说之所以没有选中一人，是因为天下有才之人已全为朝廷所用，还要祝贺圣上。

李林甫也会尽力提拔人，当然提拔的都是讨好自己且又平庸无能之辈。李林甫把这类人培养成自己的爪牙、走狗。左相陈希烈，没有一点政绩，仅靠讲老庄玄学被重用。李林甫见皇上喜欢这一套，再加陈希烈性格软弱、容易控制，就上奏让他做了尚书左丞相。从此，陈希烈成了李林甫的心腹。

按唐朝惯例，宰相每天午后六刻退朝回府，但李林甫奏请唐玄宗批准，每天提前退朝回家，这样，许多国家大事就在家里处理，再由陈希烈下达、部署。唐玄宗不理朝政时，李林甫就召集朝官到自己家中听候指示。

李林甫就这样阴险奸诈，不露声色，对人一味奉承，而暗地里只要是不合其意，则想尽办法陷害，绝不心慈手软。所以，当时的人都称他："口有蜜，腹有剑。"后来的成语"口蜜腹剑"，就是由此得来的。

四、处心积虑　固位祸国

李林甫为迫害异己，到了丧心病狂的地步。他家中专门设有一间厅堂，称为"月堂"，一旦要排挤大臣了，他就住进去思谋计策。如果出来时洋洋得意，就证明已经谋划好了，至于哪一家又要遭殃，只有他自己知道。他还设立了推事院，专门治理狱事，并任用吉温、罗希奭等一批酷吏。时人称之为"罗钳吉网"，是专门迫害异己的地方。

李林甫排除异己的方法之一是利用矛盾，拉一派、打一派。户部尚书裴宽和刑部尚书裴敦复矛盾很大，获知皇上有意提拔裴宽为相，李林甫便积极与裴敦复结交，然后让他揭发裴宽，裴宽遂被贬为睢阳太守。紧接着，李林甫又派人去杀裴宽。裴宽叩头祈求，才得免一死。不久，裴敦复因有战功受到嘉奖，李林甫又因嫉妒而诬害，将他贬为淄川太守。

刑部尚书韦坚的妻子，是李林甫舅舅姜皎的女儿，妹妹是太子李玙（后改名李亨）的妃子。韦坚做官很早，深得玄宗赏识，后来升任陕西太守、水陆转运使。就在韦坚有做宰相的迹象时，李林甫便开始算计他。

天宝五载（746）春，河西节度使皇甫惟明因破吐蕃有功，进京报捷。他见李林甫专权，就劝皇上将之除掉。李林甫获知后，秘密派人监视其行动。正值正月十五夜，太子李玙出游，和韦坚见了面，韦坚又和皇甫惟明会见于景龙观。李林甫高兴至极，立即参奏韦坚与皇甫惟明勾结，阴谋拥立太子为帝，把韦坚和皇甫惟明逮捕入狱，随后分别贬为缙云太守和播州太守。韦坚的弟弟韦兰和韦芝上书为韦坚喊冤，并请太子李玙为之说情，唐玄宗非常气愤。太子李玙见事不妙，奏请与韦妃离婚，声称不想因为与韦氏有亲戚关系而徇私枉法。于是，唐玄宗又把韦坚贬为江夏别驾，韦兰和韦芝则被贬到岭南，数十人因此受到牵连而遭贬官、流放。

李林甫还一手制造了历史上著名的"杨慎矜案"。杨慎矜原本是李林甫的门下，后被唐玄宗重用，升任户部侍郎。李林甫为此非常妒忌，便利用杨慎矜和京兆尹王鉷的矛盾，让王鉷参奏杨慎矜，说他是隋炀帝的玄孙，家中藏有谶书，阴谋复辟。唐玄宗听后大怒，下令逮捕杨慎矜。太府少卿张瑄因是杨慎矜所荐，也被逮捕。杨慎矜屈打成招，但始终搜查不出谶书来。李林甫心生一计，派卢铉再入杨家，在袖中藏入谶书。不一会儿，卢铉就拿着谶书出来了。杨慎矜绝望地说："我根本就没藏此谶书，看来今天必死无疑了！"不久，杨慎矜被迫自尽，妻子儿女被流放岭南，案件牵涉数十人。

历史上的安史之乱，李林甫也难逃其咎。唐玄宗前期，朝廷宰相有不少出自节度使。李林甫独掌大权后，建议任蕃将为节度使，他说："用文臣为将，会害怕打仗，不能身先士卒，不如用蕃将。他们生性雄壮，习惯骑马打仗。若陛下能用他们，必能以死效命，夷狄也就不再可怕。"李林甫所以如此建议，是因为蕃将多不识汉字，不能入朝为相，这样自己的地位也就没有什么威胁了。他的建议被采纳，才使安禄山得以重用，羽毛日丰，为后来发动叛乱创造了条件。

五、千古奸相　身死家没

李林甫在相位十九年，阴险狡诈，善于拍马，丧心病狂，迫害异己。唐玄宗晚年之所以政治腐败，李林甫有着很大责任，而他自己也成为中国历史上有名的奸相。

李林甫为相期间，还凭着手中的权势，极尽奢侈之风。他在京城的府第和楼台亭榭，十分豪华。到了晚年，更沉溺于声色，家中姬妾侍女无数。当然，他自己的内心也并不舒坦快活。他自知积怨太多，常常惧怕刺客，每次出门总要有百余步骑左右保护。住宅周围则岗哨林立，每天晚上要换几个地方睡觉，备受折腾。

天宝十一载（752），李林甫重病在身，心中忧伤烦闷，不知道如何才好。巫人告诉他，看见皇上，病情就可好转。当时，李林甫正随从皇上在华清宫，玄宗想去看望他，左右坚持劝阻。于是玄宗就让李林甫从屋里来到庭院，自己登上降圣阁远远看他，挥动红色围巾跟他招手。李林甫已不能行礼，就让人代替自己向玄宗下拜。

唐玄宗命杨国忠到华清宫去谒见李林甫，杨国忠到后，拜倒在床下。此时，李林甫已无力对付杨国忠，流着眼泪说："我活不长了，我死后你必定要当宰相，后事就拜托你了。"此时，杨国忠对李林甫还是非常忌惮，汗流满面，连说"不敢"。

十一月，李林甫终于死了，天下无人不拍手称快。随后，杨国忠拜相。

唐玄宗晚年自认为天下太平，没有什么可以忧愁的事了，于是居于深宫之中，沉湎于声色犬马，耽于淫乐，政事都委托给李林甫。李林甫巴结讨好玄宗左右的人，故意迎合其心意，以巩固自己的地位；堵塞进谏的门路，蒙蔽玄宗，以施展自己的权术；嫉妒贤能之士，排斥压抑才能胜过自己的人，以保住自己的地位；多次制造冤假错案，杀戮驱逐朝中大臣，以扩大自己的权势。皇太子以下的人，都对他畏之如虎。李林甫当宰相共十九年，造成天下大乱的局势，而唐玄宗始终不悟。

李林甫临死之前，杨国忠、陈希烈等人就开始揭发其罪行。就在他刚刚死去还没来得及下葬时，杨国忠立即上奏，告他预谋造反。结果玄宗下令，以庶人礼埋葬李林甫。杨国忠派人剖开李林甫的棺材，取出口中所含的珍珠，脱掉金紫衣服，换上一副小棺材，穿上平民的衣服，然后草草埋葬。李林甫的几个儿子，则被流放到岭南、黔中，亲党中有五十余人被贬。

吏部尚书杨国忠

杨国忠（？—765），唐朝奸臣，杨贵妃堂兄。原名钊，后赐名"国忠"。蒲州永乐（今山西永济）人。历任金吾兵营参军、闲厩判官、京兆尹、御史大夫、吏部尚书等职。他代李林甫为相，把持朝政，结党营私，朝野愤怒。安禄山以"讨杨"为名发动叛乱，杨国忠随玄宗西行，在马嵬驿为禁军乱刃砍死。

一、出身地痞　因妹发迹

杨国忠出身平凡，全靠堂妹杨玉环飞黄腾达。发迹之后，其父杨珦追赠兵部尚书。他的母亲张氏，则是武后幸臣张易之的姐妹。

杨国忠从小行为放荡不羁，喜欢喝酒赌博，因此穷困潦倒，经常向别人借钱，人们都瞧不起他。

三十岁时，杨国忠在四川从军，发奋努力，表现优异。但益州节度使张宥憎恶他的为人，曾因其犯罪予以鞭笞，最后只任他为新都尉。杨国忠任满后，更为贫困，连回家的路费都没有，他经常接受新都富豪鲜于仲通的资助，有了钱就重操旧业，参加赌博。过了一段时间，杨国忠被调任扶风县尉，仍不得志，就来到了四川。

天宝四载（745）八月，杨玉环被唐玄宗册为贵妃。贵妃得宠，全家受益，三个姊妹受封韩国、虢国、秦国夫人，堂兄杨铦为殿中少监，杨锜为驸马都尉。一时间，杨氏兄妹恩宠富贵，显赫无比，满朝上下争相巴结、奉迎。

剑南节度使章仇兼琼，与宰相李林甫一向不和，担心为其所害。有一天，他对鲜于仲通说："我被皇上宠信，如果宫中没有内援，定会被李林甫陷害。近来贵妃受皇上宠信，你若能替我和她家结交，我就没有后患了。"这样，鲜于仲通就把杨国忠介绍给了章仇兼琼。

章仇兼琼见杨国忠身材魁梧，仪表堂堂，又伶牙俐齿，非常满意，遂任他为采访支使，两人关系密切。章仇兼琼派杨国忠到京城向朝廷贡奉蜀锦，当杨国忠路过郫县时，章仇兼琼的亲信又奉命给了他价值百万缗的四川名贵土特产。到长安后，杨国忠把土特产分给杨氏诸姐妹，并说这是章仇兼琼所赠。于是，杨氏姐妹便经常在玄宗面前替杨国忠和章仇兼琼美言，并把杨国忠引见给玄宗，说他擅长赌博、游戏。不久，唐玄宗下令任章仇兼琼为户部尚书兼御史大夫，杨国忠也被提升为金吾兵曹参军。

之后杨国忠入宫侍奉。在宫里,他经常接近贵妃,小心翼翼侍奉玄宗,投其所好;在朝廷,则千方百计巴结权臣。每逢禁中传宴,杨国忠掌管摴蒲文簿(赌博的记分簿),玄宗对他在运算方面的精明十分赏识,称赞他是个好度支郎。不久,杨国忠便担任了闲厩判官。

当时,唐朝的州县殷实富有,仓库中积蓄的粮食、布帛数以万计。唐玄宗以户部郎中王鉷为户口色役使,杨国忠与王鉷勾结,将各州多余的粮食粜出,换成钱币。将丁税、地租都征收布帛,全部运往京城。他们非法聚敛,每年收缴额外之钱百亿万,全部藏于内库,供宫中宴乐赏赐。他经常告诉玄宗,现在国库充实,古今罕见。天宝八载(749)二月,玄宗率领百官参观左藏库,一看果然如此,很是高兴,便赐杨国忠紫金鱼袋,兼太守卿,专门负责管理钱粮。从此,杨国忠越来越受到玄宗的宠幸。

二、铲除异己 掩败邀功

杨国忠为玄宗赏识之时,正当李林甫把持朝政。起初,二人一唱一和,互相利用。为了向上爬,杨国忠竭力讨好李林甫,李林甫也因他是皇亲国戚,尽力拉拢,并升任他为监察御史。李林甫陷害太子李亨,杨国忠等人充当打手,并积极参与活动。他们在京师另设推院,屡兴大狱,株连太子李亨党羽数百家,都是杨国忠揭发的。

李林甫和户部侍郎杨慎矜不和,便利用王鉷图谋陷害。杨国忠探知玄宗对杨慎矜在家设道场不满,便将此事告诉王鉷,李林甫与王鉷趁此大兴冤狱,使数十人受到连累。

杨国忠权势日渐显赫,李林甫逐渐产生忌恨。吉温本是李林甫门下酷吏,曾对其言听计从。看到李林甫的权势日趋削弱,他转而巴结杨国忠,为之出谋划策,以取代李林甫。不久,杨国忠升任兵部侍郎兼御史中丞。

天宝八载（749），刑部尚书萧炅因贪污被贬为汝阴太守。接着，又发生了御史大夫宋浑的巨额受贿贪污案，被流放潮阳。萧炅、宋浑都是李林甫的同党，杨国忠乘机上书玄宗，将他们赶出朝廷，从而翦除了李林甫的心腹。

武则天幸臣二张兄弟，因淫乱宫闱被大臣杀死。作为张易之的外甥，杨国忠得势后，上奏请为张易之兄弟平反。玄宗答应了，下制书称扬张易之兄弟在房陵迎接中宗李显为帝的功劳，恢复了他们的官爵，并赐其一子为官。

户部侍郎、御史大夫王鉷，兼领二十余职，日益受到玄宗宠信。杨国忠很为嫉妒，便借机诬构王鉷谋反，定成死罪。王鉷因宠遇太深，本是李、杨共同忌恨的对象。但为了牵制杨国忠，李林甫却极力提拔王鉷；杨国忠陷害王鉷时，李林甫又竭力为其开脱罪责。由于杨国忠做了手脚，玄宗便开始疏远李林甫，王鉷也以莫须有的罪名被置于死地，其所兼职务全部归于杨国忠。这样，杨国忠又加领了京兆尹、御史大夫、京畿关内采访使等职，贵震天下。杨、李两人由此成为仇敌。

天宝十载（751），杨国忠因为感激鲜于仲通，推荐他为剑南节度使。鲜于仲通性情急躁，不会安抚，失掉了当地人心。

按照以往的惯例，南诏王要定期带着妻子一起晋见都督，每次经过云南时，云南太守张虔陀都要奸污他的妻子；又要求征送财物。南诏王阁罗凤不答应，张虔陀就派人辱骂，还暗中向朝廷奏报其罪行。阁罗凤愤恨不已，便发兵反叛，攻陷云南郡，杀死张虔陀，并攻占了原来归附朝廷的西南夷的三十二个州。

鲜于仲通率军讨伐南诏，八万大军分成两路，分别从戎州和嶲州出发。到了曲州和靖州，南诏王阁罗凤派使者来谢罪、求和，并说："如果不允许求和，我将归附吐蕃，这样云南就不会是唐朝的了。"鲜于仲通不仅不答应，还囚禁了使者。然后进兵到了西洱河，与阁罗凤的军队交战。结果官军大败，士卒死了六万余人，鲜于仲通也差点战死。

阁罗凤把官军士卒的尸体收敛起来，筑成一座高大的山丘，供人观看，并向北臣服于吐蕃。蛮语称弟弟为"钟"，吐蕃就称阁罗凤为"赞普钟"，号为"东帝"，并授给金印。阁罗凤在国城门口镌刻石碑，说自己叛唐是出于无奈，并说："我们南诏世世代代臣服于唐朝，受唐朝的封爵，后世还要归附唐朝，到那时可向唐朝使者指示此碑，知道我背叛唐朝并不是出于本心。"杨国忠却掩盖鲜于仲通失败之事，仍然为他记功请赏。

唐玄宗下制书，在两京和河南、河北地区招募军队，前往讨伐南诏。人们听说云南地方瘴疠流行，不等交战士卒就要死掉十之八九，没有人肯应募。杨国忠就派遣御史到各道去捉人，用枷链锁起来，送往军营。按照以往的制度，有功的百姓可以免除兵役，而此时因征兵数量多，杨国忠上奏请求只许功劳大的免除兵役。被征发的人都满怀怨恨，父母妻子都来送别，号哭之声连天。

为了邀功，杨国忠谎奏说吐蕃发兵六十万增援南诏，被剑南兵在云南打败，并攻下了隰州等三城，俘虏敌人六千三百名。因为道路遥远，挑选其中年轻力壮的一千多人及投降的酋长献给朝廷。玄宗不明真相，还夸奖杨国忠有才干。高兴之际，玄宗又去观看左藏库，赏赐群臣布帛。

为了取悦玄宗，杨国忠上奏说在左藏库的屋顶上看见了凤凰，出纳判官魏仲犀说看见一群凤凰聚集在左藏库西的通训门上。玄宗大喜，命改通训门为"凤集门"，将魏仲犀升为殿中侍御史。杨国忠的部下都因说看见了凤凰而优先得到升迁。

三、出任宰相　刚愎自用

南诏多次入侵,蜀人请求派杨国忠镇守剑南。李林甫想借机除掉杨国忠,便上奏请求派他前往蜀地。临行之前,杨国忠哭泣着与皇上辞别,并说此行定会被李林甫害死。杨贵妃也为他说情。唐玄宗对杨国忠说:"你暂时到蜀中处理一下军政大事,朕屈指计日,等着你回来,然后任命你为宰相。"

果然,杨国忠刚到四川,唐玄宗随即把他召回。这时,李林甫病危,不久就死掉了。杨国忠继任右相,兼吏部尚书,总领四十余职。

杨国忠如愿以偿当了宰相,独断军政大事,颐指气使,盛气凌人,一手遮天,欺上瞒下。为了发展自己的势力,他以酷吏吉温为御史中丞,兼京畿、关内采访使。吉温两面三刀,早年是李林甫的爪牙,见杨国忠势盛,便转而依附。此时,他看到胡将安禄山受宠,就与之结为兄弟。吉温在长安,随时报告朝廷的动静,成了安禄山的暗探。

为了彻底铲除李林甫集团,杨国忠派人劝安禄山,让他诬告李林甫与胡将阿布思谋反。安禄山就让阿布思部落投降的人到朝廷,诬告李林甫曾与阿布思结为父子。玄宗信以为真,派官吏调查。谏议大夫杨齐宣是李林甫的女婿,他担心受到牵连,就按照杨国忠的意图证明确有此事。当时李林甫尚未下葬,玄宗下制书削去其官爵,子孙有官职者一概罢免,流放到岭南和黔中,只给随身衣服和粮食,其余财产全部没收。李林甫的亲戚和党羽,因此案件贬官的有五十余人。唐玄宗认为杨国忠有功,册封他为魏国公,杨国忠坚辞不受,后改封卫国公。

天宝十二载(753)开始,关中地区连续三年遭遇水旱灾害,民不聊生,怨声载道。京兆尹李岘将灾情如实上奏。杨国忠对李岘不肯依附早已心怀不满，就把灾害的责任归咎于他，贬为长沙太守。扶风太守房琯上书报告当地灾情，杨国忠认为有损盛世之治的美名，派监察御史前往核查，自此以后，各地再也不敢报告灾情了。后来，长时间连续阴雨，引起久居深宫的玄宗的忧虑，害怕水灾影响庄稼。杨国忠就派人弄了几株长得很好的庄稼进呈，以此欺骗说："最近虽然下雨过多，但并未伤害庄稼。"玄宗信以为真。

宰相的出入礼仪，原本从简。李林甫任相之后，出入前呼后拥，车骑满街。杨国忠任相，出入车骑仪仗浩浩荡荡，前后一百步由骑兵开道，连公卿大臣也要纷纷退避。

杨国忠为人争强好胜，但性情浮躁，没有威严。既为宰相，自认为大权在握，处理军政大事时，往往刚愎自用，草率从事。在朝堂之上，常常捋起袖子，对王公大臣颐指气使，以致人人惊恐。杨国忠从兼侍御史到任宰相，总共兼领四十多个使职。台省中有才能和名声的人，如果不听他的话，他就想方设法将其贬为地方官。

有人劝陕郡进士张彖去晋见杨国忠，并说："你如果去拜见，马上就可以富贵。"张彖说："你们认为依靠杨右相就像泰山那样稳固，但我却认为是一座冰山！如果烈日高照，你们难道不怕冰山消融而失去依靠吗？"于是就隐居于嵩山之中。

为了笼络人心，发展自己的势力，杨国忠让文部选官不论贤不贤，年头多的就留下来，按照资历，有空位子就接官。那些长期得不到升迁的官吏，都赞成这一建议。按惯例，宰相兼兵部、吏部尚书，选官应交给侍郎以下的官员办理，规定的手续十分严格，须经三注三唱，反复进行，从春至夏才能完成。杨国忠却自恃精敏，先叫胥吏到自己家里，预先订好名单，然后把左相陈希烈及给事中、诸司长官都叫到尚书都堂，读一名便定一名，一天就完了。全部结束之后，杨国忠便当着大家的面说："左相和给事中都在座，就算经过门下省了。"

就这样，选官大权由杨国忠一人垄断，门下省不再复查选官，侍郎仅仅负责试判，致使选官质量下降。但另一方面，由于杨国忠迎合和满足了一些人的权欲，因而颇得众人好评。为此，杨国忠的亲信京兆尹鲜于仲通、中书舍人窦华、侍御史郑昂等授意选人，请求皇上给杨国忠在省门立碑，歌颂其选官有"功"。受到蒙蔽的玄宗还让鲜于仲通起草碑文，并亲自修改了几个字。为了向杨国忠献媚，鲜于仲通还把这几个字填了金。

四、乱伦淫乐　嫉贤妒能

早在杨贵妃之父杨玄琰在蜀地病逝时，杨国忠便住在她家，从那时起，便与杨玄琰的二女儿即后来的虢国夫人私通。杨国忠从蜀地初到长安时，正好虢国夫人守寡不久，于是便住在她家，两人旧情复燃。

杨国忠受宠于玄宗后，每当从宫廷回来，必到虢国夫人家中；郎官、御史有事，也常到虢国夫人府第寻找杨国忠。他们同住一起，外出双马并骑，相互调笑，不以为耻；举止往往不堪入目，连行人都感到羞耻。杨国忠曾对客人说："我本出身贫苦之家，只是因为贵妃的关系才有了今天的地位，不知道以后会有什么结果，但想到终究留不下好的声誉，还不如及时行乐。"

唐玄宗常到骊山华清宫游幸，从每年十一月开始，到第二年春天才返回京城。杨氏诸人的汤沐馆，建在华清宫的东垣，彼此相连。玄宗驾临时，定要先走遍这五家，赏赐无数。

当韩国、虢国和秦国三夫人要跟随玄宗前往华清宫时，都在杨国忠的家中相会，所跟从的车马、仆从，浩浩荡荡，占满了城中数坊之地。他们穿着锦衣绣服、佩戴珍珠宝玉，鲜艳夺目。杨氏五家，每家为一队，每队都穿着一种颜色的衣服相区别，然后五家合为一队，远远望见，灿烂如云锦。杨国忠还让剑南节度使的仪仗在队伍前面领路。

杨国忠的儿子杨暄考明经科，因学业浅陋，没有及格。礼部侍郎达奚珣畏惧杨国忠的权势，就让儿子昭应县尉达奚抚先去告诉杨国忠。达奚抚趁杨国忠正要上马入朝时，来到马旁。杨国忠认为自己的儿子一定能够中选，面露喜色。达奚抚说："我家大人让我告诉相公，您家郎君的答卷不符合程式，没有考中，但也不敢让他落选。"杨国忠愤怒地说，"我的儿子何愁不能富贵，而让你们这些鼠辈来卖弄！"说完催马头也不回地走了。达奚抚十分惊慌，就写信告诉父亲说："杨国忠依恃权势，口出狂言，实在让人难以忍受。但又无法与他理论是非曲直！"于是达奚珣就把杨暄列入优等。等到杨暄做了户部侍郎，达奚珣才从礼部侍郎升为吏部侍郎，而杨暄与关系亲密的人交谈时，还埋怨自己晋升太慢，达奚珣晋升得快。

杨国忠身居要职，朝野内外送礼的人络绎不绝，他家里仅堆积的丝织品就有三千万匹。

天宝十三载（754）六月，杨国忠又命令留后、侍御史李宓率兵七万，再次攻打南诏。南诏王阁罗凤采用诱敌深入的战术，把唐军引到大和城下，坚壁不战。李宓粮尽，所率士卒因瘴疠和饥饿死了十之七八，遂领兵撤退。这时，南诏才出兵追击，李宓被俘，全军覆灭。而杨国忠不但隐瞒败状，还假报获胜，并增兵去讨伐，前后战死的达二十万人，没有人敢向皇上提及此事。

唐玄宗曾对高力士说："朕已经老了，把朝中政事委托给宰相处理，边防军事委托给诸位边将，还有什么可忧虑的呢？"高力士说："我听说唐军在云南多次战败，还有边将拥兵自重，不知道陛下如何处置？我生怕一朝祸发，难以挽救，怎么能说可以高枕无忧呢?"玄宗说:"你不要说了,让我仔细考虑一下。"

杨国忠忌恨左相陈希烈,陈希烈因此多次上表请求辞职。玄宗想任命武部侍郎吉温代替陈希烈,而杨国忠因为吉温依附于安禄山,就上奏说不可。他觉得文部侍郎韦见素性情温和、易于控制,就推荐了他。玄宗因此任命陈希烈为太子太师,罢免参知政事;同时任命韦见素为武部尚书、同平章事。

河东太守兼本道采访使韦陟,风度文雅,负有盛名。杨国忠怕他入朝为相,就让人告他贪污,并下到御史台去调查。韦陟贿赂御史中丞吉温,让他向安禄山求援,又被杨国忠揭发。玄宗贬韦陟为桂岭县尉,吉温为澧阳郡长史。安禄山又为吉温诉冤,并说这是杨国忠故意陷害。玄宗对此不加过问。

五、逼反禄山　身死马嵬

天宝十四载(755),唐玄宗宠信的安禄山在范阳起兵叛乱。杨国忠和安禄山同样受到玄宗的宠信,但杨国忠的发迹要晚得多。杨国忠尚未担任高官要职时,安禄山早在天宝元年(742)正月就升任平卢节度使,以后又兼范阳节度使、河北采访使、御史大夫,稍后又兼河东节度使;天宝九载(750)又封为东平郡王。杨国忠虽有外戚关系,但迟至天宝七载(748)才迁任给事中,兼御史中丞,专判度支事。

安禄山惧怕老谋深算的李林甫,却瞧不起杨国忠。杨国忠接任宰相后,见不能压服安禄山,便经常说他有谋反的野心和迹象,想借皇上之手将其除掉。但唐玄宗认为这是将相不和,不予理睬。杨国忠一计不成又生一计,奏请让陇右节度使哥舒翰兼河西节度使,以便排斥和牵制安禄山。

天宝十三载(754)春,唐玄宗按照杨国忠的意见,召安禄山入朝,试其有无谋反之心。安禄山将计就计,装模作样地向玄宗说自己一片"赤心",玄宗更加信任,甚至打算让他当宰相(加同平章事),并令太常卿草拟诏敕。杨国忠知道后,立即劝阻道:"安禄山虽有军功,但他目不识丁,怎能当宰相?如果发下制书,恐怕四方各族会轻视朝廷。"("禄山虽有军功,目不知书,岂可为宰相!制书若下,恐四夷轻唐。"《资治通鉴·唐纪三十三》)玄宗只好作罢,任命安禄山为左仆射。至此,安禄山与杨国忠以及朝廷的矛盾更加尖锐激烈。

安禄山离开长安时,唐玄宗命高力士在长乐坡为其饯行。高力士回来后,玄宗问道:"安禄山满意吗?"高力士回答说:"我看到他心中不愉快,一定是知道了打算任命他为宰相,后来又改变的缘故。"玄宗把此事告诉了杨国忠,杨国忠说:"这件事别人都不知道,一定是张垍兄弟告诉安禄山的。"玄宗大为愤怒,就贬张均为建安郡太守,张垍为卢溪郡司马。

天宝十四载(755)二月,安禄山派副将何千年进京上奏,请求准许以蕃将三十二人代替汉将,玄宗马上批准。左相韦见素进谏,说安禄山谋反迹象已经十分明显。但玄宗不信。为此,杨国忠私下派何盈、蹇昂跟踪安禄山,窥察其谋反的情况。四月,杨国忠指使京兆尹李岘,派兵包围安禄山在长安的府第,逮捕了其党徒李起、安岱、李方来、王岷诸人,将他们处死。安禄山闻讯大惊,急忙上书玄宗,一面为自己辩解,一面陈述杨国忠的二十条大罪。玄宗则归罪于李岘,将他贬为零陵太守。

十一月,安禄山以"讨杨国忠"为名,正式起兵范阳,举兵南下,势如破竹。十二月,大军攻陷东都洛阳。玄宗起用哥舒翰,率军二十万镇守潼关。杨国忠害怕哥舒翰重兵在握,对自己不利,便上书诬奏其拥兵关内,拒不出战。哥舒翰迫于压力,引兵出战,结果大败,无奈投降叛军。二十万官军,只剩下了八千余人。

潼关失守，京城震动，士民惊扰奔走，惊恐万状。杨国忠劝玄宗到四川避难。天宝十五载（756）六月十三日黎明，玄宗以亲征为名，率杨贵妃姐妹、杨国忠、韦见素等数百人西行，逃出了京城长安。

第二天，车驾行至马嵬驿。将士们又累又饿，加上天气炎热，拒绝继续前进。此时，杨国忠的政敌太子李亨、宦官李辅国以及将军陈玄礼一致认为，除去杨国忠的时机已经成熟，并由陈玄礼出面煽动将士，说叛乱由杨国忠引起，杀之即可平息叛乱。

恰在此时，有二十多名吐蕃使者在驿站西门外堵住杨国忠的马头，向他要饭吃。激怒了的士兵们立即将他们包围起来，大喊："杨国忠与吐蕃谋反！"一箭射中了他的马鞍。杨国忠逃进西门内，军士们蜂拥而入，将其乱刀砍死，枪挑其首，悬于驿门外面；其子杨暄和韩国夫人、秦国夫人、虢国夫人，还有杨贵妃等，均被处死。显赫一时的杨国忠及其家族，就落得个如此可悲的下场。

刑部尚书韦坚

韦坚（？—746），唐朝宰相。字子全，京兆万年人。历任长安令、陕郡太守、水陆转运使、左散骑常侍、刑部尚书等。他迎合上意，不惜毁坏民田、坟茔，大肆兴修、开凿漕渠、潭池，搞形象工程，深得玄宗宠用。但权势太盛遭到忌恨，奸相李林甫借机诬其谋反，贬官流放后又被杀死。

一、迎合上意　大肆兴修

韦坚家世显赫，父亲韦元珪，曾任兖州刺史，授银青光禄大夫;而姐姐是唐玄宗之弟薛王李业之妃,妹妹是皇太子李亨之妃,妻子是楚国公姜皎之女。

韦坚以门荫入仕,很早就做了官,由秘书丞历任奉先、长安令,因干练而闻名。他还与侍候唐玄宗的太监友好,经常让其窥伺皇上的心意。

开元二十五年(737),韦坚负责转运从江淮调入京兆的粮食、财帛,他见宇文融、杨慎矜以聚敛财赋受到重用,于是所到之处设官督察,以增加充实国库,年终增加财用达巨万。唐玄宗赏识其才能,天宝元年(742)三月升任他为陕郡太守、水陆转运使。

为转运殽山以东的租赋,早在汉代便兴修了漕渠,东起潼关门,西到长安,直到隋朝还经常整治。韦坚担任转运使后,在咸阳堵塞渭水,修筑堤堰,阻截灞水、浐水向东流到永丰仓(在今陕西华阳东北渭河口上),再与渭水合流。其间不仅役使民夫、匠人凿通渠道,还开掘坟墓、侵占田土。百姓无不怨恨,只是不敢声张。

漕渠历时两年才修成。玄宗为此登上望春楼,下诏命群臣前来观看。韦坚预先调来洛、汴、宋、山东小斛船三百艘,停在望春楼下的潭中,篙工舵手都头戴大笠,身穿宽袖衣服,脚蹬草鞋,扮作吴、楚人的装束。每只船都题名某郡,并将当地物产陈列船上。如广陵郡船上陈列锦缎、铜器、绫罗、刺绣,会稽郡陈列吴绫、绛纱,南海郡陈列玳瑁、象牙、珠玑、沉香,豫章郡陈列名瓷、酒器、杯盏、茶釜;宣城郡陈列空青石、纸笔、黄连;始安郡陈列蕉葛、蛇胆、翡翠;吴郡陈列糯米、方文绫。所有的船都是首尾相连而前进,连绵数十里。关中人没见过如此庞大的船队,观看的人都很惊异。

在此之前,民间传唱《得体纥那歌》,其中有"扬州铜器"

之语。开元末年（741），在桃林得到宝印，而陕县尉崔成甫因韦坚大规模运输南方物产与歌词中所唱吻合，于是改作《得宝歌》，亲自创作歌曲十余首，召集属吏演唱练习。到这时，崔成甫命数百名倡优身穿缺胯绿衫、半袖锦衣，以红罗包头，个个衣装鲜艳，站在船前，齐声应和，鼓乐和奏。船停在楼下，韦坚取来各郡船上的珍奇之物跪献皇上，玄宗将之赐予身边贵戚、近臣。韦坚献上以百牙盘盛着的各色食物，府县教坊音乐相继上前演奏，薛王李业之妃也献上宝物器具。

唐玄宗非常高兴，升任韦坚为左散骑常侍，赏赐其属僚的物品多少不等，免除役工一年的赋税，赏赐船工二百万钱，给水潭取名"广运潭"。韦坚进兼江淮南租庸、转运、处置等使，又兼御史中丞，封韦县男。

二、宠盛遭嫉　受诬身死

韦坚的妻子是姜皎之女，而姜皎是宰相李林甫的舅舅，因此李林甫起初十分亲近韦坚，后来见韦坚得宠，怕皇上任他为宰相取代自己，便转为忌恨。

韦坚自以为得到天子的欢心，一意谋求加官晋爵，加上与左相李适之友善，而李适之常与李林甫争权，李林甫就更加仇恨他们。李林甫授任韦坚为刑部尚书，剥夺了他所任的诸使职权，让杨慎矜取代。韦坚失去使职，内心非常怨恨李林甫。

河西、陇右节度使皇甫惟明，多次在皇上面前诋毁李林甫，称赞韦坚的才能，李林甫暗中知道了这件事。皇甫惟明原本是忠王李亨的好友，此时李亨已是皇太子了。天定五载（746）正月十五日夜，皇甫惟明同韦坚聚宴，李林甫上奏说韦坚以外戚身份与边将私下交往，谋划拥立太子为帝。玄宗大怒，诏命有司严厉审讯。

李林甫令御史中丞杨慎矜等罗织成罪名，玄宗被其迷惑，将韦坚贬为缙云太守,皇甫惟明贬为播川太守,并抄没了他们的家产。韦坚的弟弟们上诉称冤,玄宗十分恼怒。太子李亨恐惧,上表请求与韦妃离婚。玄宗再次贬韦坚为江夏别驾。不久,韦坚又被长流到临封郡。韦坚之弟将作少匠韦兰、鄠县令韦冰、兵部员外郎韦芝,以及韦坚之子河南府户曹韦谅,都遭贬降放逐。

同年,李林甫派监察御史罗希奭前去杀害了韦坚,又杀了皇甫惟明,连坐的达十多人,只有韦坚之妻因是李林甫的表妹而得到宽赦。

当初韦坚开凿广运潭时,大量毁坏百姓坟墓,从江、淮到长安,官民受到骚扰。韦坚获罪后,李林甫派使者前往江、淮一带,搜罗其罪证,捕捉惩治船夫漕吏。使者迎合其意旨,大量抓获百姓,各监狱里都关满了人。郡县官吏搜刮百姓,以便抵偿转运之失,督责征收连及邻居,很多人赤身裸体死在牢里。直到李林甫死后,冤狱方才停止。

范阳节度使安禄山

安禄山(703—757),唐朝逆臣。营州柳城胡人。本姓康,初名轧荦山,随母改嫁后改姓安、更名禄山。历任平卢兵马使、幽州节度副使、平卢节度使、范阳节度使等职。他精通六种蕃语,骁勇善战,又奸诈狡猾,装傻卖呆,设法取得唐玄宗、杨贵妃宠信,手握重兵,雄踞一方。他野心勃勃,起兵叛唐,攻入长安,大肆杀掠,最终被儿子杀死。

一、狡诈多智　以贿升职

安禄山本是营州柳城(治今辽宁朝阳南)的胡人,母亲名叫阿史德，是个巫婆，跟突厥人住在一起。由于多年不育，阿史德向轧荦山祈子，后来就怀孕了。

阿史德分娩时，有光照射穹庐，野兽一齐鸣叫，望气者说是祯祥的表现。范阳节度使张仁愿闻知，派人搜查庐帐，要把那里的突厥人全部杀死，以绝后患，阿史德带着儿子藏匿起来，得以逃脱。阿史德用神名给儿子命名，因而叫"轧荦山"。

轧荦山少年丧父，母亲改嫁胡将安延偃。开元初年（713），由于突厥人破落离散，安延偃带着他们归附唐朝，一起归附的还有将军安道买丢失的儿子安思顺，住在他家，所以安道买很感激安延偃，相约两家的儿子为兄弟，轧荦山改姓"安"，改名"禄山"。

安禄山长大后，刚愎残忍，狡诈多智，善于揣测人们的心理。因通晓六种蕃语，做了撮合市场交易的互市郎。

开元二十年（732），张守珪任幽州节度使，安禄山偷羊被抓获。张守珪将要杀他，他大叫道："张公莫非不想消灭两蕃吗？为什么杀我？"张守珪觉得他言语豪壮，又见他长得魁伟白皙，便放了他，同史思明一起做捉生将（负责捉活口的低级军官）。安禄山熟悉山川河流等地形，骁勇善战，曾带五个骑兵擒获契丹数十人。张守珪非常惊异，逐渐给他加兵。安禄山每战必胜，遂被提拔为偏将。后来，又被张守珪收养为义子。

开元二十八年（740），安禄山任平卢兵马使，又升任幽州节度副使。当时，御史中丞张利贞任河北采访使，安禄山千方百计巴结他，还用重金贿赂其左右，与他们结为私交。张利贞入朝拜见玄宗时，极力称赞安禄山能干，玄宗便任他为营州都督、平卢军使、顺化州刺史。对过往的朝廷使者，安禄山都要暗中行贿，满足其嗜欲。使者回朝后，对他的称誉可谓众口一词，唐玄宗由此开始器重他。

天宝元年（742），朝廷分平卢别为节度，任命安禄山为平卢节度使，兼任柳城太守，兼两蕃、渤海、黑水四府经略使。第二年，安禄山入朝面见玄宗，上奏对答都符合旨意，遂升任范阳（治今北京西南）节度使、河北采访使，仍兼领平卢军。安禄山返回时，玄宗下诏命中书、门下、尚书三省正员长官、御史中丞，在鸿胪亭为他饯行，给予殊遇。

天宝四载（745），安禄山为邀功买好，肆意侵犯北方的奚、契丹。以前，唐朝分别把公主嫁给奚、契丹的首领，双方关系友好和睦。至此，由于安禄山屡次侵犯，奚、契丹大怒，便杀掉公主，背叛唐朝。安禄山攻击契丹回来后，上奏说："我梦见李靖、李勣向臣求食，便在北郡设立祠堂，房梁上生出了灵芝。"玄宗听后非常高兴。席豫任河北黜陟使，称道安禄山贤能。宰相李林甫害怕儒臣因战功提升为相，从而得到尊宠、排挤自己，就请求专用目不识丁的蕃将，唐玄宗对安禄山的宠信也便更加牢固。

安禄山内心奸诈，却装出又傻又笨的样子，以为掩盖。他曾上奏说："臣生在番戎，有幸得到太多的荣宠，没有特殊才能可以效用，情愿以死为陛下效命。"他见太子李亨不下拜，左右指责他，他装聋作哑说："臣不识朝廷礼仪，皇太子是什么官呢？"玄宗说："我百年以后，就把大位传给他。"他道歉说："臣愚昧，只知道陛下，不知道太子，罪该万死。"他见杨贵妃宠冠六宫，便请求做小他十八岁的贵妃的养子，玄宗不仅答允，还命他与贵妃的同胞结为兄弟姐妹。从此，安禄山侍奉贵妃一如母亲，得以随意出入禁中，有时与贵妃对面而食，有时在宫中通宵达旦，外面流传着不少丑闻。

安禄山命令部下刘骆谷居住在京师，窥伺朝廷的可乘之机。朝廷一有动静，刘骆谷就飞马报讯。所以范阳虽距京师有几千里之遥，安禄山对朝廷的情况却了如指掌。

二、受宠骄纵　野心勃勃

天宝六载（747），安禄山升任御史大夫，其妻段氏封为夫人，享有食邑。

李林甫位居宰相，非常尊贵，群臣没人敢和他抗礼，唯独安禄山倚仗恩宠，入谒时非常倨傲。李林甫准备通过暗示，使他明白自己的威严，便让当时权宠一时的京兆尹王鉷与他在一起。王鉷同样位至大夫，见到李林甫，连忙卑躬屈膝趋前拜谒。安禄山由此警醒，不知不觉间也弯腰致敬。李林甫与他谈话，揣摩其意向，抢在前面说出他要说的话。安禄山大为吃惊，以为他是神仙。每次见到李林甫，虽然天气严寒，他也必定流汗。

李林甫逐渐厚待安禄山，带他到中书省，给他披上自己的袍子。安禄山感激李林甫，称他为"十郎"。刘骆谷每次到范阳奏事，安禄山都先问："十郎如何？"如果李林甫有好言，他就高兴；如果李林甫说"大夫好好检点"，安禄山便心中害怕，反手据床说："我将要死了！"优人李龟年给皇上学安禄山的言行，玄宗觉得很开心。

安禄山身体肥胖，腹部垂下来达到膝盖，自称腹重三百斤。他每次走路，都要从左右使劲抬起两只胳膊，像牵挽重物一样才能迈步，可他在玄宗面前跳胡旋舞，却迅疾如风。玄宗问他："这胡人腹中有什么东西，为何那样大呢？"他回答说："只有赤心而已！"他乘驿站的马匹入朝，半道上必须换马，否则就会累死。

唐玄宗给安禄山在京师修建府第，派宦官监督工程，告诫道："一定要妥善经营布置，安禄山眼光高，不要让他笑话朕。"建成的府第极其奢华，有些用品就是皇宫御用也相形见绌。有一次，玄宗登临勤政楼，在幄座左侧张设金鸡大障，前面放置特制的座榻,下诏安禄山坐在榻上,命人卷起幄帘,用以表示对他的尊宠。太子李亨劝谏道:"自古幄座不是人臣应当坐的地方,陛下对安禄山荣宠过甚,必定会使他骄横。"玄宗说:"这个胡人有异相,朕是要镇住他。"

这时,太平的日子已有几十年,人们都忘记了战争。玄宗年事已高,沉溺于饮宴淫乐之中。宰相李林甫、杨国忠相继把持大权,纲纪大乱。

安禄山算计到天下可取,叛逆的企图日甚一日。每次经过朝堂的龙尾道,他都要南北窥伺,很久才离开。他又在范阳之北建筑壁垒,号称"雄武城",储备兵力,积聚粮草。他从同罗、奚、契丹投降者中选拔精壮八千人为义子,称为"曳罗河"(意为"壮士");又训练数百名家奴,全部善于射箭;蓄养单于、护真大马三万,牛羊五万。

此外,他还招引有才学的文臣如张通儒、李廷坚、李史鱼、独孤问俗在幕府任职,任命高尚掌管书记,严庄掌管簿计考核。阿史那承庆、安太清、安守忠、李归仁、孙孝哲、蔡希德、牛廷玠、向润客、高邈、李钦凑、李立节、崔乾祐、尹子奇、何千年、武令珣、熊元晧、田承嗣、田乾真,都由行伍中被他提拔起来,委任为大将。

安禄山暗地派胡人到各地做买卖,每年输送财物百万。每到大会商人时,安禄山都高踞宝座,香烟缭绕,陈列奇珍异宝,数百名胡人随侍左右,引见商人,陈献祭祀用品,让女巫在前面击鼓跳大神,以此来神化自己。他还暗地令商人采买数万套锦绯朱紫服装,以备叛乱时使用。

安禄山每月向朝廷进献牛、橐驼、鹰、狗等奇禽异物,用以迷惑玄宗。郡县百姓疲于为他转运贡献之物,以致民不聊生。

安禄山自己觉得无功而显贵,见玄宗大规模扩充疆土,于是欺骗契丹诸首领，大摆酒宴，在酒中下毒，趁酒酣耳热之际将他们斩首，先后杀死数千人，献首级于朝廷，以冒充自己的战功。玄宗不知真情，赐给他铁券，封为柳城郡公。又追赠安延偃为范阳大都督，晋封安禄山为东平郡王。

天宝九载（750），安禄山兼任河北道采访处置使，赐永宁园作为府邸。安禄山入朝时，杨国忠兄弟姊妹都前往新丰相迎，供给精美的食品；到了温泉，将校全都赐以沐浴。玄宗前往望春宫等候他，他献俘八千，玄宗颁诏赐永穆公主的池观作为他的游乐场所。

安禄山迁居新府第，请求皇上下敕召宰相前来宴会，玄宗当即命宰相全部前往。玄宗在禁苑打猎，每当获得新鲜野禽，必定急驰赐予安禄山。玄宗下诏在上谷郡设置五座冶炉，特许安禄山铸钱。安禄山又请求兼管河东，于是又拜他为云中太守、河东节度使。安禄山兼任平卢、范阳、河东三镇节度使后，野心更大了。他共有十一个儿子，玄宗任他的儿子安庆宗为太仆卿，安庆绪为鸿胪卿，安庆长为秘书监。

三、兵雄天下　蓄意谋反

天宝十一载（752），安禄山率领河东兵讨伐契丹，他对奚人说："他们违背盟约，我即将前往讨伐，你们能帮助我吗？"奚人派出两千步兵响应。

到达土护真河（在今内蒙古赤峰东），安禄山对部下说："道路虽然遥远，如果我们火速奔赴贼营，乘其不备，一定可以打败他们。"于是下令每人拿一条绳子，意欲把契丹人全部缚住。一昼夜行军三百里，来到契丹人的牙帐，却碰上大雨，弓弦松弛，箭矢脱落不可用。安禄山督战甚急，大将何思德说："士卒十分疲劳，应该稍稍休息，派使者前去极力陈说利害，威胁贼人，贼人定会投降。"安禄山大怒,要斩杀他以号令全军,何思德只好请求出战。

何思德的相貌与安禄山相似,接战之后,敌人集中精锐兵力擒获了他,传言抓获了安禄山。奚人听到后,也叛变了,与契丹人夹攻安禄山的军营。安禄山几乎全军覆灭,自己也被流矢射中,抛弃部众,只数十人跑到山上跌落下来,安庆绪、孙孝哲把他扶出来,连夜逃往平卢,部将史定方带兵应战,敌人才解围撤走。

安禄山不甘心就此罢休,过了一段时间,他准备带领所有军队,号称二十万,讨伐契丹,以报仇雪耻。他还上表玄宗,请求派朔方节度副使阿布思率军援助自己。玄宗准奏。

阿布思相貌魁伟,很有权变谋略,也很受玄宗宠爱。安禄山素来嫉妒其才干,准备趁激战时偷袭,消灭他的精锐部队。阿布思识破了他的祸心,深感恐惧,因而叛变,转入漠北。安禄山见此,也没有进军,就班师了。

第二年,阿布思被回纥兵击溃,投奔了葛逻禄。安禄山出重金招募他的部落,诱使他们投降。葛逻禄畏惧,便囚禁阿布思,送到北庭;又送到京师,献给朝廷。安禄山得到阿布思的部众后,兵雄天下,无人能比,因此也愈加骄横恣肆。

皇太子李亨和宰相杨国忠,屡次上言安禄山将要谋反,唐玄宗都不相信。这时,杨国忠对安禄山的猜疑已经很深,建议把他追回朝中,如果不敢前来,就证明他有谋反之心。安禄山揣摩到杨国忠的计谋,便急驰入朝谒见。玄宗因而更加安心,凡是杨国忠所说的,一句也听不进去。

天宝十三载(754),安禄山来华清宫谒见,对玄宗哭泣道:"臣是蕃人,不识文字,蒙陛下破格提拔,杨国忠一定要杀了臣才满意。"玄宗好言劝慰,任他为尚书左仆射,赐给实封一千户,以及许多奴婢、宅第、田产，下诏命他回军镇。他又请求任闲厩、陇右群牧等使。至此，他的军中位至将军的有五百人，中郎将有两千人。玄宗登临望春亭为他饯行，脱下御服赐给他。安禄山大惊，心中不安，急驰而去，到达淇门，乘轻舟顺流而下，万名纤夫挽绳相助，日行三百里。

安禄山总领闲牧后，就选择良马充实范阳，反叛的迹象已经很明显。然而，唐玄宗此时昏庸已极，但凡有人告发安禄山谋反，他总是将之绑送安禄山。

第二年，杨国忠设计授任安禄山为同中书门下平章事，打算召他回朝，再趁机除掉。制书还未下达，玄宗派宦官辅璆琳前往范阳赐大柑，顺便察看情况。安禄山重金贿赂，辅璆琳回来说没有反常现象，玄宗也就没有召安禄山回朝。不久，辅璆琳受贿之事败露，玄宗假托其他罪名杀了他，并开始怀疑安禄山。

安禄山惧怕朝廷谋害自己，每次使者来到范阳，他都称病不出，严加防卫，然后才与使者见面。黜陟使裴士淹巡行境内，到达范阳时，过了二十天，安禄山都没有见他。后来，安禄山派武士挟持裴士淹引见，也不再行人臣之礼。裴士淹宣诏回来，不敢禀报实情。玄宗赐安禄山之子安庆宗娶宗室之女，下手诏让安禄山前来观礼，他推辞说病重，不肯前来。

七月，安禄山突然献马三千匹，骑士、马夫六千人，车三百辆，每辆三名士卒，准备借此袭击京师。河南尹达奚珣怀疑其中有阴谋，极力陈说不能接纳骑士，玄宗也起了疑心，便派中使冯神威持手诏，告谕安禄山到冬天再献马，并赐书说："为卿另外建造了一个温泉浴池，十月可来相会，朕在华清宫等候卿。"冯神威到达范阳，安禄山高踞宝座，只问了一句："皇上安稳否？"就把冯神威送到别馆。冯神威回来，对玄宗说："臣几乎死在范阳！"

四、起兵范阳　攻占洛阳

安禄山虽已决计发动叛乱,但并没有立即亮出反唐旗号。他行动十分诡秘,只与几个心腹密谋过此事,知晓内情的也只有孔目官、太仆丞严庄,掌书记、屯田员外郎高尚,将军阿史那承庆三人,其余将佐一概不知。

从八月起,安禄山常常犒劳士卒,秣马厉兵,好像在做战前的准备,不知内情的人还感到十分奇怪。十一月六日,安禄山突然召集将领举行宴会,酒酣耳热之时,拿出了事前绘制好的地图给大家看,图上标明从范阳至洛阳沿线的山川形势、关塞要冲,暗示了进军路线。宴会结束时,给每人赏赐了金帛,并授予一张地图。

至此,叛乱的准备一切就绪。十一月八日,奏事官从长安回到范阳,安禄山很快伪造了诏书,立即召集诸将,把假诏书展示给他们看,并说:"有密旨,令禄山率兵人朝讨杨国忠,诸君应立即听命。"诸将听后,面面相觑,没有一人敢有异议。

接着,安禄山命范阳节度副使贾循守范阳,平卢节度副使吕知诲守平卢,别将高秀岩守大同,其余将领均随他出战。除调动本部兵马外,又征调了部分同罗、奚、契丹、室韦人马,总计十五万,号称二十万,连夜出发。次日凌晨,安禄山出蓟城南,检阅军队并誓师,以讨杨国忠为名,并于军中张榜:"有异议煽动军人者,斩及三族!"接着挥师南下。安禄山乘铁甲战车,步骑精锐,烟尘千里,鼓噪震地,远近震惊。

事前,安禄山已命其将领何千年、高邈等率二十名奚族骑兵,以献射生手为名,在十日抵达太原城下,北京(唐以太原为北京)副留守杨光翙出城迎接,被何千年劫持,安禄山责备他依附杨国忠,斩首示众。太原及东受降城,先后上报安禄山叛乱的消息。燕地老人拦在马前进谏，安禄山让严庄好言好语对他说："我是忧虑国家的危难，并非谋私。"很有礼貌地打发走了。

过了七天，安禄山的反书上达，唐玄宗正在华清宫，宫廷内外大惊失色。玄宗立即回到京师，斩杀了安庆宗，安禄山的妻子康氏赐死。玄宗下诏痛切谴责安禄山，允许他主动归顺。安禄山的答书非常傲慢，令玄宗勃然大怒。

安禄山图谋叛逆十多年，凡是投降的番夷，他都以恩义相结交，不服的则凭借兵威加以挟制；对抓获的士卒，他常解去绑缚，让他们洗浴、给他们衣服；有的人通过辗转翻译向安禄山通报情况，所以他对番夷的底细知道得十分清楚。安禄山通晓夷语，亲自安抚慰问这些归附的番夷。那些被释放的俘虏、囚犯都成了战士，所以其部下乐于效死力，战无不胜。

然而，安禄山刚愎自用，不善于听取别人的意见。在谋士中，高邈最有谋略，他建议争取李光弼来做左司马，安禄山不接受，后来追悔莫及，无奈地说："史思明可以代替。"何千年也劝安禄山令高秀严带兵三万出振武，拿下朔方，招诱诸番，夺取夏、廓、坊等地；派李归仁、张通儒带兵两万，取道云中，夺取太原；另派团弩士一万五千人，进入蒲关，用以动摇关中；劝安禄山自己带兵五万，在河阳架桥，夺取洛阳，派蔡希德、贾循带兵二万，渡海收取淄、青，用以动摇江淮。如此则取天下不在话下，但安禄山没有采纳。

由于太平日久，如今战事突发，州县储存在官仓中的铠甲、兵器都朽坏、锈钝、断折，不能使用，只得持木棍战斗，这自然无法与兵强马壮的叛军交战。官吏都弃城藏匿，或者自杀，或者被擒，连日不绝。禁卫军都是市井子弟，从未经历过行军作战，也无法抵抗叛军，唐玄宗只好发放左藏库的缯帛，大规模招募士兵。他任封常清为范阳、平卢节度副使，郭子仪为朔方节度使、关内支度副大使，右羽林大将军王承业为太原尹，卫尉卿张介然为汴州刺史，金吾将军程千里为潞州长史；任荣王李琬为元帅，高仙芝为副，从驿道兼程前进，讨伐叛军。

安禄山率军到了钜鹿，开始打算住下，后来想到"钜鹿"之名，便吃惊地说："鹿（与"禄"谐音）是我的名字。"他认为不祥，便离开那里到了沙河。有人说这如同汉高祖不宿柏人，来讨好他。

叛军抵达黄河，安禄山命士卒往河里投放杂草树木，用长绳连接船只和木筏，一夜之间就结满了冰。叛军顺利过河，攻占了灵昌郡。过了三天，叛军攻下陈留、荥阳，停驻在罂子谷。官军将领荔非守瑜截击，杀死叛军数百人，流矢射到安禄山的车舆，吓得他不敢再往前走，改从谷南出去。后来，荔非守瑜的箭射完了，便战死在黄河里。

十二月十三日，叛军打败封常清，夺取了东都洛阳。叛军杀死留守李憕、御史中丞卢奕。河南尹达奚珣投降，向安禄山称臣。这时高仙芝驻守陕州，听说封常清失败，丢盔弃甲，退保潼关，太守窦廷芝投奔河东。常山太守颜杲卿杀死贼将李钦凑，擒获高邈、何千年，赵郡、钜鹿、广平、清河、河间、景城六郡全都归附唐朝，安禄山所占据的仅有卢龙、密云、渔阳、汲、邺、陈留、荥阳、陕郡、临汝而已。

五、自称皇帝　攻占京师

安禄山占据东都洛阳后，见宫殿庄严雄伟，遂专心一意准备称帝，所以军队迟迟没有西进，而朝廷的诸道兵马得以逐渐集结起来。

叛将尹子奇驻守陈留，打算东进略地。正值济南太守李随、单父尉贾贲、淮阳人尚衡、东平太守嗣吴王李祗、真源令张巡相继起兵，十天之间聚集起数万部众。尹子奇到了襄邑，见形势不妙，便撤回了。

天宝十五载（756）正月，安禄山在洛阳自称"雄武皇帝"，国号"燕"，建元"圣武"，封儿子安庆绪为晋王，安庆和为郑王，任命达奚珣为左相，张通儒为右相，严庄为御史大夫，并委任了其他百官。他又派兵夺取常山，杀死颜杲卿。

安思义驻守真定，适逢李光弼来救常山，安思义投降，博陵也被攻克，只有藁城、九门二县由叛军守卫。史思明、李立节、蔡希德包围饶阳，没有攻克，只好带兵攻打石邑，张奉璋固守。

朔方节度使郭子仪，从云中领兵来与李光弼会合，在九门打败史思明，李立节被杀，蔡希德逃奔钜鹿。史思明逃奔到赵郡，派兵袭击博陵，又占据了该地。李光弼攻占赵郡，回兵包围博陵，驻军恒阳。蔡希德请安禄山派军增援，安禄山派两万骑兵涉过滹沱河，进入博陵；牛廷玠也调发妫、檀等地军队万人，前来援助。这一来，史思明兵势更强，便与李光弼开战，却在嘉山被打败。李光弼收复十三个郡，河南诸郡都严兵守卫，潼关也坚守不能攻下。

当时，从洛阳到范阳的路已被切断，叛军往来都是偷偷经过，大多被官军捉获。叛军家属在范阳的，都动摇了信心。安禄山也十分恐惧，打算撤回范阳。他召见严庄、高尚责备道："我起兵时，你们说万无一失。现在四方兵马日盛一日，从潼关往西，一步也不能前进。你们的谋略何在，还来见我干什么？"将高尚等撵了出去。

过了几天，田乾真从潼关来，劝安禄山说："自古开创帝王之业，作战都是有胜有负，然后成就大业，没有一举成功的。现在四方兵马虽多，但不是我们的对手。万一大事不成，我们手里有几万人马，还可以横行天下，做十年的打算。况且高尚、严庄都是佐命元勋，陛下怎能急着与他们断绝来往？万一将士们听到这个消息，谁不恐慌？如果上下离心，陛下就危险了。"安禄山大喜，叫他的小字说："阿浩，如果不是你，谁能让我省悟！现在该怎么办呢？"田乾真说："召见高尚等人，然后安慰他们。"安禄山立即请来高尚等人，一同饮宴，亲自唱歌劝酒，从而和好如初。随后，安禄山派孙孝哲、安神威西去进攻潼关。

正值此时，高仙芝、封常清受谗被杀，玄宗派哥舒翰守卫潼关，并催促出战，被崔乾祐打败，潼关失守。玄宗大惊，急忙逃出长安，奔往蜀地。安禄山没想到天子会急速逃离，他先驻兵在潼关，十天后才西进。这时，玄宗已经到了扶风，于是汧、陇以东，都陷落在叛军手中。安禄山派张通儒守卫东京，任田乾真为京兆尹，派安守忠驻守禁苑。

唐玄宗逃离长安后，长安士人逃入山谷，逃亡队伍东西绵延二百里。宫中的嫔妃、宫女也四散躲藏，边走边哭。将相府第丢弃的珍宝财物不计其数，成群结队的不法之徒争相掠取，又抢掠左藏库（国库），各官署的仓库抢完了，就放火烧掉。安禄山进入长安后，见到此情此景，大为愤怒，大规模搜索了三天，翻箱倒柜，不论府库财物还是个人财物，一概抢光。府县乘机株根牵连，苛刻盘剥百姓，百姓愈加骚动不安。

安禄山怨恨儿子安庆宗被杀，把玄宗近属自霍国长公主、诸王妃妾、子孙姻婿等一百多人全部杀害，用来祭奠安庆宗。对群臣跟随玄宗出逃的，诛灭家族。安禄山如此残暴，人们更加不愿亲附。诸大将有事询问或决断，都得通过严庄才能见面。安禄山统治下属缺少恩义，即便心腹故旧，后来也都成为仇敌。郡县相继杀死守将，迎接王师。如此前后反复十几次，城邑都变成了废墟。

唐肃宗李亨在灵武即位后，加紧训练军队，天下人无不翘首以待。京畿的豪杰之士，每天都有杀掉叛军官吏归附朝廷的。为了威慑百姓，安禄山大肆斩杀，但终究不能禁止人心归唐。叛将大都勇悍而没有远谋，天天纵情饮酒，嗜好声色财利，不想西出追击，玄宗因此得以入蜀。

安禄山帐下的李猪儿，本来是投降的童仆，从小便侍奉安禄山，十分小心谨慎，后来变为阉人，更受亲近和信任。安禄山腹大垂膝，每次换衣服，左右的人一齐抬起来，李猪儿给系带子。即便在华清池赐浴，安禄山也得带上他。

到了晚年，安禄山更加肥胖，身上经常有疮。在反叛后，安禄山时常心怀怨恨、畏惧，视力渐渐减退，至此已双目失明。不久又得了痈疾，性情变得格外急躁，左右侍奉的人，往往没有罪就被杀掉，或者被棰笞呵责，百般侮辱。李猪儿挨打最多，严庄也时时遭受笞打辱骂，所以两人对安禄山都满怀怨恨。

以前，安庆绪善于骑射，安禄山很喜爱他。安禄山称帝后，宠幸段夫人，喜爱其子安庆恩，准备立他为嗣。安庆绪担心不立自己为嗣，严庄也害怕发生变故于己不利，私下对安庆绪说："君听说过大义灭亲吗？自古以来这样做的人，都是不得已而为之。"安庆绪一听就明白了，忙说："是，是。"严庄又对李猪儿说："你侍奉皇上，挨的打骂数得清吗？如果不行大事，你就活不了几天了！"于是，安庆绪、严庄、李猪儿共同商定计谋。

至德二载（757）正月初一，安禄山朝会群臣，由于疮痛严重，中途停止。当天夜里，严庄、安庆绪手持兵刃守护门口，李猪儿进入帐内，用大刀猛砍安禄山的腹部。安禄山失明后，总放一把佩刀在床头防身，但事前已被李猪儿暗中拿走。此时，安禄山挨了一刀，去摸佩刀没有摸着，便摇撼幄柱大叫道："是家贼！"不一会儿，他的肠子流到床上，当即死去，时年五十五岁。

安庆绪立刻在床下挖了个深坑，用毡子包裹着安禄山的尸体，连夜埋到床下。随即传言安禄山病重，伪诏立安庆绪为皇太子。不久，又诈称安禄山传位于安庆绪，伪尊其为太上皇。

六、子承帝位　三年败亡

安庆绪承袭伪帝位后，改元"载初"，随即纵情饮酒作乐，政事都委托给严庄，将之作为兄长奉事；派张通儒、安守忠等驻守长安，史思明管领范阳，牛廷玠驻守安阳，张志忠驻守井陉，各自招募士兵。

这时，唐肃宗派广平王李俶率军东进讨伐，李嗣业率前军，郭子仪率中军，王思礼率后军，回纥叶护太子率军跟进。张通儒等聚集十万大军，在长安摆下阵势。叛军有很多是奚人，素来畏惧回纥，接战后，惊恐叫嚣。广平王李俶分出精兵，与李嗣业合击，安守忠等大败，领兵向东退去；张通儒丢妻弃子，逃奔陕郡。官军遂收复长安。

广平王李俶率全军追击叛军，仆固怀恩带领回纥、南蛮、大食军队为前驱。严庄亲自带领十万大军，与张通儒会合，钲鼓声震一百多里。此时，尹子奇攻下睢阳，杀了张巡等，也率领十万部众一道前来，驻军曲沃，要并力攻打陕西。

严庄在新店发动大战，用骑兵挑战，接战六次，都为官军所败。官军追击，进入叛军营垒，叛军张开两翼攻击，追兵陷没，官军大乱，几乎溃不成军。李嗣业急驰而来，殊死战斗，事先埋伏的回纥兵从南山袭击叛军后背，叛军惊慌大乱。官军重振旗鼓，合力进攻，杀掠不计其数，追逃五十多里，叛军尸体残肢填满坑谷，铠甲兵器遍地都是。严庄逃回，与安庆绪、安守忠、张通儒等收集残余部队，跑到了邺郡。

广平王李俶进入洛阳，在天津桥展示兵力。伪侍中陈希烈等三百人，素服叩头待罪。广平王安慰说："公等被迫做了伪官，不是反叛,皇上有诏赦罪,恢复你们的官职。"众人大喜。于是,陈留人杀尹子奇投降。严庄之妻薛氏谎称是永王之女,来到军营,等见了广平王,才说:"严庄准备投降,希望能得个信物。"广平王同郭子仪商议,郭子仪认为:严庄如果投降了,余党便可晓谕而降。于是赐给严庄铁券。严庄投降,乘驿传到达京师,肃宗引见,赦其死罪,授任司农卿。阿史那承庆率部众三万投奔恒、赵,有的跑回范阳,跟随安庆绪的只有一千多名伤残士卒。

正在安庆绪心灰意冷之时,蔡希德从上党,田承嗣从颍川,武令珣从南阳,各自带领部众前来,邢、卫、洺、魏招募的士兵逐渐集结起来,有众六万,叛军的声势又振兴起来。改相州为成安府,改太守为尹,改元"天和",任高尚、平洌为宰相,崔乾祐、孙孝哲、牛廷玠为将,封阿史那承庆为献城郡王,安守忠为左威卫大将军,阿史那从礼为左羽林大将军。然而,此时叛军更加离心离德,伪淄青节度使熊元晧、伪河东节度使高秀岩归顺朝廷。德州刺史王暕、贝州刺史宇文宽,主动脱离叛军归顺朝廷。河北诸军各自据城守卫,安庆绪派蔡希德、安雄俊、安太清等带兵攻克这些地方,在大街上屠戮守城将士,把他们割成碎片。

安庆绪害怕人们和自己离心离德,设置祭坛,与群臣盟誓。然而,盟誓毫无约束作用,阿史那承庆等十多人秘密向官军请求投降,肃宗下诏任阿史那承庆为太保、定襄郡王,安守忠为左羽林大将军、归德郡王,阿史那从礼为太傅、顺义郡王,蔡希德为德州刺史,李廷训为邢州刺史,苻敬超为洺州刺史,杨宗为太子左谕德,任瑗为明州刺史,独孤允为陈州刺史,杨日休为洋州刺史,薛荣光为岐阳令;下至裨校等,屡屡为国家刺探叛军的消息。

安庆绪对此毫不知情,仍营造宫室、观榭、塘沼,泛楼船在水中嬉戏,彻夜饮酒作乐。张通儒等人争夺权力,意见不能一致，凡有人提出建议，众人就一齐指责破坏。蔡希德最有谋略，刚烈狷急，密谋杀死安庆绪作内应，张通儒因其他事情斩了他，麾下数千人都逃亡而去。蔡希德平素深受士卒爱戴，所以全军都恨张通儒。安庆绪任崔乾祐为天下兵马使，权震中外，但他勇悍而缺少恩德，士卒不愿亲附。

乾元元年（758）九月，唐肃宗命郭子仪率军二十万，讨伐安庆绪。官军进攻卫州，然后渡过黄河，背水扎营待敌。安庆绪听说卫州被包围，就大张旗鼓南下，分为三军：崔乾祐带领上军，安雄俊、王福德辅佐；田承嗣带领下军，荣敬辅佐；安庆绪自己带领中军，孙孝哲、薛嵩辅佐。开战之后，官军佯退，安庆绪挥军追击，遇到埋伏而溃败。安庆绪逃走，官军抓获其弟安庆和，在京师斩首。

郭子仪率军紧追叛军，双方在愁思岗交战，叛军又大败，精锐兵力消灭殆尽，只好占据邺郡固守，以图自保。安庆绪派薛嵩带重金，向史思明求救。史思明派李归仁率军一万三千驻扎在滏阳，未等进兵，官军已经将之包围。官军筑起城墙，挖掘壕沟，围城三周；又决开安阳水灌往城中，城里只好架起栈阁居处。过了一段时间，城中存粮吃尽，没有东西充饥，以至于一只老鼠值钱数千，松木刨为碎屑喂马，推倒墙壁取麦秸，淘洗马粪取草。安庆绪请求投降，遭到拒绝，遂用安太清代替崔乾祐领兵。

此时，史思明拥有部众十三万，兵分三路，急赴邺城。第二年三月，在安阳扎营。安庆绪着急，派安太清带着皇帝玺绶去让给史思明，史思明在军中宣示了书信，军士们齐声高呼"万岁"。于是，史思明约好和安庆绪结为兄弟，将书信封还，安庆绪非常高兴。史思明发动猛攻，官军失利，争相奔逃而回。郭子仪拆断河阳桥，驻防穀水。史思明进军驻守邺南。

安庆绪收取官军剩下的粮饷，尚有十多万石。他召见孙孝哲等，商议对付史思明，诸将都说："今日怎能又背叛史王呢？"张通儒、高尚、平洌，都请求派自己前往感谢史思明，安庆绪答应了。史思明与他们相见，流泪不止，然后赠送厚礼，让他们回去。过了三天，史思明请安庆绪歃血盟誓，安庆绪不得已，带五百骑兵到了史思明军中。

史思明事先已令军中顶盔贯甲等待，安庆绪到来，拜伏感谢道："臣不能承担重任，丢弃两个都城，身陷重围。没想到大王因为太上皇的缘故，劳师远来，臣的罪过，请大王处置。"史思明愤怒地说："兵事胜负那也没什么。可你为人子，杀父谋求帝位，不是大逆不道吗？我要为太上皇讨伐逆贼！"示意左右把他牵出去斩首。

安庆绪频频向周万志使眼色，周万志上前说："安庆绪曾做君主，按礼法应该赐死。"于是连同他的四个弟弟，一并缢死。史思明又杀死高尚、孙孝哲、崔乾祐，还将尸体剁成了块。史思明用王礼将安禄山改葬，追加伪谥曰"燕剌王"。至此，安禄山父子僭位共三年而灭亡。

当初安禄山攻占东京，任张万顷为河南尹，很多士人和宗室因他而幸免于难。唐肃宗嘉许张万顷的仁德，拜任他为濮阳太守。肃宗因为叛军是国仇，厌恶听到其姓，京师里坊凡有"安"字的，全部改掉了。

平卢兵马使史思明

史思明（？—761），唐朝逆臣。历任大将军、北平太守、平卢兵马使、范阳节度使等职。他从小与安禄山一起长大，深受信任。安禄山叛乱，他率军南下，攻取河北地，占有十三郡，有兵八万。安禄山被杀,他降归朝廷。唐肃宗怕他再反,设计诛除,他察觉而再叛,并称帝。后被其子史朝义所杀。

一、狡诈骁勇　连战连胜

史思明出生于宁夷州突厥部落,徙居营州柳城(今辽宁朝阳)。他本名"窣干","史思明"是唐玄宗赐给他的名字。

史思明身材瘦削,鸢肩伛背,深眼窝、歪鼻梁,头发、胡须都很稀疏,性情急躁,又很狡猾。他与安禄山是同乡同里,比安禄山早一天出生,两人一起长大,彼此友善。

史思明少时以骁勇闻名,通晓六种蕃语,起初隶属于特进乌知义,做窥探敌情的轻骑。每次出去窥探敌情,他都能杀死几个敌人,并抓获俘虏。后因通晓蕃语,又和安禄山一起做了互市郎。

互市郎经手钱财,不久,因欠官府的钱无法偿还,史思明便想逃往奚地。半路被巡逻的奚人骑兵截住,要杀死他。他不甘心就此被杀,灵机一动说:"我是使者,杀了天子的使者,会招致灾祸。不如带我去见奚王,奚王若不杀我,你就立下了功劳。"巡逻兵认为此言有理,把他送到奚王那里。他不肯下拜,说:"天子的使者见到小国君主不下拜,这是礼节。"奚王大怒,但相信他是真的使者,把他送到馆舍,以礼相待。

史思明将要返回时,奚王令百人跟随入朝。奚王部将琐高在国中很有名气,史思明打算抓住他,用以赎罪,就欺骗奚王说:"跟随我的人虽然很多,但没有一个足以和天子相见,只有像琐高这样的人才,才可以和我一起到中原。"奚王很高兴,命琐高带帐下三百人同行。

到达平卢后,史思明暗中派人对驻军主将说:"有数百名奚兵,打着入朝的旗号,实际是入侵,请加以防备。"主将悄悄派出军队，前来迎接犒劳，杀死奚人部众，囚禁琐高献上。幽州节度使张守珪认为，史思明立功的办法很奇特，上表奏任他为折冲（武官名），与安禄山一起做捉生将。

天宝初年（742），史思明积功升任将军，知平卢（治营州，今辽宁朝阳）军事。有一次，他入朝奏事，唐玄宗赐座给他，并与他谈话。史思明对答如流，玄宗很惊奇，便询问他的年龄，他回答说："四十岁了。"玄宗抚摸着他的后背说："你显贵应在晚年，好好努力！"（"卿贵在后，勉之。"《旧唐书·史思明传》）升任他为大将军、北平太守，赐名"思明"。

平卢节度使安禄山讨伐契丹，史思明随从，结果失败，安禄山单骑逃脱。随后，安禄山杀死部将左贤哥解、鱼承仙，以此开脱自己的罪责。史思明逃进山里，过了二十天，召集溃散士卒共七百人，追到平卢，与安禄山相见。安禄山很高兴，握住他的手说："我以为你死了，现在还活着，我还有什么可忧虑的！"

史思明之所以过了二十天才露面，自有他的心机。他曾私下对亲密朋友说："我听说进退在于把握时机，如果我提早一些回来，就跟随哥解一起到地下去了。"（"吾闻进退在时，向蚤出，随哥解地下矣。"《新唐书·逆臣传上》）

天宝十一载（752），契丹攻占师州，守捉使刘客奴逃走。已升任范阳节度使的安禄山派史思明赶走契丹，上表推荐他为平卢兵马使。

史思明少年时身份微贱，乡里人都看不起他。当时，大豪辛氏的女儿待字闺中，偶然遇见史思明，认为他有显贵之相，便对父母说："一定要把我嫁给史思明。"亲属都不同意，但辛氏女坚持，最终嫁给了史思明。史思明也自负地说："自从我有了夫人，不断升官，生了很多儿子，大概要显贵了吧！"

二、夺取河北　纵兵抢掠

天宝十四载（755），安禄山发动叛乱，派史思明占领河北。镇守范阳的贾循被杀后，安禄山改让史思明守卫范阳。常山太守颜杲卿等传檄各地，要各地守将齐心合力抵抗叛军，安禄山让向润客等镇守范阳，派史思明进攻常山。

史思明与另一叛将蔡希德一起，率领叛军包围常山，仅用九天就抓获了颜杲卿。接着，史思明进军饶阳，太守卢全诚守城抵抗，河间、景城、平原、乐安、清河、博平六郡逐渐招募士兵，自谋固守。河间太守李奂发兵七千援救饶阳，景城太守李暐领兵八千援助河间，平原太守颜真卿发兵六千援助清河，都被史思明打败。李暐的儿子李杞在战斗中被叛军杀死，饶阳士兵同仇敌忾，守卫得愈加坚固。

这时，李光弼收复了常山，史思明急忙解围前往迎战，一昼夜行军二百里。双方相持了很久，都没有决战。朔方节度使郭子仪占领赵郡，合兵进攻叛军。先后进行了两次大战，史思明守军大败，逃入博陵。李光弼追到城下，对博陵发起猛攻。将要攻克时，适值潼关守军溃败，玄宗逃往蜀中，肃宗李亨即位，肃宗召集朔方、河东的军队，李光弼只得领兵撤回，派王俌守卫常山。叛军尾追李光弼到井陉，兵败而回。

没过几天，史思明进攻平卢，守将刘正臣轻视他，没有布置防卫，所以一经交战，便遭大败，只好退保北平，两千车军需物资都落入敌手。史思明收拢平卢的精锐士卒，气焰更加嚣张，商议进攻常山。王俌准备投降，诸将将他杀死，派使者到信都迎接刺史乌承恩来镇守，乌承恩没有接受。

史思明进攻土门，城中暗设伏兵，诡称投降。等叛军登城时，伏兵发动进攻，叛军被歼灭，史思明中戟坠城，鹿角伤到左胁，在部下扶持下逃脱。史思明对土门守将切齿痛恨，过了几天再次发起攻势，攻入城中，放火焚烧房屋，把守军的族人全部杀死。接着夺取藁城，守将白嘉祐逃往赵郡。史思明包围了五天，进入该城，白嘉祐又逃奔太原，史思明再次攻克常山。

叛军别帅尹子奇包围河间，颜真卿派部将和琳率军一万多人，前往救援。当时，北风怒号，击鼓号令，官军畏惧，不敢前进。叛军纵兵攻击，官军大败，和琳被俘，叛军带领部众攻城，生擒守将李奂。史思明又攻克景城，李暐投河自尽。史思明招抚乐安，该城投降。然后进攻平原，还没到达，颜真卿弃郡撤离。史思明进军攻克清河，抓获太守王怀忠，遂进入博平，然后包围了信都。此前，叛军先捉住乌承恩的母亲、妻子及儿子，乌承恩只好独自一人投降。当时，信都城尚有五万步兵、三千骑兵。史思明攻击饶阳，守将李系眼看城破，遂自焚而死。

史思明兵锋所向，总是放纵部下杀人劫货，奸淫百姓妻女，因此叛军士卒人人奋励。这时，河北全部落入叛军之手，百姓财物被抢夺一空，青壮年被拉作夫役，老人和孩子则被杀死，杀人已被叛军当成了游戏。安禄山委任史思明为伪范阳节度使。

起初，史思明部下仅有两千骑兵，同罗曳落河（壮士）步兵仅三千，经过多次胜利后，他的兵众已有八万，竟然产生了吞噬江、汉的想法。为此，他调发五万精锐士卒分配给尹子奇，渡黄河进犯北海，以便动摇淮、徐。适值回纥袭击范阳，范阳闭门不战，尹子奇忙回兵援救，回纥撤军。

三、归附见疑　再次反叛

至德二载（757），史思明与蔡希德、高秀严合兵十万，进攻太原。这时，李光弼派部将张奉璋率兵守卫故关，史思明攻克该地，张奉璋逃往乐平。李光弼固守太原将近十个月，史思明不能攻克。当时,安禄山已被其子安庆绪杀死,安庆绪承袭大位,赐史思明姓"安",名"荣国",封妫川郡王。

叛军攻克两京后,将抢掠到的珍宝财物用骆驼运至范阳,贮藏在仓库里,堆积得如同山丘一样。史思明看到国富兵强,志得意满,意欲占为己有。后来安庆绪败逃到相州,有三万残余士卒回到北边,无所归属,史思明发动攻击,杀死数千人,其余的都投降了。安庆绪知道史思明怀有二心,派阿史那承庆、安守忠、李立节到他那里议事,并共同想办法制服他。

史思明察知安庆绪意欲谋害自己,深感忧惧,一时间不知道何去何从。判官耿仁智打算以大义感动史思明,请求抽出时间单独谈话,史思明同意了。耿仁智说:"史公显贵而且贤明,不需要下属代为出谋划策,但我请求进一言,然后死而无怨。"史思明说:"那就告诉我吧。"耿仁智说:"安禄山强盛的时候,谁敢不服?大夫奉事他,本来就无罪。当今天子聪明勇武,有夏朝少康、周朝宣王的遗风,史公如果能派使者请求归降,一定会被接纳,这是转祸为福的时机啊。"史思明说:"好。"

阿史那承庆等不知道史思明已有归降之意,带领五千骑兵前来,史思明身穿甲胄前去慰劳,说:"公等来到,士卒不胜喜悦。不过,边兵素来害怕使者的威风,他们都不能安心,请你们松弛弓箭入城。"阿史那承庆没有多想,便命骑兵松弛了弓箭。史思明和阿史那承庆等一起饮酒,酒酣耳热之际,拘捕了他们,收缴了兵器,然后发给盘缠遣返;接着斩杀了安守忠、李立节,号令军中。

李光弼得知史思明与安庆绪绝交,忙派人招抚。在此之前,乌承恩已经归降唐朝,肃宗派他规劝、晓谕史思明。于是,史思明决定归降朝廷,他派牙门金如意把十三郡八万兵力逐个登记,奉献于朝廷。高秀岩也献出河东,自动归降。肃宗任命史思明为归义郡王、范阳长史、河北节度使，诸子都任列卿；任命高秀岩为云中太守，也委任其诸子为官。肃宗派乌承恩与宦官李思敬安抚慰问史思明，督促他征讨残余的叛军。

于是，史思明派张忠志守卫幽州，授薛萼为恒州刺史，招抚赵州刺史陆济，授给儿子史朝义五千兵守卫冀州，假授令狐彰为博州刺史，驻防滑州。

史思明表面上归顺朝廷，暗中仍然通贼，大量招募士兵。肃宗得知这些情况，认为史思明曾经奉事乌承恩的父亲乌知义，可能不会猜疑他，便升任乌承恩为河北节度副大使，让他谋划除掉史思明。乌承恩到了范阳，在夜间穿着破旧衣服走访诸将，暗中告以密谋，但诸将马上向史思明告发了他。

适值乌承恩与李思敬入朝奏事回来，史思明把他们留在馆舍，事先把他们的床用帷幕遮起来，派两个人伏在床下。乌承恩的儿子入内相见，因而留下住宿。半夜里，乌承恩对儿子说："我奉命除掉这个叛逆胡人。"第二天，床下的两人据实禀告，于是下令拘捕乌承恩，从衣囊里搜出赐给阿史那承庆的铁券和李光弼给乌承恩的公文，又搜出几张写字的薄纸，上面都是应当诛杀的将士姓名。史思明大骂道："我有什么对不住你的，你至于这样做呢！"乌承恩故意答道："这是太尉李光弼的计谋，皇上不知道。"史思明把官吏召集到郡廷，面向西方哭道："臣一片赤心，不负国家，何至于要杀臣？"史思明杀掉乌承恩父子以及同谋党羽二百多人，囚禁了李思敬，然后上奏朝廷。肃宗派使者晓谕说："事情都是乌承恩一个人策划的，不是朕和李光弼的意思。"

史思明听说三司计议，要处死曾经投降过叛军的宰相陈希烈等人，感到非常恐惧，他说："陈希烈等人都是大臣，太上皇丢下他们，自己跑了。复位以后，这样的人应该受到慰问，现在反而要杀他们，何况我本来就是跟随安禄山反叛的呢？"诸将都劝史思明上表天子，要求诛杀李光弼。史思明派耿仁智、张不矜前去上疏，请斩李光弼，否则就要进攻太原。他把疏文装入函套，耿仁智暗中调换了疏文。

由于左右告密，史思明拘捕了耿仁智、张不矜，责问他们："你们要背叛我吗？"下令将他们斩首。后来，他又想到耿仁智侍奉自己多年，不忍心杀他，又召入责备道："耿仁智奉事我三十年，现在我把你忘了吗？"耿仁智愤怒地说："人总有一死，大夫听信邪说，再次图谋反叛，我虽生不如死！"史思明大怒，打死了他。

郭子仪率领官军围攻相州，情况万分紧急。安庆绪派人从小路来求救，史思明畏惧郭子仪，不敢进军。

前宰相萧嵩之子萧华，被俘后投降了叛军，被任命为魏州（今河北大名）的守将。不久，萧华献出魏州，归顺朝廷，肃宗派崔光远代他守卫。史思明领兵进攻魏州，占领该地，杀死数万人。

四、自称皇帝　为子所杀

乾元二年（759）正月初一，史思明修筑坛场，自称"大圣周王"，建元"应天"，任周贽为司马。出兵救援相州，打退王师，杀了安庆绪，吞并其部众。接着，史思明准备向西略地，又顾虑根基不牢固，便留下儿子史朝义守卫相州，自己带领军队返回。

四月，史思明改国号为"大燕"，建元"顺天"，自称"应天皇帝"。以妻子辛氏为皇后，封史朝义为怀王，任周贽为相，李归仁为将；改称范阳为"燕京"，洛阳为"周京"，长安为"秦京"。又改州为郡，铸造"顺天得一"钱。

史思明还准备举行郊祀和籍田的典礼，聘请儒生讲解制度。

有人上书说:"现在北有两蕃(奚、契丹),西有二都(长安、洛阳),胜负还无法预料。举行太平时的盛事,不合时宜。"史思明听了很不高兴,还是举行了祭祀上帝的礼仪。当天狂风大作,无法进行郊祀,史思明只好作罢。

史思明留下儿子史朝清守卫幽州,派阿史那玉、向贡、张通儒、高如震、高久仁、王东武等人辅佐。随后派兵进犯河南,他自己从濮阳出击,派令狐彰从黎阳渡黄河,史朝义从白高出击,周万志从胡良渡黄河包围汴州。朝廷的节度使许叔冀、濮州刺史董秦,还有梁浦、田神功,都归附了叛军。史思明命许叔冀与李祥守卫汴州,把董秦等人的家属迁徙到平卢,派梁浦、田神功南下江、淮,与他们约定说:"得了地盘,每人可取两船资财。"

史思明乘胜大张旗鼓地进军,向西攻占洛阳,攻克汝、郑、滑三州,把李光弼包围在河阳,但未能攻克。史思明派安太清夺取怀州并加以守卫,李光弼去攻打,安太清投降。史思明又派田承嗣进攻申、光等州,王同芝进攻陈州,许敬进攻兖、郓,薛进攻曹州。

肃宗上元二年(761)二月,史思明在北邙(今河南洛阳北)设计战败李光弼的军队,官军放弃河阳、怀州,京师长安人人惶恐,急忙增兵驻守陕州。史思明随即向西进军,派史朝义为先锋,自己从宜阳跟进。

史朝义进攻陕州,在姜子坂遭到失败,只好退到永宁扎营。史思明大怒,召见史朝义及骆悦、蔡文景、许季常,准备把他们全部诛杀,随即又释放了他们,感叹道:"朝义怯懦,不能成就我的事业!"他打算追回史朝清。又敕令史朝义修筑三角城存放粮食,要求一天完工。史朝义抓紧时间修城,还没有抹泥,史思明就来了,见没有如期完工便发了火。史朝义解释说:"士卒疲劳,稍微休息了一下。"史思明说:"你爱惜士卒,却违抗我的命令吗?"他骑在马上,一直等到涂泥完毕才离开,回头说:"我若早晨拿下陕州,晚上就斩杀你这个贼。"史朝义很是害怕。

史思明住在驿舍,命其宠爱的曹将军负责宿卫。曹将军因一件小事,责骂了守卫骆悦等人。骆悦等人怨恨史思明,于是一起劝史朝义说:"骆悦与王已经没几天活头,不如召见曹将军,共同商议大事。"史朝义没有立即答应,骆悦说:"王实在不忍心的话,我们就要归顺朝廷,不能再奉事王了。"史朝义答应了他们,又命许季常用言语打动曹将军。曹将军畏惧诸将,不敢抗拒。

史思明喜爱优伶插科打诨,连吃饭睡觉都让他随侍身边,可优伶因史思明生性残忍,也痛恨他。这天夜里,史思明梦中惊醒,在床上大声呼喊。优伶问他缘故,史思明说:"我梦见一群鹿过河,鹿死了,河水也干了,什么意思?"不久,史思明去上厕所,优伶对别人说:"鹿与禄谐音,水代表生命。看来,这个胡人将没有禄、命了!"

过了一会儿,骆悦带兵进来,问史思明在哪里,没人回答,杀了几个人,大家便都一齐指厕所。史思明听见吵嚷声,知道发生了变乱,忙跳墙出去,到了马厩下,要乘马逃跑。正在这时,骆悦的麾下周子俊射中其手臂,史思明从马上坠落。他问是谁发难,大家说:"是怀王。"史思明说:"白天失言了,应当有这种事。不过杀我太早,使我不得到长安。"大叫"史朝义"三次,说:"你可以囚禁我,但不要落个杀父的名声!"又骂曹将军:"这个胡人误我!"左右的人把他反绑上,送到柳泉驿舍。骆悦回去报告,史朝义说:"惊动圣人了吗?伤害圣人了吗?"骆悦说:"没有。"

这时,周贽、许叔冀带领后军驻守福昌,史朝义命令许叔冀之子许季常去通告史思明被囚禁之事。周贽听说后,惊倒在地。史朝义领兵返回,周贽等人出外迎接,骆悦担心周贽有贰心,就把他杀了。史朝义停驻在柳泉，骆悦害怕众人不满，遂缢死史思明，用毡裹了他的尸体，用骆驼运回东京。史朝义登上皇位，建元"显圣"。

五、一败再败　四年而灭

以前，史思明诸子没有嫡庶之别，以年长者为尊。史朝义是庶长子，性格宽厚，很多下属亲附他。发难之后，史朝义暗中命令向贡、阿史那玉谋取史朝清。

史朝清是史思明的小儿子，皇后辛氏所生，深得父亲宠爱。他喜欢围田打猎，残忍好杀，与史思明相似，淫乱酗酒则有过之而不及。他帐下豢养了三千人，都是剽劫残杀的亡命之徒。向贡假意为他设谋，欺骗说："听说皇上要让王当太子，而皇上远离在外，王应当前去侍奉。"史朝清认为他说得很对，便催促帐下出外准备行装。向贡指使高久仁、高如震，率领壮士进入牙城。史朝清一见，知道事情不妙，忙问是什么原因，有人说："军队叛变了。"于是，史朝清穿好甲胄登楼，责备向贡等人。士卒在楼下列阵，史朝清亲自射死数人，阿史那玉的军队假装败退，史朝清下楼追击，被阿史那玉拘捕，史朝清与母亲辛氏一起被杀。

张通儒不知内情，仍领兵作战，一连几天没有打胜，最终战死。向贡暂摄军事，不久，阿史那玉偷袭，将他杀死，自任长史。接着追究杀史朝清的罪犯，将高久仁枭首，在军中号令。高如震恐惧，拥兵拒守。过了五天，阿史那玉败逃武清，史朝义派人招降。等阿史那玉到东都后，史朝义下令将凡是胡人面貌的，无论长幼，全部诛杀。史朝义任李怀仙为幽州节度使，斩杀了高如震，范阳才安定下来。

史朝义待下属谦虚有礼，政事都取决于大臣，但却没有治理国家的才能。当时，连年战乱，灾荒频仍，庄稼不收，洛阳诸郡人吃人，城邑都成了废墟。诸将都是安禄山的旧臣，与史思明原本行辈相同，耻于屈居在下，因此史朝义召兵谁也不来，都想返回幽州。

宝应元年（762），唐代宗李豫即位，派雍王率领河东、朔方、回纥十多万军队讨伐史朝义，仆固怀恩率回纥兵为先锋，鱼朝恩、郭英义殿后，从黾池（今属河南）进兵，李抱玉进逼河阳，李光弼由陈留进兵，合兵一处。

起初，唐代宗召见南北军诸将，询问征讨叛军的计谋。开府仪同三司管崇嗣说："我们有了回纥相助，一定会胜利。"代宗说："不一定。"右金吾大将军薛景仙说："如果不胜，请让我带领两万勇士，与叛军决一死战。"代宗说："此言甚为豪壮。"右金吾大将军长孙全绪说："叛军如果背城作战，我们一定能打败他们；如果关闭城门，留在里面死守，就不容易攻克了。况且回纥不擅长攻城，相持一久，势必泄气。我们如果休养士卒，虚张声势，牵制叛军，让李光弼夺取陈留，李抱玉直捣河北，先断其手足，然后派间谍到叛军中去，使叛将互相猜疑，那么消灭叛军就指日可待。"代宗说："好。"下令潼关、陕州戒严，军队停驻洛阳，驰兵直下怀州。朝廷大军部伍严整，叛军见了十分害怕。

史朝义率兵十万在横水拒战，开战后大败，被杀被俘多达六万，丢弃的牛马器甲不可胜计。史朝义烧毁明堂，向东奔逃到汴州，伪节度使张献诚拒不接纳，史朝义忙从濮北急赴幽州。东都又一次经历战乱，郭英义、鱼朝恩等人控制不住军队，与回纥兵一起大肆抢掠，蔓延到郑、汝，以至于市井间里没有人烟。正是严寒时节，衣物都被抢光，人们只好扯开书籍，把纸连缀起来当衣裳。

叛军逃到下博，被仆固玚追上，史朝义再次战败。河东戍将李竭诚、成德守将李令崇，都背叛史朝义前来夹击。史朝义到了漳水，没有渡船，诸将劝降，史朝义很不高兴。田承嗣请求把车辆环绕结成营盘，把女子放到车里，然后放置辎重，设下伏兵等待。叛军在开战后退却，官军追逐过来，争相抢夺珍宝钱财，史朝义带领奇兵绕出，又发动了伏兵，官军退却了几十里才停住。史朝义随即到达莫州，仆固场追上包围了该地。至此，双方交战已四十天，叛军八战八败。

第二年正月，史朝义检阅精兵，意欲决一死战。田承嗣说："不如亲自带领精锐回幽州，利用李怀仙的五万军队再战，声势外张，那样将胜利在握。臣请求在此坚守，虽然仆固场兵强，也不会很快被他消灭。"史朝义同意了，带领五千骑兵连夜出发，临行时，他握住田承嗣的手，以生死存亡的重任郑重托付，田承嗣顿首流涕。史朝义说："阖家百口，母老子幼，现在都托付给田公了。"

史朝义走后没多久，田承嗣召集诸将说："我与公等奉事燕朝，打下河北一百五十多座城池，发掘别人的坟墓，焚烧别人的房屋，掠夺别人的玉帛，健壮的人死于锋刃之下，羸弱的人填于沟壑之中。公侯门里的高贵子弟，被我们奴役驱使，齐国的姜姓、宋国的子姓，被我们扫除。现在官军猛攻，我们这些人到哪里安身立命呢？自古以来，祸福也不是一成不变，能够改掉既往、善修而今，那就是转危为安了。明天就出城投降，公等认为怎样？"众人都说："好。"黎明时分，田承嗣派人到城上呼叫道："史朝义半夜里跑了，你们为什么不去追贼？"仆固场不相信，田承嗣带着史朝义的母亲和妻子儿女到了仆固场的营垒，于是诸军都发轻兵追击史朝义。

史朝义到了范阳，李怀仙部将李抱忠关闭壁垒，拒不接纳，说："不久前已经受命于天子，一年之中，刚刚归降，马上叛变，哪有这样反复无常的！"史朝义说自己和士卒已经饥肠辘辘，哀求李抱忠给点饭吃。李抱忠可怜他，遂送饭到野外。史朝义和士卒狼吞虎咽，吃完饭，隶属军籍的子弟逐渐告辞而去。史朝义流着眼泪骂田承嗣说："老奴误我！"史朝义来到梁乡，叩拜史思明的坟墓，往东跑到广阳，守将拒不接受。

史朝义图谋投奔两蕃，李怀仙招他回去。史朝义从渔阳回到幽州，走投无路，遂自缢而死。李怀仙斩下他的首级，传送长安，然后召旧将收殓他的尸体。李怀仙换了服装，到官署外面为他哭泣，士卒都号啕痛哭。史朝义入葬后，没有人知道坟墓在什么地方。伪恒州刺史张忠志、赵州刺史卢俶、定州刺史程元胜、徐州刺史刘如佺、相州节度使薛嵩，以及李怀仙、田承嗣等，都献出管辖的地方，归顺了朝廷。史思明父子称帝共四年而灭亡。

御史中丞周利贞

周利贞（？—714），唐朝酷吏。历任钱塘尉、侍御史、左台御史中丞、广州都督等职。他依附权贵，残杀忠臣，盘剥残害百姓。但善于花言巧语，玄宗想加以重用，遭到大臣反对才作罢。由于仇人众多，他被人弹劾，一再贬职，最后赐死。

一、阿附权贵　残杀忠臣

周利贞在武则天时，任职钱塘尉。当时禁止捕鱼，连州刺史吃饭也只有蔬菜。有一天，周利贞忽然馈赠好鱼给州刺史，刺史不肯接受。周利贞说："这是捡来的，您疑虑什么？"州刺史询问缘故，周利贞回答说："刚才发现有人捕鱼，便去捉拿，人跑了，没有捉到，却发现了鱼，就捡来了。"州刺史大笑，由此开始重用他。

神龙初年（705），周利贞升任侍御史。他依附宰相宗楚客，残害忠臣。张柬之等五王痛恨他，让他出任嘉州司马。

武三思与皇后韦氏淫乱宫中，张柬之等五王谋划诛杀他。当时，周利贞的妹夫崔湜任考功员外郎，张柬之派崔湜为耳目，探察武三思的动静。没想到，崔湜反而把计划告诉了武三思。张柬之等五王被贬逐，崔湜劝说武三思杀掉他们，以断绝人们的期望，武三思问谁可担当此任，崔湜回答说周利贞可以。

武三思召见周利贞，把计划告诉了他。周利贞也痛恨张柬之，自然满口答应下来。武三思上表举荐他代理右台侍御史，奔赴岭外。周利贞假托诏命，杀死敬晖、桓彦范、袁恕己。返回后，授任左台御史中丞。由于残杀了多位忠臣，屡次受到仇人的伺机报复，周利贞差点丢了命。

先天初年（712），周利贞任广州都督。崔湜当时已经担任中书令，与太平公主合谋陷害宰相刘幽求，将他贬谪到岭南，婉言暗示周利贞将其杀掉。幸亏桂州都督王晙的保护，刘幽求才免于一死。

在广州都督任上，周利贞专门从事盘剥残害百姓，夷僚人对他的残酷暴虐叫苦连天，都争相做了强盗。周利贞因此遭到弹劾，唐玄宗下诏命监察御史李全交审问，获得贪赃证据，将他贬任涪州刺史。

二、屡遭弹劾　贬官赐死

开元初年（713），唐玄宗下诏："周利贞和滑州刺史裴谈，饶州刺史裴栖贞，大理评事张思敬、王承本，华原令康韦，侍御史封询行，判官张胜之、刘晖、杨允卫、遂忠、公孙琰，廉州司马钟思廉，都是酷吏，终身不要录用为官。"这样，周利贞被削去了刺史的官衔。

但周利贞善于花言巧语，依附权贵，因此没过多久，便得任珍州司马。开元二年（714），又要被任为夷州刺史，黄门侍郎张廷珪扣下任命诏书，上奏说："陛下英明果断，神明圣哲，天下人心顺服。所谓英明果断，就是消灭凶逆、扶正朝廷；所谓神明圣哲，就是辨清忠邪、信守赏罚。周利贞是宗楚客、武三思的旧党，曾经杀害桓彦范、敬晖等忠臣。陛下即皇帝位以来，发布新政，剥夺他的官位，放逐到荒远的地方，以顺从天下人的期望。就是这样，当时许多义士还认为惩罚太轻而抱怨。如今却赐予周利贞官服和绶带，委任州刺史高职，这显然是贬斥奸臣不彻底。"奏疏递入，玄宗撤销了任命。

不久，在周利贞的积极活动下，许多权贵帮助他求情，唐玄宗又授任他黔州都督，加朝散大夫。张廷珪又上表退回任命制书，说："周利贞是个阴险刻薄的小人，附会武三思，倾覆朝廷，杀害功臣，人神共愤，怨气至今未消。过去曾突袭搜查他的家，查出金银锦绣，多有违反皇上制令之处，应当加重贬斥。况且，他在朝廷时间长，花言巧语，阿谀逢迎，看见忠君的人，就像看到仇敌一样。让他入朝，就会乱国；任地方官，就会伤民。如今提拔他掌管大州，由六品升迁三品，为什么往日罚他，今日却赏他？"玄宗看了奏表，只好取消任命。

张廷珪免职后，玄宗又起用周利贞任辰州长史，让他到京城朝见集会。魏州长史敬让是敬晖的儿子，父亲遇害后，他对周利贞切齿痛恨。此时，他忍不住超越朝班次序，上奏说："周利贞迎合奸臣武三思的意旨，枉杀先朝大臣敬晖，希望陛下定罪处罚，以告慰天下。"左台侍御史翟璋弹劾敬让不等监察人员引导就自行上奏，请求依法处置。玄宗说："控诉父亲的冤情，不能不怜悯；朝廷的礼仪，不能不严肃。"剥夺敬让三个月俸禄，再次贬周利贞为邕州长史。不久，周利贞被赐死在梧州。

侍御史王旭

王旭（？—718），唐朝酷吏。太原祁（今山西祁县）人。祖父王珪，唐太宗时任侍中，娶永宁公主为妻。

王旭自幼生长在富贵之家，在丫鬟、仆人的伺候下长大，一向作威作福，动辄打骂责罚下人。

神龙初年（705），王旭任兖州兵曹参军。当时，武则天的男宠张易之、张昌宗被诛杀，他们的弟弟张昌仪先前贬为乾封尉，王旭就立即斩下张昌仪的头送到东都，因功而迁任并州录事参军。并州长史周仁轨是韦后的党羽，玄宗诛杀韦后等人之后，准备下诏诛杀他。王旭不等诏书下来，就砍下周仁轨的头带着送到了京城，玄宗大为高兴，升任他左台侍御史。

唐玄宗诛杀太平公主后，中书令崔湜因依附公主而败亡。他的岳父卢崇道，从岭外逃回东都洛阳，被仇家告发，玄宗下诏王旭推问审查。王旭见大权在握，便擅其威权，大肆逮捕卢崇道的亲党，用刑极尽残酷，论处重刑死罪，卢崇道和三个儿子都被杖死；卢崇道的门徒、朋友都是海内名士，全都受牵连被流放，天下人都感叹他们冤枉。

王旭和御史大夫李杰不和，互相揭短攻击，李杰因此被贬为衢州刺史。王旭更加专横，用残酷手段来满足其作威作福的心理。他的官职多次迁转，但常兼侍御史之衔。

王旭为人苛刻，很少宽容，性格狂躁易怒，残忍暴虐，没人敢触犯。每次审理狱案，他都施用酷刑，囚犯受刑不过，都违心认罪。他造了许多刑具，大都有名目，如"驴驹拔橛""犊子县"等，用来恐吓囚犯。又将囚犯的头发缝以石头，胁迫顺服。当时，监察御史李嵩、李全交都严厉残酷，得到的外号与王旭相当，京城人称之为"三豹"：李嵩是红豹，李全交是白豹，王旭是黑豹。乡里街坊甚至互相诅咒说："如果违教，碰上三豹。"

开元五年（717），王旭升任左司郎中，仍兼侍御史。宋王李宪是玄宗的兄长，府中属吏纪希虬的哥哥在剑南任县令，因贪赃获罪，王旭奉命出使前往审讯。审讯过程中，王旭见其妻子美丽，就想占有，为此将纪希虬的哥哥定为死罪，杀死了他，霸占了家产。

纪希虬深感哥哥死得冤枉，发誓要报仇。开元六年（718），他派家奴到御史台做佣人，服侍王旭。王旭不知底细，很喜爱而信用。那个家奴将王旭受人请托而收受贿赂之事一一记录下来，累积到几千贯赃钱时，拿给纪希虬看。纪希虬哭泣着向宋王李宪控诉，宋王替他上报玄宗。玄宗下诏追查审讯王旭，发现贪赃数量很大，贬任龙川尉。

王旭作威作福惯了，如今被贬，难以接受，没多久便愤懑而死。

御史中丞吉温

吉温（？—755），唐朝酷吏。洛州河南（今河南洛阳）人。历任新丰丞、万年尉、京兆府士曹参军、户部郎中、雁门太守、御史中丞等职。他阴险诡诈，胆大妄为，善于逢迎权贵，得以连续升职。宰相李林甫大兴冤狱，他奉命审讯，严刑拷打，犯人多屈打成招。后在权力斗争中失势，遭贬官、诛杀。

一、逢迎权贵　严酷虐囚

吉温的伯父吉顼，武则天时任宰相。吉顼未做宰相之前，便是一名酷吏。任龙马监时，箕州刺史刘思礼谋反，吉顼告发了他，武则天命人审讯。吉顼对刘思礼施以酷刑，逼他诬陷凤阁侍郎李元素等当时的贤人名士，将他们同时处死，又株连亲朋好友一千多人。吉顼因此得以升职。

吉温颇似伯父吉顼，天性阴险诡诈，敢作敢为。为了升官，他无耻地逢迎趋附权贵幸臣，如同子弟侍奉父兄。

天宝初年（742），吉温任新丰丞。当时，太子文学薛嶷受宠，引荐吉温入见，玄宗见吉温目光凶恶，就说："这是一个不良之人，朕不能用。"（"是一不良，我不用。"《新唐书·酷吏传》）未按推荐的意思加以重用。

萧炅时任河南尹，御史台派遣吉温到河南府审查有关案件。吉温在河南府审讯案件过程中，事情牵连到萧炅，便连同一起审理，丝毫不为他遮掩。萧炅与右相李林甫关系好，才得以幸免。后来，萧炅入京任京兆府尹，而吉温正好调任万年县尉，别人颇替他深深担忧。

这时，唐玄宗宠信的宦官高力士偶尔出宫，到自己的宅第居住，萧炅经常私下谒见。吉温有一次先去谒见，和高力士谈话，拉着手十分欢洽。正要退出时，萧炅通报求见，吉温假装惶恐而回避，高力士阻止，对萧炅说："这是我的老朋友。"萧炅听了，急忙向吉温作揖，吉温这才离去。

第二天，吉温到萧炅府上，向他道歉说："当时，我审讯您的案件，国家的大法不敢破坏。从今以后，我用心服侍您，你看怎么样？"萧炅原谅了他，殷勤招待，尽欢而散。

奸相李林甫和左相李适之、驸马张垍有矛盾，图谋陷害。李适之兼管兵部，张垍的哥哥张均任兵部侍郎。天宝五载（746），李林甫秘密派遣下吏，揭发兵部办理文书的官员在铨选考核中弄虚作假，人数多达六十，图谋倾覆李适之、张均。

唐玄宗命京兆府与御史台联合审理，但一连审了许多天，也没有审讯出李林甫想要的事情。于是，萧炅派吉温帮助审讯。吉温将囚犯分在左右两处，从中拉出两个重罪囚犯在后院审讯，严刑拷打。两个囚犯被打得受不了，呻吟哀嚎，都哀求吉温说："请您暂留性命，愿意照您的意思招认。"吉温把他们放了出去。兵部的官员听到哀嚎声时，已经吓得面色苍白、浑身颤抖，等到传讯，不用审问，便都承认了罪行。中午时分，吉温就结了案，那些兵部的官员或贬官、或流放。李适之非常害怕，遂辞去相位。李林甫认为吉温能干，吉温也常说："如果遇上知己，南山的老虎也不难捉住。"（"若遇知己，南山白额虎不足缚。"同上）

二、"罗钳吉网" 助纣为虐

李林甫长期担任宰相，权倾天下，多次制造大冤案，铲除不依附自己的人。他先举荐吉温到门下，让他与罗希奭一起为自己奔走，虚构他人罪名而逮捕入狱。

罗希奭用法也极其苛刻。他的舅父鸿胪少卿张博济，是李林甫的女婿，因为姻亲的缘故，罗希奭由御史台主簿，两次迁官后出任殿中侍御史。吉温也通过宦官，将外甥武敬一的女儿嫁给盛王李琦为妃，升任京兆府士曹参军。

起初立李亨为太子，并非李林甫的意思，他担心将来太子即位，自己失宠，因而常想废掉李亨。太子李亨良娣杜氏的姐姐，嫁左骁卫兵曹柳勣。李林甫要动摇东宫太子的地位，便以柳勣为对象，采用影射附会的手段来揭发杜良娣的隐私。吉温审查此案，柳勣被诬陷诛杀。通过此案，又牵引出与柳勣友好的王曾、王修己、卢宁、徐征，吉温将他们全部逮捕关押，论处死刑，尸体摆在大理寺墙下，家属均被流放。

吉温是个睚眦必报的人。当初，中书舍人梁涉在路上遇见他，压低帽子，遮住脸面，不与相见。吉温怀恨在心，此时便暗示柳勔牵引梁涉和嗣虢王李巨，二人都被贬斥放逐。

李林甫忌恨受到皇上宠信的户部侍郎杨慎矜，京兆尹王鉷和杨慎矜也有矛盾，两人便图谋陷害杨慎矜。天宝六载（746），王鉷用匿名信传播杨慎矜有图谶预言之事，李林甫委派吉温审讯此案。

当初，杨慎矜的门客史敬忠，与吉温的父亲吉琚友好，吉温还是婴儿时，史敬忠曾抱过他。吉温是个六亲不认的人，根本不念旧恩，遂乘马奔赴东都，逮捕杨氏亲属、宾客，又从汝州抓来史敬忠，用铁链锁住脖子，用布蒙上脸，驱赶他在马前跑。跑了很长时间，史敬忠累得上气不接下气，吉温也未曾正面和他相见谈话，暗地派遣下吏威胁说："杨慎矜一案已经了结，需要您证实一下。您如果承认，罪可宽免；如果不承认，必死无疑。"史敬忠索要笔，想亲自写供词招认，吉温故意不见；史敬忠再三请求，吉温才让人给他笔。史敬忠写了三张供词，所写都与吉温想要的一样。这时，吉温才和他相见，道歉说："老人家不要害怕！"这才依礼下拜。

杨慎矜因证据俱全，打算违心认罪，但图谶预言之书确实没有。御史卢铉搜查其家，怀里挟带图谶预言之书，进入宅第后取出作为证据。这样，杨慎矜兄弟都被赐死，株连数十个家族。

吉温和罗希奭依附李林甫，累兴冤狱，助纣为虐，号称"罗钳吉网"。以致人人心惊胆战，大臣相见后，都不敢互相谈话。吉温审问还没有结束，却先算出赃物的具体数字奏上，然后才提取囚犯审问，威严恫吓，酷刑折磨。因此一经审问，囚犯就认了罪，没有敢违抗的，鞭子、荆条等刑具还未挂到墙上，就结案了。李林甫看中他的这种才干，提拔他任户部郎中兼侍御史。

三、国忠排挤　贬官被杀

天宝九载（750），杨国忠、安禄山受到唐玄宗宠信，高力士身居宫内弄权，吉温对这三个人都献媚迎合。他侍奉安禄山如兄长，曾秘密告诉他："李右相（李林甫）虽然厚待您，但不肯引荐您同做宰相；我受他知遇很长时间，他也不给我显官做。您如果推荐我做宰相，我也推荐您为相，那么我们就可以排挤李右相了。"安禄山大喜，一再称赞吉温有才，玄宗也忘记了先前说过不用吉温的话，准备重用。

天宝十载（751），安禄山兼任河东节度使，上表推荐吉温任自己的副使，并主持节度营田、管内采访等政事，总管留后事务。唐玄宗同意了。吉温走马上任，大力辅助安禄山处理政事。同年，在安禄山的举荐下，吉温又被授任雁门太守，主持安边铸钱事务。

后来，吉温因生母去世，解职守丧。期满之后，安禄山上表推荐他任魏郡太守。杨国忠掌权，又推荐授任吉温为御史中丞，兼任京畿关内采访处置使。安禄山下令所管辖境内的官吏，在路上的驿馆里设置白绸帐，用来侍候吉温；安禄山的儿子安庆绪，亲自牵着吉温的马送行。吉温感激安禄山的恩德，所以朝廷一有动静，就向他报告。

天宝十三载（754），安禄山入朝，兼任闲厩使，推荐吉温任武部侍郎，兼闲厩副使。

后来，杨国忠和安禄山争宠，吉温亲近安禄山，杨国忠很不高兴。正值河东太守韦陟怨恨失去朝廷要职，通过吉温结交安禄山，以河东土特产馈赠吉温，又大肆贿赂权贵近臣。杨国忠派人揭发此事，玄宗遂贬斥吉温为澧阳长史，其下属韦陟等也被贬斥。第二年，吉温又因受贿、强夺民马获罪，贬任端溪尉。

早在天宝十一载（752）时，李林甫去世，罗希奭出任始安郡太守，张博济、韦陟、韦诫奢、李从一、员锡都逗留在始安。吉温被贬后，也依靠罗希奭，住在始安。杨国忠奏请派遣蒋沇前去审察，罗希奭因擅自收留罪人，贬为海康县员外县尉，再不能管县中事务。同年八月，杨国忠又派遣使者诛杀了吉温等五人。

吉温被贬斥时，玄宗在华清宫诏见从臣说："吉温本来是酷吏的侄子，朕被人诳骗、迷惑，误用他，使他得以屡屡制造大冤案，专擅威福。如今已经贬斥，公等可以安心了。"

吉温死后三个月，安禄山反叛，即伪皇帝位后，寻求吉温的儿子，才六七岁，赐给他许多财物，授任为河南参军。